조선은 망할 수밖에 없었다

2권

**팩트(facts)로 보는 조선과 일본
그리고 열강과 청의 1850-1905년의 역사**

조선은 망할 수밖에 없었다 2권

초판 1쇄 발행 2022년 09월 24일

지은이 이행기
펴낸이 장현수
펴낸곳 메이킹북스
출판등록 제 2019-000010호

디자인 장지연
편집 박단비
교정 강인영
마케팅 장윤정

주소 서울특별시 구로구 경인로 661, 핀포인트타워 912-914호
전화 02-2135-5086
팩스 02-2135-5087
이메일 making_books@naver.com
홈페이지 www.makingbooks.co.kr

ISBN 979-11-6791-246-6(93910)
값 18,000원

ⓒ 이행기 2022 Printed in Korea

잘못된 책은 구입하신 곳에서 바꾸어 드립니다.
이 책의 전부 또는 일부 내용을 재사용하려면 사전에 저작권자와 펴낸곳의 동의를 받아야 합니다.

홈페이지 바로가기

메이킹북스는 저자님의 소중한 투고 원고를 기다립니다.
출간에 대한 관심이 있으신 분은 making_books@naver.com으로 보내 주세요.

이행기 지음

조선은 망할 수밖에 없었다

2권

팩트(facts)로 보는 조선과 일본
그리고 열강과 청의 1850-1905년의 역사

메이킹북스

목차

2권을 시작하며   18

1886년 조선   22

군사 1명 양성에 연간 최소 200냥과 쌀 10석이 필요 | 제2차 조러밀약과 고종 폐위 주장 | "권력자들의 명령을 장님처럼" 따르는 조선 백성 | '조선대국론', '유언사조' '시사지무십관' | 고종이 본 위태로운 조선 | 고종의 용기와 과단성 부족을 지적한 좌의정 | 월급을 못 받는 관리들 | "어찌 뼈에 사무치도록 원통하지 않겠습니까" | 러시아 상인이 본 금광 노동자들의 삶 | 김규식, 배재학당, 육영공원, 콜레라

1886년 일본   29

콜레라 사망자 11만여 명 | 건축학회, 학교령, 교과서 검정제도, 관료임용제도 | 불공정 조약 개정 회의 | 김옥균의 상소문 | 이홍장의 거문도 철수 협상 | 화물선 침몰 사고와 영사재판권 문제 | 헌법 초안 기초 작업

1887년 조선   33

"오늘날의 도적은 오히려 알려지지 않을 것을 걱정합니다" | "어찌 감격하지 않을 수 있겠습니까?" | 지석영의 유배 | 조선의 독립에 비관적인 러시아·미국공사 | "사람을 죽이는 것도 부족하여 무덤까지 파고 있다" | 외교고문 데니의 활약 | 해외 공사 파견에 간섭하는 청 | 주미공사 파견과 청국에 항의한 미국 | 박정양의 신임장 단독 제정과 러시아 외무상의 보고 | 박정양의 귀국과 황현의 기록 | 외국 공사들의 반응 | 연무공원

1887년 일본　　　　　　　　　　　　　　　　　　　　　41

건전지, 수력발전소 ǀ 일본적십자사 ǀ '방어선' 확장 ǀ 조약 개정 반대 여론 ǀ 시베리아 철도 건설 논의 ǀ 헌법 교육을 받은 천황 ǀ 보안조례 ǀ 호예원 ǀ 전자기파

1888년 조선　　　　　　　　　　　　　　　　　　　　　45

박영효의 '건백서' ǀ 궁전 공사비 50만 냥 ǀ "왼손으로 동그라미를 그리고 오른손으로 네모를 그리는" 병조판서 ǀ 러시아와 프랑스 정부의 대(對)조선 지침 ǀ 외국인에 대한 소문 ǀ 대궐 내에서 노름하는 군사 ǀ "벙어리에 귀머거리, 소경까지 겸했으니" ǀ "모리배들"에게 놀아난 화폐주조 ǀ 조선이 청에 흡수될 것을 우려한 러시아공사 ǀ "마른 수레바퀴 자국 안에서 헐떡거리는 붕어보다" 심각한 백성 ǀ 관직매매와 '벼락감투' ǀ "상인들은 낮으로 울부짖고 행인들은 밤으로 통곡하는데" ǀ 무정부 상태 ǀ 데니의 외로운 투쟁

1888년 일본　　　　　　　　　　　　　　　　　　　　　53

조선에 대한 러시아의 입장 ǀ '제국헌법'안 심의와 추밀원 ǀ 전국이 초토가 되더라도 저항할 것 ǀ 불공정 조약 개정에 반대하는 영국 ǀ 물리학 용어의 번역 통일 ǀ 롤 필름과 코닥 카메라 ǀ 서태후, 해군 예산을 황실 별장 공사에 전용 ǀ 데니, 《청한론》 발간

1889년 조선　　　　　　　　　　　　　　　　　　　　　57

제대로 안 되는 현지 보고 | 진주의 환곡, 징세 문제와 광양의 "반란" | 행동을 하지 않는 고종 | 신하들에게 탓을 돌리는 고종 | 출근을 거부하는 영의정 | "당장 부끄러움으로 죽고만" 싶은 호조판서 | 토목공사, 기도비용, 사치를 억제하라는 상소 | 평안감사의 사직상소 | 아직까지 세계 지도도 안 본 고종과 신하들 | "지옥으로부터 한 걸음 앞에" 놓인 조선 | 러시아 장교와 영국총영사가 본 조선 | 방곡령

1889년 일본　　　　　　　　　　　　　　　　　　　　　64

메이지헌법 발포와 선거법 | 오스트리아 교수가 강조한 조선의 중요성 | 서구의 메이지헌법 평가 | 폭탄에 한쪽 다리를 잃은 외무대신 | 징병제 개정, 육군사관학교 1기생, 히비야 공원 | 에펠탑과 엘리베이터

1890년 조선　　　　　　　　　　　　　　　　　　　　　68

"모두 벙어리처럼 입을 다물고만 있습니다" | 조선의 차관 도입을 막은 청 | 대왕대비 장례비 122만 냥 | "털끝까지도 모두 병이 든 것과 같다" | "학정을 견디지 못하고" 떠나는 백성들 | 속방의식을 본 외교사절 | 프랑스공사와 영국총영사의 보고 | 미국공사의 보고 | 러시아공사의 보고 | 원세개의 《사한기략》 | 끝없는 수탈에 시달리는 백성들 | "거북의 등에서 털을 깎아내야 할 정도"의 재정 상태

1890년 일본　　　　　　　　　　　　　　　　　　　　　74

민법, 민사소송법, 상법 공포 | 조약 개정 방침 | 첫 중의원 선거, '교육칙어', '불경사건' | 주권선과 이익선 | 비스마르크의 퇴진

1891년 조선　　　　　　　　　　　　　　　　　　　　　78

돈이 없는 군부 | "도움이 되지 않는 일을 하지 마시고" | "과연 제대로 다스려졌다고

보십니까" | "과거를 설행하지 않는 것이 나을 것이다" | 73년 전과 다름없는 과거의 문제점 | 천둥의 마지막 기록 | 조선의 관리를 "강도들"이라 부른 영국 인류학자 | 전 영국군 장교와 미국공사가 본 조선

1891년 일본　　　　　　　　　　　　　　　　　　　　　　83

오쓰 사건 | 죄형법정주의와 사법부 독립 문제 | 시베리아 철도 착공 | 북양해군의 일본 방문 | 행정부와 의회의 충돌 | 삼국동맹, 독러 재보장조약, 러불동맹, 삼국협상

1892년 조선　　　　　　　　　　　　　　　　　　　　　　87

"나라의 군대 위용이 어찌 이럴 수 있는가" | "조정 백관들은 고식적인 의논을 능사로 삼고 지방관들은 탐학만을 일삼고" | "나라가 나라 구실을 못하니" | "조석을 넘기지 못할 것 같아 몹시도 두렵습니다" | 좌의정이 지적한 당시 조선의 문제점들 | 11년 후의 러시아 민속학자 | 미국공사의 정확한 예측 | 청으로부터 20만 냥 차관 도입 | 함경북도와 평안도의 민란 | 동학교도의 삼례역 집결

1892년 일본　　　　　　　　　　　　　　　　　　　　　　92

의회 해산과 총선거 | 세균학자 기타사토 시바사부로 | 제국대학 교수 해임 사건 | GE, 디젤 엔진

1893년 조선　　　　　　　　　　　　　　　　　　　　　　95

광화문 앞 '봉장규혼' | '봉장규혼' 비판 상소와 체포 명령 | 외국 군함들의 인천 입항 | '척왜양창의' | 청국군 파견 요청을 제기한 고종 | 탐관오리와 조선왕조 | 동학교도들의 귀향 | "백방으로 방법을 찾아보아도 결국은 전혀 대책이 없고" | 무당과 점쟁이에 심취한 왕과 왕비 | 만석보 수세와 전봉준, 함경도 | 평안도와 황해도 민란

1893년 일본　　　　　　　　　　　　　　　　　　　　　　　　102

정부와 의회의 타협 | 조선에 대한 주청 러시아 무관의 보고 | 육군참모차장의 조선과 청국 시찰 | '전시대본영' 조례 | 군비의견서 | 조약 개정 반대 운동과 의회 해산 | 메이지 천황의 후회 | 기타무라 도코쿠 | 시베리아 철도 위원회

1894년 조선　　　　　　　　　　　　　　　　　　　　　　　　106

고부군아 습격과 해산 | 고부민란에 관한 기록 | 주청 러시아공사의 보고 | "그의 사지를 찢고 그의 살점을 씹으려고 하지 않겠습니까?" | "이놈의 세상은 얼른 망해야 한다" | 러시아공사가 본 동학난의 원인 | 파병 준비를 건의한 일본 임시대리공사 | 청국군과 일본군의 상륙 | 전봉준의 원정서 내용과 고종의 책임 | 전주성 탈환 및 동학도들의 귀향 | 미국공사의 보고 내용 | 조선의 마지막 사신, 걸어서 북경까지 | 일본의 개혁 항목 제시와 조선의 거부 | 일본군의 경복궁 난입 | 청일전쟁 개전과 고승호 사건 | 190년 만에 폐지된 명나라 황제 제사 | 군국기무처, 갑오개혁, 그리고 방해 세력 | "청나라를 두려워하는 마음… 일본을 의심하는 마음" | 도량형과 〈신식화폐장정〉 | '교환의 매개' 기능을 상실한 엽전 | 경장을 알리는 고종의 교서 | 〈조일 잠정합동조관〉, 〈조일동맹조약〉 | 박영효의 사죄의 글 | 평양전투와 황해해전 | 발각된 대원군의 밀서 | 동학도의 2차 봉기 | 옛 부하의 밀고로 체포된 전봉준 | 갑오개혁 비판 상소 | 일본의 개혁안 20개조 | 강원도와 황해도에서의 전투 | 김개남의 체포 | 홍범 14조 | 두 명의 탐관오리가 120만 냥 횡령

1894년 일본　　　　　　　　　　　　　　　　　　　　　　　　124

중의원 선거와 야당의 승리 | 조약 개정 반대 운동과 의회 해산 | 대본영 설치 | 청과 일본의 파병 통지 | 내정 개혁 추진 방침을 청에 통보 | 청, 영국과 러시아에 공동철병 중재를 요청 | 조선 내정 개혁을 거부한 이홍장 | 조선 내정 개혁안 확정 | 미국·영국·일본공사들의 움직임 | 일본에 유감을 표명한 미국 | 공동철병에 대한 러시아와 영국의 조치 | 제2차 절교서 | 베베르와 이홍장의 회담 | 청 해군의 실상 | 미국에 도움을 요청한 청 | 조선의 운명을 예측한 주청 러시아 무관 | 청, 조선에 군대 증파 | 영일통상항해조약 | 외국의 자국 침략에 대한 일본의 의지 | 청국 내의 주전론과 일본의 출전 명령 |

청과 일본이 조선을 공동 점령할 것을 재촉하는 영국 | 청일전쟁 | 고승호 사건과 영국 여론 | 대조선 정책 결정 | 일본 의회의 방향 전환 | 주청 러시아 무관의 보고 | 확전론과 야마가타의 소환 | 독일, 러시아, 미국에 중재를 요청한 청 | 전쟁에 동원된 일본군 | 니콜라이 2세 즉위 | '사한기략'과 '속국'

1895년 조선   138

재산을 뺏기는 동학도 | 청나라 연호 사용 폐지 | 지방관의 저항으로 좌절된 징세 제도 개혁 | 회계법 | 이준용 모반 사건 | 독립경축 행사에 불참한 미국공사 | 베베르에 대한 고종의 신임 | 갑오개혁의 파탄 | 갑오개혁에 대한 고종의 불만 | 갑오개혁과 왕의 권력 | 갑오개혁의 반대 세력 | 죽음을 예감한 총리대신 | 콜레라 발생과 인구 변동 | 을미사변 | 민영준에 대한 프랑스공사의 보고 | 스기무라 서기관의 기록 | 러시아 황제에게 보호를 요청한 고종 | 양력, 소학교, 단발령, 연호, 의복제도 | 춘생문 사건 | 미국 무장관의 훈령 | 영국 여행가의 눈에 비친 조선

1895년 일본   149

전염병으로 5만 3천여 명 사망 | 센카쿠제도 편입 | 일본은행, 조선에 300만 원 차관 제공 | 정여창 제독의 자결 | 러시아 무관의 일본군에 대한 평가 | 미국이 파악한 러시아의 만주에서의 움직임 | 러시아의 삼국간섭 방침 확정 | 시모노세키조약 체결과 청국 내 반대 세력 | 양계초, 엄복, 담사동의 비판 | 일본의 환호와 삼국간섭 | 러시아 함대의 중국 집결 | 일본, 요동반도 포기 결정 | 군사 1백여 명의 자결 | 1만 4천 명을 희생한 대만의 저항 | 일본, 조선에 대한 간섭 배제 결정 | "빗물로 머리를 감고 불어오는 바람으로 목욕을 하면서" | 향후 10년간 전함 건조 계획 | 미우라 고로 임명 | 청의 차관 도입과 러시아 | 요동반도 반환 각서 교환 | 미우라의 을미사변 보고서 | 시모노세키조약 체결에 감사를 표시한 조선 | 대조선 불간섭 정책 | 요동반도 반환조약 | 대폭 증가한 다음 해 예산안 | 러시아의 마산포 관심 | 과학사

1896년 조선   160

단발령 반대상소 | "머리카락과 구습을 한꺼번에 끊으며" | 단발령으로 인한 사회 혼

란상 | 고종실록과 승정원일기의 사회 혼란상 | "차라리 머리털을 보존하다가 (조선이) 망하는 편이 낫다" | 아관파천과 대신들의 처참한 말로 | 고무라 공사의 보고 | 단발령 철회 | 경인철도 부설권과 독립신문 창간 | 고무라-베베르 협정 | 경의철도 부설권 | "초조함과 근심은 갈수록 더욱더 심해집니다" | 관찰사들의 사직상소 | "백성들의 산업이 날로 쓸쓸해지고" | 압록강과 울릉도 삼림벌목권 양도 | 내각 폐지와 의정부 부활 | 외국인과 외국정부가 본 조선 | 세계가 어떻게 돌아가는지 몰랐던 조선 | 당시 조선 주변의 상황 | 조선군의 실상 | 예산의 98%가 관리의 월급과 비용 | 고종과 신하들에 대한 러시아 측의 보고

1896년 일본　　　　　　　　　　　　　　　　　　　　　　　　173

일본과 러시아의 대화 채널 | 조선과 관련한 조약 체결을 건의한 주일 러시아공사 | 한반도 중립화를 제의한 영국 | 로바노프-야마가타 의정서와 39도선 | 민영환의 러시아 방문 | 민영환 일행의 방문 기록 | '동청철도'와 남만주지선 | 러-청 비밀동맹 조약과 동청철도 협정 | 일본의 해군 확장 계획

1897년 대한제국　　　　　　　　　　　　　　　　　　　　　　　178

김홍집 등을 "역적", "흉적"으로 본 고종 | 관찰사들의 사직상소 | "백성들의 신음 소리가 도리어 전보다 심하니" | 독립신문의 '조선병' 치료 방법 | 고종의 환궁 | 미국무장관의 훈령 | 백성의 원망을 듣는 암행어사 | 외부대신은 56일, 군부대신은 64일 | 고종의 결의와 단발령 취소, '광무' | 러시아 외무상의 훈령 | 황제로 칭할 것을 아뢰는 상소들 | 고종, 황제에 오르다 | '황제'에 반대한 서로 다른 이유 | 여전한 왕실 행사비 지출 | "상호 시기하고 의심하는" 군부 | 4만 호의 인구에게 1년에 5만 원도 큰돈 | 백성을 수탈한 지방군

1897년 일본　　　　　　　　　　　　　　　　　　　　　　　　187

5연발식 무라타 총, 교토제국대학, 영화 | 야하타 제철소 | 러시아의 대일 정책 | 러시아의 현상 유지책 | 경봉철도 | 독일의 교주만 점령 | 러시아의 대련, 여순 점령 | 일본 외무성의 반응 | 독일의 해군증강책

1898년 대한제국   192

"조선 백성들은 몇백 년을 자기 나라 사람들에게 압제를 받아" | "나라의 재정은 꾸릴 방도가 없다" | 러시아의 철수 | 러시아와 프랑스공사의 본국 보고 내용 | '주막의 나그네' | 장례비와 기민의 구휼비 비교 | 황국협회 | 최시형의 사형 집행 | 배신자는 가까운 사람이었다 | 유럽전권공사의 사직의 변 | "필요한 때에는 … 잡세"를 신설 또는 증설할 수 있다 | 조약 이행을 강조하는 외부대신 | "글이 매우 외람"된 상소 | 경부철도 부설권 | "협회라는 것"의 활동 금지 명령에 "분통이 치밀어" 오른 윤치호 | 헌의 6조 | 독립협회 "혁파"와 박정양 등 파면 | '익명서 조작 사건'과 독립협회 간부 체포 | 만민공동회의 철야 시위, 독립협회 간부 석방 | 보부상의 습격과 독립협회 복설 | 외국 공사들의 회의 | 고종의 약속 미준수 | 독립신문의 사설 | 독립협회와 만민공동회 해산과 집회 금지 | "눈썹에 불이 붙은 것처럼" 다급한 탁지부 | 러시아·일본·미국공사의 보고

1898년 일본   206

일본의 우월한 이익을 인정한 러시아 | 양자강 연안 불할양 협정 | 독일 및 러시아의 조차 조약과 남만주지선 철도 부설권 | 일본과의 연합을 주장한 미국 해군 전략가 | 영국 식민상의 일본과의 동맹의사 | 니시-로젠 협정 | 미국 언론의 선동과 미국-스페인 전쟁 | 러시아와 영국의 철도 건설 상호 인정 | '무술변법' | '무술정변'과 '백일유신', 광서제 유폐 그리고 조선 | 담사동 | 강유위, '동아동문회' | 영국과 일본 | 경봉철도 건설 차관계약 | 한반도 점령을 건의한 러시아 해군 제독 | 사이고 다카모리의 동상 | 세균학자 시가 기요시

1899년 대한제국   214

학부 예산은 세출 예산의 2.2% | 독립협회 지회 활동도 금지 | "구보나 하는 능력"의 군사들 | 주미공사 부임 거부의 변 | 프랑스공사가 보고한 관직매매 | 빈번한 법령 공포 | 무덤가 돌 장식 비용의 반도 안 되는 교육비 | 러시아 해군의 마산포 측량과 토지 매입 시도 | 대포 소리, 폭발 사고가 일어나는 경성 | 원수부 설치 | 대한철도회사 | 이승만의 탈옥과 체포 | 대한국국제와 홍범 14조 | 세금 체납을 "탄식"하는 고종 | "백성들이 … 원망하는 소리가 길에 가득합니다" | 매일신문, 독립신문 폐간

1899년 일본 220

소학교 학생 346만 명, 수족관 | 의화단의 등장 | 루즈벨트 주지사의 연설 | 이토의 부국강병론 | 영국과 러시아의 철도협정 | 헤이그 만국평화회의 | 마산포를 원한 러시아 해군 | 남만주철도 건설 시작 | 제2차 보어전쟁 | '대한정책의견서'와 마산포 | 프랑스의 광주만 조차

1900년 대한제국 225

세출 예산 616만 원 | 각종 비용 항목과 금액 | 예산의 10%가 넘는 왕실 비용 지출 내역 | 땅에 떨어진 대신의 권위 | 내장원에 진 빚을 갚으라고 탁지부를 독촉하는 고종 | 고종 폐위 쿠데타 주모자 처형 | 마산포 조차 조약 | "입에 풀칠이나 겨우 해나가는" 군부 | "협잡꾼들"을 보내 세금을 걷는 황실 | "거꾸로 매달린 것처럼 절박"한 경기도 | "위란이 곧 닥칠 형세입니다" | "강 건너 불구경"하는 신하들 | 귀임한 주일공사 | 족보 위조 | 가로등 3개 점등과 파리의 지하철

1900년 일본 235

세계의 주요 지표 | 선거권자 자격, 공중전화, 아드레날린, '무사도' | 러시아 해군대학의 전쟁 도상 훈련 | 의화단의 난, 8개국 연합군, 러시아의 만주 점령 | 제2차 문호개방 선언 | 러시아의 한반도 분할론 | '북청사변선후책'과 일본의 만한 교환 제의 | 일본과의 비밀조약 체결을 제의 | 대한제국의 중립국안 제의 | 일본의 대한제국 통치를 희망한 루즈벨트 | '국민동맹회'의 정부 압박 | 러-청 비밀협정 가조인 | 대한제국 중립화를 제의한 러시아 | 영국, 일본, 미국의 공동의 적이 된 러시아 | 독일, 함대건설법 통과

1901년 대한제국 242

세출 예산 907만 원 | 세출 예산의 약 20%가 황실 비용 | 일본을 본받아야 한다는 주일공사 | 이재수의 난 | 세금의 몇 배를 거두어들이는 봉세관 | 50일 묵는 데 2만 3천여 원 지출 | '저주받은 인민들' | 200년 전에 살고 있는 신하들 | 경부철도 기공식 | 법집행이 안 된다 | "세금을 받아 낼 길이 없는 지경으로" 가고 있다 | 고종의 세금

독촉 | "집들은 텅 비고 누더기를 걸친 굶주린 사람들이 꼬리를 물고" | "가죽을 벗겨 내고 뼈를 긁어내지 않으면 그만두지 않습니다" | 신하들의 경고 | 순빈 엄씨를 순비로 책봉 | 백성은 쉽게 사형 당했다 | 유길준의 고종 폐위 쿠데타 실패

1901년 일본   252

야하타 제철소 완공 | 람스도르프-양유 협의 | 가쓰라 다로와 고무라 | 영국과 일본의 교섭 시작 | 베이징 의정서 | 배상금 포기 | 외무대신의 적극적 정책 | 영국의 동맹조약 초안 | 러시아와의 협상 우선을 주장한 이토 | 초조한 영국 외무상 | 외부대신의 일본 방문 | 이토의 러시아 방문 | 일본의 수정안 제시 | 서태후의 '변법상유' | 유에스스틸, 노벨상, 로이터와 특약

1902년 대한제국   258

"곳곳이 무너지고 있는데도 손을 댈 수가 없습니다" | "오막살이를 다 뒤져내어" 가져가는 세금 | "말류의 폐단"을 걱정하는 내장원 경 | 즉위 40주년 행사 | 제2의 수도 건설 결정 | "통탄"하는 탁지부대신 | "사람마다 열 손가락은 피가 흐르고 입은 무성귀 색깔이니" | "별다른 대책"이 없고 "나라 창고는 비어" | 행사비와 건축비에 148만 원 | 왕실 경비와 서경 공사비가 예산의 최소 25% | 제2수도 공사비에는 은화 55만 원, 수만 명 죽은 전염병 퇴치에는 "특별히 은화 3,000원" | 관우 외에 유비와 장비에게도 제사지냈다 | 지방 유생들도 다르지 않았다 | 여전히 중화사상에 잠겨 있는 1902년 10월의 대한제국 | 1년은 견딜 수 있을 것으로 본 미국공사 | 국가의 기능을 상실한 것으로 본 러시아공사들 | 굶어 죽은 백성들에 관한 기록 | 유길준과 이승만 | 군부의 실상 | 두어 달 근무한 유럽공사와 황족의 해외 유람 보고 | 권력 투쟁 | 하와이 이민

1902년 일본   271

무선 기술 연구, 해외 유학생 수 1만 1천여 명 | 나쓰메 소세키가 본 일본 | 청의 대규모 일본 유학생 파견 | 동사 사고 | 영일동맹 | 동맹 조약 제1조에 관한 주영 일본공사의 설명 | 일본의 지위 향상 | 프랑스, 독일, 미국의 입장 | 만주 철군 협약 | 드러난 영국의 문제점들 | 대한제국을 일본에 양도할 것을 권유한 프랑스 대통령 | 대한제국의

양도를 주장한 주한 러시아공사 | 동청철도 파괴를 주장한 참모들

1903년 대한제국　　　　　　　　　　　　　　　　　277

"빼돌리는 것이 열에 여덟아홉입니다" | "정승의 직책은 한갓 이름만 있고" | "결국은 나라가 망하는 화를 만들어 내니" | 최소 열두 번 사직을 청한 외부대신 | 황성신문의 우려가 현실로 | 주일공사는 공석 중 | "귀머거리에게 듣는 일을 시키고 벙어리에게 말하는 일을 시키는" | "피골이 상접하여 다 죽어" 가는 경상도 백성들 | "밥 짓는 연기도 거의 나지" 않는 전라도 | "떠돌다가 점점 죽고 말" 경기도 백성들 | "백성의 근심은 죽음보다 심한" 충청도 | 제2수도 건설 공사비에 짓눌리는 평안남도 | "흩어져 떠돌고 있는 무리가 줄을 잇고" 있는 함경도 | 제2수도 건설 공사에 추가 지출 | 청과 러시아로 "흘러 들어가는" 백성들 | 대신들의 출근 불량 | 신라왕릉 보수 요청 상소 | 백동화의 폐단 | "100리도 안 되는데 세금을 거두는 곳은 열여덟 곳" | 순비 엄씨를 황귀비로 책봉 | 이태리 총영사의 기록 | 미국 기자의 기록 | 전 러시아공사의 기록 | 러시아 민속학자의 기록 | 러시아의 경의철도 부설권 요구 | 러시아의 용암포 땅 매입과 영국, 일본 | 조차 조약 체결을 부인하는 대한제국 | 신뢰를 잃어가는 대한제국 | 경성-개성 철도공사 계약 | 일본의 개전을 바라는 황성신문 | 대한제국의 중립 선언 | 러시아 영토로의 피신을 문의한 고종

1903년 일본　　　　　　　　　　　　　　　　　　293

제2차 만주 철군 취소와 동청철도 완공 | 러시아 해군의 전쟁 예측 | 러시아 내 강경파의 등장 | 만주 철군을 위한 7개 항 요구 조건 | 전쟁 불사 결정과 영국공사의 보고 | 주청 러시아 무관의 강경론 | 러시아 황제의 강경책으로의 전환 | 청국 내 반청 세력 | 러시아 육군상의 일본 방문 | 개전론과 어전회의 | 대한제국을 넘겨줄 것을 건의한 주일 러시아공사 | '7박사 건의서' | 알렌과 록힐의 설전 | 총리의 사직서와 원로들의 퇴장 | 주일·주청 러시아 무관들의 보고 | 일본, 러시아에 6개 조 협약안 제시 | 러시아, 만주에 극동총독부 설치 | 일본과 러시아가 거부한 대한제국의 국외 중립 제의 | 러시아의 3차 철군 거부 | 일본의 제안과 크게 다른 러시아의 1차 회답 | 일본 내 반러시아 여론 | 고다마 겐타로와 도고 헤이하치로 | 러시아의 봉천 재점령과 일본의 2차 서한 | 더욱 커지는 반러 여론 | 러시아의 2차 회답 | 환영받지 못한 고종의 특사 | 개

전을 결심한 일본 총리 | 주일 러시아 무관들의 보고 | 일본의 3차 서한 | 대한제국과 '보호 조약' 체결 방침 확정 | 영국의 엄정중립 | 볼셰비키와 멘셰비키 | 포드자동차, 퀴리, 라이트 형제, 등대, 회전목마

1904년 대한제국   306

불안한 서울 민심 | 파천에 실패한 고종 | "어찌 야만인이라 하지 않겠는가" | 중립 선언 | 러일전쟁 발발과 황성신문 | 한일의정서 | 이때 일본의 피보호국이 되었다 | 한일협정서 | 백성들이 "구렁과 골짜기에 나뒹굴 상황"의 함경도 | "민력이 이미 고갈"된 평안도 | "도탄에 빠진" 황해도와 "이산하는 실상"이 심각한 강원도 | "소요"와 "유랑"이 계속되는 경상도 | "약탈"과 "민란"의 충청남도와 "탄식"과 "기근"의 전라도 | 신하들에게 탓을 돌리는 고종 | "조석도 보전할 수 없을 만큼 나라가 위태로운 상황" | "나라의 비용을 소모하여 해악을 끼치는 자들에 불과할 뿐입니다" | 외교를 담당할 인재가 없다 | 파산 상태임을 알리는 탁지부대신들 | 부정부패와 "착취"가 일상임을 알리는 내부대신들 | 인재 육성이 없었다는 학부대신 | 1904년의 대한제국 | "오늘날 폐하의 백성들이 불쌍하고 가엽지 않습니까?" | 권한이 없는 의정부 | "폐하의 것", "폐하만이 부유해질 리가 있겠습니까?" | "신의 허리가 작두에 잘려도 … 신의 목이 도끼에 찍혀도" | "장기짝"처럼 교체되는 대신들 | 내시, 점쟁이, 무당을 가까이 한 고종 | 직급이 낮다고 면박 당한 상소 | "나라는 반드시 스스로 망하게 한 다음에야 남이 망하게 하는 것입니다" | "폐하가 과연 무엇을 믿고서 두려워하지 않는가를 모르겠습니다" | 손병희 | "자신만이 현명하고 자신만이 옳다고 생각한다" | "성인군자의 학문에만 갇혀" 산 중국 사대부 | 두 명의 장례 비용이 예산의 최소 10% | "항상 그랬듯이 이 사람들은 주인이 하나 있어야 합니다" | 실패한 의정부 중심의 국정 운영 시도 | 경운궁 화재 | 근무 기강을 질책한 고종 | "비옥한 땅을 그대로 버려두고 있습니다" | 해외 공관원들 철수 | 《독립정신》 서문 | 일진회에 대한 《매천야록》의 기록 | 민란 | 동학도 소탕을 명하는 고종 | 고위관리들의 도박 | "이 변고는 100년에 걸쳐 점진적으로 축적되어 형성된 것"

1904년 일본   330

미국과 독일의 중립 선언 | 주일 러시아공사의 본국 건의 | 주일 미국공사와 러시아무관의 보고 | 러시아와 일본의 마지막 교신 | 러시아, 영국과 프랑스에 중재 요청 | 일

본, 개전 결정 | 여순 공격과 선전포고 | 외채 발행에 실패하면 일본은 붕괴된다 | 에드워드 7세와 시프 | 목표의 8배의 외채 발행에 성공 | 루즈벨트와 미국인의 일본에 대한 인식 | 영불협정 | 일본의 승전을 바라는 중국 신문들 | 대한제국을 '피보호국'으로 삼는다 | 루즈벨트의 강화조건과 독일 황제 | 고무라의 12개 조 강화 조건 | 요양전투 | 미국의 '한일협정서' 인정 | 영국의 러시아 함대 견제 | 도거 뱅크 사건 | 러시아 민심과 레닌의 러일전쟁 비판 | 여순전투 | 물리학자 나가오카 한타로 | 미쓰코시 백화점

1905년 대한제국　　　　　　　　　　　　　　　　　　340

1월, "썩은 밧줄에 매달린 것 같고" | 2월, "언제 망하는지 알 수가 없습니다" | 3월, "팔짱을 끼고 망하기를 기다리는 것입니까?" | 4월, "강제로 빼앗고 토색질을 감행하여" | 5월, "나라의 운명이 안착할 곳이 어디가 될지 알 수 없는 노릇입니다." | 8월, "이는 바로 외국에서 말하는 무정부라는 것입니다" | 외국 공사들이 본 대한제국의 무정부 상태 | 한날에 올라온 4부 대신들과 협판들의 사직상소 | 경무사의 사직상소 | "집들은 모두 텅" 빈 함경도 | "물 없는 연못에서 몸부림치는 물고기" 같은 평안남도 백성들 | "구렁텅이에서 죽어" 나뒹구는 황해도와 다스리기 번거로운 강원도 | 도둑이 극성인 충청남도와 "이미 구제할 수도" 없는 경상남도 | 경부선 개통 | 일본군을 위문하고 온 위문사와 특파대사 | 러시아 황제에게 밀서를 보낸 고종 | 신하를 비난하는 고종 | 신하들의 고언 | 루즈벨트 딸의 방문 | 영일동맹 조약 내용에 항의한 외부대신 | 의병 소탕 명령 | 450년 전에 사는 신하들 | 이토 도착 5일 전 대한제국 궁궐 내부의 실상 | '한일협상조약' 초안 | '한일협상조약' 체결 | 을사조약 비판 상소 | 외국공사관의 철수 | 민영환과 조병세의 자결 | 해외 공사관 폐쇄 | 1906년 세출 예산 796만 원 | "신들이 실제로 범한 것이 없음을 밝혀"주기를 상소한 다섯 대신 | 고종이 신하들에게 책임을 전가한 사례들 | 실력을 길러야 한다는 충청남도 관찰사의 사직상소 | 알렌, "너무도 오랫동안 무사안일의 세월을 보냈다" | 조선을 망하게 한 것은 조선이다

1905년 일본　　　　　　　　　　　　　　　　　　　　360

대학의 독립과 학문의 자유 | 여순 전투 | 프랑스 무관의 러시아 해군 평가 | 피의 일요일 사건 | 대한제국 병합 의사 표명 | 독도 편입 | 봉천전투 | 비테, 대한제국 양여 등 종전 조건 제시 | '한국보호권확립' 통과 | 중국신문, 일본의 승전을 기원 | 강화 조

건과 제2차 일영동맹안 | 일본의 쓰시마해전 승전과 강화 협정 중재 요청 | 러시아 내 시위와 유혈 사태 | '중국혁명동맹회', 일본과의 연대를 중요시 | 이승만의 석방과 미국 파견 | 주한 영국총영사, 일본의 대한제국 통치를 건의 | 미육군장관의 일본 방문 | 강화 협상 시작 | 제2차 영일동맹 | 전쟁의 인적·물적 손실 | 러시아 황제에게 보낸 고종의 밀서 | 포츠머스 조약의 내용 | 분노에 찬 일본 여론 | 루즈벨트와 고무라의 회담 | '만한시설강령' | 영국, 일본의 대한제국 지배에 지지 표명 | '10월 선언' | 로마노프왕조의 최후와 조선왕조 | 기아선상에 놓인 주미공사관원들 | 보호 조약 체결에 관한 고무라의 구상 | 만주 철병과 철도 인도 | 을사조약 체결 사실을 해외에 통보 | 아인슈타인, 특수상대성 이론 발표

책을 마치며	376
주석	380
2권 참고 자료 리스트	406
찾아보기	417

2권을 시작하며

2권은 1886년부터 1905년까지 20년간을 다룬다.

이 기간 동안 한반도 주변 정세는 매우 복잡해진다. 주요한 것으로는 영국군의 거문도 철수를 위한 영국·청·러시아의 접촉, 러시아의 시베리아 철도(Trans-Siberian Railway) 건설 결정, 청과 일본에 의한 한반도 공동 점령과 중립지대 설치를 제의하는 영국, 청일전쟁, 39도선을 기준으로 한반도를 분할할 것을 러시아에 제의하는 일본, 러시아의 동청철도 부설권 획득, 영국의 경봉철도 건설, 러시아의 여순과 대련 조차, 의화단의 난과 러시아의 만주 점령, 러시아의 한반도 분할 제의, 일본의 만주와 한반도 교환 제의, 러시아의 한반도 중립 제의, 러시아의 남만주지선 완공, 영일동맹, 대한제국을 일본에 양도할 것을 러시아 황제에게 건의하는 프랑스 대통령, 러시아의 만주 철군 중단, 대한제국을 일본에 넘길 것을 건의하는 주한. 주일 러시아공사들, 러일전쟁, 제2차 영일동맹, 영국, 미국, 독일, 프랑스의 일본의 대한제국 지배권 인정, 포츠머스 강화 조약 등이 있다.

이때의 일본의 움직임을 보자. 1889년에 헌법을 발포하여 의회를 개원하지만, 정부와 의회의 대립으로 청일전쟁 직전까지 정국은 혼란했다. 임오군란 후 청국이 조선 지배를 강화하는 것에 위협을 느낀 일본은 해군력 확장에 박차를 가했고, 결국 청일전쟁에서 승리한다. 그 배상으로 획득한 요동반도를 러시아 등 삼국의 간섭으로 뺏기자, 일본은 '와신상담'을 다짐하고, "빗물로 머리를 감고 불어오는 바람으로 목욕을"

하며 청일전쟁 배상금 3.5억 엔의 대부분을 군함 건조 등 군비확장에 투입한다. 러시아가 청국과 협약을 맺어 동청철도와 남만주지선을 건설하고 의화단의 난 중에는 만주를 점령하자, 일본과 똑같이 위협을 느낀 영국은 일본과 영일동맹을 결성한다.

 1903년에 러시아가 동청철도를 완공하여 남만주 지선과의 연결을 완성한 후 러시아와 일본은 협상을 진행한다. 그러나 39도선 이북의 한반도를 중립지대로 하는 문제, 한반도를 군사적으로 이용하는 문제, 만주와 한반도에 대한 일본과 러시아의 이권 문제 등 양국 간의 대립은 3차에 걸친 협상에서도 해결되지 않아 결국 러일전쟁으로 해결한다. 이 과정에서 영국, 미국, 독일, 프랑스는 일본의 한반도 통치를 사전에 인정한다. 일본은 포츠머스 강화 조약 후 을사조약 체결 사실을 전 세계에 통보하고, 러시아가 만주에 갖고 있던 이권도 인수한다.

 조선에서는 이 기간 동안 제2차 조러밀약 사건, 해외공사 파견 실패, 동학난, 청일전쟁, 을미사변, 춘생문 사건, 아관파천, 압록강 삼림벌채권 양도, 갑오개혁의 실패, 대한제국 수립, 마산포 조차 조약, 고종 폐위 쿠데타 실패, 러일전쟁, 을사조약 등이 있었다. 갑오개혁 내용 중 왕실 예산을 정부 예산과 분리하고 왕의 정치 개입을 제한하는 것에 왕과 왕비, 왕실은 불만이 많았고, 세금을 거두는 역할을 박탈당할 처지에 놓인 지방관들 역시 이에 저항하는 등 갑오개혁은 결국 실패하여 이전의 상태로 돌아갔다. 갑오개혁을 추진했던 박영효, 유길준 등은 일본으로 망명하고, 총리대신 김홍집은 아관파천 당일 대낮에 종로 거리에서 짐승처럼 "도륙" 당한다.

1903년 초부터는 신하들이 매우 심각한 상소를 올리지만 조선의 사정은 더욱 악화된다. 이해 2월부터 12월까지 외부대신은 최소 열두 번이나 사직상소를 올리는데, 고종은 12월에 러시아 땅으로 피난하는 문제를 러시아공사관에 문의한다. 1904년부터는 대신들과 각도의 관찰사들의 상소 내용은 더욱 심각해져 가고, 1905년에는 "언제 망할는지 알 수가 없습니다"와 같은 절박한 상소들이 1월부터 올라간다. 그러나 아무런 변화가 없었다.

500년간 오로지 주자학만 '정학(正學)'으로 숭상하고, 서양의 학문이나 과학 등은 '인륜'을 해치는 '오랑캐'의 학문으로 철저히 배척하던 조선이었다. 그런 '오랑캐'나 '왜(倭)'에 대해서 아무런 대책을 세우지 않은 조선은 인재 육성도 하지 않았다. 세금도 제대로 들어오지 않는 부도난(bankrupt) 재정, 세금이 들어오지 않자 "개탄"하는 고종, "오합지졸"의 군사, 국제법도 외국어도 모르는 외부(外部)대신, 중국도 따르지 않는 3-4천 년 전 중국의 의복제도를 고집하고, 단발령이 내려지자 "차라리 머리털을 보존하다가 (조선이) 망하는 편이 낫다"던 유학자들, 능을 옮기고 궁전을 증축·보수하고 각종 왕실 의례에 예산의 10% 이상을 지출하는 조선 왕실, 그러나 "수탈"과 "학정"에 시달리는 굶주린 백성, 이것이 1차 사료에 나타나는 조선의 모습이고, 이러한 것이 1905년까지 전혀 바뀌지 않았다. 그 어느 사료에서도 이런 조선을 살리려는 조선 지배층의 행동은 볼 수 없었다.

일본은 이미 1903년에 대한제국과 보호조약을 체결할 것을 방침으로 정했고, 러일전쟁 중이던 1904년에는 이를 구체화했다. 1905년 포츠머스 조약 체결 후에는 행동계획을 세워, 조선(대한제국)이 거부할 시에는 강제적으로 보호조약을 체결하고 전세계에 그 사정을 설명하기로 확정했다.

러일전쟁 후 일본의 전리품이 된 조선이 해야 했던 것은 일본과의 전쟁이었다. 그러나, 인구 3백만 명도 안 되던 대만은 청일전쟁 후 1만 4천명이나 목숨을 바치며 일본에 항거했지만, 조선은 일본과의 전쟁이 아니라 고종의 명령에 따랐던 이완용 등 다섯 대신을 이른바 "을사오적(乙巳五賊)"으로 낙인을 찍으며 이들에게 돌을 던졌다. 조선 지배층과 백성은 그렇게 조선 내부에 '역적(逆賊)'을 만들었고, 고종과 조선왕조는 책임에서 벗어났다. 이런 조선왕조가 조선총독부로부터 예산 지원을 받으며 1945년까지 존속한다.

1886년(광서光緒 12, 고종 23) - 조선

7월에 제2차 조러밀약의 내용이 원세개를 거쳐 이홍장에게 보고되자, 이홍장은 고종 폐위를 검토했다. 그러나 곧 이홍장은 이를 단념했는데, 원세개는 끝까지 고종 폐위를 주장했다. 10월에 원세개는 의정부와 고종에게 글을 보내 청국과의 유대 강화를 강조한다.

러시아공사 베베르가 본 조선 백성은 "권력자들의 명령을 장님처럼" 따르고 있었는데, 그런 백성들에게 "뼈에 사무치도록 원통"한 일만 있었다. 좌의정은 상소를 올려 고종의 "용기와 과단성"이 부족하여 나라 일이 잘못되고 백성이 고달프다고 아뢴다. 관리들은 여전히 봉급도 제대로 받지 못하고 있었다.

군사 1명 양성에 연간 최소 200냥과 쌀 10석이 필요

정4품의 호군 이돈하가 1월에 올린 상소에서 "… 지금 신설된 군사들이 정예 부대인 것 같지만 오합지졸이나 다름없어 얼굴은 희고 허리는 가는 체격에 의복과 버선을 말쑥하게 차려 입고 진자리 마른자리 가려가면서 서로 모양을 뽐내는 꼴이 마치 기생집에 드나드는 난봉꾼과 같습니다. …"라고 했다.

3월에는 의정부에서 인천항을 지킬 군사 110명을 훈련시키는 비용을 아뢰는데 "… 연습하고 교도하는데, 상과 요식을 주는 절목을 간략하게 마련하면 1년에 쌀이 1,064석이고 돈이 2만 3,000냥 남짓이니, 해마

다 조치하여" 줄 것을 윤허 받았다.[1]

즉, 1인당 연간 200냥과 쌀 10석 정도가 필요했다. 그러나 병조의 돈 3,000냥까지도 궁궐을 짓는 데 사용하던 당시에 군사 양성에 이 정도의 비용을 지출하는 것은 불가능했을 것이고, 따라서 군사들이 "오합지졸"이나 다름없다는 이돈하의 상소가 과장이 아니었을 것이다.

제2차 조러밀약과 고종 폐위 주장

7월 초순에 고종은 민영익을 러시아공사 베베르에게 보내 원세개의 간섭을 호소하며, 러시아와의 긴밀한 관계를 원한다는 뜻을 전했다. 이에 베베르가 고종의 편지를 요구하자 총리내무부사 심순택의 명의로 작성하여 김학우 등을 통해 베베르에게 전달했는데, 군함 파견을 요청했다. 그러나 민영익이 이 사실을 원세개에게 알렸고, 이를 알게 된 원세개는 이홍장에게 "혼군(昏君, 어리석은 왕)"인 고종을 폐위하고 이씨 가운데 한 명을 옹립할 것과 군대 파견을 요청했다. 이처럼 사태가 심각해지자 조정에서는 간신들이 국보(國寶)와 인장을 위조한 것이며, 고종은 전혀 모르는 사실이라고 원세개에게 조회를 하고, 김학우, 김가진 등 4명을 유배시켰다.

7월 중순(양 8월 중순)까지만 해도 이홍장은 고종을 폐위시키려 했다. 그러나 러시아 정부가 고종의 편지가 사실무근이라고 밝히고, 조선의 인심이 흉흉하다는 보고와 일본의 이토 총리가 주일 청국공사 서승조에게 사태를 악화시킬 필요가 없다고 말한 것 등을 고려하여 행동에 옮기지 않았다. 그러나 원세개는 이홍장에게 7월 말에도 병사 500명만 있으면 고종을 폐위시키고 이 사건을 일으킨 자들을 톈진으로 끌고 갈 수 있다고 주장했다.[2]

"권력자들의 명령을 장님처럼" 따르는 조선 백성

베베르는 당시 한성의 백성들이 피난을 떠나고, 고종 주위에는 대부분 친청파이며 친국왕파는 거의 없다고 보고했다. 그리고 "노예와 압제에 익숙해진 조선 백성들 역시 권력자들의 명령을 장님처럼" 따르고 있다고 보고했다.

그런데 이것은 24년 전인 1862년에 프랑스의 선교사 프트니콜라가 "만약 조선인들이 조금이라도 용기가 있고 또 그토록 맹목적인 헌신과 존경, 복종을 배우지 않았더라면"이라고 삼촌에게 보낸 편지에서 안타까워한 것과 비슷하다.[3] 이처럼 외국인이 보기에 당시 조선 백성들은 권력에 철저히 복종하고 있었다.

'조선대국론', '유언사조' '시사지무십관'

제2차 조러밀약 사건 이후, 7월 29일에 원세개는 '조선 정세를 논함〔조선대국론(朝鮮大局論)〕'이라는 글을 써서 의정부에 보냈다. 그 외에 고종에게 보내는 '유언사조'와 '시사지무십관'이 고종실록에 있다. 내용이 매우 긴데 간략하게 보자.

원세개는 '조선대국론'에서 조선은 "모든 나라들 중에서도 가장 빈약한 나라 … 약점만 나타나서 자주 국가로 될 수 없을 뿐만 아니라 강국의 보호도 받는 데가 없기 때문에 결코 자기 스스로 보존하기 어려운 것은 자연적인 이치로서 천하가 다 아는 것입니다"라고 했다.

또 영국, 미국, 일본 등과 조선이 가까워지면 안 되는 이유를 나열하고, 조선이 러시아와 가까워지는 것은 "이것은 진짜로 문을 열고 도적을 불러들이는 것으로서 나라의 존망에 대해 생각할 줄 모르는 것이다. … 만일 조선을 먹지 않는다면 어느 나라를 먹겠는가?"라며 러시아를 경계해야 한다고 강조했다. 이어서 그는 조선이 중국에 의지하면 유리한 점 여섯 가지와 중국을 배반하면 네 가지 해로운 점을 언급했다.

원세개는 고종에게 상소를 올려, 조선은 "지금 상하가 단합되지 않고 나라는 쇠약하며 백성들은 가난하므로 …"라며, 조선을 비유하는 말 4가지를 언급했다. "동쪽의 이웃집이 무너지면 서쪽의 이웃 뜰과 마루도 반드시 쉽사리 밖에 드러나기 마련입니다.", "조선은 못쓰게 된 배와 같습니다.", "조선의 병은 골수에 든 병"이며, "집안이 거덜이 나서 아무런 먹을 것도 없다면 무엇으로 살아나가겠습니까"라 했다.

또 원세개는 조선이 당면한 열 가지 문제에 대한 해결책으로, 관리로 등용했으면 의심하지 말고 의심스러우면 등용하지 말 것, 간신들을 멀리할 것, 왕은 큰 줄기만 틀어쥐고 상벌을 분명히 할 것, 흩어진 민심을 돌아오게 할 것, 침체된 것을 추켜세우고 시기하고 의심하던 것을 풀어 신하들을 분발시킬 것, 수입을 고려해서 지출할 것, 신하들의 말을 가려서 들을 것, 상과 벌을 정확히 할 것, 친할 사람을 가까이하는 문제와 외교를 신중히 할 것 등을 건의했다.

이에 고종은 "… 근래에 이 나라의 정령이 하나도 집행되지 못하고 있는 것은 사실 암둔한 내가 똑똑치 못해서 일 처리를 잘하지 못하고 안팎의 여러 신하들은 우물쭈물하면서 말하지 않고 있기 때문입니다. 그런데 족하만은 간곡하게 일깨워주며 시폐를 명확하게 논하여 황제까지 보도록 했으니 … 감히 마음과 뜻을 깨끗하게 씻고 신정(新政)을 도모함으로써 고심 어린 족하의 기대에 부합되게 하지 않을 수 있겠습니까?"라며 감사를 표했다.[4]

그런데 원세개 글의 내용 대부분은 이미 신하들이 수십 년 전부터 상소를 통해 말해오던 것으로, 오랫동안 해결되지 않고 있던 조선의 고질적인 문제들이었다.

고종이 본 위태로운 조선

이로부터 나흘 후인 8월 3일 자 승정원일기에 있는 영의정 심순택의

1886년 조선

사직상소에 대해서 조선이 심각한 상황에 있음을 고종도 인정한다. "… 신이 오늘날 떠나겠다고 말씀드리는 것은, 바로 나라의 어려움을 구제할 수 없고 소요와 유언비어를 진정시킬 수 없으며 나라의 위태로움을 만회할 수 없기 때문입니다. … 신이 일찍이 연석(筵席)에서 아뢰어 전하께 권고한 핵심적인 내용은 오직 실심(實心)으로 참되고 바른 정치를 행하시라는 것이었습니다. …"라고 했다.

이에 고종은 "… 백성과 나라가 장대를 타고 오르고 비탈을 달려 내려가는 것처럼 위급하고 두려운 상황이니, 잠시라도 경계하지 않으면 홀연 장대에서 떨어지고 달리다가 넘어지는 꼴이 되고 말 것이다"라 했다. 그러나 심순택은 사흘 후에 다시 사직상소를 올린다.

고종의 용기와 과단성 부족을 지적한 좌의정

8월에 이어 좌의정 김병시가 9월에 다시 사직상소를 올렸다. "… 나라 일이 날로 잘못되고 백성들의 생활이 날로 고달프게 되는 것은 무슨 까닭입니까. … 비록 날마다 어전에 계책을 올린다고 하더라도 무슨 도움이 되겠습니까"라며, 이러한 현실의 원인은 "… 전하의 … 용기와 과단성이 부족하기 때문이라고 여겨집니다. … 성상께서는 확연한 결단을 내리시어 좋아하고 싫어하는 것을 분명하게 보여서 …"라고 한다. 이때도 고종은 "… 이번에 진달한 바는 약석 같은 말이 아닌 것이 없으며 …"라 하였다.[5]

월급을 못 받는 관리들

10월 중순에 호조판서 정범조는 다시 사직상소를 올려, 관리들의 급여도 "이전에 미처 다 주지 못한 것을 나중에라도 충분히 주기 어렵고 … 두 달 동안 창고를 열었지만 기준대로 나누어 줄 길이 없습니다. … 그래서 두려운 마음에 날이 새도록 서성이기만 합니다. … 신을 불쌍히 여기시어 …"라 했다.

실제로 7월에 통리교섭통상사무아문이 "매달 봉급을 줄 때면 매번 궁색한 것을 걱정하게 됩니다. …"라 했다. 10월 중순에 우의정 김유연도 "… 경비가 요즘과 같이 고갈된 때가 없어서 탁지에서 녹봉을 주지 못한 지가 몇 달이 되고, 혜국(惠局)에서 공가(貢價)를 주지 못한 것이 얼마가 되며(《비변사등록》에서는 "몇 분기가 되었으며"), 각영(各營)에서도 현재 급료를 주지 못하고 있습니다. … 수확하는 가을철이 이러하니 …"라며, 봄에는 더 나빠질 것을 우려했다.

같은 날 선혜청 제조 조강하는 "근래에 각 고을들에서 … 걸핏하면 흉년이 들어 백성들이 곤궁하여 독촉해서 징수하기 곤란하다고 핑계대고 … 기일을 지체시키고, 줄여서 바치며, 늦게 실어서, 일부러 배를 파손하게 만들고 …" 있다고 했다.[6]

"어찌 뼈에 사무치도록 원통하지 않겠습니까"

12월에 영의정 심순택이 상소를 올렸다. "강압적으로 폭력을 쓰는 자들이 … 대개 수십 년 전에 영원히 팔아 버렸던 토지의 본래 가격을 지금의 당오전으로 쳐주고는 토지를 되놀려 받거나, 또는 무뢰한 도당들과 결탁해서 널리 수족(手足)들을 심어 두고 원근으로 출몰하면서 연이어 붙잡아 가는 경우가 허다하니, 겨우 죽으로 끼니나 때우는 백성들이 혹시라도 이러한 경우를 한 차례 당하기라도 하면 마치 죽음으로 가는 경우나 다름없이 여겨서, 천금의 돈이 들더라도 애석하게 여기지 않고 하루의 삶을 도모하고 있습니다. …

백성들을 한결같이 이러한 무리들에게 할퀴고 뜯기도록 맡겨 두어 억울한 일이 있어도 호소할 곳이 없고 죽을 처지가 되더라도 돌봐 주는 사람이 없으니, 어찌 뼈에 사무치도록 원통하지 않겠습니까. …"라 했다.[7]

1886년 조선

러시아 상인이 본 금광 노동자들의 삶

연초에 조선을 방문했던 블라디보스토크의 상인이 서울에서 원산, 함흥을 거쳐 3월에 러시아로 갔다. 그가 도중에 금광 노동자들을 목격한 기록에는, 노동자들의 급여가 매우 작고 심하게 굶주려 있었으며, 밥과 술에 노임을 전부 탕진하고는 "거의 벌거벗은 채로 다니고 있다."라고 했다.[8]

김규식, 배재학당, 육영공원, 콜레라

언더우드(Horace Grant Underwood, 1859-1916) 목사가 고아원을 열었는데 이것이 연희전문학교로 발전하게 되고, 이 고아원에서 자란 대표적 인물이 김규식(金奎植, 1881-1950)이다.

또 아펜젤러(Henry G. Appenzeller, 1858-1902) 목사가 영어학교를 설립했는데, 고종은 다음 해에 '배재학당'이라는 교명과 현판을 내린다. 보빙사 일행과 포크 공사의 건의로 '육영공원'이 설립되어 학도를 모집하였고, 헐버트(Homer B. Hulbert, 1863-1949) 등 3명을 교사로 채용하여 9월에 개교하였다.

7월에는 콜레라가 발생하여 선교사들이 방역, 치료 사업을 펼쳤고, 당시 영국 부영사 칼스는 콜레라 사망자가 10만 명 이상인 것으로 기록했다. 고종이 6월 말에 전교한 내용 중에는 "지금 모진 전염병의 기운이 요원의 불길마냥 급히 퍼지고 있으며 점점 전염되어 장차 죽음의 구렁텅이에 빠질 우려가 있으니"라고 염려하는 내용이 있다.[9]

1886년(메이지明治 19) - 일본

이해에 콜레라와 이질로 11만 명 이상이 사망한다. 이런 혼란한 상황에서 일본건축학회가 설립되고, 교과서 검정제도를 실시하고, 동경대학이 '제국대학'으로 개명을 했다. 한편, 영국으로부터 거문도 철군을 위한 조건을 통보받은 이홍장은 주청 러시아공사관 측과 협의한다. 조선의 어느 곳도 점령하지 않을 것이라는 러시아의 확답을 이홍장으로부터 전해 들은 영국은 거문도 철군 계획을 이홍장에게 통보하고, 이홍장은 이를 조선의 원세개에게 알린다. 이해 말부터 이토 히로부미는 헌법 초안 작성 작업을 본격적으로 시작한다.

콜레라 사망자 11만여 명

일본에 콜레라와 이질이 크게 퍼져 18만여 명의 환자 중 11만 5천여 명이 사망했는데, 그중 콜레라로 10만 8천여 명이 사망했다. 1877년부터 1895년까지 19년간 콜레라와 이질 환자 수 127만 명의 43%인 약 54만여 명이 사망했다.[10] 이는 매년 2만 8천여 명이 사망한 것인데, 청일전쟁 사망자 약 1만 3천 명의 2배 이상의 사람들이 19년간 매년 사망한 것이다.

1886년 일본

건축학회, 학교령, 교과서 검정제도, 관료임용제도

일본건축학회가 설립되었는데, 1888년에는 전기학회, 1897년에는 기계학회, 1898년에는 공업화학회가 설립된다. 또 '소학교령', '중학교령', '사범학교령', '제국대학령'의 4개의 학교령이 공포되었고, 제국대학은 "국가의 수요에 부응하여 학술기예를 교수하고" 학문을 배우고 연구하는 것이 목적이었다.

또 교과서 검정제도가 도입되었는데, 채택된 교과서는 4년 동안 사용되었기 때문에 교과서 회사들이 심의위원들에게 로비를 벌여 불법 행위가 끊이지 않았다. 전국 각 현(縣)의 지사나 사범학교장, 중학교장 등이 체포되는 등 대형 부패사건으로 이어져 교과서 국정화 논의가 급부상했다. 결국 1904년부터 국정교과서가 사용된다.

국가시험에 의한 관료임용제도가 도입되어 법과대학 졸업자에게는 무시험 임용이 시행되었다. 동경대학이 '제국대학'으로 개명했고, 그 후 교토제국대학이 개교함으로써 1897년 6월에 '제국대학'은 '동경제국대학'으로 개명한다.[11]

불공정 조약 개정 회의

일본은 막부 시대 때 체결된 불평등 조약을 개정하기 위해 1882년부터 조약 체결국과 협의를 가졌다. 그러나 1884년 갑신정변, 1885년 거문도 점령 등으로 인해 회의는 연기되었다. 마침내 이해 5월에 동경에서 재개되어 다음 해 4월에 종료되는데, 조약 개정의 가장 큰 목표는 관세자주권 회복과 치외법권(영사재판제도)을 철폐하는 것이었다.[12]

김옥균의 상소문

갑신정변 후 일본에 망명 중이던 김옥균의 상소문이 '동경매일신문' 7월 9일 자에 게재됐다. 상소문에서 김옥균은 백성이 물건을 만들거나 저축을 하면 양반이나 관리들이 약탈하기 때문에 놀고먹는 백성이 전국에 가득하여 국력이 날로 약해진다고 했다.[13] 이런 내용은 그동안 대신들이 고종에게 상소한 것과 이후에 외국인들이 기록하는 내용과도 일치한다. 8월 초에 김옥균은 오가사와라 제도(小笠原諸島)에 2년간 억류된다.

이홍장의 거문도 철수 협상

4월 중순에 영국 정부는 다른 열강이 조선을 점령하지 않는 것을 청국 정부가 보장한다면 영국은 철수할 것임을 청국에 전했다. 이에 이홍장은 9월에 톈진에서 러시아 임시공사인 라디젠스키와 교섭을 시작했다. 라디젠스키는 러시아는 청국의 조선 점령에도 반대하며, 영국군이 거문도에서 철수하면 러시아는 조선의 어느 곳도 점령하지 않겠다는 입장을 밝혔다.

총리아문은 월샴(John Walsham) 주청 영국공사에게 이 사실을 전달하면서, 조선이 거문도를 제3국에 양도하는 것을 허락하지 않을 것임을 공식적으로 확약하고 거문도 철수를 요청했다. 12월 말(음 11월 말)에 총리아문은 거문도 철수에 관한 영국의 조회를 접수하였고, 이홍장은 이것을 원세개에게 통보하여 조선에 알리도록 했다.[14]

화물선 침몰 사고와 영사재판권 문제

10월 말에 영국 화물선이 일본 영해에서 침몰하는 사고가 일어났는데, 영국인 선원은 전원 구조됐으나 20여 명의 일본인 승객과 10여 명의 인도 선원은 전원 사망했다. 이로 인해 일본 여론이 들끓었고, 선장이 고베 주재 영국 영사관에서 심판을 받았으나 무죄를 선고받자 군중들이 연설회를 열어 성토했다. 이후 일본 정부의 요청으로 다시 재판이 열렸으나 선장은 금고 3개월의 선고를 받았고, 다른 영국 승무원은 무죄 방면되었다.[15]

헌법 초안 기초 작업

이토 히로부미는 11월부터 본격적으로 헌법초안 기초 작업을 진행했는데, 초안 작성에는 이노우에 고와시, 가네코 겐타로 등이 참여했다. 이들 외에 일본 정부의 법률 고문인 독일인 뢰슬러(Karl F.H. Roesler)와, 이토가 1882년에 헌법 조사차 독일을 방문했을 때 만난 그나이스트의 제자인 모세(Albert Mosse)를 초빙하여 그로부터도 법률 자문을 받았다.[16]

1887년(광서 13, 고종 24) - 조선

 지석영의 상소에서 문서 위조, 군기 없는 군사, 도적이 횡행했음을 볼 수 있다. 그러나 그를 비판하는 상소가 줄을 이었고, 결국 지석영은 4년간 유배를 간다. 한편, 영국군이 거문도에서 철수하자 조선 조정은 청국에 자문을 보내 사의를 표한다. 3월과 5월 사이에 러시아와 미국공사의 본국 보고 내용을 보면 모두 조선의 독립을 비관하는 내용이다.

 청의 조선에 대한 압박은 해외에 공사를 파견하는 것에까지 이르렀는데, 유럽 파견 공사는 홍콩에서 오가지도 못하고 15개월 동안 대기하다가 귀국하여 유배를 가고, 일본 파견 공사도 메이지 천황에게 국서를 봉정한 지 일주일도 되지 않아 귀국한다. 주미공사 박정양은 미국공사의 협조로 미국에 도착하여 미국대통령에게 신임장을 제정했다. 이후 청의 압박이 계속되자 결국 고종은 근무한 지 10개월 된 박정양을 소환시킨다.

 이해에 특이한 사실은 조선 외교고문인 미국인 데니가 이홍장을 만나 조선이 독립국임을 강조하는 등 조선의 그 어느 대신들에게서도 볼 수 없었던 모습을 보여준 것이었다.

"오늘날의 도적은 오히려 알려지지 않을 것을 걱정합니다"

 3월 말에 장령(掌令, 사헌부 정4품) 지석영이 상소를 올려 10가지 문제를 아뢰는데 그중 일부를 보자. "… 심지어 서명이 되어 있지 않은 문

1887년 조선

서를 위조하고 거짓 도장을 찍어 협잡한 흔적이 있는데도 마을을 돌아다니면서 무고한 백성들이 가산을 탕진하도록 하고 … 녹봉을 받지 못한 백관의 처자들은 수심에 잠겨 원망하고 있으며, 처소를 잃은 오부(五部)의 서리와 하인들은 다니며 구걸하고 있습니다. … 옛날의 군사는 공적인 싸움에 용맹했는데 오늘의 군사는 사적인 싸움에 능수입니다. … 창가나 술집을 군영의 방처럼 여기며, 심지어 저희들끼리 서로 공격하여 살상하는 데까지 이르고 … 장수가 군사를 통제하지 못하고 … 군사가 장수에게 복종하지 않고 있으니 … 옛날의 도적은 곤궁한 데서 나왔으나 오늘날의 도적은 사치를 부리는 데서 나왔으며, 옛날의 도적은 그래도 사람들에게 들킬 것을 두려워했는데 오늘날의 도적은 오히려 알려지지 않을 것을 걱정합니다. …"라고 했다. 이외에 그는 낭비, 당백전과 당오전의 문제, 부상(負商)의 행패 등을 상소했다.[17]

"어찌 감격하지 않을 수 있겠습니까?"

영국의 거문도 철수에 관한 내용이 4월 17일 고종실록에 있다. "거문도를 점거했던 영국 사람들이 지금 이미 철수하여 돌아갔다고 합니다. 사례하지 않을 수 없는 만큼 앞으로 … 자문을 만들어 먼저 북경의 예부에 알리고 …"라 하였다.

청국의 예부에 보내는 자문의 내용은 "거문도를 영국 사람들이 점거한 지 3년이나 되었는데 물러가라고 독촉하면 그냥 질질 끌기만 하므로 … 그런데 천조(天朝)에서 자기의 영토처럼 특별히 생각하고 어느 날 사리에 근거하여 잘못을 책망하니, 그들도 그만 군함을 돌려세우고 모든 시설물들을 철수하여 … 어찌 감격하지 않을 수 있겠습니까? 그래서 자문을 보냅니다."라고 했다.

영국군이 거문도에서 철수한 것은 2월 5일(양 2월 27일)이다. 그런데 두 달이 훨씬 지난 4월 17일에 "이미 철수하여 돌아갔다고 합니다"

라고 하는 것을 보면, 거문도에 관한 조선 조정의 관심, 보고체계 등이 미약했음을 알 수 있다.

지석영의 유배

4월 하순에 지석영을 비판하는 상소가 줄을 잇는다. 지석영은 갑신정변에 참가하지 않았는데, "박영효가 흉악한 음모를 꾸밀 때 간사한 계책을 몰래 도와준 자는 지석영"인데 처벌을 받지 않았다고 했다. 또 김옥균을 암살하기 위해 왕비 측에서 일본에 파견하였으나 실패한 지석영의 형인 지운영을 가리켜 "바다 건너에 출몰하며 도리어 역적의 부류와 내통해서 은근히 나라를 팔아먹는 짓을" 일삼았다고 했다. 사헌부와 사간원은 상소에서 "… 만 번 죽여도 오히려 죄가 가벼운"이라며 이들을 심문할 것을 상소했고, 결국 고종이 지석영을 "원악도에 위리안치"하게 하였다. 지석영은 4년 후인 1891년 2월에 석방된다.[18]

이처럼 조선의 문제점을 지적하고 개혁을 주장하는 사람에 대해서는 누명을 씌워서라도 어김없이 쫓아냈다. 이동인의 실종도, 《조선책략》을 갖고 온 김홍집에 대해서도 비슷했다. 그런데 이런 사회적 환경은 앞으로도 변화가 없다.

조선의 독립에 비관적인 러시아·미국공사

5월 초, 러시아공사 베베르는 본국에 보낸 보고서에서, 조선은 여전히 청의 막강한 영향력에 휘둘리고 있고 궁궐 수비대는 오합지졸인데, 이런 상태에서 어떤 일이 일어나면 조선의 독립은 공중에서 '폭발'할 것이라 보고했다.

이즈음 딘스모어(Hugh A. Dinsmore) 미국 변리공사가 보고한 내용도 베베르와 큰 차이가 없었다. 3월(양 4월) 보고서에서는 청국이 조선 조정과 고종에 대한 통제를 강화하고 있는데, 조선인들은 청에 굴복하

1887년 조선

고 있다며 조선의 독립을 비관적으로 전망했다. 4월 초(양 5월 말) 보고서에서는 미국은 조선을 독립국가로 대우하고 있지만, 만약 조선 국왕과 신하들이 청의 지배를 받기를 원한다면 미국은 반대할 수 없다고 했다. 5월 초(양 6월 말) 보고에서는 현 상태로는 조선 독립의 전도는 암담하다는 자신의 전망은 변하지 않았다고 보고했다.[19]

"사람을 죽이는 것도 부족하여 무덤까지 파고 있다"

영의정 심순택의 상소를 보면 당시 행정 체계의 혼란상과 치안 부재를 알 수 있다. 8월 중순에 올린 상소에서는 "… 행장을 채 꾸리기도 전에 체차되고 좌석이 따뜻해지기도 전에 체차되곤 합니다. 그래서 내일은 또 어느 고을에 있을지 알지 못하게 되므로 필시 마음을 다하여 다스릴 리가 없을 것입니다. … 끝없는 폐해가 결국은 백성들에게로 돌아가게 되는 것입니다.

그리하여 곤궁함은 나날이 심해지고 신음 소리는 나날이 들려오는데 … 지금은 관리의 수가 도리어 폐지하고 감원하기 전보다 배로 늘어났습니다. … 매월 나누어 주는 봉록은 끝이 없습니다."라고 했다.

12월 상소에서는 "재물을 빼앗는 것도 부족하여 사람을 죽이고, 사람을 죽이는 것도 부족하여 무덤까지 파고 있다는 경악스러운 소문이 들리지 않는 날이 없습니다. 경기와 충청도가 더욱 심한데 점점 서울 근교까지 미치고 있으니 …"라 했다.[20]

외교고문 데니의 활약

이홍장의 추천으로 전년도 3월에 외교고문에 임명된 데니(Owen N. Denny, 1838-1900)가 9월 초 톈진에서 조선의 주권과 속방 문제와 관련하여, 이홍장과 설전을 벌였다. 데니는 이홍장에게 청이 조선을 속국으로 여기며 조선의 조약 체결권을 부정하는 것은 아무런 법적 근거가 없고, 조선 국왕을 폐위시키려 한 원세개는 반드시 소환해야 한다고 주장했다. 데니는 또 조선이 조약을 체결한 나라에 공사와 영사를 파견할 수 있다는 내용이 조약에 포함되어 있는데, 청이 어떤 근거로 이를 제한하는지 이해하기 어렵다며 이홍장의 주장을 반박했다. 이런 장면은 조선의 대신들에게서는 볼 수 없는 장면이다.

이홍장은 자신이 파견한 데니가 청의 이익에 반하는 조언을 조선에 해서는 안 된다고 지적했지만, 데니는 조선 국왕을 위해 근무하는 동안에는 조선의 이익에 부응하도록 조언하겠다고 했다.

서울로 돌아온 데니는 베베르에게 톈진 방문 경위와 고종에게 보고한 내용을 설명했다. 당시 청은 조선의 내정에 대한 간섭을 더욱 강화하고 있었고, 이런 상황에서는 자신이 일을 할 수 없어서 고문직을 사퇴하겠다는 의사를 밝혔다. 데니는 조선을 둘러싼 국제 정세와 조선의 독립에 대한 소책자인 《청한론(China and Corea, 淸韓論)》을 다음 해 상해에서 영어로 발간한다.[21]

청의 간섭에 짓눌려 있던 조선이 이때 실제로 일본, 유럽, 미국에 주재 공사를 파견했다. 그러나 모두 청의 간섭으로 제대로 파견하지 못했다.

해외 공사 파견에 간섭하는 청

주일공사의 경우, 6월에 민영준을 파견한 후 원세개에게 알렸는데, 원세개는 이를 이홍장에 보고하여 앞으로는 청의 사전 승인을 받은 후 파견하도록 했고, 조선이 무역하는 국가가 없으니 사절을 보낼 필요가 없다는 입장이었다. 결국 민영준은 메이지 천황에게 국서를 봉정한 지 1주일도 되지 않아 귀국길에 올랐다.

유럽 5개국 전담 공사로는 조신희를 9월에 파견했으나, 역시 원세개가 소환을 요구했다. 결국 조신희는 홍콩에서 1년 3개월 간 대기하다가, 병을 핑계로 공사직을 사임하고 귀국하였는데 귀양을 가게 된다. 1890년 2월에 박제순을 후임으로 임명했으나 그도 부임하지 못한다.[22]

주미공사 파견과 청국에 항의한 미국

주미공사 박정양의 부임을 원세개가 막으려 했으나, 미국공사 딘스모어의 도움으로 박정양 일행은 미국 군함을 타고 10월 2일(양 11월 16일)에 출발했다. 박정양 공사가 승선할 때 미군 함장 이하 사관과 병사들이 좌우로 도열하고 군악을 연주하며 태극기를 게양하고 예포를 터뜨려 일등 공사의 예로 대우했다. 이때 30세의 참찬관 이완용, 38세의 친군후영 이상재, 27세의 번역관 이채연 등이 동행했다.

미국 도착 후 청국이 지킬 것을 강요한 '영약삼단(另約三端)'을 수행한 알렌 참사관이 지키지 말 것을 단호하게 주장하자 박정양은 이를 따랐고, 이후 원세개가 고종에게 이를 강력하게 항의했다. '영약삼단'의 내용은, 조선공사가 주재국에 도착하면 먼저 청국공사관을 방문하여 청국공사와 함께 주재국의 외무성(국무성)을 방문할 것, 회의나 연회 등 교제석상에서 조선공사는 청국 공사 다음 자리에 앉을 것, 중요한 교섭이 있을 경우 미리 청국공사와 협의할 것이었다.

한편, 미국무장관 베이어드(Thomas F. Bayard, 재임 1885-1889)의 훈령에 따라 주청 미국공사 덴비(Charles Denby)는, 조선의 전권공사 파견을 청이 방해하는 것은 조미조약을 무시하는 처사라고 청국 정부에 정식으로 항의를 제기했다.[23]

박정양의 신임장 단독 제정과 러시아 외무상의 보고

주미 청국공사는 '영약삼단'을 베이어드에게 보내 조선공사가 신임장을 제정할 때 청국공사가 함께 있어야 한다고 주장했다. 그러나 베이어드는 이를 무시했고, 미국은 조선을 '독립국'으로 대우한다며 박정양 공사 단독으로 1888년 1월 중순(양)에 미국 대통령 클리블랜드(Grover Cleveland, 재임 1885-1889, 1893-1897)에게 신임장을 제정하게 했다.

이러한 박정양의 신임장 단독 제정을 지켜본 러시아 외상 기르스는 그해 6월 초 알렉산드르 3세에 올린 보고서에서, 대부분의 열강이 청국이 조선의 주권을 침해하는 것을 방관하고 있는데, 그것은 청에서의 경제적 이득 때문이라 했다. 그러나 오직 미국 정부만이 청의 기득권을 인정하지 않고 있다면서, 청국공사의 배석을 거부하고 조선공사 단독으로 미국 대통령에게 신임장을 제정하게 한 것을 예로 들었다.²⁴

박정양의 귀국과 황현의 기록

그러나 박정양 공사는 10개월 만인 1888년 11월에 소환 명령을 받아 워싱턴을 떠난다. 그는 일본에서 약 6개월간 대기 후 1889년 7월 말에 고종에게 복명한다. 1889년에 박제순을 주미공사로 발령했으나 역시 청의 간섭으로 부임이 좌절되고, 그해 연말에 알렌도 사임한다.

박정양의 소환과 관련하여 황현은 《매천야록》에 다음과 같은 기록을 남겼다. "북경에서 계속 질책하는 말이 있자 임금은 모르는 일이라 핑계하며 죄를 박정양에게 돌려 임무가 끝나기도 전에 즉시 돌아오도록 명했다. 그리고 연루시키고 책임을 미루어 전하묵 등은 귀양을 가게 되고 박정양은 1년여 동안 할 일 없이 지냈다. 임금은 무릇 외교의 일에 있어서 처음에는 독단으로 처리했다가 한 번 삐끗 잘못되면 문득 책임을 아랫사람에게 돌렸기 때문에 일을 맡은 대신들은 이리저리 눈치만 살피면서 힘을 다해 일하지 않았다."²⁵

외국 공사들의 반응

조선의 공사 파견에 대해 영국과 독일총영사는 조선이 청의 속방이므로 청의 체면이나 만국공법을 볼 때 조선이 사절을 파견하게 청이 허락해서는 안 된다는 입장이었고, 미국, 일본, 러시아는 조선의 사절 파견을 지지하는 입장이었다.[26]

연무공원

12월 하순에 장교들의 연습 장소로 '연무공원(鍊武公院)'을 만드는데, 고종이 "무비(武備)는 나라의 중요한 일이니 또한 형식적으로 하거나 느긋하게 해서는 안 될 것이다. … 지난번에 추천한 사람들이 이제 날마다 훈련하게 되었으니, 연습 장소를 연무공원이라" 하였다. 연무공원은 1894년에 폐지되기까지 6년간 존속했다.

그러나 4명의 외국군사교관의 봉급은 체불되었고, 1년 뒤에는 2명의 교관이 재정 부족으로 계약 연장이 취소되었다. 양반의 자식들이었던 생도들은 거의 군사 훈련을 받지 않았고, 군사 장비들도 제대로 사용되지 못했으며, 서양식 군사 교육이 아닌 전통 방식의 교육을 주장하기도 했다.[27]

1887년(메이지 20) - 일본

일본은 이해에 세계 최초로 건전지를 발명하고, 수력발전소를 완공하여 영업용 전력 공급을 시작했다. 불공정 조약 개정을 위한 정부의 주장에 의회는 여전히 반대하고, 전국적으로 반대 여론이 커지자 외무대신이 사임한다. 12월에는 불공정 조약 개정에 반대하는 자유민권파 운동가들이 시위를 계속하자 '보안조례'를 발표하여 이들을 추방·투옥시킨다.

러시아에서는 시베리아 철도의 필요성에 관한 논의가 시작되고, 일본 신문은 이를 예의 주시한다.

건전지, 수력발전소

시계 수리공으로 동경물리학교(현 동경대 이과대학) 부속 직공이었던 야이 사키조(屋井先蔵, 1864-1927)가 1885년부터 겨울에도 얼어붙지 않는 건전지 개발에 착수했는데, 이해에 세계 최초로 건전지를 발명했다. 그러나 당시에 민간 수요는 거의 없었고, 1894년 청일전쟁 때 중국의 혹한지에서도 건전지가 작동되면서 성능을 인정받고, 이후 일본군이 사용한다.

1883년에 설립된 동경전등은 이해에 동경에 수력발전소를 완공하고, 영업용 전력 공급을 시작했다.[28]

1887년 일본

일본적십자사

1867년에 파리 만국박람회 사절단의 일원으로 참가한 사노 쓰네타미(佐野常民)는 그때 국제적십자사의 조직과 활동을 알게 되어, 1877년 세이난 전쟁 때 하쿠아이샤(博愛社)를 조직하여 부상자를 구호했다. 일본은 1886년에 제네바(적십자)조약에 가입하였고, 이해에는 하쿠아이샤를 일본적십자사로 개칭했다.[29]

'방어선' 확장

후쿠자와 유키치는 일본의 안전을 위해 일본 밖에까지 방어선을 확장하여 그곳에서 적의 침략을 막는 것이 매우 중요하다는 글을 발표했다.[30] 후쿠자와의 주장은 야마가타 아리토모가 1890년 의회 시정연설에서 발표하는 주권선과 이익선의 개념과 비슷하다.

조약 개정 반대 여론

전년도 5월에 동경에서 재개된 불공정 조약 개정 회의가 이해 4월에 종료되었다. 회의 결과, 관세자주권 회복과 치외법권(영사재판제도)을 철폐하는 것에 대해 양측 간에 합의가 도출되었으나, 가츠 가이슈 등 원로 및 농상무대신 다니 다테키(谷干城, 1837-1911) 등과 여론이 강경하게 반대했다. 다니는 이노우에에게 이 합의안을 받아들이면 내정간섭을 허용하는 것이라고 비판하며 사직했고, 이토 총리와 이노우에 외무대신은 서양의 법률체계를 따라 법률을 제정, 개정 및 폐기해야 한다고 주장했다.

그러나 이에 반대하는 건백서가 전국에서 쇄도했고, 사법대신도 내각 붕괴를 우려하여 반대했다. 이들 외에 프랑스인 법률고문인 부아소나드 등도 찬성·반대파 간에 내란이 일어나 심각한 결과가 초래될 것을 우려하여 반대했다.

1887년 일본

결국 이노우에는 7월에 사임하고, 다음 해 2월에 오쿠마 시게노부가 외무대신에 임명될 때까지 이토 총리가 겸직한다.[31]

시베리아 철도 건설 논의

6월 중순, 러시아는 신속한 운송의 필요성이 더욱 커지고 있음을 만장일치로 확인했다. 런던의 〈타임즈〉가 6월 말에 러시아의 시베리아 철도 구상에 대해 보도했고, 일본 신문은 8월에 사설을 게재하여 시베리아 철도는 군사적인 면에서 영향이 크므로, 일본은 영국, 청, 러시아와 어떤 관계를 맺어야 할지 선택해야 한다고 했다.[32]

헌법 교육을 받은 천황

헌법 초안이 8월에 완성되었고, 이토는 메이지 천황의 시종장에게 서구 시찰을 지시해, 시종장은 오스트리아의 법학자 슈타인 교수의 강의를 들었다. 시종장은 다음 해 11월에 귀국하여 이듬해 봄까지 메이지 천황과 황후에게 33회에 걸쳐 헌법에 관해 강론하여 헌법을 이해시킨다.[33]

보안조례

12월에는 반정부적인 자유민권운동가 약 2천 명이 동경에 모여 불공정 조약 개정에 반대하는 시위를 벌이는 등 동경 시내는 혼란이 끊이지 않았다. 이에 12월 말에 '보안조례(保安條例)'가 발표되었는데, 집회·비밀결사의 금지 및 경찰관이 옥외집회 금지권을 가지는 등의 내용이었다. 이 조례에 따라 500여 명이 시외로 추방되었고, 일부는 투옥되었다.[34]

호예원

중국의 사상가이자 변법운동가였던 호예원(胡禮垣)은 중국이 부강하려면 서양의 장점을 본받아 육해군을 강화해야 하지만, 무엇보다 심각한

1887년 일본

문제는 정령(政令)이 닦이지 않고 풍속이 퇴폐한 것이라 했다.[35] 이러한 그의 지적은 당시 조선의 관리들이 고종에게 상소하던 내용과 비슷하다.

전자기파

독일의 물리학자 헤르츠(Heinrich Hertz, 1857-1894)는 빛의 속도와 성질을 가지고 공간에서 전파되는 전자기파의 존재를 증명하였다. '헤르츠파'라고도 불리는 이것은 1895년에 마르코니(Guglielmo Marconi, 1874-1937)가 먼 곳과 무선으로 통신할 수 있는 기술을 개발하는 데 이론적 기초가 된다.[36]

1888년(광서 14, 고종 25) - 조선

궁전 건설 비용은 여전히 많이 지출되는데, 3월에 50만 냥을 지출한다. 그러나 8월에 평안도에서 홍수로 약 2천 가구가 피해를 입고 300여 명이 사망하자 이들에게 지원해 준 돈은 1만 냥이었다.

러시아는 조선공사에게 내린 훈령에서 조선은 스스로 나라를 지킬 능력이 없다고 보고, 따라서 청과의 관계를 해치지 않도록 하라고 했다. 프랑스 외무성이 내린 훈령도 이와 다르지 않았다. 한편, 베베르는 9월 보고서에서 조선이 청에 병합이 될지도 모른다고 우려를 표한다.

주미공사관에 발령받은 병조정랑 김사철은 상소를 올려 돈 낭비일 뿐이라며 부임을 거부하고, 좌의정 김병시는 당시 백성들의 상태를 "마른 수레바퀴 자국 안에서 헐떡거리는 붕어보다" 심각하다고 상소한다.

박영효의 '건백서'

갑신정변 후 일본에 망명 중이던 박영효가 2월에 고종에게 올리는 '건백서'를 작성했다. 그는 여덟 가지의 국정 개혁을 언급했는데, 세계 정세, 법의 기강 확립, 경제 회복, 백성을 편안하게 할 것, 군비 강화, 사회 기강 확립, 정치를 바르게 할 것, 자유 등이었다.

박영효는 일본은 부강한 나라들과 함께 달려가고 있는데, 조선은 아직도 "몽매한 가운데서 바보처럼, 어리석은 사람처럼, 취한 사람처럼, 미친 사람처럼" 세상을 깨닫지 못해 "천하에서 모욕을 자초하고" 있다

1888년 조선

고 했다. 그는 당시 세계정세는 군사력을 최고로 여겨서 공법은 의지할 것이 못 되기 때문에 국가가 자립의 힘이 없으면 유지될 수 없다며 국력 강화를 강조했다. 그는 또 백성이 자유를 누리게 할 것과, 재상에게 정무를 맡기고, 백성들이 스스로 일을 의논하게 할 것 등을 건의했다.[37]

궁전 공사비 50만 냥

《비변사등록》 2월 29일 자의 영의정 심순택의 상소를 보면 "공납(세금)의 폐단은 이미 고질이 되어 해결할 수 있는 대책이 없고 … 이리저리 반복해서 생각해 보았지만 괴롭게도 좋은 대책이 없으니, 조금이나마 손을 써 볼 수 있는 것은 절약해서 사용하는 데 달려 있을 뿐입니다"라며 불요불급한 지출을 억제할 것을 아뢰었다. 그런데 3월 2일 자 고종실록을 보면, 고종은 "이번에 중건하는 공사는 그만둘 수 없는 것이다. … 특별히 내탕전 50만 냥을 내리니 …"라 하였다.

4월 중순에는 고종이 관리와 군사들에게 급여를 제대로 주지 못하고 있는 문제를 조정에서 논의하여 대책을 올리라고 지시하는데, 4월 말에 신하들이 올린 대책은 "지금의 황급한 실정으로는 나라가 나라꼴이 될 수 없으니 … 지금 할 수 있는 방도는 오직 절약뿐입니다."라고 했다.

8월에 평안도에서 "민가가 1,927호나 물에 떠내려가고 303명"이 익사하자 고종이 내탕고에서 내려 보낸 돈은 1만 냥이었다.[38] 즉, 관리들과 군사들은 급여도 제대로 받지 못하고 있었는데, 궁전 공사에는 수해로 사망한 3백여 명과 피해를 입은 2천 가구에 내린 구휼금의 50배를 지출한 것이다.

"왼손으로 동그라미를 그리고 오른손으로 네모를 그리는" 병조판서

3월 말 병조판서 김영수의 사직상소를 보면, 당시 일본이나 유럽의 참모총장, 육해군 장관 등과 조선의 병조판서의 위치와 자질, 조선군의 실상을 비교해서 생각하게 한다.

"필요한 것을 마련해 둔 것이 바닥나고 간사한 짓이 더욱 고질화된 것은 옛날과 비교해 볼 때 나날이 더 심해지고 있으니, 화타나 편작이 살펴보더라도 손을 놓고 돌아갈 것입니다. 돛대가 꺾인 배에 짐을 싣는 것과 같고 패한 장기판에 한 수 놓는 것과 같아서 …"라 했다. 그리고 병조판서인 자신이 "궁전을 중건하는 역사를 총괄하여 맡으라는 명을 외람되이" 받았다며 사직을 청했다.

김영수는 4월 중순에도 "군권을 맡은 병조판서와 군량을 맡은 친군영 제조의 직임"을 모두 맡았는데, 이것은 "왼손으로 동그라미를 그리고 오른손으로 네모를 그리는 일을 동시에 하게 하는 것과 무엇이 다르겠습니까"라며 사직을 다시 청했다.[39] '화타'와 '편작'은 옛날 중국의 명의(名醫)들이다.

러시아와 프랑스 정부의 대(對)조선 지침

4월 중순에 러시아 외무상 기르스는 조선 정부를 대할 때 지켜야 할 지침을 베베르에게 훈령했다. 조선은 최약소국으로 스스로를 지킬 수가 없고, 조선에게 가장 큰 위협은 청국인데 이런 조선을 잘 관리해야 하지만, 청국이 간섭할 구실을 주지는 않도록 조심해야 한다고 했다. 아울러 러시아가 조선을 보호하는 것은 러시아에 부담이 되며, 조선은 국내 질서 유지에 필요한 정도의 병력만 유지하게 해야 할 것이라 했다. 기르스는 6월 말에는 조선에 대한 청의 야심을 미국이 인정하지 않기 때문에, 조선 정부가 미국을 좋아하게 하는 것이 러시아에 좋다고 베베르에게 훈령했다. 7월 중순에는 러시아와 〈조아(朝俄)육로통상장정〉이 체결되었다.

프랑스 외무성도 프랑스에게는 청국이 중요하므로, 청에 반대하면서 조선을 지지하지는 말 것 등을 5월에 부임한 플랑시(Victor Collin de Plancy) 공사에게 훈령했다.[40] 실제로 다음 해 7월에 조선이 프랑스에서 차관을 얻으려다가 원세개의 반대로 실패하는데, 이때 프랑스 외무상은 플랑시에게 개입하지 말 것을 지시한다.

외국인에 대한 소문

6, 7월에는 서양인이 아이를 납치해 눈을 빼서 사진이나 약을 만든다는 소문이 돌았고, 배재학당과 이화학당의 학부모들은 자식들의 등교를 막고 학교에 난입하여 조선인 직원을 죽이기도 했다. 이러한 혼란으로 서양인들이 위협을 느끼자 딘스모어 미국공사는 이 소문이 거짓말이라는 사실을 백성들에게 빨리 알려주기를 조선 조정에 요청했다.

갑신정변 때 박문국이 백성들에 의해 파괴되어 〈한성순보〉가 폐간되고 그 이후 발행되어 오던 〈한성주보〉가 6월 중순, 2년 6개월 만에 폐간되었다. 그 이유는 박문국 운영 예산 부족과 구독료 미입금이었다.[41]

대궐 내에서 노름하는 군사

6월 30일 자 《비변사등록》을 보면 함경북도 북청의 백성들이 한성에 와서 상소를 올렸는데, 의정부에서 "… 백성들에게 살점을 벗겨내는 고통과 뼈에 사무치는 원통함이 없었다면 … 많은 사람들이 같은 마음으로 원망을 품고 천 리 길을 걸어와 이처럼 하늘을 우러러 호소하는 짓을 하기에 이르렀겠습니까. 사실을 지목하여 논열한 것이 모두 13개 조항인데 …"라 하였다.

그러나 비변사등록 7월 27일 자에는 대궐에서 "… 군사들이 잡기(雜技)를 가지고 서로 싸움질을 하여 살인하는 변고가 있기까지 하였다. …"라고 했는데, 고종실록 8월 7일 자에는 "노름"을 하다가 살인했다고 되어 있다.

백성들은 수탈에 시달려 함경도에서 대궐에까지 와서 호소하는데, 대궐을 지키는 군사들은 노름을 하다가 살인을 할 정도로 어느 곳 하나 기강이 제대로 서 있지 않았음을 알 수 있다.

"벙어리에 귀머거리, 소경까지 겸했으니"

8월 하순, 주미공사관의 참찬관 이완용의 후임으로 참무관에 임명된 병조정랑 김사철의 부임을 거부하는 상소는 당시 조선의 실상을 있는 그대로 보여주고 있다.

그는 사신을 주재시키는 것은 "모두 상업에 관한 일을 보호하며 교섭 관계를 처리하려는 견지에서"인데, "우리나라가 통상을 한 지 10년이 되지만, 한 명의 상인도 부지런히 원대한 계획을 세워 해외에서 무역을 하였다는 말을 아직 듣지 못했으니, 사신을 파견하여 상주시키더라도 사실 할 일이" 없다고 했다. 또 사신 파견 경비는 "한 번 움직이는데 만 냥이라는 거액이" 들고, 경비를 충당할 길도 없는데 주재시키는 것은 "틀림없이 나라의 채무만 더욱 늘어나게 될 것"이라 했다.

그리고 자신은 "… 공법, 조약, 규정, 각서 등 일체 현행 중요 사무에 관한 문건이 한문으로 번역된 것을 본 일이 없으며, 혹 보았다고 해도 그 본뜻이 무엇인지 알지 못하며 … 벙어리에 귀머거리, 소경까지 겸했으니 이웃 나라에 글을 전할 수도 없거니와 …"라 했다. 따라서 "나라의 형세가 좀 펴지고 상업이 점차 번성해진 다음 그때 가서" 파견하여야 한다고 했다.[42]

이런 내용은 앞으로 공사, 외부(外部)대신, 외부의 관리 등의 상소에서도 많이 볼 수 있다.

"모리배들"에게 놀아난 화폐주조

8월 말, 좌의정 김병시는 "… 백성의 위태로움이 참으로 두렵습니다.

… 건물을 중건하는 공사는 당분간 중지"할 것을 건의하였다. 그리고 여러 군데에서 엽전을 찍어내 물가가 오르자 "어찌하여 한 관청을 운영하기 위하여 문득 한 개의 주조소를 설치할 수 있겠습니까. … 여러 곳에 주전소를 설치하는 것도 모리배들에게 놀아나는 것에 불과합니다. 만약 부득이 주조해야 한다면 한 곳만 두고 나머지는 모두 혁파"할 것을 건의했다. 같은 날, 호조판서 정범조는 "현재 절실한 문제는 오직 신하들에게 녹봉을 나누어 주고 군졸이나 구실아치들에게 급료를 나누어 주는 문제입니다. 다음 달 1일 이후부터는 창고에 저축된 것도 없고 정해진 예산도 없으니 …"라 했다.[43]

조선이 청에 흡수될 것을 우려한 러시아공사

9월 말, 베베르는 본국에 보낸 보고서에서 조선인의 맹신과 겁 많은 성격을 이용해 청국이 불안을 조성하는 소문을 계속 퍼뜨리고 있고, 청국의 계책에 조선이 아무런 저항을 하지 않을 경우 조만간에 조선은 청에 병탄될 것 같다고 했다.[44]

"마른 수레바퀴 자국 안에서 헐떡거리는 붕어보다" 심각한 백성

9월 중순, 좌의정 김병시가 "… 민심을 굳게 결속시키지 못하여 크게 술렁거리는 지경에까지 이르러서는 재해가 없는 지역에서도 똑같이 소요가 일어나고 있어 … 금년의 기근이 근심스러운 것은 마른 수레바퀴 자국 안에서 헐떡거리는 붕어보다 더 심하여 위기에 처한 백성들은 먹여 달라고 아우성을 치고 있습니다."라고 했다.[45]

관직매매와 '벼락감투'

수령의 잦은 교체에 관해서는 전년도 8월 영의정 심순택의 상소에서도 볼 수 있었지만, 좌의정 김병시도 위의 상소에서 언급했다. 황현도

《매천야록》에서 이를 구체적으로 언급했다.

"영남 지방의 어느 고을에서는 1년 사이에 네 번이나 신관을 맞이하기도 했다. 교체되지 않는 몇 달 사이에 바삐 바삐 긁어모으기를 소나기가 퍼붓듯 하여 백금의 재산만 있더라도 약탈당하지 않을 수 없었다. 이에 부자나 가난한 자나 모두 곤궁해져 백성들은 살 의욕을 잃고 말았다."라고 했다. 또 '벼락감투'에 대해서는 "본인도 모르는 사이에 급작스레 억지로 임명되는 일도 있었다. … 한번 강제로 벼슬을 받고 보면 누구나 금방 파멸되고 마는 것이 벼락을 맞은 것과 비슷하기 때문이다. 이런 까닭에 백성들은 더욱 난리가 일어나기를 바라게 되었다"고 하며 "김병시는 여러 차례 진언하고 눈물을 흘리기까지 하였으나 아무 효과가 없었다"고 했다.[46]

"상인들은 낮으로 울부짖고 행인들은 밤으로 통곡하는데"

승정원일기 10월 3일 자의 영의정 심순택의 사직상소를 보면 "… 백성의 목숨을 널리 구제하기를 하였습니까. … 탐학한 관리를 통렬히 징계하여 민심에 흔쾌히 사죄하기를 하였습니까. … 이러한 문제들이 현재 앞에 닥친 급선무"인데 자신은 한 가지도 해결할 수 없다면서 사직을 청했다.

사흘 후인 10월 6일에는 고종 자신이 "… 남쪽 백성의 굶주림은 마른 웅덩이에 놓인 물고기와 같고 북쪽 백성의 고통은 놀란 짐승과 같으니 …"라 표현했다. 10월 8일 심순택은 치안과 관련하여 "도성 주변과 교외로부터 지방에 이르기까지 칼을 들고 겁탈하기를 밤낮을 가리지 않는데, 길 가는 사람들은 무서워서 감히 바라보지도 못하고 법관들은 수수방관하고 있으니 … 상인들은 낮으로 울부짖고 행인들은 밤으로 통곡하는데, …"라 했다.[47]

무정부 상태

10월 8일 영의정 심순택의 상소를 《비변사등록》에서 추가로 보자. "… 추위에 떨고 굶주림에 지친 모습으로 이리저리 흩어져 노인과 아이들을 데리고 보따리를 이고 지고 입을 모아 구걸하면서 곡식이 있는 고을로 모여드니… 장차 이 일을 어찌하겠습니까 …"[48]라며 당시 상황을 묘사하고 있다.

영의정의 이 발언을 보면 백성들로부터 엄청난 세금을 받아들이던 조선 조정은 백성을 위해 하는 일이 없었다. 1905년 8월에 군부대신 권중현이 "무정부" 상태라고 고종에게 아뢰지만, 적어도 이때부터 조선은 통치 능력을 상실한 무정부 상태에 들어간 것이 아닌가 생각된다.

데니의 외로운 투쟁

12월 말, 베베르가 외교고문 데니에 대해 본국에 보고했다. 데니는 상해에서 이홍장의 막료인 마건상을 만났는데, 데니가 주장하던 원세개의 소환을 위해서는 데니도 그만두어야 한다는 말을 들었다. 이에 데니는 고종의 동의가 있어야 자신이 사임하며, 만일 청이 대조선 정책을 변경하지 않을 경우 다시 예전의 지위로 복귀할 것이고, 원세개는 반드시 소환되어야 하며 추후에 조선에 다시 파견해서는 안 된다는 것 등을 제시했다. 데니는 고종에게 이를 보고했고, 고종은 데니의 계약 종료일인 1890년 4월까지 조선을 떠나지 말 것을 부탁했다.

데니는 미국에서 판사를 하다가 천진, 상해에서 미국영사를 역임했고, 원세개를 소환시키려 노력했다. 데니는 1890년에 사임하고, 1891년에 귀국하여 1900년에 사망했다.[49]

1888년(메이지 21) - 일본

이토 히로부미는 헌법 초안을 제출하였고, 천황의 최고자문기관인 '추밀원'이 설치되어 초안 심의가 시작됐다. 일본 정부의 불공정 조약 개정 노력에 영국은 일본의 법률 제도 미비 등을 이유로 또다시 거절한다. 이해에 1,700여 개에 이르는 일본어-영어-불어-독일어로 된 물리학 용어의 번역을 통일시켰다.

조선에 대한 러시아의 입장

3월에 러시아는 조선에 대한 입장을 정했다. 주요 내용은, 조선은 빈한한 나라로 시장으로서의 가치가 없고, 광물자원은 막대한 개발비가 들어 큰 매력이 없으며, 삼면의 긴 해안선을 방어하는 것은 러시아에게 부담이 된다는 것 등이었다.[50]

'제국헌법'안 심의와 추밀원

전년도 여름부터 헌법 초안을 준비하기 시작한 이토는 4월에 '제국헌법'안을 메이지 천황에게 제출했다. 4월 30일에는 천황의 최고 자문기관으로 '추밀원(樞密院)'이 설치되었는데, 주요 기능은 헌법 제정에 관한 문제들을 토의하는 것이었다. 초대의장에 이토가 임명되었고, 고문에는 가츠 가이슈, 소에지마 다네오미(副島種臣) 등이 임명되었다. 추밀원은

1947년까지 존속한다. 6월 중순에 추밀원에서 헌법 초안 심의를 시작했는데, 이토는 유럽에서는 종교가 사람들을 단결시키는 데 큰 역할을 했지만, 일본에서는 불교와 신도가 그 구실을 못하고, 일본의 유일한 중심축은 황실이라고 했다.[51]

전국이 초토가 되더라도 저항할 것

나카에 조민(中江兆民, 1847-1901)은 사법성에서 근무 중이던 1872년에 국비 유학생으로 프랑스에서 2년여 동안 법학을 공부했다. 그는 이해에 창간된 자유당 계열 인사들로 구성된 〈시노노메신문(東雲新聞)〉의 주필로 참가했다. 나카에는 8월 말 이 신문에서 일본의 독립을 위한 방책으로 서구와의 동맹제휴론이 주창되고 있지만, 타국에 의존하는 마음을 버려야 한다고 했다.

나카에는 다른 나라들이 일본에 '무례'를 가해 온다면 "모두 죽을 각오로 결심하고 전국 초토가 될 것을 불사하고" 나아간다면, 어떤 나라도 두렵지 않을 것이라 했다. 체신대신 고토 쇼지로(後藤象二郎, 1838-1897)는 10월 초 한 연설에서 일본은 치외법권 때문에 사실은 독립국이 아니라면서, 일치단결하여 독립의 방책을 세우는 것이 초미의 급선무라고 강조했다.[52]

불공정 조약 개정에 반대하는 영국

오쿠마 외무대신은 전임 이노우에만큼 치외법권 폐지에 적극적이었다. 이노우에의 안을 수정한 오쿠마의 안은 외국인의 국내 여행, 거주 및 토지 구입은 허가했으나, 외국인 재판관의 역할은 제한시켰고, 새 민법의 정본(正本)은 영어가 아닌 일본어로 하였다.

일본은 조약 개정을 위해 영국을 상대로 많은 노력을 전개했는데, 당시 영국과의 무역이 일본 무역량의 3분의 1을 차지했으며, 일본 거주 외국인의 50%가 영국인일 정도로 영국의 비중이 높았다. 그러나 영국 공사는 일본의 법률은 서양의 표준을 따르지 않았으며, 재판소의 구성 및 운영, 법률의 미비 등의 문제점들이 해결되어야 치외법권이 철폐될 것이라며 일본의 요구를 다시 거부했다.[53]

물리학 용어의 번역 통일

약 1,700개의 물리학 전문 용어가 일본어-영어-불어-독어로 번역된 사전이 간행되어 용어가 통일되었다. 또, 1873년 5월에 화재로 잿더미가 된 황궁의 공사가 15년 만인 10월 말에 완공되었고, 다음 해 1월에 옮긴다.

내무대신 야마가타는 제국헌법 발포 두 달 전인 12월에 8개월 간 유럽을 방문하는데, 유럽 각국의 해안포대 시찰과 다음 해 4월에 실시 예정인 지방 자치제를 위해 독일의 지방 자치 현황을 시찰하기 위한 것이었다.[54]

롤 필름과 코닥 카메라

미국의 이스트만(George Eastman)이 연속 필름(roll film)과 그것을 사용하는 코닥(Kodak) 카메라를 발명하였다.[55]

서태후, 해군 예산을 황실 별장 공사에 전용

청국의 서태후는 이화원(頤和園) 건설에 해군 예산을 사용하기 시작하는데 향후 3천만 냥 이상이 투입된다. 이로써 청의 군함 구입은 불가능해졌고, 해군의 발전도 기대하지 못해 청일전쟁 패전에 직접적인 영향을 준다.[56]

1888년 일본

데니, 《청한론》 발간

1886년 봄부터 묄렌도르프의 후임으로 약 2년간 조선의 외교고문으로 활약한 데니가, 조선의 법적 지위 문제와 청국의 불법적 간섭을 비판하는 《청한론(China and Korea)》을 이해 2월에 상해에서 영어로 출간했다. 데니는 조미수호통상조약 체결 시 작성한 속방조회문은 조선이 중국에 조공을 바치는 나라 이상의 의미를 담고 있지 않으며, 미국 정부도 엄격히 해석하여 조선과 조약을 체결한 것이 명백하다고 했다.[57]

1889년(광서 15, 고종 26) - 조선

　진주민란을 겪었던 진주에서는 여전히 환곡이 심각한 문제였고, 광양에서는 "반란"과 다름없는 민란이 일어나고, 함경북도와 강원도에서도 민란이 일어나지만 제대로 현지에서 보고가 되지 않는다. 1월부터 영의정은 상소를 올려 고종이 말만 하고 행동을 하지 않는 것을 아뢴다. 그러나 9월에 고종이 신하들에게 탓을 돌리자, 영의정이 출근을 거부하는 일까지 일어난다. "온갖 비방과 원망"을 받는 호조판서는 죽고만 싶다고 상소를 올리고, 군량(軍糧) 책임자는 "10여 장의 장주(章奏)를 올려 아뢰었으니" 더 이상 할 말이 없다고 한다.
　박정양 미국공사가 귀국하여 고종과 대화하는 장면을 보면 아직 세계지도조차 보지 않은 것 등을 알 수 있다. '조일통상장정'의 규정을 어기고 함경감사 조병식이 방곡령을 실시하자 일본공사관 측에서 항의를 제기했다. 한편, 제물포 세관 보좌관으로 근무했던 영국인은 당시 조선을 "지옥으로부터 한걸음 앞에" 놓여 있다고 중국 신문에 기고했다.

제대로 안 되는 현지 보고

　함경북도 길주에서 일어났던 난리에 대해 1월 중순에 의정부가 "… 이렇게 소란을 일으킨 것은 옛날에는 없던 일입니다. 관청을 부수고 사람을 죽였으며 …"라 보고했다. 1월 말에 강원도 정선군에서도 난리가 일어나 "군수를 내쫓고 … 사령 김응추의 죄를 성토하고 불태워 죽였으니 …"라 했다. 3월 하순에는 두어 달 전에 "전주부에서 아전들과 종들이 소란을 일으켜서 관청 건물을 불태우고 사람을 죽인 일까지 있었는데" 아직 보고가 없고, "인제 백성들이 소란을 일으킨 일에 대해서는 이미 춘천 유수의 급보가 있었는데, 해도(該道)의 도신은 아직도 잠잠하고 있으니 …"[58]라고 의정부가 아뢰는데, 현지에서 신속하게 보고가 되지 않았음을 알 수 있다.

진주의 환곡, 징세 문제와 광양의 "반란"

1862년에 진주민란을 겪었으나 진주에서는 여전히 환곡과 조세 징수 문제가 고쳐지지 않았다. 의정부에서 3월 하순에 보고한 내용 중 환곡의 경우, "봄에 내주고 가을에 받을 때 … 가난한 백성들이 거덜이 나며, 혹시 좀 늦어지면 '두전(頭錢)'이라는 명목으로 더 징수하는 것이 대중없는 관계로 이고 지고 고장을 떠나 돌아다니고" 있었고, 조세 징수의 폐단으로는 "물에 쓸려나간 토지에서 백징하는 것이 그것입니다. … 억지로 친족에게 덮어씌우고, 친족이 흩어져 가면 면(面)과 리(里)에 강제로 배당하고"라 했다.

9월에는 전라도 광양에서 난이 일어나는데, 의정부에서 "오늘날 관리와 백성들이 서로 믿지 못하는 것이 어찌하여 이런 지경에 이르렀습니까? 무리를 모아 앞장서서 소란을 피워도 누구도 감히 따지지 못하며 인가를 부수고 관청 건물을 파괴하며 수령을 둥우리에 담아 내쫓고 나랏돈을 탈취했으니 그 광경을 상상하면 반란과 무엇이 다르겠습니까? …"라고 했다.[59] 27년 전에 민란을 겪은 진주에는 문제가 여전했고, 광양에서는 "반란"이 일어날 정도로 백성의 불만은 점점 커져갔다.

행동을 하지 않는 고종

고종에 대한 신하의 불만을 볼 수 있는 기록이 있다. 1월 25일 자 비변사등록을 보면 영의정 심순택이 상소를 올려, 자신이 "… 진달한 것이 있으면 한결같이 다 가납(嘉納)하셨지만 물러나서 가만히 살펴보면 한 가지도 시행된 것이 없습니다. 궁금(宮禁)을 엄격하게 하는 문제에 대해 가납하셨지만 궁금은 날이 갈수록 엄격해지지 않았고, 법과 기강을 엄숙하게 하는 문제를 가납하셨지만 법과 기강은 날이 갈수록 엄숙해지지 않았습니다. 수재(守宰, 지방관)를 신중하게 하는 것을 가납하셨지만 수재들을 자주 바꾸는 폐단이 있고, 백성들의 고통을 도와주는 문제를 가납하셨지만 백성들은 제멋대로 거두어들이는 세금에 지쳤습니다. … 이는 어리석은 신이 말씀드리지 않은 적이 없지만 말하지 않은 것만 못하고, 전하께서 따라 주지 않은 적이 없지만 따르지 않은 것만 못한 것입니다."라 하였고, 고종은 "정신을 똑바로 차려 잘 다스릴 작정이다"라고 하였다.

신하들에게 탓을 돌리는 고종

이렇게 말한 고종이 8개월 후인 9월 21일 자 고종실록을 보면 신하들에게 불만을 담은 전교를 내린다. "… 곤란을 수습하고 나의 근심을 누그러뜨릴 방책으로 나의 마음을 개발시켜 주는 날도 듣지 못했으니 이것이 또한 한탄을 자아내는 일이다. … 요미(料米, 월급으로 주던 쌀)를 주지 못한 지 오래고 군량도 부족하여 잠시도 느긋할 수 없게 되었는데, 단지 방법이 없다는 핑계만 대면서 계속 편안히 앉아서 보고만 있겠는가? 생각이 이에 미치면 절로 한심스럽다."고 했다.

고종은 다음 날인 9월 22일에도 신하들을 원망한다. "… 듣건대 여러 신하들은 각각 자기 집에서 한숨이나 쉬고 탄식이나 하면서, 직무가 거행되지 않으면 곧 책임을 위에 전가하고 마치 애초에 관계가 없는 사람처럼 태도를 취하고 있다. 언제 자기 직무를 성실하게 거행하고 나의 마음을 열어 준 적이 있는가? 지금 여기 있는 여러 신하들은 응당 잘 알아두라. …"고 하자 영의정 심순택이 "전하가 이렇게까지 말씀하시니 신은 더욱 황송하여 아뢸 말이 없습니다."라고 했다.[60]

출근을 거부하는 영의정

마침내 영의정이 출근을 거부한다. 비변사등록 10월 9일 자에 "녹사에게 와서 명소패(命召牌)를 바쳤으니, 어찌해야 좋을지를 감히 아룁니다."고 의정부에서 보고했다. 이후 고종이 계속 출근을 명하나 심순택은 10월 20일에야 출근하였고, 다음 날 다시 사직상소를 제출한다. 10월 22일에는 우의정 조병세도 다섯 번째 사직상소를 올린다. 명소패는 왕이 고위 신하들을 부르기 위해 발급한 증명패인데, 관직에서 물러날 때 반납한다.

"당장 부끄러움으로 죽고만" 싶은 호조판서

6월에 호조판서 정범조가 세금은 항상 지체되는데 "… 손쓸 방법이 없어 그저 시일만 보내고 있으니, 온갖 비방과 원망이 신의 한 몸에 다 모였습니다. … 비록 병이 없더라도 당장 부끄러움으로 죽고만 싶습니다. … 신을 불쌍히 여기고 가엾게 여기시어"라며 사직을 청했다. 그는 6월에 두 번 더 사직상소를 올린다.

7월 3일에 호조판서에 임명된 민영상이 한 달 만인 8월 4일에 "… 해마다 바치는 공물(貢物)과 부정기적인 비용 등을 이리저리 조달하는 데 있어 어떻게 손쓸 수가 없습니다. …"라며 사직을 청했다. 민영상이 11월 중순에 다시 사직상소를 올려, 관리들의 녹봉과 급료, 그리고 공인들에게 지급해야 하는 물품 대금은 "잠시도 미룰 수 없는 것인데 정지하고 실시하지 않은 지 몇 개월이 … 우리나라는 당초부터 말할 만한 저축이 없었으니, 장차 어떻게 손을 써 수입을 헤아려 지출하겠습니까."라 했다. 민영상은 11월에 두 번 더 사직상소를 올린다.[61] 이처럼 세금이 들어오지 않아 호조판서가 할 수 있는 일은 없었다.

토목공사, 기도비용, 사치를 억제하라는 상소

그런데 7월 말에는 왕세자(순종)의 교육을 담당하는 관리인 서연관 김낙현이 상소를 올려, 왕세자의 수업 교재 "한 권이 끝날 때마다 상을 내리시어 걸핏하면 수만 냥이 소비된다고 합니다. 더구나 지금 창고가 텅 비고 …"라며 "토목공사, 기도, 시상 …" 등을 중지할 것을 상소했다. 이에 고종은 "… 나도 모르는 사이에 옷깃을 바로 잡고 조심하게 된다" 고 하였다.

10월 초에는 전 교리(정5품) 임원상도 상소를 올려 "토목공사, 전등 설치 비용, 기도에 드는 비용"을 없애고 "외국에서 사 온 물건을 보배롭게 여기지 말고"라 했다. 독판내무부사 김영수는 11월 초 사직상소에서, 그가 군량을 책임지는 직책을 맡은 지 1년이 되었는데, "일이 매우 곤란하여 황급한 실상에 대해서는 10여 장의 장주(章奏)를 올려 아뢰었으니 할 말도 다 없어졌습니다"라며 군량 부족이 심각함을 알렸다.[62]

평안감사의 사직상소

11월 중순에 평안감사로 임명받은 민병석은 "… 백성은 쇠약해지고 고을은 쇠미해졌으니, 곡식을 담은 독이 바닥나 세액을 징수할 길이 없고, 부고(府庫) 또한 비어 군량은 매양 조달을 근심하는 상태여서 …"라며 임명 취소를 요청했다.[63]

아직까지 세계 지도도 안 본 고종과 신하들

7월 하순에 박정양 미국공사가 고종에게 귀국 보고를 하는데, 일부 내용을 보자.

"일본인은 각국에 왕래하여 좋은 법을 모방하여 법률을 고치기까지

하였다고 하는데, 과연 그러한가?"

"일본인은 각국에 왕래하며 모든 정치와 법률에 관하여, 나쁜 점은 버리고 좋은 점은 취하여 모방해서 행한 것이 많으므로 신이 신사년에 유람했을 때와 비교해 다시 볼 것이 많이 있습니다." …

"그 나라 남쪽은 칠레와 브라질과 이웃하였고, 북쪽은 영국과 러시아에 속한 땅과 경계하고 있으니, 이는 북미국인가?"

"남북의 경계는 과연 성상의 말씀대로입니다. 그러나 그 나라를 비록 북미합중국이라고 칭하기는 하지만 아메리카주를 전체적으로 말한다면 가운데에 위치하고 있습니다." …[64]

이를 보면 고종은 일본에 대해 계속 관심을 가지고 있었다는 것을 알 수 있다. 그리고 미국이 칠레, 브라질과 이웃을 하고 있다고 말하는 것을 보면 고종이나 박정양이나 세계 지도를 아직 못 본 것으로 보인다. 고종이 "러시아에 속한 땅"이라고 한 것은 알래스카인데, 이미 1867년에 미국이 720만 불에 이를 사들였다. 즉, 22년 전에 일어난 일조차 조선의 왕과 신하는 물론 10개월간 미국공사를 하고 온 박정양도 모르고 있었던 것이다.

"지옥으로부터 한 걸음 앞에" 놓인 조선

1883년에 조선의 세관보좌관으로 임명돼 제물포에서 근무한 영국인 던칸(Chesney Duncan)이 2월 중순(양 3월 중순)에 〈차이니즈 타임즈(Chinese Times)〉에 조선에 관한 글을 발표했다. 여기서 그는 서울은 음모와 부패, 폭정, 지독한 야만이 끓어오르는 곳이며, 조선은 음주와 쾌락에 빠져 있고, 정부는 완전한 파산 상태에 있으며, 조선은 "지옥으로부터 한 걸음 앞에" 있다고 했다.[65]

러시아 장교와 영국총영사가 본 조선

러시아의 한 장교는 5월과 6월에 러시아 국경에서 서울까지 방문한 기록을 남겼다. 그는 농가에서 기아에 허덕이는 "여자들의 통곡 소리와 아이들의 절규"를 자신의 귀로 직접 듣지 않았다면 이 사실들을 믿기가 어려웠을 것이라고 했다.

영국총영사 힐리어는 연무공원의 미국인 군사교관들이 주도하는 훈련에 대해 회의적이라고 10월에 본국에 보고했다. 그 이유로 조선 관리들의 무능, 군사교관들의 임금 체불 및 해고, 훈련에 필요한 장비의 미비 등을 들었다. 또 차관도입은 고종과 그 측근이 사적으로 유용하기 위한 것으로 보았다.[66]

방곡령

10월 1일에는 함경도 관찰사 조병식이 방곡령을 내려 일본 상민에의 대두 판매를 금지하고, 이미 일본 상민에게 판매된 대두는 운송을 중단하게 했다. 그러나 1883년 6월에 일본과 체결한 '조일통상장정' 제37조에는 "일시 쌀 수출을 금지하려고 할 때에는 1개월 전에 지방관이 일본 영사관에게 통지하여 미리 그 기간을 항구에 있는 일본 상인들에게 전달"하게 되어 있었다. 이에 근거하여 10월 15일, 곤도 대리공사는 통리아문에 조회를 보내 항의하고, 손해 배상을 요구할 것임을 성명했다. 이틀 후, 통리아문은 즉시 대두 판매 금지령 철회와 필요하면 규정된 절차를 거쳐 통리아문에 품신하고 실시하도록 함경 감영에 명했고, 결국 다음 해 초에 대두 판매 금지령이 철회되었다.[67]

1889년(메이지 22) - 일본

2월에 메이지헌법과 선거법이 공포되었는데, 헌법에 대해 대체적으로 찬성하는 분위기였다. 헌법 공포와 동시에 메이지 정부는 가네코 겐타로를 미국과 유럽에 보내 주요 헌법 전문가들을 만나 메이지 헌법에 대한 그들의 평가를 듣도록 했는데, 대체로 호의적이었다. 내무대신 야마가타는 오스트리아에서 슈타인 교수를 만나, 일본에게 조선은 매우 중요한 '이익강역'이라는 충고를 듣게 된다. 8월에는 불공정 조약 개정에 반대하는 세력에 의해 외무대신이 폭탄 공격을 받아 한쪽 다리를 잃는다. 이해에 육군사관학교 1기생이 배출된다.

메이지헌법 발포와 선거법

마침내 2월 11일(음 1월 12일)에 '메이지헌법(大日本帝国憲法)'이 발포된다. 주요 내용을 보면 '천황이 통치하며 천황은 신성하여 범할 수 없다, 천황은 국가의 원수로서 통치권을 총람하며, 의회(帝國議會)의 협찬을 거쳐 입법권을 행사한다, 법률을 재가하며 그 공포 및 집행을 명하고, 의회를 소집하며 그 개회, 폐회, 정회 및 중의원의 해산을 명한다, 행정각부의 관제 및 문무관을 임면하고 육해군을 통수한다, 전쟁 선포. 강화 및 조약 체결과 계엄을 선포한다' 등이다.

국민의 권리·의무로는 병역과 납세의 의무, 주거·거주·이전의 자유, 재판을 받을 권리, 종교·언론·집회·결사의 자유, 청원의 권리 등이 있으며,

의회는 귀족원과 중의원으로 구성되며, 대신은 천황을 보필하며 그 책임을 진다, 사법권은 천황의 이름으로 법률에 따라 재판소가 행하며, 조세의 부과와 세율의 변경은 법률로 정한다, 의회에서 예산안이 통과되지 않을 경우 정부는 전년도의 예산 내에서 집행할 수 있다 등이다. 중의원은 300명으로 귀족원의 견제를 받았는데, 귀족원의 절반은 귀족 출신이고, 나머지 절반은 황실에서 임명한 사람들이었다.

헌법 제정에 대해 반대론도 있었지만 대체적으로 환영과 축제 분위기였다. 그러나 헌법이 발포되던 날, 42세의 문부대신 모리 아리노리가 자객의 습격을 받아 이튿날 사망했다.

선거법도 공포되었는데, 선거권자는 만 25세 이상의 남자로 직접국세를 연 15엔 이상 납부한 자로 하였고, 피선거권자는 30세 이상으로 규정했다. 선거권자는 45만 명으로 인구의 1% 정도였는데, 다음 해 총인구가 약 4천 5백만 명이었다.[68] 1888년 조선의 인구는 665만 명이었다.

오스트리아 교수가 강조한 조선의 중요성

유럽 순방 중이던 내무대신 야마가타는 6월 중순에 오스트리아를 방문하여 빈 대학의 슈타인 교수를 만났다. 슈타인은 국가의 군사력으로 자국을 보호하는 주권의 영역을 권세강역이라 하고, 권세강역의 존망에 관련된 외국의 영역을 이익강역이라고 했다.

그는 다른 나라가 조선을 점령하면 일본에게는 큰 위협이 된다면서, 일본에게는 조선을 점령하는 것보다 다른 나라들이 조선을 침략하지 못하게 하는 것이 더 중요하다고 했다. 따라서 만약 러시아, 청, 영국 등 조선을 점령하려는 세력이 있다면 그 나라를 일본의 적국으로 간주해야 한다고 조언했다. 이러한 슈타인의 권세강역, 이익강역의 개념은 다음 해 12월, 제1회 제국의회의 시정연설에서 야마가타 총리가 발표하는 주권선과 이익선 개념의 기초가 된다.[69]

1889년 일본

서구의 메이지 헌법 평가

　메이지 헌법을 제정한 것은 서구와 체결한 불평등조약을 개정하기 위해 그들이 요구한 근대법 체계를 갖추기 위한 것이었다. 따라서 메이지 헌법을 번역하여 구미의 정치가나 헌법학자들에게 보이고 평가를 요청하는 작업에 착수했는데, 이를 가네코 겐타로가 7월부터 약 1년간 담당한다.

　그가 만난 사람은 미국무장관, 미연방대법원 판사, 하버드대학 헌법학 교수, 독일 괴팅겐 대학 교수, 오스트리아 하원 부의장, 슈타인 교수, 옥스포드 및 케임브리지 대학 교수, 사회진화론자 스펜서(Herbert Spencer, 1820-1903) 등이었다. 이들의 메이지헌법에 대한 평가는 일부 유럽국가의 헌법보다 자유주의적이라는 대체로 높은 편이었다. 그러나 슈타인은 메이지헌법은 유럽 각국의 헌법과 비교해도 손색이 없지만, 일본은 입헌주의의 역사가 짧아 유럽인들은 다소 기이하게 여긴다고 했다. 그는 일본인 내지 동양인에게 헌법은 적당하지 않다는 입장이었다.[70]

폭탄에 한쪽 다리를 잃은 외무대신

　여전히 일본 정부 내에서는 외국인 재판관의 재판 참여 문제 등을 이유로 조약 개정안 반대 입장이 강했다. 그러나 오쿠마는 치외법권 때문에 일본이 입고 있는 피해는 양보로 생기는 피해보다 훨씬 크다면서 조약 개정은 부득이하다는 입장이었다. 그러나 오쿠마의 사임 또는 탄핵을 요구하는 반대 여론이 높아졌는데, 현양사(玄洋社) 소속의 범인이 오쿠마의 마차에 폭탄을 투척하고 할복자살하는 사건이 10월 중순에 발생했다. 오쿠마는 이 습격으로 한쪽 다리를 잃었고, 구로다 내각은 총사퇴했다. 12월 말에 야마가타가 제3대 내각 총리대신에 취임하여 1891년 5월까지 재임한다.[71]

징병제 개정, 육군사관학교 1기생, 히비야 공원

36만 명의 징집 대상자 중 5%에 해당하는 1만 8천여 명만 현역으로 징집되었다. 또 징병제가 개정되어, 각종 면제 규정이 폐지되고, 복무 기간은 현역 3년, 예비역 4년과 이후 후비역으로 5년간 복무하도록 했고, 육군사관학교는 1기생을 배출했다.

이해 소학교의 취학률은 48%로 남학생은 64%, 여학생은 30%였다. 또, 동경의 도시 설계 계획에 따라 공원이 설계되었는데, 제1호가 히비야(日比谷) 공원으로 1903년 6월 1일에 문을 연다.[72]

에펠탑과 엘리베이터

프랑스의 공학자 에펠(Gustave Eiffel)이 프랑스 혁명 100주년 기념으로 파리에서 열린 세계박람회를 위해 300미터가 넘는 철탑을 세웠다. 여기에는 전기 엘리베이터가 설치되었고 수십만 명이 박람회를 찾았다.[73]

1890년(광서 16, 고종 27) - 조선

4월에 신정왕후가 사망하자, 원세개는 조선의 거절에도 불구하고 본국에 요청하여 칙사를 파견한다. 고종은 외교사절들이 보는 가운데 칙사들 앞에서 속국으로서의 의식을 거행했다. 영국과 프랑스공사는 이것은 조선이 청의 속국임을 명백하게 증명해주는 것이라고 보고한 반면, 미국공사는 이는 단지 동양의 의식일 뿐이라며 의미를 부여하지 않았다.

신정왕후 장례식 비용지출 기록을 보면 122만 냥에 달한다. 그러나 백성들의 삶은 고종 자신이 "털끝까지도 모두 병이 든 것과 같다"고 말할 정도였고, 함경도 백성들의 러시아로의 탈주는 더욱 늘어나고 있었다.

"모두 벙어리처럼 입을 다물고만 있습니다"

1월 말에 우의정 조병세가 사직을 청하는데 "… 곳간에 비축해 놓은 것은 모두 바닥이 났으므로 동쪽에 있는 것을 깨뜨려 서쪽에 보충해 주고 저쪽에 있는 것을 옮겨서 이쪽에 공급하고 있는 형편입니다. … 백성들의 근심을 구휼하는 바가 있었습니까. 국법을 시행한 바가 있었습니까. …"라 했다. 그는 9월에 다시 사직상소를 제출하여 "… 국가의 기강은 한심하여 태만함이 고질이 되었고, 조정의 체모는 완전히 사라져 위아래의 구별이 없으며 … 국가의 형세가 이와 같이 황급하기만 한데 모두 벙어리처럼 입을 다물고만 있습니다. …"라 하였다. 그는 10월에도 세 번 더 사직상소를 올려 받아들여졌다.[74]

조선의 차관 도입을 막은 청

프랑스공사 플랑시는 조선의 관리들은 청에 저항하는 것이 불가능하다고 생각하여 청의 요구를 수용하고 있다고 1월에 보고했다. 영국총영사 힐리어는 2월 말에 조선이 만성적인 재정 부족에 시달리고 있어 공사를 해외에 주재시키지 않을 것이라고 본국에 보고했다.

청국은 조선은 빈곤한데도 낭비가 심하여 상환하는 것이 어렵기 때문에 조선에 차관을 제공해서는 안 된다고 3월에 해외에 주재하는 청국공사를 통해 주재국에 알렸다. 이에 대해 영국이 제일 먼저 동의했고, 일본은 청국이 조선의 차관에 간섭할 권리가 없다고 반대 의견을 표했다.[75]

대왕대비 장례비 122만 냥

4월에 82세의 신정왕후 조씨(헌종의 어머니)가 사망하자, 장례비용으로 여섯 번에 걸쳐 총 122만 냥이 지출된 기록 외에 쌀 1천여 석 등 현물이 지급된 기록도 많이 보인다. 그런데 10월 중순에 함경북도가 수재를 당하자 고종이 "… 촌락 전체가 떠내려가고 사람들이 대다수가 빠져 죽었다고 하니 참혹하여 차마 들을 수가 없다. … 특별히 내탕전 1만 냥을 …" 내려보냈다. 참고로, 다음 해 8월에 한성에서 홍수가 나자 진휼청이 "… 온통 무너진 집에는 각각 3냥, 반만 무너진 집에는 각각 2냥을" 나누어 주었다.[76]

가구당 2-3냥을 지원한 것을 기준으로 보면, 한 명의 장례식에 40-50만 명의 수재민을 지원할 수 있는 돈이 지출된 것인데 이처럼 조선왕조는 왕실을 위한 돈은 아끼지 않았다.

"털끝까지도 모두 병이 든 것과 같다"

그런데 승정원일기 5월 20일 자에 있는 고종의 윤음을 보면 당시 고종도 백성들의 절망적인 생활상을 잘 알고 있었다. "… 근래에 백성들의 곤궁함과 초췌함은 한 혈맥이나 한 손가락에만 병든 것이 아니라 털 끝까지도 모두 병이 든 것과 같다. … 일 년 내내 힘들게 농사를 지어도 항아리에는 남아 있는 곡식이 없고, 긁어 들이고 못살게 구니 가산을 다 주어도 끝없는 욕심을 또한 채워 줄 수가 없다. 게다가 기근까지 끼어들어 가난한 백성들은 길에서 양식을 구걸하고, 생업을 잃은 무뢰배들은 서로 불러 모아 약탈을 하니, 행상들은 낮에도 다닐 수 없고 마을에서는 야경을 돈다. …"라고 했다.

68년 전인 1822년 9월에 사헌부 정4품 정원선이 상소에서 "얻은 것은 항아리 하나의 저축"이라고 했는데, 이와 비슷한 상황이 이때도 지속되고 있었음을 고종의 윤음을 통해 알 수 있다.

"학정을 견디지 못하고" 떠나는 백성들

함경도 백성들이 다른 나라로 넘어가는 일이 많아지자 7월에 고종이 "… 북관의 백성들이 다른 나라 국경으로 넘어가 사는 사람이 많이 있으니 … 그것은 틀림없이 마구 긁어모으고 벗겨가는 학정을 견디지 못하고 살던 땅을 떠나지 않을 수 없기 때문일 것이다. …"라고 하였다.

그런데 이것은 14년 전인 1876년 8월에 고종이 "기근에 시달리고 부역에 고달프며 죽고 싶어도 죽지 못해 러시아로 흘러들어가는 사람들이 무려 몇천 몇백 명이나 되는지 헤아릴 수도 없다"[77]라며 함경도 백성들에게 내린 윤음의 내용과 차이가 없다. 그동안 아무런 변화가 없었던 것이다.

속방의식을 본 외교사절

신정왕후가 사망하자, 조선은 비용 문제 등을 이유로 칙사 파견을 거부했지만, 원세개가 본국에 건의하여 칙사가 오게 되었다. 고종은 칙사들을 맞이하는 의식을 외교사절이 못 보도록 하려고 했으나, 원세개의 반대로 모든 외교사절이 보는 앞에서 거행했다.[78] 그러나 이에 관한 기록은 고종실록, 승정원일기, 비변사등록에는 없다.

프랑스공사와 영국총영사의 보고

프랑스공사 플랑시는 9월 26일(양 11월 8일), 고종이 영은문에 나아가 칙사를 맞이하고 근정전에서 하는 의례를 보고하며, 그동안 이런 행사를 본 적이 없었기 때문에 조선이라는 속국의 실체가 무엇인지 알지 못했다고 했다. 그는 고종이 두 번이나 도성에서 나와 사신들을 영접하며 환송하고, 청 황제가 보낸 칙서에 목례를 하고 무릎을 꿇고 사신들을 예방하는 것들을 보고, 이런 것들로 볼 때 조선이 청의 속국이라는 사실은 의심할 여지가 없다고 보고했다.

영국총영사 힐리어도 이 장면은 조선에 대한 청의 종주권을 확인시켜 주는 것이라고 보고했다.[79]

미국공사의 보고

그러나 미국공사 허드(Augustine Heard)는 이러한 의례가 동양에서의 행위일 뿐이지 서방의 기준에는 맞지 않는 것으로 의미를 부여하지 않았다. 허드는 10월에 본국에 보낸 보고서에서 조선에서 청국의 압박이 제거되어야만 조선이 개혁과 발전을 할 수 있을 것인데 청국이 그것을 원하지 않는다며, 따라서 청은 조선을 지도할 나라로서 적합하지 않다고 보고했다.[80]

러시아공사의 보고

베베르는 장례식에 참석한 청국의 칙사가 경성, 송도, 함흥, 경흥 등에 청국의 경비대를 주둔시키도록 요구했는데, 조선의 친청파 신하들은 청의 요구를 받아들이라고 국왕에게 영향력을 행사하고 있다고 보고했다.[81]

원세개의 《사한기략》

원세개는 신정왕후의 장례식 의례에 매우 만족하여, 다음 해에 이 행사 진행의 전모를 담아 《사한기략(使韓紀略)》이라는 중국어로 된 책을 출판하였고, 1892년에는 영문으로 출간하여 외국 사절단이 볼 수 있도록 했다.

이러한 칙사를 영접하는 의례를 1권에서 승정원일기를 통해 봤다. 병인양요가 한창 진행 중이던 1866년 9월에 '민치록의 딸'을 왕비로 책봉하기 위해 온 칙사들에게 한 것, 1875년 4월에는 죽은 동치제를 위해 곡(哭)하고 즉위한 광서제를 위해 고종이 만세를 외치는 의례에서는, 병자호란(1637) 때 삼전도에서 굴복할 때 했던 것(上行三拜九叩頭禮)과 비슷한 "상이 세 번 무릎을 꿇고 아홉 번 머리를 조아리고 일어나 몸을 폈다(上三跪 九叩頭興平身)" 하는 장면을 봤다. 그리고 강화도회담이 한창 진행 중이던 1876년 1월에도 세자(순종)의 책봉을 위해 방문한 칙사들에게 의례를 행하였다.[82]

그때와 1890년의 차이점은 1890년에는 조선에 외교사절이 있어서 그들과 원세개가 그 장면을 보았다는 것뿐이다.

끝없는 수탈에 시달리는 백성들

고종실록 10월 2일 자에 영중추부사 송근수가 백성들이 수탈당하는 것을 언급한 상소 내용이 있다. "… 만일 독 안에 저축한 것이 있으면 당치도 않은 친족이나 명분도 없는 친척들의 것을 내라고 시종 계속해서 들고 나옵니다. 이 친족에 대한 것을 물기 바쁘게 저 친척의 것을 또 내라고 하니 감옥에서 떠날 사이가 없고, 가산을 탕진하고는 길에서 울부짖으며 임금께 호소할 길도 없습니다. … 지금 가을걷이가 아직 끝나지 않았는데 들은 바에 의하면 벌써 새 조세를 배정하였다고 합니다.

… 폐단을 바로잡는 것은 오직 전하의 한 마음에 달렸을 뿐입니다. …"
라고 하자 고종은 "내 진실로 감탄하고 명심하리라" 하였다.

"거북의 등에서 털을 깎아내야 할 정도"의 재정 상태

호조판서 민영상이 11월 하순에 또 사직상소를 올렸다. "… 나라나 개인이나 텅 빈 것은 지금이 가장 심하여 마치 거북의 등에서 털을 깎아내야 할 정도이고 …"라며 사직을 청했다. 민영상이 사직상소를 올린 사흘 후, 호조판서를 겸직하고 있던 정범조가 "… 점점 어찌해 볼 수 없는 지경에까지 이르렀으니, 이는 나라가 생긴 이래로 들은 적도 본 적도 없는 일입니다. …"라며 사직을 청했다. 사흘 사이에 두 명의 호조판서가 사직상소를 올린 것이다.

재정 부족만이 아니라 치안도 매우 위태로웠는데, 의정부에서 "… 나라에서 법을 아예 시행하지 않고 있으니 비단 도적들이 법을 전혀 두려워하지 않을 뿐 아니라 … 이대로 나간다면 나라가 나라 노릇을 못하게 되고 … 어디에서나 개탄하지 않는 데가 없습니다"라고 했다.[83]

1812년 2월 4일에 홍경래의 난을 보고하던 부호군 오연상이 "만일 전례와 같이 바칠 것을 독촉한다면, 거북이 등에서 털을 찾고 뿔 없는 양을 내놓게 하는 격"이라 했고, 1865년에 경기감사 유치선도 환곡의 폐해를 보고하며 "거북이 등에서 털을 깎는 것과 같습니다"라고 했다. 이를 보면 "거북이 등에서 털을" 깎아야 했던 조선의 실상은 수십 년이 지나도 그대로였음을 알 수 있다.

1890년(메이지 23) - 일본

민법, 상법 등이 공포되었고, 첫 중의원 선거에서 야당이 과반수를 차지했다. 야마가타 총리는 슈타인 교수의 '권세강역'과 '이익강역'의 개념을 변용하여 '주권선'과 '이익선'을 발표했는데, 일본의 '이익선'으로 조선을 명확히 했다. 한편, 독일에서는 비스마르크가 28년 만에 재상직에서 퇴진한다.

민법, 민사소송법, 상법 공포

일본은 민법을 만들기 위해, 1870년경부터 나폴레옹 법전을 번역하기 시작했다. 이후 서구의 입법 내용과 학설 조사 등의 준비과정을 거쳐 마침내 이해에 민법을 완성했고, 민사소송법과 상법도 공포하였다.[84]

조약 개정 방침

전년도 12월 말에 출범한 제1차 야마가타 내각에서 46세의 아오키 슈조(青木周蔵, 1844-1914)가 외무대신에 임명되었는데, 그는 외무차관과 주독일공사를 역임하였다.

아오키는 취임 후 불평등조약 개정 방침에 관해 내각의 승인을 받았는데, 그것은 반대 여론이 많았던 외국인 재판관을 대심원에 임용하지 않으며, 외국인의 부동산 취득도 영사재판권을 철폐한 이후에 허가한다는 것이었다. 그는 2월 초에 이러한 내용과 앞으로 모든 조약의 체결은 일본과 조약 상대국 사이에 반드시 대등하게 맺어야 한다는 것을 각국에 통보했다.

아오키는 조슈번 출신으로, 10대 후반에 네덜란드 의사가 가르치던 나가사키 의학소에서 공부하였고, 1868년 조슈번 유학생으로 독일에 의학을 공부하러 갔으나 경제학으로 바꾸었다.[85]

첫 중의원 선거, '교육칙어', '불경사건'

7월에는 첫 중의원 선거가 실시되었다. 총의석 300석 중 야당인 자유민권운동 계열이 170여 석을 차지했다. 10월에는 메이지 천황이 '교육칙어'를 공포하는데, 이것은 천황의 초상화와 함께 1945년까지 일본 전국의 학교에 배포되었다. 그 내용은 효와 우애, 부부간 화목, 친구간의 신의, 절제와 학문에 힘쓸 것과 공익을 위해 노력하고, 법을 지키고, 위기 시에는 국가를 위해 헌신할 것 등이다.

그런데, 기독교인인 우치무라 간조(內村鑑三, 1861-1930)가 '교육칙어' 봉대식에서 우상숭배라며 경례를 하지 않은 '불경(不敬) 사건'이 일어났다. 그는 미국인 클라크 박사가 교장으로 있던 훗카이노 농학교를 졸업하고 미국에서 공부를 하고 기독교인이 되었다.[86]

주권선과 이익선

12월에 야마가타 총리는 대외방침을 발표하는데, 여기서 주권선과 이익선을 언급했다. 야마가타는 영토가 주권선이고, 일본과 맞닿아 있는 이웃나라가 이익선인데, 일본의 독립을 위해서는 주권선만이 아니라 이익선을 방어해야 하며, 그 이익선의 초점이 조선이라 했다. 이는 슈타인 교수의 권세강역과 이익강역의 가르침 그대로였다.

야마가타는 시베리아 철도가 완공되면 동양에 큰 변동이 생길 것으로 봤다. 이때 일본의 독립과 안전을 위해 영국 및 독일과 긴밀한 외교관계를 가질 것과, 청과 교류를 더욱 활발히 할 것, 그리고 조선에 파견하는 일본공사는 정세 전반을 잘 아는 유능한 자를 선발해야 한다고 강조했다.[87]

비스마르크의 퇴진

3월에 독일에서는 75세의 비스마르크 수상이 빌헬름 2세(재위 1888-1918)에 의해 해임되어 28년 만에 재상직에서 물러나는데, 이후 독일은 '세계 정책(Weltpolitik)'이라는 해외 팽창 정책을 펴 나간다. 이후 독일사를 간략하게 보자.

비스마르크의 후임으로는 정치적 경험이 없는 카프리비(Leo von Caprivi) 장군이 임명되어 1894년까지 재임하고, 외무장관에는 홀슈타인(Friedrich von Holstein)이 임명되는데, 홀슈타인은 1906년까지 독일의 외교 정책을 지휘한다. 카프리비는 사회복지법 확대와 누진소득세제 등을 실시하고, 해외시장을 확보했다. 그러나 육군병력의 증강과 무기 현대화를 추진하려던 정부의 군제개혁을 의회는 무력화시켰고, 정치적 긴장이 높아져 결국 사임한다.

1894년부터 1900년까지는 호엔로헤(Hohenlohe-Schillingsfürst) 정부가 들어서는데, 공격적인 대외 정책을 펼친다. 1897년에는 티르피츠(Alfred von Tirpitz) 제독이 해군장관에 임명되어, 영국과 경쟁하기 위해서는 해군을 신속하게 증강시킬 것을 주장한다. 1900년에는 호엔로헤의 후임으로 뷜로(Bernhard von Bülow)가 임명되어 1909년까지 집권한다. 뷜로 정부는 독일을 세계적 강국으로 키우려 했으나 군함 건조 비용이 치솟고, 세금은 줄어드는 등 경제는 악화되었다.

빌헬름 2세는 비스마르크와는 달리 사회주의자들에 대한 탄압을 완화했다. 이로써 사회민주당이 1890년대에 세력을 확장하였고, 함대 건조로 재정 위기가 지속되던 1912년 선거에서는 사민당이 원내 제1당으로 부상한다. 사민당과 비(非)사민당은 서로 협력을 거부했고 의회정치는 작동하지 않았으며, 다시 군대와 황제의 역할이 강화되는 결과를 낳았다. 2년 후인 1914년 7월에 1차 대전이 발발한다.[88]

1891년(광서 17, 고종 28) - 조선

과거제의 문제점이 너무 심각해 고종 자신도 차라리 과거를 실시하지 않는 것이 나을 것이라고 할 정도였다. 10월에는 천둥에 관한 마지막 기록이 보이는데, 이때쯤 천둥에 관한 과학적 지식이 조선에 유입된 것으로 보인다.

조선을 방문한 영국의 인류학자는 조선의 관리들을 "강도들"이라 불렀고, 영국군 전직 장교도 백성들이 관리들에 의해 수탈당하고 있음을 기록했다. 미국공사도 본국 보고에서 부정부패, 재정고갈, 왕실의 사치를 가장 큰 조선의 문제라 지적했다.

돈이 없는 군부

군국의 직임을 맡고 있던 독판내무부사 김영수는 1월 초에 상소를 올려 "… 물이 새는 배에 타고 있는 사람이나 수레바퀴 자국에 고인 물로 살아가는 물고기도 이보다는 더 여유 있을 것이며 …"라며 군부의 재정이 다급함을 말했다. 5월 중순 평안감사 민병석은 사직상소에서 "… 걱정스럽게도 병사들은 무예를 익히는 것에 소홀하여, 백성들은 안심하지 못하고 아전들은 모두 포흠의 소굴에 있습니다. …"고 하였다.[89]

"도움이 되지 않는 일을 하지 마시고"

8월 하순에 우의정 정범조는 "… 관원이 된 자가 게다가 침학하기까지 하여 백성들을 벗겨먹는데 죄 없는 백성들은 고할 데가 없으니, 장차 어떻게 그 목숨을 보존하겠습니까. … 공사(公私)가 모두 곤궁하여 아침저녁을 보장하기 어렵습니다. 삼가 원하건대 전하께서는 도움이 되지 않는 일을 하지 마시고 …"라고까지 했고, 고종은 "… 각별히 유념하겠다."고 했다.

호조판서를 맡은 지 10개월이 된 심이택은 9월 중순에 "… 봉급의 지급은 중지되었으니 … 가장 곤란한 것은 부고(府庫)가 바닥났는데 속수무책인 것입니다. …"라며 사직을 청했고, 같은 날 후임 호조판서로 임명된 박정양도 "… 녹봉을 나누어 줄 길이 없지만 해결할 수가 없습니다. …"라며 사직을 청했다.

이들 외에 영의정, 병조판서, 이조참판, 이조참의, 경상감사 등도 사직상소를 올렸다.[90]

"과연 제대로 다스려졌다고 보십니까"

왕명의 출납과 보고 업무를 맡고 있던 우승지(정3품) 이용직과 동부승지(승정원 정3품) 정규회 등은 10월에 고종에게 아주 직설적으로 아뢴다.

"… 전하께서 오늘의 상(象)을 보건대, 과연 제대로 다스려졌다고 보십니까, 그렇지 않다고 보십니까? … 기근이 계속된 관계로 인심이 동요하고 주군(州郡)이 탐오하지만 징계함이 없고…. 재부(財賦, 세금)가 해마다 부족하여 공사(公私)의 경상비를 계속해서 댈 수가 없는 지경입니다. … 이른바, '머리털 하나하나가 모두 병들지 않은 것이 없다.'는 말에 불행하게도 가깝습니다. …" 하니, 고종이 "… 진달한 바를 보니 더욱 마음에 두려운 생각이 든다."고 하였다.

5년 전인 1886년 8월, 좌의정 김병시가 "… 신이 또다시 바른말을 한다고 하더라도 아무데도 소용이 없는 빈말로 될 것이 불 보듯 뻔합니다."라고 한 것을 생각하면 변한 것이 없었음을 알 수 있다.[91]

"과거를 설행하지 않는 것이 나을 것이다"

2월 중순에 고종이 "… 청탁하는 일이 횡행하여 당락이 과거시험 전에 이미 판별되고 … 젊은 유생들은 놀이에 빠져 애써 공부할 필요가 없게 되었다. …"라 했다. 7월 하순에 또 "과거의 폐단이 점점 더 문란하여져 시관(試官)이 결정되자마자 청탁하는 편지가 몰려든다. … 만일 이렇게 한다면 도리어 아예 과거를 설행하지 않는 것이 나을 것이다. …"라 하였다.

이러한 과거제에 대해 김윤식도 1890년에 쓴 '십육사의(十六私議)'에서 과거제를 강력히 비판했다. "합격자는 세도가문 출신이거나 아니면 반드시 뇌물을 쓴 자이다. … 남의 글을 빌리거나 원고를 훔쳐 제출하며, 한 사람이 원고를 내면 만인이 베낀다. … 과거의 소문을 들으면 사민이 모두 업을 버리고 구름처럼 모여들어 하루의 요행을 바라니 …"라 했다.[92]

73년 전과 다름없는 과거의 문제점

그런데 이런 과거제의 문제는 이때에 와서야 문제가 된 것이 아니었다. 73년 전인 1818년 5월 29일 순조실록의 기록에서도 위와 같이 고종이나 김윤식이 말한 것과 큰 차이가 없음을 알 수 있는데 "방목(榜目)이 나오자마자 세상 사람의 비난이 들끓게 되고, 과장(科場)을 한번 치르고 나면 멀리서 온 사람들이 실망하는 광경을 자주 보게 됩니다. …"라고 했다. 과거제는 이때 이미 더 이상 인재선발 제도가 아니었다.

천둥의 마지막 기록

천둥이 치면 왕은 감선(減膳, 반찬 수를 줄임)을 하고 신하들은 왕을 잘못 모셨다는 의미에서 사직서를 내는 관습이 있었다. 매년 천둥, 우레에 관한 기록이 실록에 많이 보이는데, 이해 10월 2일의 기록을 마지막으로 더 이상 천둥에 관한 기록이 보이지 않는다. 아마 이때쯤 천둥에 관한 과학적 지식이 조선에 알려지지 않았나 생각된다.

"우레가 그칠 계절에 갑자기 이렇게 큰 우레 소리가 울렸는데 무엇 때문에 초래된 것이겠는가? … 하늘이 인자한 마음으로 귀에 대고 직접 명령함이 어찌 이와 같지 않을 수 있겠는가. … 오늘부터 3일간 감선하여 조금이라도 공경하고 두려워하는 나의 정성을 표시하려고 한다."라고 하였다. 이어서 영의정 심순택과 우의정 정범조가 우레가 친 재변과 관련하여 파면시켜 줄 것을 청하니, 비답하기를, "… 안심하고 사직하지 말고 더욱 자신을 반성하여 재변을 없애는 데 책임을 다하도록 하라."라고 하였다.

참고로, 미국의 벤자민 프랭클린(Benjamin Franklin, 1706-1790)이 피뢰침을 발명한 것이 당시로부터 약 140년 전인 1752년경이었고, 일본의 이와쿠라 사절단은 1872년에 영국을 방문해서는 유리병에 천둥을 가둘 수도 있다고 기록했다.[93]

조선의 관리를 "강도들"이라 부른 영국 인류학자

영국인 인류학자 랜도(Arnold Henry S. Landor)가 1890년 말부터 1891년 초까지 조선을 방문했다. 그가 본 조선 여성의 생활은 "노예의 생활"이었고, 조선의 관리들은 무자비한 "강도들"과 같았다. 조선은 백성들을 쥐어짜는 무서운 제도를 유지하고 있었으며, 그래서 백성들이 돈을 벌면 관리들에게 모두 뺏기기 때문에 일을 하지 않는다는 조선인의 말을 기록했다.[94] 그의 기록 내용은 1886년 김옥균의 상소 내용과 다르지 않다.

1891년 조선

전 영국군 장교와 미국공사가 본 조선

캐번디시(Alfred Cavendish) 전 영국군 장교가 8월에 조선을 방문했는데, 그도 비슷한 기록을 남겼다. 그도 조선 관료들의 부패와 백성들이 관리들에 의해 "쥐어짜내어지고" 있으며, 왕과 왕비가 사치와 주술적 행위에 돈을 쓰고, 500년 동안 부패와 억압이 자행되어 왔다고 기록했다.

미국공사 허드는 왕비가 정치에 관여하여 왕비와 민씨 일족이 백성의 증오의 대상이 되고 있다고 보고했고, 12월에는 부정부패, 재정 고갈, 왕실의 사치 등이 조선의 가장 큰 병폐라고 보고했다.[95]

1891년(메이지 24) - 일본

러시아 황태자 니콜라이가 일본 방문 기간 중 습격을 받아 부상을 입는 사건이 발생하자, 강력한 처벌을 주장한 정부와 죄형법정주의를 고수한 사법부 간에 갈등이 일어난다. 결국 대심원장의 주장대로 판결이 났으며, 이후 외무·내무·법무대신들이 사직한다.

니콜라이가 참석한 가운데 블라디보스토크에서 시베리아 철도 기공식이 거행되고, 청의 북양해군 제독 딩르창은 6척의 함대를 이끌고 일본을 방문한다.

오쓰 사건

러시아 황태자 니콜라이(니콜라이 2세)가 군함 7척을 이끌고 청국 방문 후 4월 말에 일본 방문차 당시 러시아 극동함대의 월동항이었던 나가사키에 도착했다. 그러나 5월 중순, 교토 인근의 오쓰(大津町)를 지나던 중 니콜라이의 경비를 맡았던 순사에 의해 니콜라이가 칼에 찔려 부상을 당하는 '오쓰 사건'이 발생한다. 이후 수만 통의 위문편지와 위문품이 황태자에게 전해졌으며, 전국 학교에는 휴교령이 내려졌다. 메이지 천황이 병문안을 가고, 니콜라이를 동행하는 등 니콜라이를 위로하였고, 일본 황실은 공개적으로 사과하고 유감을 표했다.[96]

죄형법정주의와 사법부 독립 문제

그런데 범인 처벌을 두고 행정부와 사법부 간에 갈등이 생겼다. 마쓰가타 총리와 내무대신 사이고 쓰구미치는 법은 나라를 파괴하는 도구가 아니라며, 형법 중 일본 천황 등에 적용하는 조항에 따라 범인을 사형에 처해야 한다고 주장했다. 그러나 대심원장 고지마 고레카타(兒島惟謙)는 정치적 결정에 따를 수 없다며 죄형법정주의를 주장했다. 그는 일본이 법을 엄정하게 집행한다는 믿음을 오히려 대내외적으로 보여줄 수 있고, 오명을 남길 수 없다는 주장을 굽히지 않았고, 결국 범인에게 무기징역이 선고됐다. 이로 인해 5월 말에 아오키 외무대신이 사임하고 후임에 에노모토 다케아키가 임명됐으며, 내무·법무·문부대신도 사임했다.[97]

시베리아 철도 착공

러시아는 시베리아 철도 건설에 대한 결론을 내리기 위해 2월에 다시 회의를 소집했다. 이때 재무성 철도사업국장 비테(Sergei Y. Witte, 1849-1915)가 철도 건설을 강력하게 주장했고, 3월 말에 황제 알렉산드르 3세는 시베리아 철도 건설 방침을 선언했다. 마침내 5월 말에 블라디보스토크에서 철도 건설의 착공을 기념하는 행사가 니콜라이가 참석한 가운데 거행됐다.[98]

북양해군의 일본 방문

7월에는 청의 북양해군 제독 딩르창(丁汝昌)이 군함 6척을 이끌고 요코하마에 방문하자 일본인들은 충격을 받았다. 북양함대가 1885년에 독일에서 구입한 '정원(定遠)', '진원(鎭遠)' 두 척의 철갑함은 동아시아 최강의 화력을 자랑했다. 청 해군이 이들 군함을 공개하여 일본은 청의 군함에 대해 자세히 알게 되었고, 이후 일본에는 중국위협론이 퍼졌다.

이해 일본의 현역병 징집자 수는 2만여 명으로, 징집 대상자의 6%에

불과했다.⁹⁹

행정부와 의회의 충돌

11월 말에 개최된 제2회 의회에서 예산안을 대폭 깎으려는 의회와 정부 간에 충돌이 일어났는데, 의회는 결국 축소 예산안을 통과시켰다.

이해 제국대학의 교원의 수는 130여 명이었는데, 100여 명이 의학, 공학, 이학, 농학 등을 가르쳤고, 법학·문학을 가르치는 교원은 약 30명에 불과했다.¹⁰⁰

삼국동맹, 독러 재보장조약, 러불동맹, 삼국협상

유럽에서 이해 전후로 일어난 삼국동맹 조약 갱신, 독러 재보장 조약 파기, 러불동맹 체결, 그리고 이후 삼국협상의 출현 등을 보자.

1882년 5월에 프랑스를 고립시키고 유럽의 현상(status-quo) 유지를 목적으로 독일, 오스트리아, 이태리 간에 우호적 중립과 상호 원조의무를 규정한 삼국동맹(Triple Alliance)이 성립되었다. 이는 1887년 2월에 갱신되었고, 1891년 5월에 3차 개정되었다. 그런데 이 3차 개정에서는 이태리가 튀니지와 리비아의 트리폴리에서 보상을 위해 점령을 하거나 행동을 할 경우, 독일이 지원한다는 내용이 포함되었다. 이것은 아프리카 식민지 경영을 하던 프랑스에 대한 적대 정책으로, 프랑스는 1891년 7월부터 러시아와 협상을 시작한다. 그런데, 한 해 전인 1890년에 비스마르크가 독일 재상직에서 물러난 뒤 독일은 러시아와 1887년 6월에 맺은 재보장조약(Reinsurance Treaty)을 갱신하지 않고 폐기시킨 상태였다.

이런 상황에 놓인 프랑스와 러시아는 삼국동맹으로 인해 유럽의 평화가 위협받고 있다며 이에 필요한 조치를 강구할 것에 합의했다. 이로써 다음 해인 1892년에 러불동맹(Franco-Russian Alliance) 조약이 체결되는데, 일국이 독일, 오스트리아 또는 이태리의 공격을 받을 경우 타국이 지원할 것을 규정하였다. 프랑스는 약 130만 명, 러시아는 70-80만 명을 동원하기로 했다. 이로써 프랑스는 고립에서 벗어날 수 있게 되었다.

1904년 러일전쟁 때 프랑스는 영국과 협정을 맺음으로써 독일에 대한 경계를 강화하는데, 프랑스는 유럽에서의 독일의 행동을 우려하여 러일전쟁에 반대한다. 이 영불협정(Entente Cordiale)으로 영국은 이집트에서, 프랑스는 모로코에서 각각의 이익을 보장받았다. 이후 영국은 러시아와도 협상을 맺는데(1907), 페르시아(이란)의 북부는 러시아가, 남부는 영국이 점령하고, 중부는 중립으로 남겨 놓도록 하여 서로의 이익을 확보했고, 아프가니스탄에 대해서는 영국의 우월권을 인정했다.

이렇게 영국-프랑스-러시아의 삼국협상(Triple Entente) 체제가 성립됨으로써, 유럽정치는 독일-오스트리아-이태리의 삼국동맹과 양분되고 대치하는 상황에 놓이게 된다. 1차 대전 발발 다음 해인 1915년에 이태리가 삼국협상 측에 가담하며, 독일과 오스트리아에 선전포고할 때까지 삼국동맹은 33년간 지속된다.[101]

1892년(광서 18, 고종 29) - 조선

대신들의 상소를 보면 도적으로 인해 사회가 불안하고, 군사들의 기강은 문란하고 국방은 허물어지고 있었다. 좌의정 송근수의 상소를 보면 어느 한 구석도 나라 구실을 못하고 있었고, 백성들은 여전히 수탈당하고 있었음을 알 수 있는데, 우의정 정범조, 조병세도 비슷한 상소를 올린다.

3월부터 함경도에서 민란이 일어나고, 미국공사가 예측한 대로 12월에는 삼례역에 동학교도 수천 명이 모인다.

"나라의 군대 위용이 어찌 이럴 수 있는가"

윤 6월에 고종은 자신을 호위하고 대궐을 수호하는 용호영조차 한심해한다. "요미(料米)가 항상 떨어져 이미 몸을 부지할 수가 없고, 원래의 정원수가 있어서 또 직업을 옮기지 못하며, 옷은 남루하여 동료들에게 수치를 당하고, 병든 말을 채찍질하다가 군사 대오에서 배척을 받고 있다. 군령은 문란해져 규율이 없고 사기는 꺾여 떨치지 못하니 다만 이름만 있고 실은 쓸모가 없다. 그러니 비단 금군을 위해서 민망할 뿐 아니라 나라의 군대 위용이 어찌 이럴 수 있는가?"라 하였다.[102]

의정부의 보고와 대신들의 상소에서 그동안 나타나지 않았던 내용과 표현을 통해 백성들의 삶을 보자.

1892년 조선

"조정 백관들은 고식적인 의논을 능사로 삼고 지방관들은 탐학만을 일삼고"

며칠 전 사직상소를 올렸던 우의정 정범조가 1월 하순에, 수령들이 "… 관아를 지나는 여관쯤으로 여기고, 장부는 아전이나 서리들에게 맡겨 두고 뇌물을 주고받는 일을 으레 있는 일로 여기며, 관아에 있은 지 몇 달 며칠인지만을 꼽으며 봉록을 받는 것에만 관심을 두고 달리 하는 일이 없습니다. … 강제로 백성들에게서 돈을 토색질하고 민호(民戶)와 결수(結數)를 더하기도 빼기도" 한다고 했다.

정범조는 윤 6월 하순에도 "… 나라의 형세가 위태로운데 여러 사람들의 뜻이 하나로 모아지지 않고 있습니다. 조정 백관들은 고식적인 의논을 능사로 삼고 지방관들은 탐학만을 일삼고 있는데다 … 폐단이 없는 일이 없고 극에 달하지 않은 폐단이 없으니 … 굽어살피시고 특별히 불쌍히 여기시어"라며 사직을 청했다.[103]

"나라가 나라 구실을 못하니"

윤 6월 초, 우의정 조병세가 사직상소에서 고종에게 과단성 있고 공평하게 정사를 할 것을 촉구한다. "… 나라가 나라 구실을 못하니 일마다 한심합니다. 나라를 경영하려면 벼슬하는 사람들에게 녹봉을 주어야 하고 일을 시킨 사람에게 요미(料米)를 주어야 할 것입니다. 그런데 어찌하여 근년에는 달마다 내주지 못하는 것입니까? … 오직 바라건대, 전하께서는 정사에 과단성을 발휘하고 한결같이 공평하게" 할 것을 아뢰었다. 이에 고종은 "간절하게 잘못을 바로잡아 주는데 가슴에 새겨 두지 않을 수 있겠는가?"라 하였다. 《비변사등록》을 보면 조병세는 이후 일곱 번의 사직상소 끝에 윤 6월 13일에 사직을 허락받는다.[104]

6년 전인 1886년 9월에 좌의정 김병시도 고종에게 "용기와 과단성이 부족하기 때문이라고 여겨집니다"고 했다. 고종의 유약한 성격을 알 수 있다.

"조석을 넘기지 못할 것 같아 몹시도 두렵습니다"

조병세 후임으로 우의정에 다시 임명된 정범조도 윤 6월 25일에 사직상소를 또 올린다. "… 벼슬자리에 임명되면 으레 돈을 바치게 하고, 억지로 백성의 재물을 빼앗는 것, 죄의 경중을 따지지 않고 속금(贖金)을 거두는 것, 송사에서 옳고 그른 것을 헤아리지 않고 뇌물을 받는 것 등 … 경하게 처벌하였다가 이내 용서하여 곧 아무 일이 없는 것처럼 되니, 그들이 장차 무엇을 두려워하며 무엇을 꺼려서 하지 못하도록 할 수 있겠습니까? …"라고 하였다.

10월 말에 정범조는 "… 어느 일이고 피폐하지 않음이 없고 어느 곳이고 병들지 않음이 없으니, 마치 끝이 없는 듯하고 마치 조석을 넘기지 못할 것 같아 몹시도 두렵습니다."라며 다시 사직을 청했다.[105]

좌의정이 지적한 당시 조선의 문제점들

《승정원일기》 7월 21일의 좌의정 송근수의 사직상소를 보면 당시 조선의 모든 문제를 구체적으로 볼 수 있다. 좀 길지만 자세히 보자.

"… 문란해진 관리의 도리를 신이 맑게 할 수 있겠으며, 고질이 된 과거의 폐단을 신이 바로잡을 수 있겠습니까. 거리낌 없이 하는 탐오 행위를 신은 금지할 수 없고, 점점 치성해지는 사치 풍조를 신은 바꿀 수 없습니다. … 윗사람의 뜻을 무조건 따르는 것이 미덕이 되고 원만하게 지내는 것이 습성이 되었으며, 잘못된 전례조차 그대로 답습하여 편안히 여기고 온갖 법도가 해이해졌습니다.

명목 없는 부세(세금), 고르지 못한 화폐의 가치, 도적에 대한 걱정, 학정의 폐단에 이르러서는 이루 다 열거할 수 없습니다. … 근년 이래로 감사와 수령들이 모두 의례적인 수입이 있지만 부임하기 전에 진 빚이 많고 … 오로지 각박하게 거두어들이기만 일삼고, 이미 재용을 채운 뒤에는 또 행장을 꾸려 떠날 계책만 내고 있으니, 나랏돈은 이 때문에 고갈되고 고을은 이 때문에 피폐되어 나라의 형편은 지탱하기 어렵고 백성들은 보전할 수 없게 되었습니다. …

급하지 않은 공사를 빨리 정지할 것이며 사찰에 불공을 드리거나 신사에 기도하는 일도 하나하나 금지하소서. … 모든 외국의 기묘한 물건과 노리개에 속하는 것들을 모두 다 물리쳐 …"라며 사직을 청했다. 이 내용은 3년 전 서연관 김낙연이 올린 상소와 비슷하다.

송근수 외에 영의정, 좌의정, 병조판서, 경기감사, 황해감사, 호조판서와 외교를 관장하는 독판교섭통상사무, 심지어 톈진에 주재하는 주진독리 등도 사직을 청했다. 프랑스 대리공사 겸 영사였던 프랑댕(Hippolyte Frandin)의 기록에 의하면 당시 한성의 상류층은 프랑스산 와인과 샴페인, 유럽산 향수 등을 구입했다.[106]

11년 후의 러시아 민속학자

송근수의 사직상소 내용 중 "윗사람의 뜻을 무조건 따르는 것이 미덕이 되고 원만하게 지내는 것이 습성이 되었으며"라 한 것은, 이로부터 11년 후인 1903년에 대한제국을 방문하는 러시아 민속학자의 기록과 차이가 없다.

미국공사의 정확한 예측

미국공사 허드는 9월 하순에 관리의 녹봉이나 부채를 청산하기는 어려울 것이며, 궁중에서 굿 등 미신 의식에 거액을 낭비하는 것에 대한 불만이 고조되고 있으며 소요가 곧 일어날 것 같다고 본국에 보고했다.[107] 그의 예측은 틀리지 않아 12월에 동학교도 수천 명이 삼례역에 집결한다.

청으로부터 20만 냥 차관 도입

조선은 청의 방해로 미국, 일본으로부터의 차관 도입에 실패하고, 결국 청으로부터 2차에 걸쳐 20만 냥의 차관을 도입한다. 8월에 인천해관 수입을 담보로 10만 냥, 10월에는 부산해관 수입을 담보로 10만 냥의 차관 조약을 맺는다. 차관의 대가로 인천-강화-용산 간의 하천 운항권과 한강윤선로 개설권을 청에게 제공하였다.

당시 엽전, 당오전, 소전 등이 섞여 사용되어 "화폐의 폐단이 점점 고질이" 되어 갔다.[108]

함경북도와 평안도의 민란

3월에는 함경북도 함흥의 난민(亂民)들이 "떼 지어 소란을 일으켜서 사람을 죽이는" 일이 있었고, 11월에는 함경북도 회령에서 소요가 일어났다. 이에 대해 고종은 "백성들의 습속이 거리낌 없어지고 국가의 기강이 쓸어낸 듯 없어진 일은 매우 한심스러운 일"이라 했다. 12월 30일에는 평안도 강계에서 "… 관아에 난입하여 건물을 훼손하고 인명을 다치게 한 일이 이처럼 낭자하니 …"라고 의정부가 보고했다.[109]

동학교도의 삼례역 집결

12월에 충청도 관찰사에 조병식이 임명되었다. 그는 동학도에 대한 탄압을 강화하고 양민을 학대하는 일도 많았다. 이에 손천민, 손병희 등이 12월에 각 도의 동학 접주들에게 통문을 보내 수천 명이 전라도 삼례역에 집결했다. 손천민이 소두가 되어 교조신원 및 동학도인들에 대한 학대 금지를 조병식과 전라도 관찰사 이경직에게 청원했고, 이경직은 이를 받아들였다.[110]

1892년(메이지 25) - 일본

1월에 중의원이 해산되어 2월에 총선거를 실시했는데, 야당이 또다시 과반수를 획득했고, 제2차 이토 내각이 들어섰다. 군은 신병의 문맹률이 극히 높았고, 일본 전역에서는 콜레라와 이질로 7만여 명이 사망했다. 이와쿠라 사절단의 방문기록인 '특명전권대사 미구회람실기'를 감수한 구메 구니타케가 '신도(神道)'는 근대적 요구에 부응할 수 없다고 비판하는 논문을 발표해 교수직에서 해임되는 일이 일어났다.

의회 해산과 총선거

메이지 정부와 의회의 충돌은 전년 말부터 계속되어 의회는 예산을 삭감하였고, 이에 마쓰가타 내각은 1월 말에 중의원을 해산했다. 이로써 1890년 7월에 최초로 선출된 중의원은 해산되었고, 2월에 제2회 중의원 총선거가 실시되었다. 그러나 부정선거와 방화, 폭력 등이 일어나 전국 각지에서 사상자가 발생했고, 정부의 선거 개입에 항의하는 야당과 경찰의 충돌로 20여 명이 사망하고, 400여 명이 부상을 입었다.

선거 결과 야당이 또 과반수를 획득했고, 5월에 의회가 개회되었으나, 의회와 정부의 대립은 계속되어 정국은 혼란했다. 결국 8월에 마쓰가타 내각은 해산되었고, 제2차 이토 내각(5대: ~1896. 9월)이 들어섰다. 11월에 의회가 개회되었으나, 해군 예산 증액과 정부 비용 감축을 둘러싸고 메이지 정부와 의회의 대립은 격렬해졌고, 일본 정국은 다시 혼미해져 간다.

이해에 징집된 신병의 절반 이상이 문맹 내지 까막눈을 겨우 면한 정도였다. 또 콜레라와 이질로 7만 1천여 명이 사망하였고, 천연두로 1~4월 동안 약 4천여 명이 사망하는 등 일본 사회는 여전히 불안했다. 전국에 건설된 철도의 총연장은 3천 km를 넘었다.[111]

세균학자 기타사토 시바사부로

1885년에 독일에 유학을 갔던 세균학자 기타사토 시바사부로(北里柴三郎, 1853-1931)가 귀국했다. 그는 베를린 대학에서 독일의 세계적인 세균학자인 로베르트 코흐(Robert Koch)의 연구실에서 연구했다. 1890년에는 파상풍의 면역체를 발견했고, 1894년에는 홍콩에서 페스트균을 발견하는 등 당시 세계 과학계를 놀라게 한다. 그와 함께 독일에서 디프테리아균을 연구한 독일인 동료 베링(Emil A. von Behring)은 1901년 제1회 노벨 생리학. 의학상을 수상한다.

기타사토는 귀국 후 주류 의학계와의 갈등으로 연구 활동이 힘들었는데, 이를 알게 된 후쿠자와 유키치의 지원으로 '사립전염병연구소'를 설립했는데, 이것이 일본의 '국립전염병연구소(현 동경대학의과학연구소)'가 되었다. 이후 기타사토 연구소를 설립했는데(1914), 이는 기타사토 대학(北里大學)으로 발전했다.[112]

제국대학 교수 해임 사건

당시 일본 사회의 한 단면을 볼 수 있는 사건이 발생했다. 1871년~1873년의 이와쿠라 사절단의 방문기록인 '특명전권대사 미구회람실기'를 감수한 구메 구니타케가 제국대학에서 해임되었다. 그는 '신도(神道)'는 근대적 요구에 부응할 수 없다고 주장하는 논문을 발표했는데, 이에 신도 추종자들이 격분했고, 언론도 가세했다. 결국 그는 제국대학

1892년 일본

교수직에서 해임되어 오쿠마 시게노부가 설립한 동경전문학교(와세다 대학)로 옮겼다.[113]

GE, 디젤 엔진

미국에서는 제너럴 일렉트릭(General Electric)이 설립되었고, 독일에서는 디젤(Rudolf Diesel)이 가솔린이 아닌 값싼 중유를 사용하는 디젤 엔진을 발명하여 특허를 얻었다.[114]

1893년(광서 19, 고종 30) - 조선

2월부터 시작된 동학도들의 광화문 앞에서의 '봉장규혼'에 대해 신하들과 전국의 유생들로부터 이들을 처벌해야 한다는 상소가 줄을 잇고, 고종은 동학도 체포를 명한다. 인천 앞바다에는 청국 외에 미국, 영국, 일본의 군함도 입항하여 불안감은 더욱 커진다. 동학도들은 최시형을 중심으로 3월부터 '척왜양창의'의 구호를 내걸었고, 조정은 선무사를 파견한다. 고종은 동학도 진압을 위해 청국군 파병 요청을 제의하나 대신들은 이에 극력 반대했고, 4월 초에 동학도들은 모두 해산한다.

8월에 올라온 상소를 보면 고종과 왕비는 당시에도 무당과 점쟁이에 심취해 있었다. 함경도에서도 세금이 너무 혹독하여 백성들이 견딜 수가 없었고, 2월에는 평안도에서, 8월에는 황해도에서 백성들이 관청을 습격하고 불을 지르고, 살인을 하는 등의 민란이 일어났다. 고부군에서는 수세가 너무 가혹하여 전봉준이 이를 줄여줄 것을 고부군수 조병갑에게 하소연하나 오히려 구금되었다가 풀려난다.

이처럼 많은 지역에서 전년도에 이어 민란이 일어나고 있었다.

광화문 앞 '봉장규혼'

2월에 동학교도 40여 명은 왕에게 밀봉해서 올리는 상소문인 봉장(封章)을 들고 광화문 앞에서 사흘 밤낮을 애달픈 목소리로 울부짖는 규혼(叫閽)을 했다. 이를 '봉장규혼'이라 한다. 이들은 최제우의 억울한 원한을 속히 풀어줄 것과 유배를 간 동학교도들의 사면을 요구했다. 이후 예배당과 외국인의 집에 괘서(掛書) 사건이 발생하여 외교단은 큰 불안을 느꼈고, 이에 독판 조병직은 외국인들에게 위험한 일은 없을 것이라고 미국공사 허드를 만나 안심시켰다.[115]

'봉장규혼' 비판 상소와 체포 명령

2월 중순부터 '봉장규혼'을 비판하는 신하들과 유생들의 상소가 이어졌다. 대사간 윤길구는 "… 국법을 쾌히 시행하여 화란의 싹을 자르고 …"라 하였고, 홍문관, 예문관 등의 관리들도 상소를 올려 "… 저 동학의 무리들이 … 겉으로는 양이를 물리치는 것에 핑계 대었지만 속으로는 난동을 일으키려는 마음을 품은 것입니다. … 무거운 처벌을 엄숙히 내리소서. …"라 하였다. 이에 2월 말에는 고종이 "… 감히 사악하고 편벽된 설을 가지고 방자하게 궐문 앞에서 부르짖다니 … 모든 법을 활용하여 단연코 너그럽게 용서해 주지 말라. …"고 이들에 대한 체포 명령을 내렸다.

의정부도 상소를 올려 "… 사람을 꾀고 감히 참위설에 의탁하여 선동하고 현혹하니 … 모조리 죽여도 아까울 것이 없으니 …"라 하였다. 전라도 유생들은 "… 하늘을 섬긴다고 일컬으면서 내적으로는 저주를 숭상하고 … 그 무리를 섬멸하여 끊어버리고 추호도 관대하게 용서하는 일이 없어야 했습니다. …"라 했고, 경상도 유생들도 "… 소위 동학이라고 하는 일종의 괴이한 귀신들이 배출되어 하늘을 공경한다는 핑계로 하늘을 거스르는 역모를 품고 … 그들이 범한 죄를 따져 본다면 죽이고 용서하지 말아야 하는데 …"라 하였다.[116]

외국 군함들의 인천 입항

점차 혼란이 심해지자 원세개는 이들을 엄중히 처벌할 것을 고종과 의

정부에 요청하였고, 이홍장에게는 군함 파견을 상신하여 4월에 군함 두 척이 입항했다. 원세개는 또 영국과 미국공사에게 조선에 내란이 일어나면 종주국인 청에 진압책임이 있고, 외국인의 생명과 재산을 보호하겠다고 했다. 이후 영국, 일본, 미국의 군함도 인천 앞바다에 입항한다.[117]

'척왜양창의'

봉장규혼이 실패로 끝나고 동학도인들에 대한 체포와 학대가 이어지자, 손병희와 손천민 등의 주장에 따라 최시형은 각 도의 동학 접주들에게 통문을 보내 보은군에 집결할 것을 명했다. 이후 보은에는 약 2만여 명이 모였고, 3월 중순에 '척왜양창의(斥倭洋倡義)'의 구호를 내걸었다.[118]

청국군 파견 요청을 제기한 고종

조정에서는 3월 25일에 호조참판 어윤중을 양호선무사(兩湖宣撫使)에 임명하였고, 고종은 청국에 군사 파견을 요청하는 문제를 제기하는데, 삼정승은 모두 반대한다.

좌의정 조병세는 봉장규혼의 원인이 "… 전적으로 관리들이 탐오한 짓을 자행하여 그 침해와 학대를 견디지 못해서 그런 것입니다."라고 했고, 우의정 정범조도 "지금 서북 지방에서 백성들의 소요가 그치지 않고 호남에서 불순한 무리들이 계속 일어나 그 세력이 경성 부근에서 멀지 않은 곳까지 와서 모였으니, … 설사 탐오하는 관리들을 삶아 죽여도 오히려 그 죄가 남음이 있는데, 구차스럽게 결단하지 못하여 아직도 징벌하는 조치가 없습니다. …"라며 탐관오리의 처벌을 강력히 주장했다.

이어서 고종이 청국에 군사 파견을 요청할 것을 제안하자 영의정 심순택, 좌의정 조병세, 우의정 정범조 모두 반대한다. 그중 우의정과 고종의 대화를 보자.

"군사를 빌려 쓰는 문제를 어찌 경솔히 의논할 수 있겠습니까?"

"중국에서는 일찍이 영국 군사를 빌려 쓴 일이 있다."
"이것이 어찌 중국 일을 본받아야 할 일이겠습니까?"
"여러 나라에서 빌려 쓰려는 것이 아니라 청나라 군사는 쓸 수 있기 때문에 말한 것이다."
"청나라 군사를 빌려 쓰는 것은 비록 다른 여러 나라와는 다르다고 하여도 어찌 애초에 빌려 쓰지 않는 것보다 더 나을 수 있겠습니까?"

고종이 말한 전례는 1864년까지 일어난 태평천국의 난을 영국군의 도움으로 청국이 진압한 것을 말한다.[119]

탐관오리와 조선왕조

위에서 우의정 정범조가 "탐오하는 관리들을 삶아 죽여도 오히려 그 죄가 남음이 있는데"라고 한 것은, 37년 전인 1856년(철종 7) 11월 좌의정 김도희가 탐관오리는 "그 죄가 죽여도 오히려 가볍습니다."고 말한 것과 같다. 1859년(철종 10) 2월에는 영의정 정원용이 탐관오리에 대해 "한 번이라도 징계를 논의한 일이 있습니까? 빈말에 지나지 않습니다"라고 탄식한 일도 있었고, 1834년(순조 34)에는 사헌부 종5품 이병영이 상소에서, 탐관오리의 "죄를 씻어 주어 서용(敍用, 등용)하고 있으니"라고 하였다.

금액적으로 보면 1894년에는 탐관오리 두 명이 120만 냥을 횡령하나 다음 해에 다시 등용되고, 1864년에도 탐관오리 한 명이 27만 냥을 횡령하여 대왕대비가 "놀랍고 분통"스럽다고 하지만, 9년 후에 재등용되었다.

이것은 1차 사료에 나오는 탐관오리에 관한 기록의 일부일 뿐인데, 이것으로 볼 때 탐관오리는 조선왕조와 오랫동안 공생(共生)관계 중에서 서로 이익을 보는 상리공생(mutualism) 관계에 있었던 것이 아닌가 한다. 결국 그 피해는 백성들에게 돌아갔고, 동학난까지 일어난 것이다.

동학교도들의 귀향

어윤중은 4월 1일에 보은군의 동학도 집회 장소에 가서 무조건 해산을 명했다. 이에 동학교도들은 4월 2일부터 귀향길에 올랐고, 4월 3일에는 전부 해산했다. 도주 최시형 등은 4월 2일 밤에 해산했다.[120]

"백방으로 방법을 찾아보아도 결국은 전혀 대책이 없고"

5월 초에는 영의정 심순택이 사직상소를 올렸고, 6월 초에는 우의정 정범조가 사직을 청했는데 "… 사람의 모발이 모두 병들고 나무의 뿌리와 가지가 모두 시든 것과 같아"라 했다. 군량 등 군수물자 조달을 맡은 지중추부사 김영수도 "… 전후로 해직을 청하며 거의 20번의 소장을 올렸는데 … 군수 물자의 조달이 일 년의 소요 총량과 비교하여 반이나 줄어든 데다 …"라며 사직을 청했다.

독판내무부사 민응식도 7월에 "… 백방으로 방법을 찾아보아도 결국은 전혀 대책이 없고 작은 계획도 펼치기 전에 한갓 집채처럼 커다란 비방만 쌓이고 …"라며 사직을 청했다. 민응식은 2월에 '해연총제사(海沿摠制使)'에 "갑자기" 임명받았을 때도 사직을 청했는데, "… 아무리 헤아려 보아도 감당할 길이 없으므로 이에 감히 다급히 호소하는 것입니다. …"라 했다.[121]

무당과 점쟁이에 심취한 왕과 왕비

고종과 왕비가 무당이나 점쟁이에 심취했다는 기록들이 있는데, 그중에는 조선 주재 공사들이 본국에 보고한 것도 있다. 그러나 고종실록이나 승정원일기의 기록은 잘 보이지 않는데, 고종실록 8월 21일 자에 있는 전 정언(正言) 안효제의 상소는 아주 드물게 이에 관해 언급을 하고 있다. 진령군은 1882년 임오군란이 일어나자 왕비가 충청도로 피난 갔을 때 만난 점쟁이, 무당으로 그 이후로 왕비 곁에서 권력을 휘두른다.

"… 요사이 일종의 괴이한 귀신이 몰래 여우같은 생각을 품고 성제(聖帝)의 딸이라고 거짓말을 하며 스스로 북관왕묘의 주인이 되어 요사스럽고 황당하며 허망한 말로써 중앙과 지방의 사람들을 속이고 함부로 '군(君)' 칭호를 부르며 감히 임금의 총애를 가로채려 하였습니다. 또한 잇속을 늘리기 즐겨하며 염치가 없는 사대부들을 널리 끌어들여서 아우요, 아들이요 하면서 서로 칭찬하고 감춰 주며 가늠할 수 없이 권세를 부려 위엄을 보이거나 생색을 내니, 왕왕 수령이나 감사들도 많은 경우 그의 손에서 나옵니다. …

무당의 염불 소리는 거의 없는 날이 없고, 걸핏하면 수만금의 재정을 소비하여 … 소경 점쟁이와 무당이 이 때문에 마음대로 돌아다니며, 중들의 요망스러운 교리가 이 때문에 제멋대로 퍼지며 … 창고의 재정은 이 때문에 궁색하며, 관청 준칙과 관리 추천은 이 때문에 난잡하게 되고, 대궐 안은 이 때문에 엄숙하지 못하며, 형벌과 표창은 이 때문에 공명정대하지 못하고, 백성은 이 때문에 곤궁에 빠지며, 조정의 정사는 이 때문에 문란하게 되는데 … 비록 일반 백성들 중에서 사리를 좀 아는 사람인 경우에도 이런 무리들에게 속지 않을 것인데 더구나 총명한 전하가 오히려 깨닫지 못하겠습니까?"라 하였다. 조선은 이처럼 대궐 안에서부터 온전하지 못했다.

만석보 수세와 전봉준, 함경도

고부군의 만석보의 수세(水稅)가 너무 가혹해 백성들이 여러 차례 경감해 줄 것을 청원하였지만, 조병갑이 군수로 오면서 보를 또 만들어 오히려 수세를 더 징수했다. 이에 11월 중순에 전봉준은 군민 40여 명을 이끌고 가서 군수에게 이를 감해줄 것을 진정했지만, 수감됐다가 얼마 후 쫓겨났고, 12월에 다시 60여 명을 이끌고 가서 군수에게 진정했지만 또 쫓겨난다.

11월 중순 함경감사 서정순의 사직상소를 보면 함경도에도 세금이 큰 문제였다. "… 토지는 척박한데 세금이 많고 무겁기 때문에 고을마다 쓸쓸하여 아무런 생기가 없습니다. … 근래에 백성들의 근심이 어느 곳인들 그렇지 않은 곳이 있겠습니까마는 …"이라 했다.[122] 조선 전체가 세금에 짓눌려 같은 문제에 놓여 있었던 것이다.

평안도와 황해도 민란

2월 하순에 의정부가 평안도 함종부에서 일어난 민란을 보고하는데 "… 관아에 침범하여 관원을 협박하고 건물을 부수고 가호에 불을 질렀습니다. 근일 평안도 한 지방 내에 그렇지 않은 고을이 거의 없으니 …"라 했다.

8월에는 황해도 여러 도시에서 민란이 일어나자 의정부가 "재령에서 난민이 … 관청 건물을 부수고 문서를 불살랐으며 고을의 아전들을 때리고 심지어는 수령까지 … 청풍과 황간에서 … 불법적으로 백성에게서 재물을 마음대로 거두어들인 데 원인이 있습니다. … 무리를 지어 옥문을 부수고 죄수 6명을 제멋대로 놓아준 …" 일이 있었다고 보고했다. 11월에 평안감사는 "중화부(中和府)의 백성들이 폐단을 바로잡을 것이 있다고 하면서 관속의 집을 부쉈고 나졸이 몽둥이에 맞아 죽었습니다"라고 보고했다.[123]

이렇게 전라도, 함경도, 평안도, 황해도에서는 세금 때문에 민란이 일어나고, 경성 부근에까지 "불순한 무리들이" 모이고, 대신들은 나라가 나라 구실을 못함을 상소하는 가운데, 동학난이 일어나고 청일전쟁이 발발하는 1894년을 맞는다.

1893년(메이지 26) - 일본

메이지 정부와 의회의 대립은 계속되었으나 천황의 중재로 의회는 정부 예산을 통과시킨다. 주청 러시아공사는 조선에서 다시 큰 난이 일어날 수 있음을 보고하고, 일본 육군참모차장은 청국과 조선을 방문하여 현지의 실정을 파악한다.

러시아는 시베리아 철도 위원회를 발족시키고, 일본은 5월에 '전시대본영' 조례를 제정한다. 추밀원 의장 야마가타 아리토모는 러시아가 시베리아 철도를 완공하기 전에 일본은 해군을 확장해야 한다고 주장했다. 일본 의회는 여전히 불공정 조약 개정에 극력 반대했고, 정부는 결국 의회를 해산하는데, 이를 본 메이지 천황은 너무 일찍 국회를 개설했다고 후회를 한다.

정부와 의회의 타협

중의원이 정부의 예산안에서 관리의 급여와 군함 건조비 등을 약 11% 줄여 수정안을 가결하자, 1월부터 메이지정부와 의회는 충돌했다. 이에 중의원은 내각 탄핵안을 메이지 천황에게 제출했고, 중의원은 정회에 들어갔다. 결국 메이지 천황이 궁중 비용 중 일부와 관리 봉급의 10%를 군함 건조 비용에 사용하고, 의회와 내각이 타협하도록 조칙을 내렸다. 이에 따라 의회는 정부 원안에서 세출을 3%만 줄이는 타협 예산을 의결했다.[124]

조선에 대한 주청 러시아 무관의 보고

일본과 조선도 관장하던 주청 러시아 무관 보가크는, 조선의 많은 지역에서 소요가 일어나 약 20만 명에 달하는 동학도는 조선을 외국인으로부터 해방시킬 것을 주장하고 있으며, 조선정부는 이들을 진압할 힘이 없어서 조선에서 문제가 발생할 수 있다고 5월 하순에 보고했다.[125]

육군참모차장의 조선과 청국 시찰

4월부터 7월까지 육군참모차장 가와카미 소로쿠는 조선과 청국을 방문했다. 이때 그는 고종, 원세개, 북양대신 이홍장 등을 예방했고, 청에서는 천진의 무비학당과 남경의 포병공창, 무기고 등을 시찰하여 청의 군사력을 파악했다.[126]

'전시대본영' 조례

5월에는 '전시대본영(戰時大本營)' 조례를 제정했는데, 천황 직속으로 대본영을 두고 육해군의 작전을 지휘, 감독하게 했다. 대본영은 국가의 중요 기무(機務)에 참여하고, 육해군의 작전을 수립하고 지휘하기 위하여 참모총장을 두었는데, 다음 해 5월에 대본영을 설치한다.[127]

군비의견서

추밀원 의장 야마가타 아리토모가 10월에 발표했는데, 시베리아 철도가 개통되면 러시아는 청국의 내륙까지도 침탈할 수 있으며, 청의 군사력으로는 러시아는 물론 영국과 프랑스 등의 침략도 막아낼 수 없다고 전망했다. 따라서 일본은 시베리아 철도 완성 전까지 특히 해군을 확장해야 한다고 강조했다.[128]

조약 개정 반대 운동과 의회 해산

연말에 조약 개정 반대론자들이 외국인의 일본 내 거주 반대 등을 내용으로 하는 법안을 발의하여 정국은 혼란해졌다. 이러한 반(反)외국인 움직임에 대해 영국 등 각국 공사들은 일본 정부에 대책 수립을 강력히 요구했고, 주영 일본공사도 외국인 배척 운동을 단속할 것을 요청했다. 이토 내각은 11월 말에 열린 의회에서 조약 개정 문제를 놓고 의회와 다시 대립하였고, 결국 12월 말에 의회를 해산한다.[129]

메이지 천황의 후회

의회가 해산되기 전날, 외무대신 무쓰 무네미쓰(陸奧宗光, 1844-1897)는 30여 년 전 막부 때 체결된 조약들 때문에 잃어버린 일본의 권리를 되찾기 위해서는 조약을 개정해야 한다고 강조했다. 무쓰는 이를 위해서는 개국을 해야 한다고 했지만 의원들은 동의하지 않았다. 이후 메이지 천황은 국회 개설을 너무 서둘렀다는 후회의 말을 했는데,[130] 1889년 가네코 겐타로를 만난 슈타인 교수가 아직 일본에게는 헌법이 너무 빠르다고 한 것과 비슷한 말이 메이지 천황의 입에서도 나왔던 것이다.

기타무라 도코쿠

자유민권운동가이며 일본 근대문학의 선구자 중 한 명인 시인이자 평론가였던 기타무라 도코쿠(北村透谷, 1868-1894)가 메이지 유신에 대한 글을 발표했다.

그는 동양사회의 계급의 밧줄을 자른 것이 메이지 유신이며, 메이지 유신이 칼로 이루어진 것처럼 보이지만, 그 내실은 사상의 자유가 많아진 것에 있다며, 정신의 자유의 귀착점은 개인의 자유에 있다고 했다. 그는 다음 해에 26년의 생을 마감하는데, "부러져서도/활짝 꽃을 피우는/ 백합이지요"라는 시를 남겼다.[131]

시베리아 철도 위원회

러시아는 1월 말에 시베리아 철도 위원회를 발족해 니콜라이 황태자를 의장에 임명했다.

이해 변호사법이 공포되어 변호사라는 직업이 일본에 생겼다.[132]

1894년(광서 20, 고종 31) - 조선

1월 초에 전봉준이 고부군아를 습격하고 해산했으나 고부군 안핵사로 임명된 이용태가 문제를 악화시킨다. 이에 분노한 전봉준이 고부군 인근 지역에 통문을 돌려 본격적으로 동학난이 전개된다. 이런 와중에 상해에서 암살된 김옥균의 시신이 3월에 도착한다. 4월에 동학도들이 관군을 패퇴시키고 무안에서 봉기를 일으키자, 황현의 기록에 따르면 "이놈의 세상은 얼른 망해야 한다"는 것이 당시 백성들의 여론이었다. 조정은 청국에 군사 파견을 요청하였고, 5월에 청국과 일본 군대가 상륙한다. 이렇게 혼란한 시기에도 조선은 청국에 사신을 보내는데, 이들이 마지막 사신으로 걸어서 북경까지 간다.

6월에 일본군이 경복궁에 난입하였고, 이틀 후 풍도 앞바다에서 청일전쟁이 일어난다. 창덕궁에 설치된 '대보단'에서 190년 동안 해 오던 명나라 황제 3명에 대한 제사를 7월에 폐지하고, 군국기무처를 설치하여 개혁을 시작한다. 그러나 반대 세력으로 인해 일을 제대로 추진할 수 없음을 아뢰는 상소가 올라가고, 갑오개혁을 반대하는 상소도 이어진다. 12월에는 고종이 '홍범 14조(독립서고문)'를 종묘에서 발표한다. 전봉준은 옛 부하의 밀고로, 김개남은 친구의 밀고로 체포된다.

고부군아 습격과 해산

1월 초, 전봉준이 백성 1천여 명을 모아 고부군아를 습격하여, 이서들을 체포하고 무기고를 탈취하였으며 조병갑이 불법 징수한 세곡은 돌려주고 만석보의 새 보를 무너뜨렸다. 열흘 후에 이들은 해산했고 전봉준 자신도 태인으로 돌아갔다.

의정부에서는 조병갑을 신문하게 하고, 전라도 장흥부사 이용태를 고부군 안핵사에 임명했다. 그러나 이용태는 일체의 죄를 동학도인에게 돌리고, 그들을 수감하고 주거지를 불태우고, 당사자의 소재가 파악되지 않으면 처자식을 살육하는 등의 만행을 저질렀다. 이에 분노한 전봉준 등은 3월 하순에 고부군에 인접한 태인·정읍·무장 등의 접주들에게 통문을 돌렸다.

유배된 조병갑은 1년 2개월 뒤인 1895년 7월에 다른 탐관오리 259명과 함께 석방되어, 1898년 1월 2일(양)에 법부 민사국장에 임명된다. 1898년 7월에 동학 2대 교주 최시형이 고등재판소에서 사형선고를 받는데, 그때 재판부 판사가 조병갑이다.[133]

고부민란에 관한 기록

고종실록 2월 15일의 기록을 보자. "고부(古阜) 백성들의 소란은 곧 이른바 동학당란(東學黨亂)의 시초였다. … 갑오년(1894) 2월 전라북도 고부 백성들이 군수 조병갑의 탐오와 횡포에 견딜 수 없어 모여서 소란을 일으켰다. 정부에서는 장흥 부사 이용태를 안핵사로 삼아 그로 하여금 진무하게 하였는데 이용태는 그 무리가 많은 것을 꺼려서 병을 핑계대고 머뭇거리면서 도리어 이 기회를 이용하여 백성의 재물을 약탈하니 민심이 더욱 격화되었다. 고부 사람 전봉준이 떨쳐 일어나 동학당에 들어가니 각지의 폭도들이 소문만 듣고도 호응하였으며, 김해 백성들은 부사 조준구를 내쫓았다."

1894년 조선

주청 러시아공사의 보고

2월 초, 주청 러시아공사 카시니는 조선 실정에 관한 보고서에서 조선 정부는 혼란을 진압할 수단도 없고, 조선인들의 불만과 반감은 전국에 퍼져 있고, 청 정부도 매우 불안해하고 있다고 했다. 또 조선에 자국민이 많이 있는 일본도 무관심하지 않을 것이라며 러시아도 관심을 가져야 한다고 했다.[134]

"그의 사지를 찢고 그의 살점을 씹으려고 하지 않겠습니까?"

일본에 있던 김옥균이 홍종우 등과 함께 2월 21일(양 3월 27일)에 상해에 도착했는데 다음 날 홍종우에 의해 살해되었다. 김옥균의 시신이 조선에 도착하자 대신들은 "… 누군들 그의 사지를 찢고 그의 살점을 씹으려고 하지 않겠습니까?"라 했고, 대사헌, 대사간, 홍문관에서도 일제히 김옥균에게 '모반대역' 죄를 적용할 것을 주장하여 능지처사가 결정된다. 이에 더하여 김옥균의 집을 허물어 연못으로 만들도록 했고, 의금부는 김옥균의 "… 부모, 처첩, 자녀, 조손, 형제, 자매, 아들의 처첩, 백부, 숙부, 형제의 아들"까지 처벌했다.

의금부는 양화진(서울 마포) 백사장에서 김옥균의 시신을 난도질했는데, 그의 몸체는 한강에, 머리는 경기도의 산에, 팔다리는 전국 팔도에 내버렸다. 조선에서 사진관을 운영하던 일본인 가이군지(甲斐軍治)는 사람을 시켜 버려진 김옥균의 머리카락을 수습해서 동경에 있는 진죠지(眞淨寺)에 매장했다.

3월 23일, 예조에서는 김옥균이 죽은 것을 축하하는 의식을 거행할 것을 윤허받았는데 "… 참으로 나라의 더 없이 큰 경사이니 종묘와 사직에 고하고 …"라 했다.[135] 현재 충남 공주시 정안면에 있는 김옥균의 생가 터(유허, 遺墟)에는 추모비 하나만 세워져 있다.

"이놈의 세상은 얼른 망해야 한다"

전봉준의 격문에 호응한 태인현의 농민은 3월 말에 태인현아를 습격해 무기를 탈취하고, 전봉준은 동학도를 인솔하여 고부군의 백산을 점거했다. 이후 동학도들 수천 명이 백산으로 모였다. 4월 2일, 조정은 전라도 병마절도사 홍계훈을 양호초토사에 임명하였는데, 휘하 800명의 군사들은 소총과 야포, 개틀링 기관총 등으로 무장했다. 4월 7일에는 전라도 관찰사 김문현이 이끄는 관군이 동학도들과 황토현에서 충돌하였으나, 오합지졸의 관군들이 완패했다.

황현의 기록에 의하면 당시 농민들은 조선왕조가 망해야 자신들이 가난에서 벗어날 수 있다는 희망을 갖기도 했고, 전봉준 등이 무장에서 봉기를 일으키자 "… 이놈의 세상은 얼른 망해야 한다. 망할 것은 얼른 망해버리고 새 세상이 나와야 한다"라며 조선왕조의 멸망을 바라기도 했다. 또 다른 기록에는 "에이, 참 잘되었지. 그냥 이대로 있으면 백성이 한 사람이나마 남아 있겠나" 하며 새 세상에 대한 백성의 열망을 표현했다.[136]

러시아공사가 본 동학난의 원인

러시아공사 베베르가 동학난에 관해 5월에 본국에 보고한 내용을 보면, 관리들의 뇌물 및 착취가 큰 원인이었다. 국왕은 유약하고, 백성들의 생활 개선, 제도 개선 등 중요한 개혁은 전혀 없으며, 따라서 조선정부가 동학난을 진압하더라도 폭동은 머지않은 장래에 더 크게 일어날 것이라 했다.[137]

파병 준비를 건의한 일본 임시대리공사

일본 임시대리공사 스기무라는 조선이 앞으로 취할 수 있는 것으로, 내정 개혁 실시와 청에게 군대 파견을 요청하는 것 두 가지로 봤다. 그러나 내정 개혁을 하려면 민씨 척족을 쫓아내야 하므로 시행이 불가하고, 따라서 청에게 파병을 요청할 것으로 예상했다. 이에 기초해 그는 일본도 출병 준비가 필요하다고 본국에 4월 18일(양 5월 22일) 보고했다.[138]

청국군과 일본군의 상륙

4월 19일, 양호초토사 홍계훈은 청의 출병을 요청하는 상소를 올렸다. "… 동쪽으로 쫓으면 서쪽으로 달아나서 전혀 초멸할 방도가 없습니다. … 우리는 수가 적고 저들은 많아서 군대를 나눠서 추격하기가 어렵습니다. 부디 바라옵건대 외국 군대를 빌려서 … 오직 이 한 가지 일에 달려 있사옵니다. …"라고 했다.

4월 27일에는 동학도가 전주를 점령하고, 고종과 척족은 다음 날에 원세개에게 파병을 요청했다. 4월 30일(양 6월 3일) 밤에는 참의교섭통상사무 성기운에게 명하여 청에 정식으로 파병을 요청했고, 이 사실을 스기무라는 다음 날인 5월 1일에 원세개 측으로부터 통지받아 본국에 보고한다.

섭지초가 통솔한 청국군 약 2,500명이 5월 9일 충청도 아산에 상륙했고 이들은 도착 후 아산, 공주 지방에 고시문을 게시했다. 그 내용 중에는 조선 국왕이 급하게 도움을 요청하여 "우리 중조(中朝)는 속국을 아끼고" 불쌍하게 여겨 차마 구원하지 않을 수 없어서 왔다고 했다. 스기무라는 일본군의 파병 계획을 5월 4일에 조병직에게 통보했고, 일본군의 파병 근거는 제물포조약 제5관에 따른 것이라 했다. 일본군 5천 명은 5월 25일(양 6월 28일)에 인천에 상륙한다.[139]

전봉준의 원정서 내용과 고종의 책임

5월 1일, 초토사 홍계훈은 효유문을 공포하여 전봉준을 포박해서 항복하면 용서하겠지만, 그렇지 않으면 한 명도 남김없이 죽여 없앨 것이라 했다.

이에 전봉준은 다음 날 원정서를 보내 "… 옛 수령이 수많은 양민을 살육한 것은 생각하지 않고 도리어 저희의 죄라고 하시니, 교화를 베풀고 백성을 다스려야 할 사람이 양민을 많이 죽인 것이 죄가 아니면 무엇입니까? … 탐오한 관리들이 학대하는데 조정에서는 듣지 못하여 생민이 목숨을 부지하기 어렵습니다. 탐오한 관리는 마땅히 일일이 죽여 없애야 하니, 무슨 죄가 있겠습니까? …"라고 했다.[140]

동학난은 탐관오리들의 악행 때문에 일어난 것이었음을 전봉준의 원정서에서도 알 수 있는데, 탐관오리를 방치한 것은 고종이었다.

전주성 탈환 및 동학도들의 귀향

5월 8일(양 6월 11일)에는 동학도가 전주성에서 도주하고, 초토사 홍계훈이 입성했다. 동학도는 고향으로 돌아갔고, 전봉준은 교인 수백 명을 이끌고 순창군과 남원부에 숨어서 다시 거사할 기회를 노렸다. 다음 날, 독판 조병직은 전주성을 탈환하고 동학난이 평정된 사실을 스기무라에게 공식 통고하며 철군을 요청했으나 거절됐고, 원세개에게도 청군의 상륙 취소를 요구했으나 역시 거절되었다.[141]

미국공사의 보고 내용

미국공사 씰은 5월 중순(양 6월 중순)에 본국 그레샴 국무장관에게 보낸 보고서에서 일본의 출병은 공사관 보호와 약 1만 5천 명의 자국민 보호를 위한 것인데, 임오군란 때 40명 이상, 갑신정변 때 60명 이상의 일본인이 사망한 것을 고려하면 이런 목적의 출병은 타당한 것으로 본다고 했다. 또 11월에 씰 공사는, 조선 전체가 더욱 혼란해지고 있는데도 경성에서는 당파 간의 다툼이 치열하고, 일본의 세력은 혼란을 진압하기에는 불충분해 보인다고 보고했다.[142]

1894년 조선

조선의 마지막 사신, 걸어서 북경까지

약 260년간 조선에서 청나라에 보낸 사신의 마지막 사신이 이해 6월에 일본군의 눈을 피해 떠난다. 이들은 12월에 돌아올 예정이었으나, 전쟁 때문에 돌아오지 못하고 다음 해 5월에 이홍장이 이토와 이들의 귀국 문제를 상의한 결과, 청국 군함을 타고 돌아온다. 복귀 후 고종에 복명한 기록은 보이지 않는다.

이들이 출발하기 전 고종과의 대화 내용 일부를 승정원일기 6월 10일(양 7월 12일) 기록에서 보자. 이들은 황태후(서태후)의 환갑을 축하하고[進賀], 광서제가 지난번 동지사 편에 보낸 하사품에 대한 감사의 뜻을 전하고자[謝恩] 걸어서 북경에 간다.

"복명은 언제쯤 하게 되겠는가?"
"섣달(음력12월) 초순 사이에 다시 돌아올 수 있을 듯합니다." …
"압록강을 건너는 것은 다음 달 보름 뒤여서 서늘할 듯합니다."
"북방은 추위가 일찍 오니 그럴 것 같다." …
"잘 다녀오라." …

1644년부터 1881까지 238년 동안 안남(베트남)의 사신단은 약 50회 북경에 갔는데, 조선의 사신단은 병자호란이 끝난 1637년부터 1894년까지 257년 동안 베트남의 열 배가 넘는 최소 500여 회(어떤 책은 600여 회) 북경에 갔고, 160여 회의 청국 칙사가 조선에 왔다.[143]

1882년 임오군란 때 어윤중은 청국의 군함을 타고 인천으로 왔는데, 12년이 지난 이때도 조선의 사신들은 걸어서 북경까지 간 것이다. 중국의 입장에서는 조선을 "예의의 나라"라고 부를 만했다.

일본의 개혁 항목 제시와 조선의 거부

오토리 게이스케(大鳥圭介) 공사는 6월 1일(양 7월 3일)에 이어 6월

9일에는 시행 시기별로 나누어 자세한 내정 개혁 방안을 제시했다.

10일 내에 즉각 실시할 것으로는 관직매매 금지, 관리들의 뇌물 수수 금지, 세도 집권의 그릇된 제도 폐지, 궁중 관리의 정무 간섭 배제 등과, 6개월 내에 실시할 것으로는 화폐 제도 개혁 등, 그리고 2년 내에 실시할 것으로는 교육제도·세관·사법제도·군대와 경찰제도 등을 제시했다. 총 27개 항목이었는데 이에 대해 당시 원세개의 대변인이었던 당소의(唐紹儀)조차 대부분 적절하다고 했다.

그러나 6월 14일(양 7월 16일), 독판 조병직은 오토리에게 서한을 보내, 일본군의 철수를 선결조건으로 제시하고, 내정 개혁은 그 후에 고려하겠다고 밝혔다. 이로써 조선 내정 개혁에 관한 논의는 중단되었다. 6월 17일, 원세개는 은밀히 경성을 빠져나가 톈진으로 돌아갔고, 당소의를 후임에 지명했다.

일본의 내정 개혁안에 대해 황현은 《매천야록》에서 "힘써 시행했더라면 어찌 오늘날과 같은 화가 있었겠는가? 경전에 이르기를 "국가가 필시 스스로 자기를 해친 연후에 남이 치고 들어온다(國必自伐而後 人伐之)"고 하였으니 아, 슬프다"라고 했다.144

일본군의 경복궁 난입

6월 21일(양 7월 23일) 새벽, 일본군이 경복궁에 난입했다. 당일 고종실록의 기록에는 "일본 군사들이 대궐로 들어왔다. 이날 새벽에 일본군 2개 대대가 영추문으로 들어오자 시위 군사들이 총을 쏘면서 막았으나 상이 중지하라고 명하였다. 일본 군사들이 마침내 궁문을 지키고 오후에는 각영(各營)에 이르러 무기를 회수하였다."고 했다. 경복궁 난입 다음 날, 고종은 대원군을 입궐시켜 모든 정책을 대원군과 상의할 것을 지시한다.

당시 일본공사관 서기관이었던 스기무라 후카시는 1904년에 펴낸 자신의《재한고심록(在韓苦心錄)》에서 경복궁 점령 당시의 모습을 기록했다. 평소 궁궐 안에는 천여 명이 있었는데, 정변이 일어나자 겨우 10여 명만이 남아 있었고, 성안에 살던 사람의 60-70%가 피난한 것으로 생각된다고 했다. 선교사 언더우드 부인도 자신의《조선견문록》에서, 조선 사람들은 엄청난 공포에 빠져 많은 사람이 시골로 떠났고, 가게는 모두 문을 닫았으며 도시는 마치 전염병이 번진 것 같았다고 했다.[145]

청일전쟁 개전과 고승호 사건

경복궁 난입 이틀 후인 6월 23일, 조병직은 당소의에게 청국과 맺은 3개 장정의 폐기를 통고했다. 그러나 당소의는 아무런 회답 없이 귀국했는데, 이날 풍도(豊島, 경기도 안산) 앞바다에서 일본과 청국 함대의 전투로 청일전쟁(First Sino-Japanese War)이 시작됐다. 영국 상선 깃발을 게양하고 있던 영국 선적(船籍)의 고승호는 청국 군사를 수송하다가 발각되었는데, 명령에 불복종하자 일본군 함장 도고 헤이하치로의 명령으로 포격을 받아 천여 명이 사망했다.[146]

190년 만에 폐지된 명나라 황제 제사

조선은 1704년에 창덕궁 후원에 대보단(大報壇)을 설치해 명나라 황제 3명에 대해 제사를 지내왔는데, 일본군의 경복궁 난입을 계기로 정확히 190년 만에 제사가 폐지됐다. 일본군의 경복궁 난입 한 달 여 전에 지낸 제사가 마지막이었다.[147]

군국기무처, 갑오개혁, 그리고 방해 세력

6월 25일에 군국기무처를 설치하고 총재에는 영의정 김홍집을 임명하고 어윤중, 박정양, 김윤식, 조희연, 김가진, 안경수, 정경원과 외무참의 유길준 등이 임명되어 갑오개혁을 추진하였다.

6월 28일에는 군국기무처에서 12가지의 의안(議案)을 올려 모두 윤허를 받았다. 그 내용은 중국의 연호 대신 개국기년 사용, 청국과의 조약을 개정하고 각국에 특명전권공사 재파견, 신분제 폐지와 인재 등용, 연좌제 폐지, 조혼 금지, 과부의 재혼 허용, 공노비와 사노비에 관한 법을 폐지하고 사람을 사고파는 것을 금지하는 것 등이었다.

이 내용 대부분은 조선 유교사회의 질서를 근본부터 허무는 것으로서, 500년 유교적 신분 질서 체제 속에서 백성을 지배하며 살아온 관리, 성리학자, 유생 등 지배층이 받아들일 수 없는 것들이었다. 전봉준이 주장했던 폐정개혁 12개조 내용 중에도 탐관오리 처벌, 불량한 유림과 양반 처벌, 노비 문서 소각, 과부의 재혼 허용, 무명잡세 폐지, 인재 등용 등이 있었다. 이처럼 전봉준이 요구했던 것과 군국기무처에서 왕의 재가를 받아 시행하려 했던 것이 매우 유사했다. 또 6월에 오토리 게이스케 일본공사가 제시했다가 조선이 거부한 개혁안 20개조와도 유사한데, 이를 실천하지 못한 것을 황현이 통탄한 것을 봐도 이 문제들은 조선이 반드시 해결하고 넘어갔어야 할 절박한 문제였다. 그러나 유교사회 기득권층의 저항으로 극복할 수가 없었다.

결국, 탁지아문 대신 어윤중이 약 한 달 후인 8월 2일에 사직상소를 올려 일을 할 수가 없음을 아뢰는데 " … 실제적인 공으로 실제적인 일을 행하려고 생각하지 않고, 단지 헛된 논의만 늘어놓는 데 힘써 일시적인 쾌감이나 구하려 하고 있습니다. …"고 하여 갑오개혁에 반대하는 세력이 많았음을 알 수 있다.

9월 7일에는 총리대신 김홍집도 사직상소를 올려 역시 일을 하기가 어려움을 토로한다. "… 비록 남의 말을 거들떠보지 않고 죽을 각오로 앞으로 나아가고자 하더라도, 궁지에 몰려 일어나려다가는 다시 넘어지는 데야 어찌하겠습니까. 아, 지금이 어떠한 때입니까. 국가의 운명이 한 치 앞을 내다보기 어려울 정도로 절박하고 두렵습니다."라며 사직을 청했다.

김홍집은 9월 15일에 다시 "… 직임에 전혀 걸맞지 않고 기량이 모조리 드러난 마당에 또다시 천근의 무거운 짐을 혼자 두 어깨로 짊어지려고 한다면 기력이 다하여 쓰러지지 않을 도리가 있겠습니까. … 결과가 뻔하다는 것을 분명히 알고 있으면서 일찌감치 스스로 계획하지 않는다면, 신의 죄에 죄를 보탤 뿐만이 아닙니다. …"며 사직을 청했다.[148]

"청나라를 두려워하는 마음… 일본을 의심하는 마음"

7월 초에 지석영이 상소를 올려 청국과 일본에 대한 조선인들의 상반된 의식을 지적하고, 청국군을 불러들인 민영준과 무당 진령군을 효시하고, 인재를 등용할 것 등을 아뢴다.

"… 백성의 마음에는 두 가지 병이 있으니 하나는 청나라를 두려워하는 마음이고 하나는 일본을 의심하는 마음입니다. … 의심하는 마음을 바꾸면 신뢰하는 마음을 가질 것이고, 두려워하는 마음을 바꾸면 용맹한 마음이 생길 것이니 … 백성을 수탈하여 소요를 초래하고 원병(援兵)을 불러들이게 만들며 난이 일어나자 먼저 도망친 간신 민영준과, 신령의 힘을 빙자하여 임금을 현혹시키고, 기도한다는 구실로 재물을 축내며 요직을 차지하고 농간을 부린 요사스러운 계집 진령군에 대하여 온 세상 사람들이 그들의 살점을 씹어 먹으려고 합니다. … 두 죄인을 주륙하고 머리를 도성문에 달아매도록 명한다면 …"이라고 하였으나 고종은 "원래 참작한 것이 있다." 하였다.[149]

도량형과 〈신식화폐장정〉

7월 11일(양 8월 11일), 군국기무처가 도량형을 개정하고, 〈신식화폐장정〉을 발표했다. 제7조에서는 "새 화폐를 많이 주조하기 전에는 당분간 외국 화폐를 섞어 쓸 수 있으나, 다만 본국 화폐와 질, 양, 값이 같은 것이라야 통용될 수 있다."고 했다.

이로써 당시 동아시아에서 결제 화폐로 쓰이던 멕시코 은화인 묵은(墨銀)과, 묵은과 중량과 순도가 같아서 거의 동일한 가치로 통용되던 일본 은원(銀元: 액면 가치 1원의 은화)이 공식적으로 조선 내에서 통용될 수 있게 되었다. 1883년 조영조약 세칙 장정에서 모든 세금을 묵은 혹은 일본 은원으로 납부할 수 있게 한 이후 이들 돈이 조선에서 통용되고 있었다.[150]

'교환의 매개' 기능을 상실한 엽전

오스트리아인 여행가 헤세 바르텍(Ernst von Hesse-Wartegg)이 부산을 여행할 때 환율에 관한 기록을 남겼다. 당시 부산의 짐꾼들의 가장 흔한 짐은 돈이었는데, 1달러를 바꾸면 엽전이 6천 개에 달했는데, 그 무게가 엄청났다. 따라서 그는 일본이 조선에 은화를 도입하면 부산과 조선 전역의 가난한 짐꾼들은 돈벌이 수단을 잃게 될 것이라 했다.

이러한 엽전의 환율과 무게 문제는 1903년에 조선을 여행한 러시아인이 남긴 글에서도 똑같이 볼 수 있다. 1903년에 러시아돈 100루블어치의 엽전은 5만 개 이상으로 무게가 123kg에 달해 이를 운반하려면 말 한마리가 필요하다고 했다.[151]

이를 볼 때 이미 오래 전부터 엽전은 화폐의 기능 중 가장 기본적인, 거래 비용을 줄여주는 '교환의 매개(medium of exchange)'로서의 기능을 상실하고 있었던 것이다.

경장을 알리는 고종의 교서

7월 20일, 고종은 경장(개혁, 혁신)을 알리는 교서를 발표했다. "…

국가를 잘 다스리려고 생각한다면 우선 경장을 해야 하므로 … 나는 의정부에 책임을 지워 완수토록 하노니 … 아, 오늘날이 어떤 때란 말인가. 기반을 공고히 다지고 국운을 결정짓는 방법이 오직 여기에 달려있다. …"라 하였다.[152]

〈조일 잠정합동조관〉, 〈조일동맹조약〉

7월 20일에 일본과 〈조일 잠정합동조관〉을 체결하였고, 7월 22일(양 8월 22일)에는 일본과 3개 조항으로 된 〈조일동맹 조약〉을 체결하였다. 동맹조약 제2조에서는 "일본국이 청나라에 대한 공격과 방어 전쟁을 담당할 것을 승인했으므로, 군량을 미리 마련하는 등 여러 가지 일에 돕고 편의를 제공하기에 힘을 아끼지 말아야 한다."라고 했다.[153]

박영효의 사죄의 글

일본으로 망명 갔던 박영효가 경성에 와서 임금에게 사죄의 글을 올렸는데, 승정원일기 8월 1일 자에 있다. "… 갑신년(1884) 겨울에 이르러 시사(時事)가 날로 어려워지고 나라의 형편이 점차 위태로워지는 것을 보고 걱정과 울분의 마음을 참을 수 없어 나라를 바로잡아 보고자 하였습니다. 그러나 … 임금에게 걱정을 끼치고 아래로는 가문에 화가 미치게 하였으며 … 근래에 조정에서 정치와 교화를 갱신하여 과거의 허물을 탕척해 주고 있다는 말을 삼가 듣고 … 엎드린 채 강남 쪽에서 명을 기다립니다. …"라 하였다. 사흘 후 고종은 박영효의 죄명을 삭제할 것을 지시한다.[154]

평양전투와 황해해전

8월 16일(양 9월 15일)에는 청일 양국군 각 1만 5천여 명이 동원되어 평양전투가 일어났는데, 이날 청국군 총사령관 엽지초가 항복하고, 무기 인도를 위한 시간을 얻은 뒤 도주했다. 청국군의 사망자는 2천 명, 부상자는 4천 명이었으며 일본군은 사망 100여 명, 부상 400여 명이었다.

이틀 뒤인 8월 18일, 황해해전에서도 일본군이 압승을 거두었다. 이 두 전투에서 청국군이 패하자 세계열강들은 청과 일본을 재평가하게 되었다. 야마가타 1군 사령관의 북진 명령에 따라 9월 말에 제3사단 보병이 압록강을 도하했는데, 그 사단장이 바로 러일전쟁 때 일본 총리인 가쓰라 다로(桂太郎)이다.[155]

발각된 대원군의 밀서

8월 16일에 평양성에 입성한 일본군은 대원군이 평안도관찰사에게 보낸 밀서를 평양 감영에서 압수했다. 이 밀서는 7월 말에 보낸 것인데, 속히 청국이 군사를 보내 일본군을 소탕해 달라는 내용이었다. 이노우에 특명전권대사는 이 밀서를 총리대신 김홍집, 외부대신 김윤식 및 대원군에게도 보였고, 결국 대원군은 10월에 물러난다.[156]

동학도의 2차 봉기

9월 중순까지 북접 휘하의 동학 농민군은 경기도 지방 대부분을 석권하였고 충청도 보은에 집결하였다. 전라도 삼례에서는 9월 중순에 10만 명의 동학농민이 집결하여 2차 봉기가 있었다. 고종실록 9월 24일자 기록을 보면, 의정부에서 "호서와 호남의 비적들이 요즘은 다시 영남, 관동, 경기, 해서 등지에 널리 퍼진다고 하니, 각처에서 토벌하고 무마하는 일을 모두 순무사가 일체 처리하게 …" 윤허받았다. 10월부터 다음 해 2월까지 조선군은 일본군과 공동으로 동학 농민군 진압 작전을 펴는데, 이때 농민군 수만 명이 사망했다.[157]

옛 부하의 밀고로 체포된 전봉준

결국 동학농민군은 공주 등에서의 전투와 우금치 전투에서 패하였고, 전봉준은 순창의 피노리로 부하와 함께 11월 말에 피신했으나, 옛 부하 김경천의 밀고로 체포되었다. 전봉준은 일본인 취조관이 "일본이 이 나라를 병탄하려고 한다는 의심만을 가지고 청국이 조선을 속국으로 삼으려고 하는 데는 생각이 미치지 못한 것"에 대해 묻자 "지나(청국)에 대해서는 지금까지 공물을 바치고 있기 때문에 이 위에 나라를 병탄까지는 하지 않을 것이라 생각했다"고 대답했다.[158]

갑오개혁 비판 상소

고종실록 10월 3일 자에 전 승지 신기선의 상소가 있는데, 갑오개혁이 신분제도를 철폐하여 노비제가 없어진 것과, 의복제도를 바꾼 것을 주로 비판하였다. "… 한갓 개국 연호나 내세우면서 세상에서 제가 잘났다고 하고 있으니 … 한갓 관직 제도나 고치고 관청 이름이나 바꿈으로써 외국을 모방하고 있으니 … 등급을 깨뜨리고 노비를 없앤다는 조항은 애당초 해석도 없고 설명도 전혀 없다 보니, 결국 변란을 선동하는 백성들로 하여금 구실을 삼아 일어나게 하였으며 일반 백성의 위엄이 장수나 정승보다 커져서 정승이 묶인 채로 맞는 모욕을 당하는 지경에 이르렀습니다. … 어찌 의관 제도를 허물어 버리고 오랑캐의 풍속을 따른 다음에야 개화가 되겠습니까? …" 이에 고종은 "경의 말은 옳다. …"라 하였다.

황현의 《매천야록》에 따르면 당시 백성들은 온갖 명목의 세금으로 죽을 지경이었지만 그 누구도 해결해 주지 않았다. 그런데 이때 새 법령이 반포되어 돈으로 세금을 납부하고, 일체의 잡세가 없다고 공포되자, 백성들은 기뻐 날뛰고 손뼉을 치면서 그것이 서양에서 나왔든 일본에서 나왔든 모두 기뻐하며 다시 태어난 것 같았다고 했으며, 배부르고 따뜻한 생활을 했다고 기록했다.[159]

일본의 개혁안 20개조

일본 정부는 오토리 공사의 후임으로 이노우에 가오루 내무대신을 조선공사로 임명하였고, 이노우에는 9월 29일(양 10월 27일) 경성에 도착했다. 고종실록 10월 23일 자에 이노우에가 고종에게 상주한 개혁안 20개 조항에 관한 내용이 있다.

주요한 것으로는 "1. 정권은 모두 한곳에서 나오게 하여야 한다. 2. 대군주에게는 정무를 직접 결재할 권한이 있고 또 법령을 지킬 의무가 있다. 3. 왕실의 사무는 나라의 정사와 분리시켜야 한다. … 6. 조세는 탁지아문에서 통일하게 하고 또 백성들에게 부과하는 조세는 일정한 비율로 하는 외에는 어떤 명목과 방법을 물론하고 징수하지 않는다. … 9. 모든 일에서 허식을 없애고 사치한 폐단을 바로잡아야 한다. … 15. 권세를 다투거나 또는 남을 시기하거나 이간시키는 나쁜 폐단을 철저히 없애고 정치상 복수하는 관념을 가지지 않게 하여야 한다. …" 등이다.[160]

강원도와 황해도에서의 전투

동하 농민군과 관군의 전투가 있었는데, 11월 2일에는 강원도 홍천에서 "… 소모관 맹영재가 행군하여 홍천 장야촌에 이르러 비적 30여 명을 쏘아 죽이고, 방향을 바꾸어 서석면에 이르니 비적 수천여 명이 흰 깃발을 세우고 진을 치고 모여 있기에 총을 쏘며 접전"하였고, 11월 20일에는 황해수사가 "동학도 수천 명이 본영에 모여 성문을 쳐부수고 본영 안으로 난입하여 활과 총을 마구 쏘아대었고, 이어 군고(軍庫)를 쳐부수어 그곳에 있던 총과 창 등의 군수물을 죄다 탈취하였는데도 막지 못하여 …"라 하였다.[161]

김개남의 체포

12월 초에 김개남이 체포되었다. 가장 마지막까지 싸우다 후퇴한 김개남은 고향 태인에 숨었으나, 오랜 친구 임병찬의 밀고로 관아에 넘겨졌다. 전주로 압송된 그는 다른 동학 지도자들과는 달리 어떠한 재판도 없이 12월 중순에 즉결 처분으로 참수형을 당했다.[162]

홍범 14조

12월 12일, 42세의 고종은 종묘에 가서 홍범 14조를 고했는데, 그 내용은 다음과 같다.

"청나라에 의존하는 생각을 끊어 버리고 자주 독립의 터전을 튼튼히 세운다. … 왕비나 후궁, 종친이나 외척은 정사에 관여하지 못한다, 왕실에 관한 사무와 나라 정사에 관한 사무는 반드시 분리시키고 서로 뒤섞지 않는다. … 백성들이 내는 세금은 모두 법령으로 정한 비율에 의하고 함부로 명목을 더 만들어 불법적으로 징수할 수 없다. … 나라 안의 총명하고 재주 있는 젊은이들을 널리 파견하여 외국의 학문과 기술을 전습 받는다, 장관(將官)을 교육하고 징병법을 적용하여 군사 제도의 기초를 확정한다, 민법과 형법을 엄격하고 명백히 제정하여 함부로 감금하거나 징벌하지 못하게 하여 백성들의 생명과 재산을 보호한다. …"라 하였다.[163]

두 명의 탐관오리가 120만 냥 횡령

총리대신의 12월 말 보고 내용이다. "… 경상 전 감사 이용직은 … 탐오한 돈이 47만 6,356냥이고, 전전 통제사 민형식은 … 탐오한 돈이 72만 1,277냥입니다. … 모두 해당 아문에서 나문(拿問)하여 정죄하고 탐오한 돈은 받아내어 공금을 충당해야 할 것입니다. …"라 하였다. 그러나 황현의《매천야록》에 따르면, 이들이 횡령한 돈을 공금에 귀속시키는 것은, 문서로만 시행했을 뿐 법대로 집행되지 않았다. 이용직은 다음 해 5월에 종2품에 임명되고, 민형식은 다음 해 6월에 석방되어 종2

품, 왕후궁대부에 임명된다.[164]

황현도 《매천야록》에 이용직과 민형식의 횡령 금액을 기록했는데, 위의 고종실록 기록과 한 냥의 차이도 없다. 황현의 기록, 특히 숫자에 관한 기록을 신뢰할 수 있는 또 다른 근거이다.

1894년(메이지 27) - 일본

정부와 의회가 대립을 계속하던 일본은 3월에 의회를 해산하고 총선거를 실시한다. 그러나 야당이 또다시 과반수를 차지해 정국은 여전히 혼미하여 6월에 다시 의회를 해산하는데, 바로 그날 조선이 청국에 군대 파견을 요청한 사실이 보고되었다. 일본은 동학난을 청국과 공동 진압한 후, 조선의 내정을 공동으로 개혁할 것을 청국에 제의한다. 그러나 청은 이에 반대하고, 영국과 러시아에 공동 철병을 중재해 줄 것을 요청하나 거부된다.

청일전쟁 직전에 영국 외무상이 주창하여 러시아, 독일, 프랑스, 이태리 등 5개국이 청과 일본에 의한 한반도 공동 점령을 제의하나 일본이 반대한다.

7월에 영국은 일본과 '통상항해조약'을 체결하는데, 그동안 일본이 주장해 온 불공정 조약의 일부가 수정되는 순간이었다. 9월에 총선거가 실시되어 야당이 다시 과반수를 차지했으나, 청일전쟁의 거국적 수행을 위해 의회는 정부의 예산안을 원안 그대로 통과시킨다. 일본 내에서는 확전론이 대두되어 청을 점령해야 한다는 주장이 나왔으나, 일본 정부는 확전을 자제하기로 결정한다.

중의원 선거와 야당의 승리

3월 총선거에서 야당이 또다시 과반수를 차지했다. 이후 외국인에게 일본의 내지(內地)를 개방해서는 안 된다는 조약 개정 반대 운동은 계속되었고 민심도 악화되었다. 그러나 메이지 정부는 전임 외무대신 아오키 슈조를 주영공사로 임명하여 불평등 조약 개정을 위해 계속 영국 외무성과 접촉하게 했다.[165]

조약 개정 반대 운동과 의회 해산

외무대신 무쓰는 3월 하순에 아오키에게 서한을 보내 조약 개정 반대론자들의 주장은 계속되고, 국내 정세는 악화되고 있음을 전했다. 무쓰는 조약 개정만이 이런 상황을 극복할 수 있는 유일한 수단이라며 조약 개정에 강한 의욕을 보였다. 당시 영국은 외국인 배척 운동을 이유로 일본의 조약 개정 요구에 미온적이었다.

마침내 영국에서 협상이 시작되었지만, 영국은 섬을 할양해 줄 것을 일본에 요구하기도 하고, 홋카이도의 하코다테(函館) 항에 대한 사용권 확대를 요구하기도 했다. 5월에 특별 의회가 개회되지만 일본 정국은 여전히 혼미하고, 6월 2일에 의회는 또다시 해산된다.[166]

대본영 설치

6월 2일, 의회가 해산되던 날 임시 각의가 열렸는데, 이때 스기무라로부터 조선이 청에 비공식적으로 출병을 요청한 사실이 보고되었다. 이에 일본 정부는 즉각 각의를 열어 일본공사관 및 일본인 보호를 위해 톈진조약에 따라 청국에 통보하고 즉시 파병할 것을 결의했다.

6월 3일(음 4월 30일)에는 스기무라가 원세개로부터 청 군대 파견 요청에 이르기까지의 자세한 교섭 경과를 듣고 이를 추가로 보고하고, 6월 4일에는 조선정부가 3일 밤에 정식으로 청에 파병을 요청했음을 보고했다. 주청 임시대리공사 고무라 쥬타로(小村壽太郎)도 청이 1,500명의 병사를 조선에 파견하기로 결정했음을 보고했다. 6월 5일, 일본 정부는 육해군을 통솔할 최고통수부로 대본영(大本營)을 설치했다.[167]

1894년 일본

청과 일본의 파병 통지

이홍장은 조선 파병을 명령하고, 주일공사 왕봉조에게 톈진조약 3조에 따라 일본 정부에 통고하도록 했다. 왕공사의 6월 6일 자 조회 내용은 조선 조정의 요청에 따라 파병하며, 이것은 청국이 속방을 보호하는 오랜 관례로 진압 후에는 즉시 철병할 것이라는 것이었다.

이에 대해 무쓰 외무대신은 일본은 조선을 청의 속방이라고 인정한 일이 없으며, 일본 정부도 제물포조약에 따라 파병을 준비 중이고 톈진협약에 의거해 파병 예정임을 총리아문에게 통지하도록 했음을 왕공사에게 알렸다. 이러한 고무라의 조회에 총리아문은 항의했는데, 조선이 일본에는 파병을 요청하지 않았다는 이유였다.[168]

내정 개혁 추진 방침을 청에 통보

6월 15일 일본 정부는 대(對)조선 정책을 확정했다. 그 내용은 일본과 청국 양국 군대가 공동으로 난을 진압할 것, 평정 후에는 양국이 조선의 내정을 개혁할 것이었다. 내정 개혁의 세부 내용은 재정 실태 조사, 불필요한 관리를 없앨 것, 질서 유지를 위한 경비대 설치, 공채를 발행해 필요한 사업을 추진할 것 등과 만약 청이 동의하지 않을 경우에는 일본 단독으로 추진할 것 등이었다. 이러한 일본의 대조선 방침을 무쓰는 주일 청국공사 왕봉조에게 전하고, 북경의 고무라에게도 알려 총리아문과 이홍장에게도 전하도록 했다.[169]

청, 영국과 러시아에 공동철병 중재를 요청

주영 일본공사 아오키는 6월 16일 자 보고에서 청국이 공동 철병을 주선해 줄 것을 영국에 이미 의뢰했음을 알렸다. 러시아의 진출을 우려한 영국은 이를 받아들여, 아오키를 불러 일본 군대의 조선 주둔에 우려를 표명했다. 이홍장은 6월 20일에는 주청 러시아공사 카시니에게도

공동 철병 중재를 요청했다.¹⁷⁰

조선 내정 개혁을 거부한 이홍장

6월 21일, 이홍장은 주일 왕봉조 공사를 통해 일본 정부의 6월 15일 제의를 전면적으로 거부하는 회신을 보냈다. 이에 대해 무쓰는 제1차 절교서를 다음 날인 6월 22일(음 5월 19일)에 보내 청에 유감을 표하며, 일본은 절대로 조선에 주둔한 군대를 철수하지 않을 것임을 밝혔다.

주일 미국공사 던(Edwin Dun)은 6월 27일, 외무차관 하야시 다다스(林董)와 회담을 가졌다. 여기서 하야시는 청이 일본의 조선 내정 개혁안에 동의하지 않으면 개전 외에는 길이 없다고 했고, 던 공사는 양국의 관계가 심각해지고 있음을 본국에 보고했다.¹⁷¹

조선 내정 개혁안 확정

6월 27일, 무쓰는 조선 내정 개혁의 구체적인 안을 임시 각의에서 승인받았다. 그 내용은 지방관의 폐단을 없앨 것, 외국과의 교섭에는 적임자를 임명할 것, 공정한 재판, 엄격한 회계출납으로 탐관오리 근절, 군사제도 개선과 경찰제도 신설, 국가경제 정돈과 화폐제도 개혁, 교통제도, 해외 유학 등이었다. 아울러 각 항목에 관해 이유를 조선 조정에 상세히 설명해서 개선이 부득이한 이유 등을 분명하게 설명할 것을 조선 주재 공사에게 지시하고, 그 외에 죄인들을 사면하면 인심을 수습하는 데 도움이 될 것이라고 했다.

한편, 사이고 쓰구미치 해군대신은 7월에 함정 15척을 건조하는 것 등을 포함하는 해군 확장 10개년 계획을 각의에 제출했는데, 그 대부분은 1902년에 달성된다.¹⁷²

미국·영국·일본공사들의 움직임

7월 2일, 톈진 주재 영국영사를 만난 이홍장은 일본의 철군을 위해 영국이 압력을 가해 달라고 요청했다.

주일 미국공사 던과 7월 3일에 회담을 가진 무쓰는 일본군의 조선 파병은 제물포조약에 의거한 것이며, 조선 내 반란은 부패와 압제에 기인한 것이라 했다. 또 장래의 평화를 위해서는 조선의 내정 개혁이 필요하며, 이를 위해 청국과의 공동 행동을 제안한 것인데 청이 거부한 것이며, 따라서 일본이 단독으로 수행할 것이라 밝혔다.

7월 4일에 주청 영국공사 오코너와 회담을 가진 고무라는 일본의 방침은 일본과 청 양국이 직접 교섭하는 것이고, 제3국의 간섭을 원치 않는다고 오코너에게 밝혔다.[173]

일본에 유감을 표명한 미국

7월 3일 자 주일 미국공사 던의 보고에 대해 7월 7일 그레셤 미국무장관은 훈령을 보냈다. 그 내용은 일본이 철군을 하지 않아 유감으로 생각하며, 일본과 조선 양국에 우의를 간직하고 있는 미국은 조선의 독립과 주권이 존중받기를 희망한다고 했다.

이에 대해 무쓰는 조선에서 개혁을 하지 않고 지금 군대를 철수할 수 없음을 다시 강조하는 서한을 던에게 보냈다. 그런데, 그레셤 장관이 훈령을 내린 당일에 국무성을 방문한 주미 일본공사 다테노 고조(建野鄕三)는 일본의 정세를 설명하면서, 일본에 중대한 정치적 변란이 발생할 위험이 크기 때문에 청과의 개전은 오히려 바라는 바일 것이라고 솔직하게 말했다.[174]

공동철병에 대한 러시아와 영국의 조치

러시아 외무상 기르스는 7월 10일, 주청 러시아공사 카시니에게 러시아는 조선 문제에 관여하는 것을 원하지 않으며, 양국의 공동철병에 대해서도 우호적으로 권고하는 것이 러시아의 입장이라고 훈령했다.

주청 영국공사 오코너는 7월 12일 총리아문을 방문하여 일본과 청국군이 조선에 주둔하면서 조선 내정을 개혁하는 안을 제시했는데, 총리아문은 일본군이 철수하지 않으면 어떠한 상의에도 응할 수 없다고 반대했다.

이로써 러시아는 양국군의 철군을 조정하는 데 반대했고, 영국의 조정안은 청국에 의해 거부되었다.[175]

제2차 절교서

영국의 중재가 실패하자 무쓰는 "향후 행동에 자유를 얻은 것을 기뻐하면서" 7월 12일(음 6월 10일)에 고무라를 통해 이른바 제2차 절교서를 청 정부에 제시했다. 그 내용은 조선에서 자주 변란이 일어나는 것을 막기 위해 양국이 협력하는 것이 필요한데 청이 이를 반대하여 괴이하게 여기며, 앞으로 예상치 못한 변란이 생기더라도 일본은 그 책임이 없다는 것이었다.[176]

베베르와 이홍장의 회담

'제2차 절교서'를 보내기 하루 전인 7월 11일, 주조선공사 베베르는 톈진에서 이홍장과 회담을 가졌다. 베베르는 조선의 현 사태는 동학교도 때문이 아니라, 조선왕조의 타락과 관리들의 부패 때문이며, 유일한 해결 방법은 개혁을 하는 것이며, 폭동의 재발을 막고자 개혁을 주장하는 일본의 행동은 근거 없는 것이 아니라 했다. 따라서 일본은 동시 철병 제안에 동의할 수 없으며, 만약 철군에 동의할 경우 일본 내에서의 혁명을 우려해야 할 정도라고 했다. 이러한 베베르의 주장에 이홍장 자신도 인정한다고 말했다.

이러한 베베르의 일본 내 전망을 입증해 주는 것이 전 대장(大藏)대신이었던 마쓰가타 마사요시가 개전을 결정하지 않는 이토를 7월 12일에 방문하여 우유부단함을 나무란 것이다. 마쓰가타는 민중의 불만을 억제할 수 없으며, 이제 와서 일본군이 조선에서 철수하면 국위가 실추되고 국내에서는 또다시 인심 이반을 초래할 것이라고 했다.[177] 이것은 다테노가 그레셤 미국무장관에게 솔직하게 말한 내용도 뒷받침해 준다.

청 해군의 실상

1885년 청불전쟁에서 패한 청은 그해 11월 북경에 해군아문을 설립했다. 그러나 서태후와 관리들은 해군아문을 의심하여 후원에 소극적이었고, 서태후의 별궁 이화원의 건축 자금으로 해군 예산을 전용했다. 이 때문에 북양해군은 주력 군함을 구입할 수 없었다.

장교의 자질에도 큰 차이가 있었는데, 일본은 사관학교를 세우고 유럽에 유학을 보내기도 했고, 외국의 군사고문을 초빙해 근대적인 전술을 받아들였다. 이에 비해 청은 무과(武科) 시험으로 무관을 뽑았는데, 시험 과목은 활쏘기 같은 것이었고 병사들의 사기도 매우 낮았다.[178]

미국에 도움을 요청한 청

주미 청국공사 양유(楊儒)는 7월 13일 미국무장관 그레셤을 만나 일본이 전쟁을 단념하도록 미국 정부가 노력해줄 것을 부탁했다. 그러나 그레셤은 미국 정부는 오직 권고만 할 뿐 간섭은 하지 않으며, 이미 미국 대통령의 명령으로 던 공사에게 일본 정부에 우호적 권고를 할 것을 명했다고 말했다.[179]

조선의 운명을 예측한 주청 러시아 무관

7월 15일, 주청 러시아 무관 보가크는 청과 일본의 전쟁 준비를 본국에 보고했는데, 청국이 패배할 것으로 봤다. 또 일본 전국에서 조선으로 보내 달라는 지원병 부대가 결성되고 있고, 모든 신문이 정부의 정책을 지지하고 있다고 보고했다.

보가크는 또 조선 조정이 김옥균의 사지를 찢고 신체 부위를 전국에 버리고 지방에도 공개한 것과, 조선 조정이 이렇게 잔인한데도 일본 정부는 침묵을 지킨다고 일본의 자유민권파가 비난하는 것도 보고했다. 보가크는 이미 조선의 상황이 매우 심각한 국면에 들어섰으며, 조선의 운명은 조선에 관심을 보이는 국가들에 의해 결국 결정될 것이라고 봤다.[180]

청, 조선에 군대 증파

제2차 절교서를 받은 청 조정은 7월 16일(음 6년 14일)에 조선에 군대를 증원하라는 훈령을 내렸고, 이홍장은 이날 6천 명을 평양으로, 2천 명을 의주로 파견할 것이라 보고했다.[181]

영일통상항해조약

영국은 그동안 무쓰 외무대신이 적극적으로 추진하던 조약 개정에 합의하여, 7월 16일 런던에서 '영일통상항해조약'을 체결했다. 그 내용은 영국은 5년 후인 1899년을 기해 영사재판권을 폐지하고, 상호 최혜국 대우를 부여하며, 일부 품목에 대해서는 일본의 관세자주권을 인정하였다. 이에 대해 일본은 외국인의 국내 여행의 자유 및 거주·영업의 자유를 허용했고, 이후 미국과 유럽 국가들도 영국의 뒤를 따랐다. 일본이 완전한 관세자주권을 갖게 되는 것은 17년 후인 1911년이다.[182]

외국의 자국 침략에 대한 일본의 의지

당시 영국은 1892년에 체결된 러불동맹에 긴장하고 있었는데, 영국의 외무 차관보는 일본과의 수정조약 체결 전에 아오키에게 러시아와 프랑스가 일본에게 양보를 요구하면 어떻게 할 것인지를 물었다. 이에 아오키는 도리에 어긋나는 불법적인 요구에 대해서는 어느 나라를 막론하고 일본 전국을 모조리 초토로 만드는 일이 있더라도 주저 없이 저항할 것이라고 답변했다. 이에 영국은 일본의 정책이 영국의 이익에 부합한다고 판단하고 불평등 조약 문제를 매듭짓기로 하였다.

이러한 아오키의 대답은, 1888년 나카에 죠민이 한 말과 비슷하고, 17세기 일본의 유학자 야마자키 안사이(山崎闇斎, 1618-1682)의 교육과도 비슷하다. 야마자키는 공자가 대장이 되어 증자와 맹자를 이끌고 일본을 침공해도, 조금도 주저하지 않고 야마자키 자신이 맨 앞에 나아가 공자뿐만 아니라 모두 베어 죽일 것이라고 했다.[183] 조선 성리학자와 정반대의 입장이다.

청국 내의 주전론과 일본의 출전 명령

7월 17일 청국의 관리들은 일본과의 전쟁을 주장했고, 동경을 공격하는 것이 상책이라는 상소도 올렸다. 7월 20일에는 일본을 멸해야 한다는 내용을 한림원이 상주했고, 다음 날에도 대마도를 점령하고 동경을 공격해야 한다는 상소가 올라갔고, 이후에도 계속 이어졌다.

7월 19일, 주일 영국 대리공사 패짓은 일본 정부가 7월 20일까지 어떤 조치를 취하지 않으면 청국 정부는 조선에 파병할 것임을 무쓰 외무대신에 전했다. 이에 무쓰는 패짓에게 청국 정부가 앞으로 5일 이내에 제의해 오지 않거나, 청이 만약 군대를 증파하면 이를 위협으로 간주할 것이라 회신했다.

주일 청국공사 왕봉조는 주일 미국공사 던을 방문하여 일본과 국교단절 시 일본 거주 청국민의 보호를 미국 정부에 의뢰하고 싶다는 의사를 표시했다. 7월 22일(음 6월 20일), 대본영은 사령관 이토(伊東) 해군중장에게 출동 명령을 하달했다.[184]

청과 일본이 조선을 공동 점령할 것을 재촉하는 영국

킴벌리 영국 외무상은 청과 일본이 조선을 공동 점령하고 중간에 중립지대를 설치할 것을 제의했다. 킴벌리는 이러한 뜻을 7월 16일에 주영 러시아공사에게 먼저 전했고, 러시아 정부는 찬성했다. 청국의 이홍장도 이에 동의했으며, 주영 일본공사 아오키에게도 제의했다.

킴벌리는 7월 24일(음 6월 22일)에 러시아, 독일, 프랑스, 이태리 4개국으로부터 동의를 받았다. 이에 5개국 공동으로 일본, 청국 정부에 조선을 공동 점령할 것을 권고하는 서한을 전달했다. 그러나 이미 오토리가 7월 22일부터 조선의 내정 개혁과 청국과의 종속 관계를 폐기하는 일에 착수하여 일본에게 영국 정부의 제의는 더 이상 고려의 대상이 아니었다.

일본 정부로부터 아무런 회답을 받지 못한 영국 외무상은, 지금이 놓쳐서는 안 될 기회이므로 수락할 것을 재촉하는 각서를 무쓰에게 제출했다. 그러나 바로 그 전날인 7월 25일, 일본과 청국 함대는 풍도 앞바다에서 충돌했다.

이러한 영국의 한반도 분할론은 갑신정변 사후 처리로 일본과 청이 갈등을 빚고 있던 1885년 2월에도 제기되었다. 당시 주일 영국공사 플런킷이 이노우에 외무대신에게 청은 한반도 북쪽을, 일본은 남쪽을 점령하고, 조선은 수도만 지키는 것을 제의했다.[185]

청일전쟁

7월 25일에 풍도 앞바다에서 교전이 일어나자, 청은 7월 27일에 국교단절을 결의하였고, 이틀 후에는 주일 청국공사에게 귀국 명령을 내렸다. 이 과정에 아산과 성환 전투에서 승전했다는 청국군의 허위 보고가 있었다.

7월 30일에는 총리아문에서 청국 주재 각국 공사에게 조회를 보내 개전의 책임이 전적으로 일본에 있음을 성명했다. 7월 31일(음 6월 29일)에 총리아문은 주청 일본공사 고무라에게 국교 단절을 통고했고, 8월 1일(음 7월 1일)에 청은 선전(宣戰)의 상유를 공포했고, 일본도 8월 2일 개전을 선포했다.[186]

고승호 사건과 영국 여론

일본 해군이 7월 25일 풍도 앞바다에서 청국 군사를 수송하던 영국 선적(船籍)의 고승호를 격침시켜 1천여 명이 사망하는 사건이 발생하여 국제적으로 문제가 되었다. 그러나 영국 언론은 영국의 국제법 권위자의 글을 게재하여 고승호의 행위가 전시중 적대 행위로 간주되기 때문에 국제법상 합법일 가능성을 시사했고, 며칠 후에도 다른 국제법 전문가의 비슷한 취지의 의견을 게재했다. 이로써 영국의 여론도 진정되었다.[187]

대조선 정책 결정

8월 17일(음 7월 17일), 무쓰는 각의에서 앞으로 조선에 취할 네 가지 방침을 제출하여 그중 하나를 채택해줄 것을 요청했다. 1안은 조선의 자주에 맡기고 간섭하지 않는 것, 2안은 일본이 조선의 독립을 돕고 외국의 압력을 막기 위해 노력하는 것, 3안은 청국과 공동보호, 4안은 중립국으로 만드는 것이었는데, 결국 2안이 채택됐다.[188]

일본 의회의 방향 전환

9월 1일에 제4회 총선거가 실시됐으나, 다시 야당과 무소속이 과반수를 차지했다. 그러나 10월 8일에 열린 임시의회에서, 야당은 거국일치의 전쟁 수행을 다짐하는 결의안을 의결하여 그동안 정부와의 대립에서 방향을 전환하였다. 의회는 12월 정기의회에서 다음 해 정부 예산안 원안을 거의 그대로 통과시켰다.[189]

주청 러시아 무관의 보고

10월 초, 일본을 방문 중이던 주청 러시아 무관 보가크는 일본 군대의 철도, 해상 수송 체계는 서구가 부러워할 정도이며, 앞으로 일본이 극동의 운명에 큰 영향을 미칠 것이라고 본국에 보고했다. 그는 10월 하순에 일본군 1사단과 일본을 출항하여 평양 시내를 살폈다. 그가 11월 중순에 보고한 것을 보면, 청국군의 장군부터 사병에 이르기까지 모두가 자기밖에 생각하지 않으며, 적이 멀리 있을 때에는 발포하지만, 적이 가까이 오면 도망치는 것부터 생각한다고 보고했다. 보가크는 11월 초, 일본군과 압록강을 건너 중국 땅으로 들어간다.[190]

확전론과 야마가타의 소환

제해권을 장악한 일본군은 10월 하순 오야마 이와오(大山巖)의 제2군을 요동반도에 상륙시켰다. 청나라 북양함대의 모항(母港)인 여순을 1만 5천여 명이 지키고 있었으나, 11월 하순에 일본군의 포격으로 순식간에 함락되었다.

9월에 평양전투 및 황해해전에서 승리하고, 10월 이후에는 만주, 요동으로 청과의 전선이 확대되자 일본 내에서 확전론이 대두되었다. 일본이 동양의 맹주가 될 것과 북경을 점령하여 청국을 재기 불가능하게 만들거나 영구 점령하여야 한다는 주장까지 나왔는데, 야마가타도 11월 초 북만주 지역으로의 진격을 대본영에 건의했다.

그러나 이토 총리와 무쓰 외무대신은 12월 초에 열린 대본영회의에서 확전을 자제하기로 결정하고, 야마가타 1군 사령관을 소환했다. 그러나 입헌개진당의 오쿠마 시게노부도 청의 항복을 받아내고 필요하면 중국 대륙을 영구 점령하여야 한다고 했고, 다른 당에서도 이런 의견이 나왔다.[191]

1894년 일본

독일, 러시아, 미국에 중재를 요청한 청

주독일 일본공사 아오키는 11월 중순에 독일이 전쟁 강화에 나서줄 것을 청국공사가 요청한 사실을 독일 외무상으로부터 듣고 무쓰에게 보고했다. 청국이 제시한 강화 조건은 조선의 독립 인정과 군비 배상이었는데, 독일은 청국이 일본 정부에 직접 제의하라고 했다. 주러 청국공사도 같은 요청을 러시아 정부에 했으나, 러시아 정부도 이를 거절했다고 주러 일본공사 니시가 보고했다.

일본이 여순을 함락한 다음 날인 11월 22일, 주청 미국공사 덴비도 청국 정부로부터 일본과의 강화담판 주선을 요청받고, 이 사실을 주일 미국공사 던에게 알렸다. 무쓰는 이 조건을 제의받고, 종전 조건을 전할 수 있는 적법한 자격을 가진 전권위원을 청이 임명하여 파견할 것을 제의했다.[192]

전쟁에 동원된 일본군

일본군은 총 24만여 명이 동원되었는데, 전장에 파견된 병력은 17만여 명이었다. 이들 외에 동원된 인원은 15만여 명으로 총 39만여 명의 병력이 전쟁에 동원되었다. 러일전쟁 때 동원되는 인원은 100만 명에 달한다.[193]

니콜라이 2세 즉위

러시아의 알렉산더 3세가 11월 1일에 갑자기 사망하고, 26세의 니콜라이 2세가 즉위했다. 기르스 외무상은 다음 해 1월에 사망한다.[194]

'사한기략'과 '속국'

영국의 조지 커즌(George N. Curzon, 1859-1925)은 청일전쟁 발발 직후 원세개의 《사한기략》 영문판을 보고, 이를 근거로 조선이 청의 속국이라고 판단했다.

　1890년 조대비의 국상 때 청의 칙사 앞에서 행한 고종의 의식은 의심할 바 없는 조선과 청국의 현실적 관계의 증거이며, 조선이 해마다 청국에 사절을 보내고, 조선은 자체의 연호가 아니라 중국의 연호를 그대로 사용하는 것도 그 근거로 들었다. 커즌은 1887-1888년, 1892-1893년에 조선을 방문했고, 인도총독, 외무상 등을 지낸다.[195]

1895년(개국 504, 고종 32) - 조선

3월에 내무대신 박영효는 폐단을 없애기 위한 88개조를 발표한다. 그리고 군국기무처는 지방관의 업무 중에서 징세 업무를 떼어내 '징세서'에서 하도록 하는 〈관세사와 징세서의 관제〉를 반포하지만, 지방관들의 완강한 저항으로 실시하지 못한다. 또 '회계법'을 반포하여 법률에 규정되어 있는 것만 세금을 걷게 하는 조세법률주의를 확립하였고, 예산제도를 수립하여 왕실비용도 예산 내에서 지급하게 했다.

그러나 이러한 개혁은 왕과 왕실에서 지방관에 이르기까지 갑오개혁에 반대하도록 하는 결과를 낳았다. 결국 박영효는 왕비를 암살하려고 했다는 누명을 쓰고 일본으로 다시 망명하고, 총리대신 김홍집은 "거의 죽을 때가 임박한 것"처럼 불안을 느끼고 사직상소를 올린다. 이렇게 갑오개혁은 추진력을 잃었다. 이후 을미사변, 춘생문 사건이 일어나고, 미국무장관은 이렇게 혼란한 조선의 정정에 절대 개입하지 말 것을 조선공사에게 훈령한다.

재산을 뺏기는 동학도

원외랑(員外郎) 김명준의 2월 초 상소를 보면, 지방의 병사를 모집하기 위해 왕실에서 임시로 임명한 소모사(召募使)들의 폐해가 컸다. "…지금 정규 군대가 연이어 승리하여 비적이 차츰 사라지고 있는데, 소모사 및 각 고을의 수령은 동학이라는 죄안을 재산을 불리는 방도로 여겨, 협박에 의해 동학의 무리에 들어갔던 지경 내의 부유한 백성들을 모두 붙잡아 가두고는 몰래 뇌물을 받기도 하고 그들의 재산을 모두 빼앗기도 …" 하고 있다고 했다.[196]

청나라 연호 사용 폐지

고종실록 3월 10일 자에는 내무대신 박영효가 폐단을 제거하기 위한 규례 88개 조를 발표한 내용이 있는데, 그중 당시의 조선을 알 수 있는 일부 내용을 보자.

"제14조: … 부녀자가 독약을 마시고 낙태하는 일을 금지할 것. 제15조: 부귀를 탐내어 자손의 신낭(腎囊)을 썩히고 베어내는 패악의 풍속을 일체 엄금할 것 … 제18조: 16세가 되지 못한 여자는 기생 명단에 올리지 말 것 … 제29조: 보부상이 부인을 빼앗거나 무덤을 파내는 것과 같은 여러 가지 폐습을 일체 엄금할 것 … 제34조: 도둑을 몰래 기르는 포교와 포졸을 일체 엄금할 것 … 제71조: 장과 저자에 관에서 관리를 보내어 상인들에게서 억지로 빼앗지 못하게 할 것 … 제86조: 명나라와 청나라를 떠받들지 말고 우리나라의 개국 연호가 정해졌으니 모든 문서와 계약서 등에 청나라 연호를 쓰지 말 것 …" 등이었다.[197]

지방관의 저항으로 좌절된 징세 제도 개혁

탐관오리와 세금 징수 문제를 근본적으로 해결하기 위해 3월 26일에 〈관세사(管稅司)와 징세서(徵稅署)의 관제〉를 반포했는데, 닷새 후인 "4월 1일부터 시행한다"고 했다.

조선에서는 그동안 조세를 부과하는 것과 거두어들이는 업무를 모두 지방관이 그 아래에 이서를 두고 해왔다. 그러나 이들의 포흠과 부정으로 세금이 제대로 걷히지 않았고, 따라서 이를 해결하기 위해 지방관의 업무 중 조세를 거두어들이는 업무만 떼어내 '징세서'가 대신하게 한 것이었다.

1895년 조선

〈관제〉의 제1조에서는 "관세사와 징세서는 … 조세와 기타 세입의 징수에 관한 사무를 맡는다."고 했다. 그러나 지방관과 이서들이 강력히 반발했고, 이로 인해 관세사와 징세서의 제도 시행은 중단되었고, '세무 시찰관' 제도가 시행되기도 했으나 이것도 1896년에 폐지된다.

결국 조세제도는 갑오개혁 이전의 상태로 돌아갔다. 그동안 조세를 거두어들이면서 자행해 오던 포흠과 부정을 더 이상 할 수 없게 된 지방관과 이서층의 반발 때문이었다.[198]

회계법

3월 30일에는 '회계법'이 반포되어 조세법률주의와 예산제도가 도입되고, 왕실 비용도 예산 내에서 지급하게 하여 왕실 재정과 정부 재정을 분리시켰다.

제1조는 "조세에 대한 새로운 부과와 세율의 변환은 일체 법률로 정한다. …"고 하였고, 제3조는 "정부의 세입, 세출은 매년 예산을 정하고 운영하여야 한다.", 제37조는 "왕실 경비는 정액에 의거하여 매년 국고에서 지출하고 그 회계는 따로 정한 방법대로 하여야 한다."고 했다.[199]

이준용 모반 사건

고종실록 4월 19일 자에는 대원군의 장손인 이준용이 전년도에 고종과 왕세자(순종)를 시해하려 했다는 이준용 모반 사건에 대한 특별법원의 판결 선고문이 있다.

"【… 피고 이준용은 지난해 6, 7월경에 … 비밀 모의를 하고 즉시 동학당에 모의를 통고하여 경성을 습격하라고 하였다. 그러면서 성 안의 백성들이 놀라서 소동을 피우고 대군주 폐하가 난을 피하여 다른 곳으로 피해갈 것이니 그때를 타서 한편으로는 그 부하 통위영의 군대들로 대군주 폐하와 왕태자 전하를 시해하고 … 등을 살해하여 정부를 전복하며 왕위를 찬탈하려고 꾀하였다. 이 일이 성공한 후에는 이준용은 왕위를 차지하고 … 모의가 중도에 차질이 나게 되었다. … 피고 이준용 … 의 행위는 적도율 모반죄에 해당되고 … 정상을 참작하여 모두 해당 형벌에서 한 등급을 감하여 종신 유형에 처하며 …]"라 했다. 이 사건으로 5명이 교형, 이준용 등 10명은 종신유형, 6명은 유형 15년, 2명은 유형 10년으로 총 23명이 처벌됐다. 그중 이준용은 강화도에 10년 유배로 감했고, 대원군은 마포 별장에 유폐되었다.[200]

독립경축 행사에 불참한 미국공사

3월에 체결된 시모노세키조약으로 조선이 독립국임을 청으로부터 공식적으로 인정받자, 5월에 고종은 "… 연례로 할 독립 경축일을 정하여 영구히 우리나라의 하나의 경사스러운 큰 명절로 삼음으로써 …"라 하였다. 이에 따라 조선 조정은 6월 6일을 독립경축 선포일로 하여 기념 연회를 개최하기로 하고 씰 미국공사 등 각국 공사들을 초청했다.

그러나 씰 공사는 참석을 거절하였다. 그 이유는 미국 정부는 이미 1882년 조미수호조약 체결 때 조선의 독립을 인정했는데, 이제 시모노세키조약으로 조선을 독립국으로 인정한다는 것은 미국의 그동안의 정책과 일치하지 않는다는 것이었다.[201]

베베르에 대한 고종의 신임

러시아공사 베베르가 교체된다는 소문을 들은 고종은 5월 말(양 6월 중순)에 러시아 황제 니콜라이 2세에게 서한을 보내, 양국 간 우호 관계가 더욱 공고해지도록 베베르가 조선에서 계속 근무하기를 바란다고 했다.[202]

갑오개혁의 파탄

윤 5월 14일(양 7월 6일)에 고종은 박영효가 반역을 도모했다는 칙령을 내리는데, "짐은 박영효의 … 충성을 바쳐 스스로 속죄하도록 하였다. 그런데 … 다시 죄를 범하여 남모르게 반역을 도모하다가 그 일이 발각되었다. 바야흐로 법부로 하여금 엄하게 조사하여 죄를 다스리도록 하였는데 …"라 하였다.

이처럼 갑오경장 추진의 주요 인물인 34세의 박영효가 왕비를 살해하려 했다는 혐의에 몰려 다시 일본으로 망명함으로써, 갑오개혁은 추진력을 잃게 된다.[203]

갑오개혁에 대한 고종의 불만

박영효가 반역을 도모했다고 칙령을 내린 지 약 1주일 후 고종은 갑오개혁의 성과가 부진함을 언급한다. "… 그럭저럭 1년이 되었건만 여전히 성과라곤 없이 구습이 그대로 있고 새 명령은 늘 저지당하며 아래위의 뜻과 지향이 통하지 않고 중앙과 지방에서 와언과 원망이 거듭 생기며 백성들의 쪼들림과 나라의 위급함은 도리어 전보다 더 심하다. …"라 하였다.[204]

갑오개혁과 왕의 권력

일본공사관 서기관 스기무라가 윤 5월 하순(양 7월 중순)에 본국에 보고한 것을 보면, 갑오개혁으로 국가 정무를 국왕의 재가를 거쳐 내각이 통솔하게 되었다. 이에 왕과 왕비는 권력을 내각에 빼앗겨 왕실이 고립된 것 같은 심경이라며, 이것을 왕실로 다시 회복하려고 왕과 왕비가 바라는 것 같다고 했다.[205]

갑오개혁의 반대 세력

이를 뒷받침할 수 있는 것으로 1894년 12월에 고종이 반포한 '홍범 14조' 중 세 번째 항목으로 왕비나 종친, 외척이 정사에 관여하지 못하게 한 것과, 회계법 37조에 따라 왕실 경비는 "정액에 의거하여 매년 국고에서" 지출하게 한 것을 들 수 있을 것이다. 병조의 돈 3천 냥까지 궁전 건설과 보수, 왕릉 이장비에 쓰던 관례가 회계법 때문에 더 이상 불가능하게 된 것이다. 그리고 지방관마저 징세권을 박탈당할 처지가 되자 갑오개혁 추진 세력은 이들의 저항에 부딪힐 수밖에 없었다.

죽음을 예감한 총리대신

53세의 내각총리대신 김홍집이 5월 5일에 사직하였는데 다시 내각총리대신에 임명된 사실을 "관보에서" 알게 되었고, 그로부터 사흘 후인 7월 9일(양 8월 28일)에 올린 사직상소가 승정원일기에 있다.

"지난번 국가에서 경장을 하던 초기에 신은 변변치 않은 사람으로서 외람되이 수상의 자리에 임명되었으나 … 곳곳에서 착오가 생기고 비난하는 의논이 세상에 넘쳐서 끝내 재앙을 스스로 초래하게 되었으니 … 내각에 한 걸음이라도 다가가는 것은 신이 넘어서는 안 될 한계선이니, 신이 자신의 한계로 정한 지도 오래되었습니다. … 위로는 나랏일을 그르치고 아래로는 신 자신을 그르칠 것이 이치상 분명하니, 신은 매우 두렵기가 거의 죽을 때가 임박한 것과 같습니다. …"며 사직을 청하나 받아들여지지 않았다.

내각총리대신 김홍집이 사직하고 40일 뒤에는 박영효가 왕비 암살을 시도했다는 모함을 받아 일본으로 망명해 갑오개혁의 추진력은 상실됐다. 이런 와중에 김홍집이 자신도 모르게 다시 총리대신에 임명된 것인데, 결국 자신의 예감대로 김홍집은 7개월 후인 다음 해 2월, 고종이 아관파천에 성공한 당일 짐승처럼 "도륙" 당한다.

콜레라 발생과 인구 변동

5월에는 평안도에서 콜레라가 발생하여 전국으로 퍼지고, 기근으로 전국에서 많은 인명 피해가 발생했다. 어떤 연구에서는 30만 명이 사망했다고 하는데,[206] 인구에 관한 통계 자료가 없고, 고종실록이나 승정원일기에서도 인명 피해에 대한 언급이 없어 정확히 말하기는 어렵다. 고종실록에는 1891년까지만 인구 통계 자료가 있다.

참고로, 1801년부터 1891년의 인구 통계에서 인구의 급격한 감소는 네 번 있었다. 1813년(790만 명) 인구가 1816년(659만 명)에 131만 명(17%) 감소, 1834년(675만 명) 인구가 1835년(641만 명)에 34만 명 감소, 1847년(675만 명) 인구가 1849년(647만 명)에 28만 명 감소, 그리고 1867년(680만 명) 인구가 1870년(667만 명)에 13만 명 감소했다. 연도를 건너뛴 것은 그 사이의 연도에는 인구 자료가 없기 때문이다. 1848년 인구는 1,264만 명으로 되어 있는데, 착오로 보인다.

을미사변

을미사변에 대한 고종실록의 8월 20일 기록 전문(全文)을 보자. "묘시에 왕후가 곤녕합에서 붕서하였다. 【이보다 앞서 훈련대 병졸과 순검이 서로 충돌하여 양편에 다 사상자가 있었다. 19일 군부대신 안경수가 훈련대를 해산하자는 의사를 밀지로 일본공사 미우라 고로에게 가서 알렸으며, 훈련대 2대대장 우범선도 같은 날 일본공사를 가서 만나보고 알렸다. 이날 날이 샐 무렵에 전 협판 이주회가 일본 사람 오카모토 류노스케(岡本柳之助)와 함께 공덕리에 가서 대원군을 호위해 가지고 대궐로 들어오는데 훈련대 병사들이 대궐문으로 마구 달려들고 일본 병사도 따라 들어와 갑자기 변이 터졌다. 시위대 연대장 홍계훈은 광화문 밖에서 살해당하고 궁내대신 이경직은 전각 뜰에서 해를 당했다. 난동은 점점 더 심상치 않게 되어 드디어 왕후가 거처하던 곳을 잃게 되었는데, 이날 이때 피살된 사실을 후에야 비로소 알았기 때문에 즉시 반포하지 못하였다.】"

8월 8일(양 9월 27일), 우치다 일본영사에 의하면 훈련대 대대장 우범선이 훈련대 교관 미야모토(宮本) 소위에게 훈련대는 열흘 이내에 해산되고 장교들은 엄벌에 처해질 것이라고 했다. 당시 일본공사관 서기관 스기무라의 기록에 의하면, 안경수가 가져온 왕명의 요지는 4, 5일 전에는 경무청 순사와 싸우고, 또 전날 밤에는 훈련대 병사 다수가 경무청을 습격하는 등의 일이 발생해 훈련대를 해산하여 위험을 미연에 방지하겠다는 것이었다. 그런데 훈련대는 일본인 사관이 훈련을 시킨 병사들이므로 우선 그 뜻을 공사에게 전한다는 것이었다.

이에 미우라 공사는 '훈련대 병졸이 경무청을 습격했다는 것은 전혀 사실이 아님이 판명됐고, 일본 장교가 각고의 훈련을 시켜온 훈련대를 누명을 씌워 해산시키는 것은 일본 정부의 후의를 무시하는 것 아닌가'라며 이 말을 왕에게 전달해 주기 바란다고 말했다. 그러나 안경수는 해산 명령은 이미 내려져 난처한 입장이라고 말하고 돌아갔다고 했다. 미우라는 7월 13일(양 9월 1일)에 이노우에 공사 후임으로 부임했다.

미우라가 우치다(內田) 영사에게 설명한 당시 조선의 상황은, 왕비와 민씨 척족이 러시아와 결탁해 세력을 넓히고 내정 개혁의 성과는 없고, 민영준에게 국정을 맡겨 매사를 러시아에 의존하고 있었고, 을미사변 당일에는 훈련대 해산에 착수하려 했다는 것이다. 미우라는 을미사변 당일 밤에 무쓰 외무대신에게 관련 보고를 했다. 훈련대는 결국 9월 13일에 해산된다.[207]

민영준에 대한 프랑스공사의 보고

여기서 프랑스 대리공사 르페브르가 을미사변 전인 8월 초(양 9월 말)에 민영준에 대해 본국에 보고한 내용을 보자. 민영준은 부정부패를 저지르고, 청국에 군사파견을 요청해 청일전쟁의 원인을 제공했던 인물로서, 민씨 척족의 리더라고 했다. 르페브르는 또 조선을 위해서는 고종이 민영준을 멀리해야 한다고 했다.[208]

스기무라 서기관의 기록

조선인 가운데는 시국을 한탄하는 사람들이 점점 늘어나고 있으며, 이들 조선인들에 따르면 훈련대를 해산하고 내각의 권력을 빼앗아 민씨가 집권하던 예전으로 돌아가는 것이 궁중의 뜻이라고 말했다고 스기무라는 기록했다. 또 궁중은 이미 러시아공사와 결탁하였는데, 이 모든 상태를 바로잡을 수 있는 방법은 대원군이 다시 정권을 장악하는 것이라고 조선인들이 말하고 있다고 했다.[209]

러시아 황제에게 보호를 요청한 고종

러시아공사 베베르가 본국에 보고한 내용을 보면 당시 많은 조선인들이 지방으로 피신했으며, 미국공사관과 선교사들에게 도움을 요청하여 피신한 관리들도 있었다.

10월 초(양 11월 중순)에 고종은 베베르의 건의에 따라 러시아 황제에게 서한을 보냈는데, 을미사변 발생을 설명하고 앞으로 발생할지도 모르는 또 다른 정변을 걱정하며 베베르가 고종을 보호하기 위해 군사력을 사용할 수 있도록 요청했다. 한편, 고종은 왕비가 살아 있을 때에는 만나지 못했던 엄상궁을 불러들였는데, 을미사변 발생 후 5일 만이었다. 이에 황현은 《매천야록》에서 "경성 사람들이 모두 한탄하였다"고 했다.[210]

양력, 소학교, 단발령, 연호, 의복제도

마침내 양력을 사용하게 되는데, "… 태양력을 쓰되 개국 504년 11월 17일을 505년 1월 1일로 삼으라." 하여, 음력 1895년 11월 17일을 양력 1896년 1월 1일로 하였다. 9월 하순에는 경성의 장동, 정동, 묘동, 계동 네 곳에 소학교를 설치하여 8세 이상 15세까지 모집하고 "헛된 형식을 버리고 실용을 숭상하여 교육을 완전하게 하기에 힘써라" 하였다.

11월 15일(양 12월 30일)에는 단발령 실시, 연호를 건양으로 정하는 일, 의복제도 개혁, 예산 확정 등의 재가를 받았다.

"짐(朕)이 머리를 깎아 신하와 백성들에게 우선하니 너희들 대중은 짐의 뜻을 잘 새겨서 만국과 대등하게 서는 대업을 이룩하게 하라."며 단발령을 실시하였고, 내각 총리대신 김홍집이, '조령(詔令)을 삼가 받들고 연호를 건양(建陽)으로 의정하고…', 내부(內部)에서는 "… 의관 제도는 아래와 같이 고시한다."며 망건을 폐지할 것과 "의복 제도는 외국 제도를 채용하여도 무방하다."고 하였다.[211]

춘생문 사건

11월 15일 자 고종실록과 승정원일기에는 일명 '춘생문 사건'과 관련하여 이재순 등에 대한 법부의 '판결 선고서'가 실려 있다. 춘생문 사건은 고종을 빼내어 러시아공사관으로 이어시키기 위해 경복궁 내 춘생문으로 접근하였다가 실패한 사건이다. 이 사건 직전에 선교사 언더우드가 씰 미국공사에게 고종이 미국공사관에 온다면 보호해 줄지를 물었고 이에 씰은 불가능하다는 대답을 했다.

"[… 피고 이재순은 이해 10월 11일에 모반한 흉악한 무리들인 임최수, 이민굉, 이충구의 공술에서 이름이 나왔다. 피고의 공술에서는 이해 9월 그믐날에 임최수가 와서 종전부터 계획하던 일이 지금 이미 완성되었다고 하면서 품속에서 밀지 두 장을 꺼내보였는데 그 내용을 깊이 따져 보니 종묘사직의 안위에 관계되는 일이므로 임최수를 사리로 타일러서 그 밀지를 꾀를 써서 빼앗은 다음 대궐에 들어가 보고하니 위조한 것이 분명하였다. 그래서 대군주 폐하의 명령을 받들어 즉시 불태워버렸다고 하였다. … 10여 일이 지나서 10월 11일 밤에 변란이 일어났다고 하였다. …]"

이 사건 관련자들에 대한 처벌을 보면, 임최수와 이도철은 교형에 처하고, 다른 4명은 종신 유형에, 이재순, 안경수 등 4명은 태형 100대, 징역 3년에 처했다. 그러나 이날 고종은 이재순에게 징역을 면하게 하고, 3년 동안 벼슬을 뺏고 시골로 쫓아냈다.

이재순, 안경수 등은 다음 해 아관파천 당일에 사면을 받고, 그날 이재순은 궁내부대신에 임명됐다. 사형당한 임최수와 이도철에게는 아관파천 9일 후에 관직을 회복시켜 주고 한 달 후에는 위로금을 주었다.[212]

미국무장관의 훈령

춘생문 사건이 보고되자 올니(Richard Olney, 재임 1895-1897) 미국무장관은 11월에 씰 공사에게 훈령을 보내, 조선의 정치적인 문제에 관여하지 말 것을 다시 강조했다. 춘생문 사건 실패 후 이완용, 이윤용 등은 미국공사관에, 이범진, 이학균 등은 러시아공사관에 도피했다.[213]

영국 여행가의 눈에 비친 조선

왕비를 만난 적 있는 영국 여행가 비숍(Isabella B. Bishop, 1831-1904)은 을미사변 소식을 듣고 일본에서 급히 경성으로 왔는데 그녀의 세 번째 방문이었다. 그녀는 경성과 경기도, 황해도, 평양 등지를 여행하면서, 백성들은 열심히 일해 봐야 관리들에게 결국 돈을 빼앗긴다는 것을 알기 때문에 조선인들은 빈곤이 자신들의 "최선의 안전"임을 알고 있다고 했다.[214]

음력 11월 17일을 양력 1896년 1월 1일로 했기 때문에, 고종실록 1895년의 기록은 음력 11월 16일까지이다. 따라서 1896년 1월 1일부터 고종실록과 승정원일기의 기록 일자는 양력으로 표기한다.

1895년(메이지 28) - 일본

청일전쟁 후 일본은 요동반도와 대만을 할양받지만, 삼국간섭(Tripartite Intervention)으로 결국 요동반도를 반환하는데, 100여 명의 일본군이 할복을 함으로써 저항한다. 요동반도 반환 후 일본 여론은 '와신상담(臥薪嘗膽)'을 외쳤고, 일본 정부는 전쟁 배상금 2.3억 냥을 거의 군비 확장에 투입한다.

청은 전쟁 비용 및 일본에 지급할 배상금을 위해 외채 도입이 필요했는데, 러시아 재무상의 도움이 컸다. 한편, 러시아 해군은 부동항 후보지로 마산항이 최적지임을 결론 내린다.

청국에서는 양계초, 엄복, 담사동이 그동안 청국의 개혁이 실효가 없었음을 지적하고, 서양의 학문, 법과 정치를 받아들일 것과 인재 양성 등을 주장한다.

전염병으로 5만 3천여 명 사망

이해에도 콜레라와 이질로 5만 3천여 명이 사망했는데, 청일전쟁 사망자의 3배에 달하는 규모였다.[215]

센카쿠제도 편입

1월 초, 일본 정부는 각의를 열어 어느 국가에도 속하지 않은 류큐

1895년 일본

주변의 무인도였던 센카쿠제도(尖閣諸島)를 오키나와 현에 편입시켰다. 현재 중국은 이곳을 댜오위댜오(釣魚臺群島)로 부르며 일본과 영토분쟁을 벌이고 있는데, 일본은 영토 문제가 없다는 입장이다.[216]

일본은행, 조선에 300만 원 차관 제공

1월 8일(음 12월 13일), 이노우에 주조선공사는 조선의 군사들이 급료를 5개월씩이나 받지 못해 이런 상태에서는 개혁도 어려우니 500만 엔을 조선 정부에 빌려 줄 것을 무쓰 외무대신에게 건의했다. 이에 무쓰는 일본은행이 대출하도록 처리하여, 3월 30일(음 3월 5일) 탁지부 대신 어윤중과 일본은행 총재대리 사이에 300만 원의 차관조약이 체결되었다.[217]

정여창 제독의 자결

일본 해군은 청국 함선들을 격침시키고 화약고를 폭파시키는 등 청국군의 전의를 꺾었다. 전의를 상실한 북양함대의 함장들은 2월 초에 정여창(丁汝昌) 제독에게 항복을 촉구했다. 이에 정 제독은 오히려 최후의 결전을 호소했지만 누구도 동의하지 않았고, 결국 정여창은 일본군 사령장관 이토 스케유키(伊東祐亨)에게 항복 의사를 전달하고 자결한다. 정여창의 최후에 경의를 표한 이토는 청국군과 외국인 고문의 안전을 보장한다.[218]

러시아 무관의 일본군에 대한 평가

러시아 무관 보가크는 2월 말 보고서에서 일본군에 관한 최종 평가를 내렸다. 장교는 헌신적이고 열정을 쏟아 지휘하고, 병사는 훈련과 교육을 매우 잘 받고 있다면서 일본군을 전적으로 칭찬하는 평가를 할 수밖에 없다고 했다.[219]

미국이 파악한 러시아의 만주에서의 움직임

3월 하순, 미국무장관은 주미 일본공사 쿠리노를 만나, 러시아는 청국 북부와 만주를 점령하려고 하기 때문에 일본이 이 지역을 점령하는 것과 조선의 보호국이 되는 것을 반대하는 것이라 했다. 또 약 3만 명의 러시아 병력이 이미 청국 북부에 있으며 점차 그 수를 증가시키고 있다고 했다.[220]

러시아의 삼국간섭 방침 확정

4월 11일, 러시아의 외상, 육군상, 해군상 등이 모인 회의에서 비테 재무상은 청일전쟁의 원인 중 하나가 시베리아 철도 건설이며, 일본은 본질적으로 러시아에 적대적이라고 했다. 따라서 조선 남부, 대만, 팽호도를 일본이 점령하는 것은 용인할 수 있으나, 일본이 주장하는 남만주(요동반도) 할양을 방치하면 러시아 안보에 위협이 되므로 절대 허용해서는 안 된다고 주장했다.

결국 러시아 황제는 비테의 주장대로 일본의 요동반도 점령을 단념시킬 것과, 만약 이것이 거부될 경우 러시아는 힘으로 행동할 것을 선언하기로 했다. 4월 23일 주일 러시아공사는 일본 외무차관 하야시 다다스에게 요동반도 반환을 요구하는 서한을 공식 전달한다.[221]

이후 러시아가 이 요동반도를 할양받고 동청철도 부설권을 획득하고 만주를 점령함으로써, 일본과의 대립은 러일전쟁으로 이어진다.

시모노세키조약 체결과 청국 내 반대 세력

일본의 요동반도 할양을 포기하게 하겠다고 러시아 황제가 결정을 내린 다음 날인 4월 17일, 11개 조항의 시모노세키조약이 이홍장과 이토 히로부미 사이에 체결되었다.

제1조는 청나라는 조선이 완전무결한 자주독립 국가라는 것을 인정

하며 청나라에 공납을 바치던 규정 등은 모두 폐지한다는 것과, 제2조에서는 요동반도, 대만, 팽호열도를 일본에 할양하며, 제3조는 배상금 2억 냥을 7년에 걸쳐 지급하기로 하는 것 등이었다. 5월 8일에 즈푸(芝罘)에서 비준서가 교환되어 청일전쟁은 끝이 났다.

그러나 청국 내에서는 강유위(康有爲, 1858-1927)가 시모노세키조약에 반대하여 4월에 베이징에 과거 시험을 위해 모여 있던 1,200여 명의 서명을 받아 강화거부, 항전, 변법(체제 변혁)의 세 항목으로 이루어진 이른바 '공거상서(公車上書)'를 냈다.

대만에서는 일본의 영유에 반대하여 5월에 대만민주국이 수립되었다. 당시 양강(兩江) 총독 장지동(張之洞)도 강화회담에 반대했는데, 일본에 배상할 돈의 절반을 러시아에 주면 패배를 승리로 바꿀 수 있고, 러시아가 일본을 공격하면 그 대가로 신장 지역의 일부를 러시아에 할양하고, 영국이 청을 도울 경우에도 동일하게 하면 된다고 말했다. 이에 대해 훗날 양계초는 "당시 이른바 외교가라는 자들의 안목과 수단이 이 정도"라며 비판했다.[222]

양계초, 엄복, 담사동의 비판

훗날 양계초(梁啓超, 1873-1929)는 중국이 4천 년의 꿈에서 깨어난 것은 시모노세키조약 이후라며, 중국인에게는 이것이 엄청난 충격이었다고 말했다.

청의 사상가로 아담 스미스의 '국부론'과 몽테스키외의 '법의 정신'을 번역한 엄복(嚴復, 1853-1921)도 중국은 서양의 학문과 정치를 본받아야 한다고 했다. 그는 서양의 치술(治術)을 쓰지 않아도, 인재가 없어도 나라가 강해질 수 있다고 말하는 자는 '모두 미치거나 정신 나간 자들'이며, 중국이 망하지 않으려면 공자도 소용없다며 특히 서양의 과학을 배워야 한다고 했다.

사상가 담사동(譚嗣同, 1865-1898)도 청국의 양무운동의 한계점을 지적했다. 그는 수십 년 동안 청국 사대부들이 양무를 말해 왔지만, 인재를 우둔하고 탐욕스럽게 만들었을 뿐이라 했다. 그는 또 양무에서 외국의 선박, 무기, 기차보다 더 중요한 것은 서양의 법도와 정령(政令)인데, 그것을 간과하고 지엽적인 것에 매달려 근본적인 것은 아무런 성과를 내지 못한다고 했다. 담사동의 이 말은 '만국공법'을 중국어로 번역한 선교사 마틴이 12년 전인 1883년에 청국은 정치 체제를 바꾸지 않아, 서양 문화의 흡수가 일본보다 훨씬 떨어져 있다고 평가한 것과 비슷하다.[223]

일본의 환호와 삼국간섭

일본은 승전에 환호했다. 후쿠자와 유키치는 "나는 마치 꿈을 꾸는 것만 같아 환희의 눈물을 흘릴 따름이다"고 했고, 도쿠토미 소호는 "이제 우리는 더 이상 세계 앞에서 일본인이라는 사실을 부끄러워할 필요가 없다"고 했다.

그러나 4월 23일, 러시아·프랑스·독일공사가 개별적으로 하야시 외무차관을 방문해 요동반도 반환을 요구했다. 이 일이 있기 전에 무쓰 외무대신은 주러시아 니시 공사와 주독일 아오키 공사로부터 보고를 받고, 어떤 형태로든 간섭해 올 조짐을 감지하고 일본공사들에게 주재국들에 다시 생각해 주기를 요청하도록 했다.[224]

러시아 함대의 중국 집결

그러나 주러시아 영국 대사는 일본이 삼국의 요구를 거부하면 러시아와의 전쟁이 불가피할 수도 있기 때문에, 일본이 요동반도를 포기하게 할 것을 킴벌리 영국 외무상에게 건의했고, 킴벌리는 주영 일본공사 가토에게 이런 입장을 전했다. 주러 일본공사도 러시아 황제가 삼국의 요

1895년 일본

구를 일본이 거부하는 것을 용납할 수 없다는 뜻을 밝혔다고 보고했고, 주미 일본공사도 미국은 국외중립의 원칙을 지킬 것이라는 미국무장관의 발언을 보고하며 미국의 지원도 기대하기 어렵다고 보고했다.

4월 말에 러시아의 지중해 함대와 태평양 함대 소속 군함들이 중국의 즈푸(芝罘) 항에 집결했다.[225] 영국, 미국도 이때 일본을 도와주지 않았던 것이다.

일본, 요동반도 포기 결정

결국 5월 4일, 이토 수상과 마쓰가타 대장대신, 무쓰 외무대신 등 6명이 참석한 '교토회의'가 열렸다. 이 회의에서 일본은 요동반도를 영구히 포기할 것을 약속한다는 회답안을 의결했고, 이를 주일 삼국 공사들에게 문서로 전달했다.[226]

군사 1백여 명의 자결

5월 13일에는 요동반도 반환에 관한 조칙과 강화 조약이 공표되었다. 이때 삼국간섭을 알게 된 일본의 언론과 지도층은 충격을 받았고, 청일전쟁에 참전했던 1백여 명의 장교와 사병들은 자결로 항의했다. 이후 일본에는 '와신상담(臥薪嘗膽)'이라는 단어가 널리 퍼졌다.[227]

1만 4천 명을 희생한 대만의 저항

5월 말 대만에서는 고산족과 청국군의 잔여 세력이 할양에 반대하여 대만민주국을 선언했다. 이에 일본은 군을 증파하고 대만총독부를 설치했다. 10월에는 대만민주국을 붕괴시키고, 대만을 평정하였는데, 이 전쟁에 일본군 7만여 명이 투입되어 약 600명이 전사하고 1만여 명은 열대병으로 사망했고, 대만 측에서는 약 1만 4천여 명이 사망했다. 그러나 이들의 저항을 최종적으로 진압하는 데는 그 후 10년 정도 걸렸다.[228]

1905년의 대만 인구가 약 300만 명이었으므로 그 10년 전인 1895년의 인구는 280만 명 남짓이었을 것이다.

일본, 조선에 대한 간섭 배제 결정

6월 4일에는 각료회의가 열려 앞으로 조선에 대해 가능한 한 간섭을 그만두고 조선으로 하여금 자립하게 하는 방침을 취할 것과, 조선의 철도와 전신도 무리하게 건설하지 않기로 결정했다.[229]

"빗물로 머리를 감고 불어오는 바람으로 목욕을 하면서"

3개국 공사로부터 직접 요동반도 반환을 요청받은 당시 외무차관이었던 하야시 다다스가 5월에 주청공사로 발령받았다. 그는 6월부터 7월까지 일본의 '지지(時事) 신보'에 '일본 외교 정책의 미래'라는 글을 게재했는데, 그 내용은 기성세대의 희생과, '와신상담'하면서 국력을 키우며, 때를 기다릴 것을 강조한 글이다.

"… 우리의 숙명에 도달하기 전까지는 아직 더 어려운 일들을 맛보아야 한다. … 세금은 증가할 것이고, 국민들은 곤궁으로 고생할 것이며, 정부 관리들은 적은 봉급을 받으며 불만을 품고 있는 국민들 속에서 일해야 한다. … 우리는 우리 자신을 희생해야 하며, 우리 다음 세대들을 위한 일을 해야 하며, 우리들은 빗물로 머리를 감고 불어오는 바람으로 목욕을 하면서라도 난관을 정면으로 부딪쳐 나가야 한다. … 모두가 용감한 마음을 갖고 이 실망과 불만을 묵묵히 참아야 한다"고 했다.

요동반도 반환과 관련해서는 "열강의 이득이 우리의 손실이 되었다고 열강에게 화를 내는 것은 합리적인 것이 못 된다. … 어느 나라든지 다른 나라의 약점을 이용하여 이득을 얻는다고 해서 규탄받아서는 안 된다"고 했다.

따라서 "이제 일본이 해야 할 일은 전적으로 침묵을 지키면서 … 어느 날인가 동양에서 반드시 오고야 말 기회를 주시하고, 기다리고, 일본의 국력의 기반을 튼튼히 강화하면서 기다리는 것이다. 그날이 오면 일본은 자신의 길을 갈 수 있을 것이며 …"라며 국력 강화를 강조했다. 그리고 영국과의 동맹 필요성을 역설하는데 "극동에서 일어난 여러 사건은 지금 단지 시작 단계에 불과하다. … 그러나 영국과 일본이 만일 하나의 동맹을 형성한다면 극동의 여러 문제는 이미 해결된 것이라 할 수 있다. … 극동의 실세는 영국이다. …"고 했다. 실제로 하야시는 주영공사에 임명되어 1902년에 영일동맹을 체결한다.

그는 막부의 유학생으로 1866년에 University College London(UCL)에서 공부했으나, 막부가 붕괴되면서 1868년에 귀국했다. 귀국 후 하야시는 에노모토 다케아키와 북해도에서 메이지 정부에 항거하다가 체포되어 투옥되었다. 그는 1871년 이와쿠라 사절단에 영어 통역관으로 참여했고, 이후 외무성에서 근무했다.[230]

향후 10년간 전함 건조 계획

7월에 해군은 향후 10년간 군함 10척을 건조하는 구상을 수립해 7월에 내각의 승인을 얻었다. 이 구상은 12월에 의회의 승인을 받아 다음 해부터 실행된다.[231]

미우라 고로 임명

7월 6일에 있은 박영효의 실각은 왕비와 러시아 세력의 승리로 일본에서는 받아들여졌고, 따라서 요동반도 반환과 더불어 일본의 청일전쟁에서의 승리는 무위에 그친 것으로 보이게 만들었다. 이에 이노우에 공사의 경질을 요구하는 목소리가 높아졌고, 8월 중순에 미우라 고로가 후임 공사에 임명되었다.[232]

청의 차관 도입과 러시아

1895년 초부터 청국은 영국, 독일에서 차관을 도입하여 전쟁 비용에 충당했다. 시모노세키조약 체결 후에는 일본에 지불할 배상금 2억 3천만 냥을 마련하기 위해서 또 차관을 들여오지 않을 수 없었는데, 프랑스 은행을 통해 외채를 모집해 36년간 상환하기로 했다. 이렇게 청국이 차관을 도입하는 데는 러시아 재무상 비테가 큰 역할을 하였는데, 그는 12월에 러청은행을 설립한다. 이 러청은행이 이후 러시아의 동청철도 건설과 만주 진출에 중요한 역할을 한다.[233] 결국 청국은 청일전쟁 후 재정적으로 파탄에 이르고, 러시아의 개입은 더욱 강화된다.

요동반도 반환 각서 교환

10월 7일(음 8월 19일), 일본 정부는 삼국과 각서를 교환하여 요동반도 반환에 대한 배상금을 3천만 냥(4,500만 엔)으로 하기로 했다. 또 배상금 지급을 위한 담보로 웨이하이웨이(威海衛)를 일본군이 점령하고 이곳에서의 철병은 청국이 3천만 냥을 지불한 뒤 3개월 내에 하기로 했다. 1898년에 웨이하이웨이에서 일본군이 철수하고, 영국이 이곳을 조차한다.[234]

미우라의 을미사변 보고서

미우라는 을미사변 당일인 10월 8일 밤에 보고서를 외무대신에게 보냈다. 그는 을미사변에 대해 "다소의 일본인들이 가담했고, 그리고 사실 본관이 묵시한 것이었다"고 했다. 이에 놀란 사이온지 외무대신대리는 고무라 주타로 정무국장을 단장으로 하는 조사단을 경성에 파견하고, 10월 17일 미우라에게는 귀국 명령을 내리고, 고무라를 후임 공사로 발령했다. 을미사변과 관련해서 다음 해 일본에서 구속되어 재판에 회부된 사람은 모두 44명이었다.[235]

1895년 일본

시모노세키조약 체결에 감사를 표시한 조선

10월 19일, 조선의 특파대사가 고종의 친서 및 천황과 황후에게 보내는 선물을 갖고 일본에 갔다. 친서 내용은 시모노세키조약 조인에 기쁨을 표하고, 조선 독립과 정치 개혁에 대한 감사의 뜻을 표했다. 닷새 후 특파대사가 귀국할 때, 천황은 대사를 접견하고 왕비의 죽음에 유감의 뜻을 전했다.[236]

대조선 불간섭 정책

10월 21일(음 9월 2일), 조선 특파대사에 임명된 이노우에 가오루에게 내려진 사명은 왕비의 죽음에 대한 일본 황실의 동정심과, 일본 신민이 사건에 관여한 데 대한 유감의 뜻을 고종에게 전하는 일이었다. 이날 이토 총리는 앞으로의 대조선 정책에 관한 의견서를 제출했는데, 조선에 개혁을 강요하는 일은 유익하지 못하므로, 조선의 일은 점차로 조선에 맡겨나가는 불간섭 정책을 취해야 할 것이라고 했다.[237]

요동반도 반환조약

11월 8일, 일본과 청국은 요동반도 반환조약을 체결했다. 그러나 러시아는 2년 후인 1897년에 여순과 대련에 대규모 군대를 주둔시키고, 그해 말에 독일이 교주만 일대를 점령하자 러시아는 즉시 여순과 대련을 조차하고 해군기지를 설치한다.[238]

대폭 증가한 다음 해 예산안

1896년의 예산안 중에 제철소 건설, 교통 운수기관 확충 등을 위한 군사비가 전년도 대비 약 4천만 엔 이상이 증가했다. 총 예산 규모는 1억 5천만 엔으로 전쟁 전에 비해 거의 두 배였는데 의회는 통과시켰다.[239]

러시아의 마산포 관심

12월에 개최된 러시아의 동아시아 특별 회의에서 태평양 함대 사령관 알렉세예프 제독은 부동항 후보지로 마산포가 적합하다는 의견을 제시했다.[240] 그런데 5년 후인 1900년 3월에 알렉세예프가 마산포를 방문하고, 조선은 러시아와 마산포를 조차하는 협정을 체결한다.

과학사

11월에는 독일의 과학자 뢴트겐(Wilhelm Röntgen, 1845-1923)이 불투명체를 꿰뚫을 수 있는 광선을 발견하였는데, 그 성질을 알 수 없어서 X-선이라고 불렀다. 이는 다음 해에 우라늄이 발견될 수 있는 계기가 되었고, 1898년에는 프랑스의 과학자 퀴리(Pierre Curie) 부부가 라듐을 추출하여 방사능에 한 발 더 가까이 가게 되었다. 뢴트겐은 1901년 제1회 노벨 물리학상을 받는다.

전년도에 이태리의 마르코니(Guglielmo Marconi, 1874-1937)는 독일의 헤르츠가 이미 전자기파의 존재를 증명했다는 것을 알게 되었다. 마르코니는 곧바로 이것을 무선 전신에 응용하기 위해 연구를 시작했고, 1895년에 무선으로 통신할 수 있는 기술을 개발했다. 1897년 6월에는 이태리에서 지상 무선국을 설치하고 전함과 통신을 하는 데 성공했다. 이 성공은 무선 전신이 이동 통신에 이용된 최초의 사례였다.

이해에 타이어를 자동차에 장착시키는 데 성공했다. 그러나 다음 해에 다임러(Gottlieb Daimler, 1834-1900)가 세계 최초로 바퀴 4개가 달린 '말이 필요 없는 마차' 즉, 트럭을 만들었는데, 이것의 바퀴도 여전히 목재였다. 이 차는 '피닉스'라는 이름의 휘발유 엔진을 갖고 있었는데 4마력의 힘을 가졌고, 연비는 리터당 약 16km였다.[241]

1896년(개국 505, 고종 33) - 조선

연초부터 단발령 반대상소가 올라오고, 아관파천이 단행된다. 아관파천 당일 총리대신 김홍집과 어윤중, 정병하가 살해당한다. 그 외 갑오개혁을 추진하던 유길준 등은 모두 일본으로 망명했다.

단발령에 반대하는 의병들이 전국에서 일어나 지방관청을 공격하여 약탈, 살인 등을 자행한다. 당시 조선 유학자들은 단발령에 반대해 나라가 망할지언정 머리를 깎지 않겠다는 의식이었다. 결국 44세의 고종은 단발령을 철회한다.

대신들과 관찰사들의 상소에 나타난 백성들의 삶은 여전히 극한 상태에 있었다. 갑오개혁 때 설치한 내각을 "난역(亂逆)의 무리"가 칙명을 사칭하여 만든 것이라 하여 폐지하고 의정부를 부활시키는데, 이로써 왕의 권한은 예전처럼 복구되었다.

조선 주재 러시아공사는 조선을 피보호국으로 할 것을 본국에 건의했는데, 당시 조선을 방문한 영국 여행자는 조선이 독립국으로 유지될 가능성이 없다는 기록을 남겼다. 서재필이 귀국하여 예산을 검토한 결과, 예산의 98%가 관리의 월급과 그들의 비용이었다.

단발령 반대상소

연초부터 단발령에 대한 반대상소가 올라오는데, 특진관 김병시의 상소가 1월 7일 자 고종실록에 있다. "… 이것이 무슨 일입니까? 이것이 무슨 일입니까? … 우리나라는 기자(箕子)가 동쪽으로 와서 백성들에게 8가지 조항을 가르친 때로부터 문물제도가 찬연히 크게 갖추어져서 소중화라고 불렸습니다. … 만 대를 두고 내려오는 공자의 말도 믿을 것이 못 된단 말입니까? …"라며 단발령 취소를 아뢨다.

이에 44세의 고종은 "요즈음의 일은 시세(時勢)를 헤아려서 결단하여 시행한 것이다. 경의 깊은 지식과 원대한 생각으로 어찌 근본을 보지 않는가? …"라 했다.

"머리카락과 구습을 한꺼번에 끊으며"

고종은 연초에 양력 사용과 연호를 새로 정하며, 의복 제도를 바꾸고 단발령을 실시할 것을 포고하는데, 고종실록 1월 11일 자에 있다. "… 세계가 맹약을 다지는 판국을 맞아 정치를 경장하는 길을 가지 않을 수 없다. 이에 정삭을 고치고 연호를 정했으며 복색을 바꾸고 단발을 하니 … 일하기에 불편하며 양생에 불리한 것은 고사하고 배와 기차가 왕래하는 오늘에 와서는 쇄국하여 홀로 지내던 구습을 고수해서는 안 될 것이다.…

옛 제도에 얽매여 종묘사직의 위태로움을 돌보지 않는 것은 때에 맞게 조치하는 도리가 아니니 … 짐이 머리를 이미 깎았으니 짐의 신민인 너희 백성들도 어찌 받들어 시행하지 않겠는가? … 서로 알리고 서로 권하여 너희들의 머리카락과 구습을 한꺼번에 끊으며 모든 일에서 오직 실질만을 추구하여 짐의 부국강병하는 사업을 도울 것이다. …"라 하였다.

단발령으로 인한 사회 혼란상

단발령 실시로 인한 당시 사회 혼란에 관해 황현이 《매천야록》에 기록을 남겼다. 상투를 강제로 자르도록 하자 온 나라가 분노하여 의병이 봉기를 일으켰고, 사망자도 셀 수 없이 많았다. 또 "명예를 탐하는 자가 앞장을 서면 변란을 좋아하는 자들이 달라붙어서 불량한 백성 수천 수백 명이 무리를 이루어 저마다 의병이라 일컬었고 … 함부로 약탈하는 것이 미친 도적떼와 다름없는 경우도 있었다."고 했다. 안동의 10여 고을은 의병들의 약탈과 관군에 의해 유린을 당하여 "관민이 온통 거덜이 났다"고 했다.

2월에 김홍집 등 대신들이 죽임을 당하고 윤음이 연이어 선포되고 나서야 잠잠해졌는데 주동자들은 해산하지 않았다. 진주, 나주, 남원 관찰사 등은 도주하고, 상투를 자른 것 때문에 춘천, 안동, 충주관찰사는 의병에게 살해되었다. 그 외 약 20군데 지역에서 군수, 경무관, 부사 등이 살해된 사실이 관보에 게재되었는데, 누락된 자가 더 많다고 했다. 따라서 영남 전역에서 살해된 수령이 많아 여러 주군(州郡)이 텅 비었고 경성에서는 영남을 사지(死地)로 여겼다고 기록했다.[242]

고종실록과 승정원일기의 사회 혼란상

이러한 《매천야록》의 기록을 뒷받침할 수 있는 것으로 4월에 내각에서 보고한 것과, 대구부 관찰사의 사직상소가 있다.

고종실록 4월 16일 자의 내각에서 보고한 것을 보면 "'영덕 군수 정재관, 함흥부 참서관 목유신, 주사 피상국·홍병찬, 나주부 참서관 안종수, 경무관보 박희황, 해주부 경무관보 이경선, 총순 황목, 강릉부 경무관보 고준식, 안동부 경무관보 임병원이, 각 해당 지방의 난민들이 소동을 피울 때에 해를 입었습니다.'라고 상주하였다"고 했다.

승정원일기 4월 18일(음 3월 6일)에는 대구부 관찰사 이중하의 사직상소가 있다. "… 영남에서 일어난 이른바 창의는 안동과 진주에서 시작되었는데, 명리(命吏)를 함부로 죽이고 관례(官隷)를 도륙하며 성부(城府)를 빼앗아 점거하고 병력을 함부로 움직이자 한 도가 모두 향응하여 곳곳에서 봉기하였습니다. … 지금에 이르러서는 그들의 창궐함이 날로 심해지고 있으니 필시 대구가 함락되고야 말 것인데, 대구가 함락되면 영남 전역이 함락되는 것입니다. …

당초에 난민이 격발되어 봉기한 것은 단발 한 가지 일 때문이었으므로 단발한 관리들을 모조리 죽이는 데에 목적을 두었습니다. 그 사이에 달아나 피한 자도 있고 죽은 자도 있는데, 동래항 이외에 단발하고 관직에 있는 사람은 오직 신뿐입니다. … 지금 만약 신을 머물러 둔 채로 소요를 그치게 하고자 한다면 한갓 소요가 더욱 심해질 뿐입니다. …"
고 했다. 이처럼 당시 단발령으로 인한 소요와 피해가 생각보다 컸고, 황현의 기록이 과장이 아님을 알 수 있다.

"차라리 머리털을 보존하다가 (조선이) 망하는 편이 낫다"

단발령에 대한 당시 유학자들의 생각을 살펴보자.

유학자 기우만은 아관파천 이후 상소를 올려, 개화한다는 것이 임금을 속이고 나라를 그르치는 것이라고 규탄했다. 그는 '개화'의 본래 뜻은 중화문화로 오랑캐를 변화시키는 것인데, 당시의 '개화'는 그 반대로 온 나라를 왜와 서양의 노예로 만들고 있다고 했다. 그는 '단발령'에 대해 "나라는 망하지 않는 법이 없으니, 머리를 깎이고 나라를 지키기보다는 차라리 머리털을 보존하다가 망하는 편이 낫다"고 했다.

안규용도 "중화문화와 오랑캐의 분별은 한때 임금의 법령보다 엄중한 것이니, 차라리 목이 베어진 귀신이 될지언정 머리를 깎은 사람이 되겠는가."라 했다.

의병을 일으킨 곽종석 등도 통문에서 "이 몸이 한 번 죽으면 오히려 의로운 귀신이 될 것이나, 이 머리털이 한 번 깎이면 길이 오랑캐가 되는 것이다."라며 단발령에 반대했다.[243]

이것은 조선의 유학자들은 유교의 도(道)가 우선이고, 나라는 그 다음의 부차적인 문제라는 의식을 갖고 있었음을 말해준다. 이것은 일본과 매우 다른 점인데, 앞에서 본 17세기 일본의 유학자 야먀자키 안사이의 교육 내용과 이후 메이지 정부의 리더들의 발언에서도 볼 수 있었던 것처럼, 조선과 일본 지도층의 나라에 대한 인식은 매우 달랐고 그만큼 나라의 운명도 달랐다.

아관파천과 대신들의 처참한 말로

2월 11일, 여자용 가마 두 대를 타고 고종과 왕태자(순종)는 아관파천을 하는데, 이에 대해 고종실록은 "임금과 왕태자는 대정동의 러시아공사관으로 주필을 이어하였고, 왕태후와 왕태자비는 경운궁에 이어하였다."고 하였다. 베베르가 당시 상황에 대해 언급한 것을 보면, 수를 헤아릴 수 없는 다수의 고관들과 수천 명의 백성들이 공사관 담장에 몰려들어 기뻐하며 국왕에게 축하를 표했다고 했다. 슈페이예르는 그날 오전, 고종이 더 이상 왕궁에 머무는 것이 안전하지 않다고 생각하여 러시아공사관에 보호를 청하였다고 외국 대표들에게 통고했다.

고종은 파천 즉시 총리대신 김홍집, 탁지부대신 어윤중, 내부대신 유길준, 농상공부대신 정병하, 군부대신 조희연과 법무대신 장박 등을 처단하라고 지시했다. 김홍집은 아관파천을 설득하기 위해 러시아공사관으로 가던 도중 체포되어, 순사에 의해 목이 잘려 죽었고, 백성들이 몰려들어 종로 거리에 내버려진 그의 시신을 불 지르고, 칼로 찌르고 머리통을 깨는 등 잔혹한 행위를 저질러 사지가 갈기갈기 찢어졌다. '매천야록'에는 "그 살을 베어 씹어 먹는 이도 있었다"고 했다. 김홍집의 부인 홍 씨는 변란 소식을 듣고 스스로 목을 매어 죽었다.

농상공부대신 정병하의 시신도 길거리에 방치되었는데, 오가는 행인들이 온갖 욕설과 눈뜨고 보지 못할 짓을 해댔다고 한다. 이들 외 처형 명령이 내려진 유길준, 장박, 조희연, 우범선 등은 일본으로 망명하였고, 어윤중은 고향으로 도피 중 용인에서 잡혀 백성들에 의해 살해되었으며, 김윤식은 제주에 종신 유배형에 처해졌다.

이날의 일에 대해 박은식(1859-1929)은 "… 일개 경관을 시켜 칙령을 입으로 전하고, 도로상에서 짐승을 도륙하듯이 학살하다니"라고 개탄했다. 고종실록에는 "전 내각 총리대신 김홍집, 전 농상공부대신 정병하가 백성들에게 살해되었다"고 되어 있다.

이로써 갑오개혁을 추진하던 세력은 살해되거나 망명을 떠났는데, 갑신정변 후에도 박영효의 형인 박영교와 홍영식은 바로 살해되었고, 김옥균, 박영효, 서광범 등은 망명을 떠났다. 황현이 《매천야록》에서 '개화에 인물이 없다'고 모두들 탄식했다는[244] 말이 과장이 아니다.

김홍집과 정병하, 어윤중의 최후, 그리고 김옥균의 시신을 찢어 전국에 버렸던 것은 고종과 신하들 그리고 백성들의 잔인함을 보여준다.

고무라 공사의 보고

아관파천 당일 고무라 일본공사는 조선의 민심은 불안하지만, 어떠한 변동의 징후도 없으며, 개화 세력은 절반 이상이 쫓겨났다고 본국에 보고했다. 며칠 후에는 조선에서의 일본의 이익이 매우 위태롭기 때문에 러시아와 조선 문제를 협의해야 한다고 보고했다.[245]

단발령 철회

2월 18일에는 내부대신이 결국 단발령 철회를 발표하는데 "… 단발하는 문제는 편리한 대로 하게 허락한 만큼 의병을 일으킨다고 말할 명색이 없는 것이다. … 무기를 놓고 부대를 해산하고 집으로 돌아가서 생업에 안착하라. …" 하였다.[246]

경인철도 부설권과 독립신문 창간

3월에는 "미국 사람 모오스(Morse, James R.)에게 경인철도 부설권을 허락하였다.【모오스는 이듬해 3월부터 공사를 시작하였으나 자금

부족으로 그해 5월에 이 철도 부설권을 일본 사람 시부자와 에이이치 등의 경인 철도 인수 조합에 넘겨주었다.]" 경인철도는 1900년 11월에 개통된다.

4월 초에는 서재필 주도로 〈독립신문〉이 창간되었는데, 1899년 12월 4일에 폐간된다.[247]

고무라-베베르 협정

5월 중순 한성에서는 고종실록에서 "제1차 일로협상"이라 부른 고무라-베베르 협정이 체결되었는데, 실록에는 4개 조항 중 앞 2개 조항만 언급되어 있다. 양국 대표는 고종에게 환궁을 충고하고, 온화한 인물로 대신들을 임명하고 너그럽고 인자한 태도로 신하와 백성들을 대하도록 권고한다는 것이다.

그리고 부산-경성 간의 일본 전신선 보호를 위해 200명 이하의 일본군을 두고, 일본인 보호를 위해 경성에 2개 중대, 부산, 원산에 각 1개 중대를 두고, 우려가 없어졌을 때는 철수하며 이는 러시아에도 동일하게 적용된다는 것이었다. 고무라는 이 협정 체결 후 외무차관으로 승진했고, 후임 조선 공사에는 하라 다카시(原敬)가 임명됐다.[248]

경의철도 부설권

7월 초에는 "프랑스인 【그리러회사】에 경의철도 부설권을 허락하였다"라고 하여, 프랑스의 피브릴(Fives-Lille)사가 경성-의주의 철도 부설권을 허가받았다. 그러나 1899년 7월 3일에 "프랑스 사람 그리러 회사의 경의철도 부설권을 박탈하였다.【건양 원년(1896) 7월에 허락하였는데 이 회사에서 3년이 지나도록 착공하지 않았기 때문에 이때에 와서 취소한 것이다.】"라고 했다.[249]

8월 이후에는 대신들과 관찰사들의 사직상소가 승정원일기에 많이 나오는데, 이를 통해 당시 모습을 보자.

"초조함과 근심은 갈수록 더욱더 심해집니다"

5월 중순, 탁지부대신 심상훈은 "… 현재 주군(州郡)에서 일어나는 소요로 공상(供上)의 길은 막히고, 사졸(士卒)은 노숙하며 고생하는데 부(府)에는 수송해 줄 물자가 다 떨어졌습니다. …"며 사직을 청했고, 8월 초, 내각 총리대신 윤용선은 "…. 어렵고 근심스런 국면이 갈수록 심해지고 있어 종묘사직이 위태롭기가 몹시 절박한 정도일 뿐만이 아니니. …"라며 역시 사직을 청했다.

10월 중순에는 의정부 의정 김병시가 사직상소를 올려 "… 감히 어리석은 생각을 다 털어놓겠습니다. … 온 나라 신하와 백성들의 초조함과 근심은 갈수록 더욱더 심해집니다. 성상의 의도가 어디에 있는지는 알 수 없으나 … 경운궁으로 즉각 이어(移御)하시어 …"라 했다.[250]

관찰사들의 사직상소

8월 말 강원도 관찰사 서정순은 "… 진무하고 토포(討捕)하는 두 가지 방법을 다 썼는데도 아직까지 평정되지 않고 있습니다. …"라고 하였고, 9월 중순 함경북도 관찰사 남정철은 "… 지금 북도는 백성들의 형편과 고을의 형세가 지난날과는 딴판이라 …"라고 하였다.

9월 중순 경상북도 관찰사 엄세영은 "… 열읍(列邑)의 악정으로 인한 폐단과 생민들의 견디기 힘든 고통은 온몸이 다친 상처투성이라서 한 군데도 성한 곳이 없는 것과 같습니다. …"라 하였다.[251] 그동안 대신들이 표현한 대로 "나라가 나라답지 못한" 지경이었다.

"백성들의 산업이 날로 쓸쓸해지고"

탁지부 대신 심상훈이 5월에 이어 9월 하순에 다시 상소를 올려 "… 보내 줄 물량의 규모는 굉장한데 제대로 처리하지 못하고 경상비용은 매우 많은데 제대로 조달하지 못하여 국가의 대계가 갈수록 구차해지게 하였으니 …"라 하였고, 11월 중순 농상공부 대신 조병직은 "… 그동안 전야(田野)는 개척되지 않고 공상(工商)은 아무런 이익도 없어 백성들의 산업이 날로 쓸쓸해지고 …"라 하였다.

11월 하순 법부대신 한규설은 "… 정치 체제에 대해 다 알고 법학을 심도 있게 전공한 자에게 담당하게 하더라도 의견이 고갈되고 시행 조치가 난삽해질 것인데 …"라 했다.[252]

압록강과 울릉도 삼림벌목권 양도

9월 초에 "러시아인 【뿌리너】의 합성 조선 목상 회사에 압록강 유역과 울릉도의 벌목과 아울러 양목의 권한을 허락하였다." 이 계약은 블라디보스토크 상인 브린너가 베베르 공사의 도움으로 얻어낸 것으로, 사업 개시는 5년 내에 하기로 되어 있었다. 또 브린너가 이 권리를 마음대로 양도할 수 있도록 규정하였는데, 2년 후에 러시아 황실이 이것을 인수하는 가계약을 체결하고 조선에 탐사대를 보낸다. 압록강변의 채벌 면적이 3,100km^{2}였으니 서울 면적의 5배가 넘는 것이었다.[253]

내각 폐지와 의정부 부활

9월 24일에는 갑오경장 때 설치된 내각을 폐지하는데, 고종은 "지난날 난역(亂逆)의 무리가 국가 권력을 마음대로 휘두르고 정치 제도를 변경하여 심지어 의정부를 내각으로 개칭하기까지 하였는데, 대부분 칙명을 사칭한 것이 많았다. … 이 때문에 소란하게 되어 백관과 만민의 분노와 통탄을 자아낸 지 지금 3년이 되었다. 국가의 흥쇠에 관계됨이 또한 크

니, 이제부터 내각을 폐지하고 도로 의정부로 칭한다. …"라 하였다.[254]

이렇게 의정부가 부활되고 왕의 국정 운영권이 회복되어 결국 갑오경장 이전으로 돌아갔다.

외국인과 외국정부가 본 조선

영국의 여행가 비숍은 10월에 다시 경성을 방문했다. 그녀가 본 당시의 조선은 내부로부터 개혁이 불가능하며, 국왕의 권력은 막강하여 엄격하게 법적 견제를 받아야 한다고 했다. 또 그녀는 조선은 독립할 능력이 없기 때문에 일본과 러시아의 '공동 피보호국'이 되든가, 일본이나 러시아 어느 한쪽의 감독을 받아야 한다고 했다.[255]

이러한 비숍의 평가와 언급은, 이해 초에 주조선 러시아공사 슈페이예르가 조선을 피보호국으로 할 것을 본국에 제의한 것이나, 영국 외무상이 1894년에 청과 일본이 조선을 공동 점령할 것을 제의한 것, 그리고 영국이 이해에 러시아가 조선에 대한 보호권을 선언할지 모른다는 우려 속에 한반도를 중립화할 것을 일본에 제안한 것 등과 비슷하다. 즉, 외국인과 외국 정부는 조선의 미래를 비관적으로 보고 있었다.

세계가 어떻게 돌아가는지 몰랐던 조선

1884년 갑신정변 때 난민들이 박문국을 불태워 〈한성순보〉가 폐간되고, 그 후 〈한성주보〉가 2년 반 동안 발행되었다. 이후 1896년에 독립신문이 창간될 때까지 약 10년간 조선에는 신문조차 제대로 없었다.

《조선책략》, 《만국공법》 등을 불태우라고 전국의 유생들이 상소를 올리고, 갑오경장을 추진하던 총리대신을 대낮에 짐승처럼 "도륙"하고, 나라는 망할지언정 유교의 도를 버릴 수 없다며 단발에 반대하여 전국에서 의병이 일어나 살인과 약탈을 하던 조선은 세상이 어떻게 돌아가는지 몰랐다.

1896년 조선

그런 조선에서 세금은 여전히 제대로 들어오지 않았고, 백성은 기아와 수탈에 시달리고, 대신들과 관찰사들은 사직상소를 연이어 내고 있었다. 고종실록, 승정원일기, 비변사등록 어디에도 어느 한 구석도 나라로서 작동되어 돌아가는 모습의 기록을 찾아볼 수가 없다. 오직 왕실에서 때마다 빠지지 않고 제사를 지내고, 궁전을 개보수하고, 왕릉을 이장하고, 많은 돈을 들여 장례식을 치르는 것 등만 정확하게 돌아가고 있었다. 이런 조선의 5년, 10년 후의 모습은 모든 면에서 악화되는 것 말고는 없다.

그런데 중요한 것은 영국, 일본, 러시아는 이 이후에도 여러 번 한반도 분할이나 중립지대 설치, 만주와의 교환 등을 안건으로 제기하고 러일전쟁 전에는 만주와 조선을 협상의 대상물로 올리지만, 조선에서는 전혀 대응을 하지 않는다는 것이다.

당시 조선 주변의 상황

청일전쟁에서 패한 청은 몰락의 길로 가고 있었고, 미국은 조선에 중립(무관심)을 지켰다. 러시아는 시베리아 철도를 만주로 통과하도록 9월에 청과 동청철도조약을 맺음으로써 영국, 일본과의 갈등은 커져간다. 일본은 이런 러시아와의 전쟁에 대비해 삼국간섭 이후 청일전쟁 배상금의 거의 모두를 육해군 확장을 위해 투입하고 있었다. 일본과 영국은 러시아의 남하를 견제하기 위해 동맹의 움직임을 보이고 있었고, 러시아는 조선이 아닌 일본과의 외교 관계를 중요시하고 있었는데, 조선은 러시아에 매달렸다.[256]

조선군의 실상

러시아 황제 대관식에 참여한 민영환이 단장 푸차타 대령과 장교 3명 등 총 14명의 러시아 군사교관단과 한성에 도착하여, 약 7개월 만인 10월 21일에 고종에게 복명한다. 람스도로프 러시아 외무차관은 일본 외무대신에게 교관단 파견 사실을 통보했다.

11월 중순, 당시 주조선 영국총영사 조던은 주청 영국공사 맥도널드에게 푸차타 대령이 파악한 조선의 군 병력 현황을 보고했다. 조선군은 서류상 중앙군과 지방군이 7,500명 정도이지만 실제로 중앙에는 겨우 2천 명 정도만 존재하고, 이들의 훈련 상태나 무장, 피복, 부식 등이 빈약하여 경찰로서의 구실도 하지 못할 정도라 했다.

이러한 조선군의 현황에 대한 분석과 1888년에 병조판서 김영수의 "패한 장기판에 한 수 놓은 것과 같아서"라는 상소나, 1886년에 이돈하가 "진자리 마른자리 가려 가면서 서로 모양을 뽐내는 꼴이 마치 기생집에 드나드는 난봉꾼과 같습니다"고 한 것, 그리고 1880년에 허원식이 "지금은 오영의 군졸들은 요미(料米)를 받지 못하여 굶주려서 거의 다 죽어 가는데"라고 한 상소를 생각하면, 아무런 개선이 없었음을 알 수 있다. 심지어 1886년에 제2차 조러밀약 사건이 터졌을 때, 원세개는 500명의 병사만 보내주면 고종을 폐위시키고, 관련자들 전원을 천진으로 끌고 갈 수 있다고[257] 할 정도로 조선군은 유명무실했다.

예산의 98%가 관리의 월급과 비용

미국에서 귀국한 서재필이 1896년도 예산을 검토한 결과, 세출 예산 총 630여만 원 중 약 98%인 616여만 원이 관리의 월급과 그들이 쓸 비용이라며 필요 없는 관리가 반 이상인데 이들을 정리해야 한다고 했다. 조선의 총세무사였던 영국인 브라운도 무능하거나 필요 없는 관리들을 해고했는데, 이런 브라운에 대해 독립신문은 "브라운 씨야말로 우리나라를 위해서는 매우 고마운 분이다"고 했다.[258]

1896년 조선

고종과 신하들에 대한 러시아 측의 보고

고종이 러시아공사관에 머물고 있던 12월 초에 러시아공사관 측에서 고종과 조선의 대신과 관리들에 대해서 본국에 어떻게 보고했는지 보자. "국가의 어려운 처지는 망각한 채, 서로 간계를 꾸미고 국왕에 대한 영향력을 차지하려고 상호 투쟁 중"이며, 조선의 모든 무질서와 문제점은 러시아 탓으로 돌리고 있다고 했다. 또 고종은 선량하지만 겁이 많으며 신뢰할 만한 동조자는 아닌 것 같으며, 조선의 친러파는 "협잡꾼들"과 다름없다고 보고했다.[259]

1896년(메이지 29) - 일본

아관파천 이후 일본은 러시아와 대화 채널을 구축하여, 주러 일본공사는 러시아 외무상과, 주일 러시아공사는 일본 외무대신과 협의를 한다. 결국 양국은 한성에서 고무라-베베르 협약을, 모스크바에서 로바노프-야마가타 협정서를 체결한다. 이때 민영환도 로바노프를 만났으나, 협정서 체결에 대해서는 듣지 못했다. 청의 이홍장도 이때 방문하여 러시아와 비밀협약을 체결하여 동청철도(東淸鐵道) 부설권을 러시아에 부여한다.

러시아는 조선을 스스로 독립할 수 없는 나라로 보았고, 영국은 한반도의 상황을 우려하여 중립국으로 할 것을 일본에 제의한다. 일본은 해군 확장 계획을 추진한다.

일본과 러시아의 대화 채널

아관파천 소식이 일본에게는 큰 충격이었다. 주러 일본공사 니시는 2월 중순 로바노프 러시아 외무상을 만났는데, 로바노프는 아관파천의 자세한 내용을 잘 알지 못하고 있었다. 따라서 아관파천은 러시아 정부가 모르는 상황에서 일어난 것 같다고 보고했다. 이에 사이온지 긴모치(西園寺公望) 외무대신은 주일 러시아공사 히트로보를 만나, 아관파천 이후 양국 간의 오해를 예방하기 위해 서로 긴밀하게 대화할 것을 제의했고 히트로보는 동의했다.

1896년 일본

사이온지는 경성에 주재하는 양국 공사들에게 보낼 공동 훈령에 관해 2월 하순에 히트로보와 협의하고, 니콜라이 황제 대관식 때 또 다른 협약을 체결하기로 했다. 러시아 측에서는 조선 내 전신선 보호를 위한 외국군 주둔 필요성과 양국 간 화해를 강조했다.[260]

조선과 관련한 조약 체결을 건의한 주일 러시아공사

3월 초순, 히트로보는 이토 총리를 만나 조선은 자신의 힘으로는 독립할 수 없는 나라이므로 러시아와 일본이 조선의 존립에 필요한 잠정협정을 체결할 것을 제안했다. 또, 그는 조선이 다른 강대국의 손아귀에 들어가 러시아를 겨누는 무기가 되지 않아야 한다는 것이 러시아의 입장이라는 것을 밝혔고, 이토도 동의했다.[261]

한반도 중립화를 제의한 영국

영국은 5월 초에 일본 외무대신에게 한반도 중립화를 제의했다. 조선이 피보호국임을 러시아가 선언하거나, 조선은 청국의 속방임을 조선 국왕이 선언해야 할 정도로 조선의 정세가 아주 불안하고 심각하다고 영국은 보고 있었다.[262] 2년 전에 청과 일본이 한반도를 공동 점령할 것을 영국이 제의했을 때, 청은 찬성했으나 일본이 반대한 바 있다.

로바노프-야마가타 의정서와 39도선

러시아 황제 대관식에 참석한 일본의 원로 야마가타 아리토모는 6월 9일, 러시아의 로바노프 외무상과 '로바노프-야마가타 의정서'를 체결하였다.

이 조약은 본문 4개조와 비밀 조항 2개조로 되어 있다. 본문에서는 양국은 조선에 예산 절약과 균형 예산을 권고하며 외채가 필요하면 양국이 협의한다, 조선의 재정 능력 내에서 군대와 경찰을 유지하도록 조선에 일임한다. 일본은 소유 중인 전신선을 관리하며 러시아는 경성에서 국경까지의 전신선 가설 권리를 갖는다, 문제가 생기면 협의한다는 것이었다.

비밀조항 2개조는, 조선에 긴급사태 발생으로 추가 파병이 필요할 경우 충돌을 막기 위해 양국군 사이에 공지(空地)를 설정하고 양국군의 용병(用兵)지역을 확정한다는 것과, 고무라-베베르 각서는 효력을 가지며, 조선 국왕의 경호 또한 그 임무를 맡을 조선의 조직이 탄생할 때까지 현재의 방식을 유지한다는 것이다.

야마가타는 양국 군대 사이에 공지를 두는 것과 관련하여 북위 39도선을 기준으로 일본은 그 남쪽에, 러시아는 북쪽에 군대를 파견할 것을 제안했으나 당시 유리한 입장에 있던 러시아가 거부했다.[263] 1904년 러일전쟁 직전에는 러시아가 39도선 이북을 중립지대로 할 것을 제안하나, 일본이 반대한다.

민영환의 러시아 방문

민영환은 6월 5일, 러시아 외무상 로바노프에게 5개항을 제의했는데 이에 대해 6월 30일에 로바노프가 회신했다. 그 내용은 고종이 러시아 공사관에 필요할 때까지 머물러도 좋으며, 군사교관으로 장교 1인을 파견하며 재정 문제 전문가도 파견한다, 차관 제공은 조선의 경제 상황이 개선된 후에 하며 양국 간의 전신선 개설에 노력한다는 것 등이었다. 이러한 답변을 받은 것이 8월 말까지 3개월 간 체재한 민영환 일행의 성과였는데, 차관 제공은 로바노프-야마가타 의정서에 의해 불가능했다.

민영환은 조선에서 출발 전 자신이 특사로 파견되는 것을 기피했는데, 그가 떠난 뒤 국왕에게 자신을 비방하는 사람이 있을 것이고, 어느 일파에서는 자신을 감시할 비밀 임무를 띠고 뒤쫓아 올 것이 분명하다는 생각이었다.[264]

민영환 일행의 방문 기록

민영환이 작성한 러시아 방문기인 '해천추범(海天秋帆)'에는 이들의 여행 과정이 기록되어 있다. 학부협판 윤치호 등 민영환 일행은 4월 2일(음 2월 20일) 인천을 출발하여 상해에서 민영익을 만나 비용으로 2만불을 받고, 요코하마, 도쿄를 방문했다. 이어서 밴쿠버, 몬트리올을 거쳐 기차로 뉴욕에 도착하였는데 "눈이 황홀하여 말로 다 형용할 수" 없었고, "밤에는 전기와 가스 불빛이 밝아 별과 달의 빛을 빼앗는다"고 했다. 워싱턴에서 서광범 공사를 만나고, 런던에 도착했는데 런던은 "뉴욕과 비슷하나 그 웅장함이 더하다"고 했고, 사회가 안정되어 "가히 나라의 법이 엄하고 투명함을 알 수" 있다고 했다.

이들은 베를린과 폴란드를 거쳐 모스크바에 도착했다. 러시아에서는 무기공장과 조선소를 방문하고, 철갑군함에도 승선하였다. 천문대도 방문하고, 열기구도 타 보았으며 돌아올 때는 시베리아를 경유하여 블라디보스토크에서 배를 타고 부산에 도착하여, 고종에게는 10월 21일에 약 7개월 만에 복명한다.[265]

'동청철도'와 남만주지선

러시아 재상 비테는 시베리아 철도의 바이칼 호수 동쪽 지역의 공사가 힘들다는 것을 알고, 러시아의 치타(Chita)에서 블라디보스토크에 이르는 최단거리인 만주 횡단철도 노선을 구상하고 있었다. 이것이 동청철도인데 만주리(滿洲里)-하얼빈-수이펀허(綏芬河)에 이르는 철도로, 여기에서 바로 블라디보스토크로 연결하려는 것이었다.

2년 후 러시아가 여순, 대련을 조차한 후에는, 하얼빈에서 남쪽인 대련(大連)까지 연결하는 남만주지선의 철도 부설권을 러시아가 얻게 되는데, 하얼빈-장춘-봉천(선양)-대련의 남만주지선은 1901년에 완공된다. 이로써 영국, 일본과 러시아의 갈등은 더욱 커진다.[266]

러-청 비밀동맹 조약과 동청철도 협정

철도 부설권을 위해 주청 러시아공사 카시니는 청국의 총리아문과 2월부터 교섭을 해 왔고, 마침내 6월 3일, 러시아 황제 대관식에 참석한 이홍장과 러시아는 비밀동맹 조약을 체결했다. 그 내용은, 일본이 극동의 러시아 영토, 청국, 조선을 침략하는 경우 상호 원조한다, 전쟁 중에는 청국의 모든 항구를 러시아 군함에 개방하며, 청국 정부는 길림과 흑룡강 지역을 가로지르는 철도 부설에 동의하며, 러시아는 자국 군대의 수송과 보급을 위해 이 철도를 평시에도 자유롭게 이용할 권리를 가진다는 것이었다.

이 조약에 따라 9월 8일에 양국은 베를린에서 동청철도협정을 맺는데, 러시아는 치타-치치하얼-하얼빈-블라디보스토크에 이르는 최단 거리의 철도를 건설할 수 있게 되었다. 또 이 협정으로 러시아는 철로 주변의 토지에 대한 관할권과 행정권, 경찰권 및 병력 주둔권도 얻었다. 러시아는 동청철도회사를 설립하고, 다음 해에 동청철도 건설을 착공하여 1903년에 완공한다.[267]

일본의 해군 확장 계획

이해 말에 열린 일본 의회에서는 청일전쟁의 총 전쟁 비용과 비슷한 규모의 해군 확장 계획 예산이 가결되는데, 1902년에 이 계획이 완성된다. 일본이 청일전쟁 배상금으로 받은 약 3.5억 엔의 대부분이 군함 건조 비용 등 군사비에 투입되는데, 청일전쟁 후 러일전쟁 전까지 일본의 군사비는 예산의 50% 전후에 이르렀다.

이해에 그리스 아테네에서는 13개국에서 선수 300여 명이 출전한 제1회 올림픽이 개최되었다.[268]

1897년(광무 光武 원년, 고종 34) - 대한제국

2월에 고종은 아관파천을 끝내고 환궁한다. 대신도 모르게 파견한 암행어사는 백성들의 원성을 듣고, 외부대신과 군부대신의 근무 기간은 두 달 남짓이다. 미국무장관은 조선 주재 공사에게 훈령을 내려 절대 중립을 지킬 것을 다시 강조하고, 러시아 외무상은 일본과의 관계를 악화시키지 않는 선에서 조선에 대한 영향력을 유지하도록 훈령한다.

9월에는 대신들까지 고종을 '황제'라 칭할 것을 상소하여 결국 고종은 황제로 등극하고, '대한제국'을 선포한다. 이해에도 왕실의 경비 지출은 예산의 약 10%에 이르고, 군부는 여전히 식량조차 제대로 공급을 받지 못하고 있었고, 월급을 현지에서 조달하던 지방군은 백성을 수탈한다.

김홍집 등을 "역적", "흉적"으로 본 고종

살해당한 김홍집 등에게 형벌을 올바로 적용하도록 법부대신 조병식이 아뢴 내용이 고종실록 1월 27일 자에 있다. "역적의 괴수 김홍집은 … 갑오년(1894) 이후부터 외교를 빙자하고 임금의 권한을 빼앗았으며 패거리를 만들어 음모를 꾸몄습니다. 작년 8월 20일 사변에 김홍집은 사실 흉적의 우두머리였으며 유길준, 정병하, 조희연은 그의 우익으로서 … 앞으로 사실을 밝혀내서 죄명을 바로잡으려 하니 극률을 뒤미처 시행하소서."라 하여 윤허받았다. 이에 고종은 "… 오늘 이 글에서 역적들의 소행을 분석하고 흉적들의 음모를 파악해 놓았으니 공의를 잘 볼 수 있다. …"고 하였다.

관찰사들의 사직상소

1월 말, 전라북도 관찰사 윤창섭이 사직상소에서 "… 경비는 장부상으로만 존재하고 실제로는 쓸 돈이 하나도 없으니, 곤궁하고 지탱하기 어려운 형편은 한 치 앞도 내다볼 수 없을 정도로 상황이 위태롭습니다. …"라 하였다. 평안남도 관찰사 이근명은 "… 집을 떠나 유랑하는 백성들의 미납된 세금을 탕감해야 하는데도 … 이렇듯 오래된 폐단이 이루 다 헤아릴 수 없을 만큼 많습니다. …"며 사직을 청했다.

경상북도 관찰사 엄세영은 4월 초 사직상소에서 "… 농민들은 농사일을 버리고 달아나 숨고 관리들은 백성의 재물을 약탈하니 …"라 하였고, 같은 날 충청북도 관찰사 박규희는 사직상소에서 "… 지금 소요가 아직도 끝나지 않았지만 선동하는 일을 진정시킬 계책이 없고, 봄 농사가 한창이지만 의지할 데 없는 가난한 백성들을 품어 보호해 줄 방법이 없습니다. …"라 하였다.[269]

"백성들의 신음 소리가 도리어 전보다 심하니"

승정원일기 1월 31일 자에 있는 내부대신 남정철의 사직상소를 보자. "… 고통에 겨워하는 백성들의 신음 소리가 도리어 전보다 심하니, 곳곳에서 들리는 소문마다 놀랍고 통탄스럽기 그지없습니다. … 관리들은 급료를 받지 못하고 백성들은 자신들의 생업을 잃게 되어 위급한 상황에 몰려 뿔뿔이 흩어져 곳곳에서 놀라운 일들이 벌어지고 있으니, 신이 이를 무슨 방도로 구제하겠습니까. …"라 했다.

독립신문의 '조선병' 치료 방법

2월 중순에 독립신문 사설은 '조선병' 치료 방법에 대해 언급했다. 그것은 외국의 학문을 배우고, 생각과 행동도 바꾸고, 그동안 옳다고 생각한 것이 "실상이 없는 일이면 고치고", 잘못된 것으로 알았던 것이 "실상이 옳은 줄을" 깨달으면 이를 고쳐 본받아야 한다고 했다.[270]

고종의 환궁

2월 20일에 고종이 "경운궁으로 환어하였다. 왕태자가 배환하였다." 만 1년 9일 만이었다. 당시 러시아공사 슈페이예르는 고종의 환궁이 매우 급작스럽게 일어났고, 심지어 공사관 관원들에게 작별의 알현 기회조차 주지 않았다고 했다. 고종은 "마치 소풍이라도 가듯" 가마를 타고 떠났는데, "장엄함도 후광도 전혀 없었고, 서두름과 원시적 분위기"만 가득했다고 했다.

러시아의 보고서에 의하면 고종은 환궁 하루 전에 러시아 측에 공식적으로 통고하였다고 한다. 승정원일기 2월 18일 기록에 고종이 "모레 경운궁으로 환어할 것이니, 고유(告由)하고 반포하는 절차를 규례대로 마련하라."고 되어 있어서,[271] 이 두 기록을 보면 환궁 하루 전인 2월 19일에 러시아공사관 측에 통고한 것으로 보인다.

미국무장관의 훈령

5월 초, 미국무장관 셔먼(John Sherman, 재임 1897-1898)은 알렌을 주한 미국공사에 임명하며(1905년 6월까지 역임) 훈령을 내렸다. 그는 절대 중립의 입장을 지킬 것과, 조선의 국가 운명에 미국이 상담역이 될 수도 없고, 또 조선과 어떠한 종류의 보호 동맹도 맺지 않을 것이라고 했다.[272]

백성의 원망을 듣는 암행어사

고종이 대신들도 모르게 암행어사를 파견하였는데 고종실록 4월 8일자의 의정부 의정 김병시의 상소에 있다. "… 듣건대 삼남에 나가 있는 암행어사가 어떤 사람이며 무슨 일로 칙명을 받들고 나갔는지는 알 수 없습니다만, 전해 오는 소리는 소란스럽고 백성들의 원성은 자자하다고 합니다. … 마땅히 속히 소환하고 …"라 하자, 고종이 "처분하겠다." 하였다.

이어서 "… 근래에 중추원의 주사를 매일 개차(임명)하여 그 수가 매우 많아 복잡할 뿐만 아니라 사체가 이미 어긋났으니 …"라 하였는데, 여전히 관리의 수는 늘고 있었음을 알 수 있다.

외부대신은 56일, 군부대신은 64일

4월 하순 독립신문은 대신들이 자주 교체되는 것에 대한 기사를 실었다. 한 해 전부터 이해 4월 19일까지 15개월 간 교체된 내역을 보도했는데,[273] 외부, 탁지부, 법부는 각각 8인이 교체되어 평균 56일, 군부와 학부는 각각 7인이 교체되어 평균 64일, 내부와 농상공부는 각각 4인이 교체되어 평균 112일 근무했다. 여전히 대신들은 "장기짝"이었다.

고종의 결의와 단발령 취소, '광무'

갑오개혁 때 없어졌던 무명잡세가 다시 극성을 부리자 8월에 고종은 "오늘의 국세(國勢)를 보면 조석 간에도 위급한 근심이 있다. 그러나 군신 상하 모두가 도무지 생각하지 않고 태연하게 일이 없는 것처럼 하고 있다. … 오늘부터 짐이 정신을 차리고 확연히 반성하여 모든 힘을 나랏일이 잘되는 데 돌리고 정사를 애써 다스릴 것이니 …"라 하였다. 이 결의를 한 바로 다음 날에 "을미년(1895) 11월 15일에 내린 조령과 조칙(詔勅)은 모두 취소하라.【연호(年號)를 세우고 단발령을 내린 조령과 조칙이다.]"고 했는데, 1895년에 세운 연호 "건양"을 폐지하고, 8월 16일에 "광무(光武)"라는 연호를 세웠다.[274]

러시아 외무상의 훈령

9월에 베베르가 멕시코로 이임하고 슈페이예르가 주조선 공사에 임명되었다. 슈페이예르에게 내려진 외무상의 훈령은 조선에서의 영향력은 유지하되 일본과의 우호적 관계 유지에 주의를 기울이라는 것이었다.[275]

황제로 칭할 것을 아뢰는 상소들

9월 말부터는 고종을 황제로 칭할 것을 아뢰는 상소들이 올라온다. 농상공부 협판 권재형은 "… 오늘날에 폐하의 신민으로서 누군들 춤추며 기뻐하면서 우리 폐하에게 빛나는 극존의 칭호를 올리려 하지 않겠습니까? …"라 하였고, 외부협판 유기환은 "… 우리나라의 의관과 문물은 모두 명나라의 제도를 따랐으니 그 계통을 이어서 칭호를 정한들 안 될 것이 없습니다. …"라 하였다.

관리 716명은 연명으로 상소를 올려 "… 우리나라의 강토는 한나라와 당나라의 옛 땅에 붙어 있고 의관과 문물은 다 송나라 명나라의 옛 제도를 따르고 있으니, 그 계통을 잇고 그 칭호를 그대로 쓴들 안 될 것이 없습니다. …"고 했다.

10월에는 의정부 의정 심순택과 특진관 조병세 등이 백관들을 거느리고 "… 여러 가지 법도가 바르게 되었으며 종묘사직이 힘을 입어 안정되어 위기를 극복하고 태산 반석 위에 올려놓았으며, 온 나라가 안정되어 요사한 기운이 사라지고 맑은 기운이 서렸습니다. …

《만국공법》을 살펴보니, '자주권을 행사하는 각 나라는 자기 뜻대로 스스로 존호를 세우고 자기 백성들로 하여금 추대하게 할 수 있지만, 다른 나라로 하여금 승인하게 할 권리는 없다.'고 하였으며, 또 그 아래의 글에는 '어떤 나라에서 왕을 일컫거나 황제를 일컬을 때에는 자기 나라에서 먼저 승인하고 다른 나라는 뒤에 승인한다.' 하였습니다. … 폐하는 복희씨, 신농씨, 요 임금, 순 임금과 같은 성인으로서 한나라, 당나라, 송나라, 명나라의 계통을 이었으니 … 성인이면서도 성인으로 자처하지 않으니 … 그래서 감히 목욕재계하고 서로 이끌고 와서 한 목소리로 우러러 청하는 것입니다. …"고 하였다.[276]

이 상소들의 내용을 자세히 보면 3년 전 홍범 14조에서 "청나라에 의존하는 생각을 끊어 버리고 자주 독립의 터전을 튼튼히 세운다."고 한 것이, 당시 지배층의 의식 구조로 볼 때 불가능했음을 알 수 있다.

고종, 황제에 오르다

이틀 후 심순택과 조병세 등이 다시 백관을 거느리고 와서 황제라 부를 것을 청하자 고종은 "… 온 나라의 같은 심정을 끝내 저버릴 수 없어서 곰곰이 이에 마지못해 애써 따르겠다. …" 하였다. 10월 12일, 고종이 황제의 자리에 오르는데, "신하들의 부축을 받으며 단(壇)에 올라 금으로 장식한 의자에 앉았다. …" 10월 13일, 고종은 황제에 즉위했고 "… 국호를 '대한'으로 정하고 이해를 광무 원년으로 …" 했다.[277]

'황제'에 반대한 서로 다른 이유

유인석은 고종을 황제로 부르는 것에 반대했는데 이미 명나라에 황제가 있어 천하에 두 황제가 있을 수 없다는 이유였고, 최익현은 청을 배반하고 자주를 하며 '대군주'라는 새 글자는 근거가 없고 예로부터 들어 본 적도 없다며 반대했다.

반면에, 윤치호는 한 나라의 독립을 보장해 주는 것은 국가의 힘이지, 군주의 존호가 아니라며 반대했다.[278] 유인석, 최익현을 통해 조선 유학자들의 여전히 뼛속 깊은 중화사상을 볼 수 있다.

여전한 왕실 행사비 지출

9월과 11월 중 3일간 경비 지출 내역에 관한 기록이 있는데, 큰 금액 위주로 자세히 보자.

11월 1일은 "… 칭호를 높일 때에 여러 가지로 쓰인 것과 각 항목의 비용 5만 원(元), 경운궁 공사비의 증액한 비용 5만 원, 국장비의 증액한 비용 4만 원, 어보(御寶)를 새로 만드는 데 든 황금 1,000냥 쭝의 대가로 지급할 4만 5,000원 … 일본에서 차관한 나머지 돈 200만 원 중에서 먼저 상환할 돈 100만 원 … 예비금 120만 원을 증액하여 배정해서 쓰는 문제들을 의논을 거쳐 …" 재가를 받았다.

9월 30일에는 "탁지부가 선희궁을 옮겨 짓는 비용으로 증액된 6,000원, 경운궁의 공사 비용으로 증액된 20만 원 … 등을 예비금 가운데서 지출하도록 …" 했다.

9월 14일에는 "… 선희궁을 옮겨 지을 비용 1만 3,000원과 증액한 비용 1만 5,000원, 경운궁의 공사 비용과 증액한 비용 5만 원 … 을 모두 예비금 가운데서 지출하는 사안과 예비금 10만 원을 더 늘여 배정해서 쓰는 사안을 …" 재가 받았다.

이 세 날의 비용 기록 중 경운궁과 선희궁 공사에 33만 4천 원, 황제 즉위식에 5만 원과 황제의 어보 제작비에 45,000원, 왕비의 국장 비용 증액 4만 원으로 총액이 46만 9천 원이다. 그런데 황현은 '매천야록'에서 왕비를 홍릉에 장사 지내는데 고깃값으로 6천 냥, 상여꾼 7천 명에 들어간 돈이 6만 2천 냥이었고, 그 외 "이루 다 기록할 수 없다"고 하였는데,[279] 이것만 더해도 최소 53만여 원으로 전년도 세출 630여만 원을 기준으로 보면 역시 약 10%의 돈이 왕실행사비에 지출되었다.

9월 14일의 지출 기록 중에는 "지방의 14개 군(郡)에 별순교와 청사(廳使)를 두고 그들에게 줄 급료 4,819원, 군부의 여비의 증액분 600

원"이 있는데, 이들 항목과 비교해 보면 왕실 비용 53만여 원이 어느 정도인지 알 수 있다.

"상호 시기하고 의심하는" 군부

11월 말, 군부 협판 주석면이 시급하게 해결해야 할 6가지에 대해 올린 상소를 보자. "… 장수로 있는 사람은 그 부를 마치 한때 머무는 여관처럼 여겨 … 상호 시기하고 의심하는 통에 온갖 폐단이 생겨나고 … 경비는 애초에 확정된 금액이 없이 매달 탁지부에서 지급받아서 구차하게 쓰고 있으니 형편이 말이 아닙니다. …"라 하였다.[280]

1874년 3월에 영의정 이유원이 장차 전쟁이 나면 "시를 지어서 적을 물리치겠습니까?"라며 상소를 올렸는데, 23년이 지난 이때에도 군부협판이 "여관처럼", "온갖 폐단", "구차하게"라며 당시 군부를 표현한 것을 보면 조선의 군은 여전히 기능을 못하고 있었음을 알 수 있다.

4만 호의 인구에게 1년에 5만 원도 큰돈

고종실록 12월 21일 기사에는 전 사과(司果: 정6품) 여형섭이 상소를 올려 함경북도 지방군의 월급 문제를 언급한 내용이 있다. "함경북도 10개 군의 … 호구도 4만 호가 되지 않습니다. 특별히 지방대(隊)를 설치하여 병정 500명을 두는 것은 실로 변경 방어에 크게 관계되는 것입니다. 그러나 해마다 그 월급을 계산하면 합하여 5만 원이 되는데 10개 군의 영락한 역량으로서는 나누어 처리하기 어렵습니다. …"라며 세금을 거둘 대책을 건의한다.

백성을 수탈한 지방군

1801년부터 1891년까지 실록의 인구 통계를 보면, 호당 인구수가 4.2명 전후였는데(1권 참고 자료 참조), 이를 근거로 약 4만 호가 되지 않는 10개 군의 인구를 15만 명으로 보면, 이들이 1년에 5만 원을 만들기도 어려웠다는 것이다.

위의 여형섭의 상소를 통해 지방대(隊) 즉, 지방군의 월급이 중앙에서 내려오지 않아 자체적으로 해결했다는 것을 알 수 있는데, 이 지방대조차 백성을 수탈하고 군율이 문란했다는 것이 황현의 《매천야록》에 나온다.

"지방대를 수원, 원주, 공주 , 안동, 광주(光州), 황주, 안주, 종성 등지에 증설하고 각기 600명씩 두고 장관을 두어 참령이라 불렀는데, 그 직급이 병사(兵使)와 같아서 관찰사와 대등하였다. 이 때문에 안하무인으로 사람을 탄압하여 지방에 더할 수 없는 폐를 끼쳐서 … 변란이 생겨 출동할 때마다 적을 보면 먼저 달아나면서 오직 평민을 수탈하고 사족을 능욕하여 … 임금이 매우 비호하는 까닭에 간혹 군부에서 심한 자를 적발하여 처벌하고자 하면 번번이 특별 조서가 내려와 용서해 주어라 하므로 군율이 날로 문란해졌다"고 했다.[281]

1897년(메이지 30) - 일본

무라타는 총을 개량하여 연발총을 만들었고, 야하타 제철소 건설도 착공되었다. 신임 러시아 외무상과 신임 주일 러시아공사는 대일관계 개선을 정책 목표로 두고, 일본을 자극하는 대(對)조선 정책을 취하지 않으며 극동에서 현상 유지 정책을 취하기로 결정했다.

만주에서는 경봉철도의 영국인 건설 기술자를 두고 영국과 러시아 사이에 갈등이 일어난다. 독일 선교사들이 살해되자 독일은 11월에 교주만을 점령하고, 러시아도 12월에는 일본이 반환한 요동반도의 여순과 대련을 점령한다. 독일 해군상에 임명된 티르피츠는 영국 다음의 세계 2위의 해군 대국을 목표로 다음 해부터 '건함(建艦) 정책'을 추진한다.

5연발식 무라타 총, 교토제국대학, 영화

무라타가 구경 11mm, 8mm의 무라타 총을 개량하여 6.5mm의 5연발총을 만들었는데 일명 '30년식 소총'이다. 이 총은 무게도 줄고 휴대성도 좋아 향후 일본 소총의 기준이 된다. 또 이공대학을 가진 교토제국대학이 개교하는데, 2년 후에는 법학대학과 의과대학을 설치한다.

1월에 이나바타 가쓰타로(稻畑勝太郎)가 여러 개의 필름과 친구인 루미에르(Auguste Lumiere) 형제가 발명한 시네마토그라프(cinematographe)와 아시아 지역 흥행권까지 사들여 프랑스에서 귀국했다. 그는 2월에 오사카에서 시사회를 가져, '영화'라는 것을 일본에 처음 소개했다.[282]

야하타 제철소

전년도 3월에 의회에서 제철소 건설을 위한 예산안이 가결되어, 이해에는 제철소의 위치가 규슈의 야하타(八幡, 현재의 기타규슈 시)로 결정되었고 6월에 착공했다.[283]

러시아의 대일 정책

러시아 외무상 로바노프의 사망으로 1월에 외무상이 된 무라비요프에게 신임 주일공사 로젠은 4월 말, 대일 정책에 관한 자신의 의견을 보냈다.

러시아가 태평양에서 영국과의 경쟁을 위해서는 청국에 의지할 수 없고 가난한 조선을 피보호국으로 하는 것도 도움이 안 되기 때문에, 결국 일본과의 우호 관계 회복이 러시아의 정책에 가장 중요한 것이다, 따라서 일본이 반대하는 대(對)조선 정책으로 일본과의 대립을 야기해서는 안 된다는 것이었다.

이에 동의한 무라비요프는 5월 말에 로젠에게 회신을 보내, 조선정부와 관계 강화를 위한 교섭은 하지 않을 것이며, 군사교관도 증파하지 않겠다고 했다.[284] 이처럼 러시아에게도 주(主)는 일본이었고, 조선은 종(從)이며 일본과의 협상의 대상물이었을 뿐이었다.

러시아의 현상 유지책

무라비요프는 같은 날에 육군상에게, 조선에서의 러시아의 행동으로 인해 일본이 불신을 갖게 되면 일본과 군사적 충돌이 일어날 것이므로, 일본을 자극하지 않고 극동에서 현 상태를 유지하는 것이 중요하다고 강조했다.

그러나 실제로는 러시아 군사교관이 조선에 증파되었고 이에 일본은 이의를 제기했다. 로젠이 오쿠마 외무대신을 만났을 때도 오쿠마는 이에 대한 반대 의견을 분명히 했고, 로젠은 교관단의 증파는 일본의 불신을 심화시킨다고 본국에 보고했다.

로젠에게 하달된 훈령은 조선은 가난하고 해안선이 너무 길어 러시아가 조선을 피보호국으로 할 의향은 없지만, 정치적 영향력 강화는 추구할 것이라 했다. 로젠이 일본공사로 임명되자 슈페이예르가 조선공사로 부임하고, 베베르는 조선 근무 12년 만에 멕시코공사로 발령받아 1900년까지 근무한다.[285]

경봉철도

당시 영국과 러시아간에는 만주에서 철도를 둘러싼 갈등이 벌어지고 있었다. 이홍장은 톈진 옆의 당산(唐山)의 석탄 수송을 위해 1878년부터 영국 자금을 끌어들여 북경-천진-봉천 구간의 경봉(京奉)철도를 건설하고 있었는데, 영국인 기술자 킨더(Charles W. Kinder, 1877년 도쿄-요코하마 구간 철도 건설에 참가)를 해임할 것을 러시아 정부가 8월에 청국 정부에 요구했다.

1890년에는 이홍장이 경봉철도를 연장하여 북경-천진-봉천-길림-혼춘에 이르고, 남부로는 영구(우장, 牛莊)까지 연장하는 계획을 세웠다. 그런데 1896년에 청국이 러시아와 동청철도 부설계약을 체결함으로써 영국의 경봉철도와의 대립은 더욱 커졌다. 영국은 러청비밀동맹을 몰랐고 따라서 킨더의 해임 요구를 이해하지 못했다.[286]

독일의 교주만 점령

산동성에서 중국인의 습격을 받은 독일인 선교사 2명이 살해되자, 이를 빌미로 2주 후인 11월 중순에 독일 함대가 산동반도 칭다오에 있는 교주만(膠州灣)을 점령했다. 이 사건 후 강유위(康有爲)는 '제5상서(第五上書)'를 올려 국회 개설, 헌법 제정과 인재 등용 등을 국시로 정할 것

| 1897년 일본

을 강조했다. 이 상서를 계기로 강유위와 광서제는 처음으로 인연을 맺게 된다.[287]

러시아의 대련, 여순 점령

러시아의 태평양함대 사령관 두바소프는 군함을 이끌고 11월 하순에 부산과 마산에 기항했다. 그는 마산과 거제도를 해군기지로 물망에 올리고, 슈페이예르 공사와 협의했으나 무라비요프 외무상은 시베리아 철도를 지선으로 연결하는 데 유리한 점을 고려하여, 조선의 항만보다는 대련을 선호했다.

이때 재무상 비테는 시베리아 철도의 완성을 주장하며 청국의 영토를 침략하는 대련 점령에 강력히 반대한 반면, 외무상은 러시아가 점령하지 않으면 영국이 점령할 것이라는 주장을 폈다. 결국 러시아 함대는 12월에 여순과 대련에 입항한다. 비테는 이러한 여순, 대련 점령이 앞으로 무서운 결과를 초래할 것이라고 경고했다.[288]

일본 외무성의 반응

11월에 오쿠마가 사임하고 러시아에서 귀국한 니시 도쿠지로(西德二郞)가 외무대신에 임명되었다. 러시아공사 로젠은 12월 중순, 니시를 방문하여 독일이 교주만을 점령한 것을 고려해 러시아는 청국 정부의 동의를 얻고 여순에 1개 분대를 파견했다고 했다. 그러나 12월 하순, 니시는 러시아 정부를 신뢰하지만 이번 일과 관련하여 앞으로 일본이 어떤 결정을 내릴지는 알 수 없다고 로젠에게 말했다. 일본의 신문들은 러시아의 여순 진출에 대한 보도를 하고 있었다.[289]

독일과 러시아가 점령한 곳은 일본이 삼국간섭으로 반환한 곳으로, 러시아를 적으로 삼고 '와신상담'을 해오던 일본이었다.

독일의 해군증강책

영국의 식민상 챔벌린(Joseph Chamberlain)은 한 연설에서 점점 대제국이 힘을 갖게 되고, 그렇지 못한 나라는 이류 국가가 되거나 다른 나라에 굴복하는 그런 시대로 나아가고 있다고 했다. 이때쯤 독일의 티르피츠(Alfred von Tirpitz) 제독도 황제 빌헬름 2세에게 해군 대국이 되는 것은 독일의 생존에 반드시 필요한 것이라고 강조했다.

당시 빌헬름 2세는 '세계 정책(Weltpolitik)'을 기치로 내걸고 있었는데, 티르피츠를 해군상에 기용했다. 티르피츠는 다음 해부터 '건함(建艦) 정책'에 착수하여 독일을 세계 6위의 해군국에서 영국 다음의 세계 2위의 해군 대국으로 만드는 것을 목표로 추진한다.[290]

1898년(광무 2, 고종 35) - 대한제국

여전히 재정 상태는 해결 방도가 보이지 않았고, 대신들은 빈번히 교체되어 '주막의 나그네' 같았다. 여순과 대련을 조차한 러시아에게 조선은 더 이상 중요한 지역이 아니었고, 이에 러시아의 군사교관단은 철수하고, 한러은행도 폐쇄된다.

6월에는 '의정부관제'가 발표되는데, 필요시에는 언제든지 "잡세를 신설하거나 혹은 증설"할 수 있게 하였다. 외부대신의 사직상소를 보면 대한제국은 외국과의 조약 내용을 지키지 않아 외국의 불신을 받고 있었고, 당시 고종은 하급직 인사에까지 개입하고 업무를 지시하고 있었음이 상소에 나타난다.

박정양 등이 만민공동회에 참석한 후 '헌의 6조'를 고종에게 보고하여 고종은 실시를 약속하지만, 결국 박정양 등 6명은 파면된다. 11월에 고종은 외교사절들이 보는 앞에서 만민공동회에 약속을 하였으나 실천하지 않고, 연말에 독립협회와 만민공동회를 해산시키고, 집회도 금지시킨다.

"조선 백성들은 몇백 년을 자기 나라 사람들에게 압제를 받아"

1월 18일 자 독립신문은 사설에서 "전국 인민에게 뿌리박힌 습관과 성질" 네 가지에 대해 말하는데, "의지해서 힘입으려는 마음", "가볍게 하고 능멸하는 마음", "의심하고 염려하는 마음", 그리고 "신(信)과 의

(義)가 없는 것이다"라고 했다.

신문은 "신체와 언어는 비록 대한 사람이지만 그 외의 만 가지 일은 모두 청국을 따른다. 대한 법률은 없고 대명률이라 이르며, 대한 국문은 쓰지 않고 한문이라 이르며 … 한나라와 당나라의 남겨진 의론만 숭상하며, 대한 예법은 없고 하나라와 은나라와 주나라 삼대(三代)의 예라고 해서 작은 중화라고 칭함이 족하다고 여긴다"며 사대사상을 비판한다.

이 비판의 내용은 전년도에 황제로 칭할 것을 요청하는 신하들의 상소 내용이 당시 지배층의 의식 구조 그대로였음을 말해준다.

또 "관인들이 외국 사람들을 대해 사세와 학문과 담판하는 자리엔 머리를 외국 사람들에게 들이밀다가, 돌려보낸 다음엔 등으로 가리키면서 이적이니 금수니 떠들며 큰 소리로 능멸하니"라 했다. 이어서 "당당한 자주독립이 된 대한제국 관민들이 청국 사람을 보면 반드시 대인이라 부르고, 지금까지도 어리석은 사람들은 '우리나라를 구완할 나라는 청국'이라고 하니 이는 삼백 년 동안 의뢰하던 마음에서 나온 것이다."고 했다.

"외국 사람들과 언어를 서로 통하는 이를 보면 지척해서 말하기를 '환장한 놈'이라 하고 … 전에 없던 큰 경사로 대한 연호를 세웠는데 혹 말하길 '어찌 대청의 광서력을 버리고 서양력을 행하겠는가' …"라고 한다고 했다. "한쪽 나라와 의논해서 우리나라의 힘을 세웠다가 그 나라의 권리가 기울어지면 그 나라를 물리치고 또 다른 나라에 비기며, 또 한쪽 나라의 세력이 와서 핍박하면 전과 같이 또 물리쳐서 저쪽과 이쪽에서 원망을 산다. 그래서 모든 나라에서 신의가 없다는 비방만 얻고 … 이 네 가지 문제는 전국 인민에게 뿌리박힌 습관과 성질이다. …"라고 했다.

이 사설에서 지적한 네 가지 문제는 4년 전인 1894년에 지석영이 상소에서 아뢴 내용과 매우 비슷하다. 그리고 6년 후인 1904년 7월 15일에 중추원 의관 안종덕이 올리는 상소 내용 중 "북쪽 나라에서 오면 북쪽 나라에 빌붙어 나라의 이권을 경중도 헤아려 보지 않고 그들에게 넘겨주고, 동쪽 나라에서 오면 동쪽 나라에 빌붙어 나라의 주권을 존망도 생각해 보지 않고 그들에게 넘겨줍니다"라고 하는 것과도 비슷하다. 즉, 뚜렷한 정책 방향이 없어 결국 모든 나라로부터 무시와 멸시 당하는 것은 시간이 지나도 그대로였던 것이다.

1월 20일 자 독립신문에서는 "… 슬프다! 외교에 민첩하고 유의한 사람이 국내에 몇이나 있는가! … 슬프다! 경멸하는 마음을 끊고 … 물리학도 배우고 … 법률학도 배워야 한다. 대한의 자제들을 각국에 파송해서 … 어서 새 공기를 실어 들여야 한다. …"라고 했고, 1월 22일 자 사설에서는 "슬프다! 대한 사람은 신용 없는 마음을 끊어야 한다. …"라고 했다.

3월 초에는 '민권'에 관한 사설을 실었는데, "… 조선 백성들은 몇백 년을 자기 나라 사람들에게 압제를 받아 백성의 권리라 하는 것은 당초에 다 잊어버렸고, 또 무슨 뜻인지도 모르는지라"고 하였다.[291]

"나라의 재정은 꾸릴 방도가 없고"

1월 말, 법부대신 이유인은 사직상소에서 "… 나라의 재정은 꾸릴 방도가 없고, 내탕금은 바닥나고 정부의 자금도 말랐습니다. … 그런데 정해진 관직 외에 관직을 추가로 만들고 정해진 비용 외에 비용을 더 늘린단 말입니까. …"라 하였다.

2월 초 군부협판 주석면은 사직상소를 올려 "… 지금 본 부의 사세는 재정이 군색하여 … 비유하자면 큰집이 무너지려 하여 한나절도 버틸 수 없을 만큼 위태로운 형세와 같다고 하겠습니다. …"라 하였다.[292]

러시아의 철수

만민공동회 등으로 인해 경성에는 반(反) 러시아 기운이 퍼졌고, 러시아도 여순, 대련 점령 이후 대한제국에 대한 관심이 줄었다. 결국 3월 말에 탁지부 고문관 알렉세예프와 군사교관들도 모두 철수하고, 한러은행도 폐쇄되었다.

4월 말에는 대한제국에서의 이해관계 조정을 위해 일본과 러시아는 동경에서 '니시-로젠협정'을 체결한다.[293]

러시아와 프랑스공사의 본국 보고 내용

4월 초에는 슈페이예르의 후임으로 마튜닌이 러시아공사로 부임했다. 그는 대한제국의 국고는 바닥을 보이고 있고, 4월의 봉급은 해결했지만 5월분은 전액을 지급하기가 어렵다고 공지되었고, 가뭄과 흉작 때문에 소요가 일어나 완전한 무정부 상태가 될 수도 있을 것 같아 우려된다고 보고했다.

6월 초, 프랑스공사 플랑시는 대한제국의 새 내각이 성립된 지 2개월이 되지 않았는데도 반목과 대립으로 사직이 이어지고, 고종은 원칙을 제시할 능력도 없고 배신을 두려워하고 있다고 보고했다.[294]

'주막의 나그네'

독립신문은 4월 말 기사에 이어 5월 말 기사에서도, 대신과 협판을 '주막의 나그네'처럼 자주 교체시켜, 외국 공사관이 대한제국 관리와 교류를 못해 불신한다고 지적했다.

그런데 10월 중순, 의정부 참찬 권재형이 사직상소에서 당시 신하들의 교체에 대해 "… 수규(首揆, 영의정)가 된 자는 임용되었다가 곧 해임되고 보상(輔相)이 된 자는 아침에 바뀌고 저녁에 체차(교체)되었으니, 신이 본 바로는 하루라도 편안하게 자리에 있었던 사람이 한 사람도 없

었던 것 같습니다. …"라 하여, '주막의 나그네'가 사실이었음을 알 수 있다.[295]

장례비와 기민의 구휼비 비교

대원군과 그의 부인의 장례비로 2월 하순에 "… 우선 1만 원과 여흥부대부인의 장례비로 우선 2만 원을 …" 총 3만 원을 지출했고, 4월 말에는 추가로 35,000원이 지출된다.

그런데 4월 초, "기민을 구휼하는 비용을 경기에 6,000원, 충청남도에 2,000원, 충청북도에 2,000원, 강원도에 2,000원, 함경북도에 1,000원"을 지출했다.[296]

즉, 5개 도(道)에서 굶주리는 사람들을 구휼하는 데 지출한 비용의 다섯 배를 두 명의 장례비로 지출한 것이다.

황국협회

6월 30일, 궁중의 수구파가 주동이 되어 보부상을 회원으로 한 황국협회를 만들었는데, 이것은 마튜닌이 본국 보고에서 예상한 대로 혼란의 시발점이 된다.[297]

최시형의 사형 집행

72세의 최시형이 7월에 원주에서 체포되어, 경성 육군법원에서 교수형을 당했다. 1894년 이후 최시형은 이천과 원주 등지의 산중에 숨어 있었는데, 동학교도의 밀고로 체포되었다.[298]

배신자는 가까운 사람이었다

이로써 전봉준은 부하, 김개남은 친구, 최시형은 동학교도의 밀고로 체포되어 모두 사형당했다. 고종도 배신을 두려워하고 있었다는 프랑스공사의 보고가 신빙성이 높아지는 이유이다.

유럽전권공사의 사직의 변

5월 22일에 영국, 독일, 이탈리아 특명전권공사에 임명된 성기운 궁내부 회계원 경(卿)이 두 달 후인 7월 22일에 사직을 청하는 상소를 올린다. "… 뜻밖에 세 나라의 주차를 맡으라는 명을 받들게 되니, 신은 마음이 온통 두려워 한겨울도 아닌데 춥습니다. … 나라의 주위에 열국이 빽빽이 늘어서 있습니다. 언어와 문자가 달라 의도를 전달하기 어렵고 …"라 하였다.[299] 독립신문 1월 20일 자 사설에서 한탄한 것이 빈말이 아니었다.

"필요한 때에는 … 잡세"를 신설 또는 증설할 수 있다

6월에 〈의정부 관제〉를 발표하는데 그 주요 내용을 보자.
"대황제 폐하가 온갖 일을 통솔하여 의정부를 설치하였다.", 제2관 제1조에서는 "회의할 때에 대황제 폐하는 편의에 따라 회의 석상에 친림하고 …"라 했다. 제4조에서는 의정부가 의논하여 결정하는 사항을 열거하였는데, "법률, 규칙, 제도를 새로 결정 … 일 년의 세입과 세출에 대한 예산 및 결산 … 세출 예산 외에 특별히 지출하여 쓰는 금액을 마련하는" 것과 "필요한 때에는 조세와 각 항목의 잡세를 신설하거나 혹은 증설, 혹은 줄이거나 폐지하는 사항" 등 12가지를 나열했다.[300] 이처럼 갑오개혁에서 시행했던 조세법률주의는 완전히 폐기되었다.

조약 이행을 강조하는 외부대신

임시서리 외부대신 이도재가 8월 1일에 올린 사직상소를 보면 외국과의 교섭이 엉성하고, 약속한 것도 지키지 않았음을 알 수 있다. "모든 외국인들이 광산과 철도를 요구하고 있는 상황에서 거절하자니 이전의 문서가 남아 있고, 시행하자니 마음이 내키지 않습니다. … 교섭은 중대한 사안인데도 아직까지 결말을 보지 못하고 있는데 …"라 했다.

8월 3일, 이도재는 철도 부설권과 광산 개발권에 대해서 "경부철도와 독일 상인의 광산 개발에 대해서는 모두 5년 혹은 2년 전에 승인한 일이며, 근래에 영국 상인의 광산 개발에 대한 요청도 허가하도록 승인하셨습니다. … 이렇게 지연시켜 신의를 잃었기 때문에 저편에서는 한창 화를 내며 기다리고 있다고 합니다. … 이미 결정된 많은 안건들을 꼭 신의 손을 빌려 결말지으려고 하니 차라리 명을 거역한 주벌을 받을지언정 결코 감히 잠깐이라도 염치를 무릅쓰고 받들 수가 없습니다."라고 했다. 독일에게는 1896년 4월에 당현 금광, 1897년 4월에 금성 금광 채굴권을 승인했고, 영국에게는 이해 9월에 은산 금광 채굴권을 승인한다.[301]

"글이 매우 외람"된 상소

8월 10일, 전 가주서(假注書, 승정원 정7품) 박해용이 매우 직설적인 상소를 올렸는데, 고종으로부터 경고를 받는다. "… 물가가 뛰어올라 인심은 매우 괴로운 상태가 되고 금광을 개발하는 곳은 난리가 일어난 곳과 똑같습니다. … 지금 수령들이 … 스스로 말하기를 '나는 탐관도 악인도 아니다. 당초 외임을 맡을 때 돈이 아니면 도모할 수 없다. 그러므로 먼저 납부한 액수가 있으니, 어찌 본전을 뽑지 않겠는가.' 하니, 그렇다면 그 책임과 원망이 어디로 귀속되겠습니까.

더구나 올해에 흉년이 들었는데도 부역과 세금을 독촉하는 것이 성화보다 급합니다. 그러면서 그 세금을 즉시 상납하지 않고, 중간에서 이자 놀이를 하는 자들도 비일비재합니다. … 또 암행어사에 대해서 말한다면, 해가 지나도록 지방에 있는데 무슨 하는 일이 있습니까. 백성에게 무익하고 원망이 길에 가득하니, 속히 소환하도록 명을 내려 민심을 안정시키소서.

… 폐하께서는 … 세세한 정사와 내외의 직무를 모두 써서 내리지 않는 것이 없습니다만, 요행의 길과 뇌물에 대한 소문이 경향 각지에서 회자되니, 이 어찌 중흥의 세상에서 들을 수 있는 말입니까. … 근년 이래 법이 나오면 간사함이 생기고, 명령을 내리면 기만이 일어납니다. …"라고 했다. 이에 고종은 칙지에서 "… 아뢴 글이 매우 외람되다. 그러므로 처벌은 하지 않지만 처벌을 받는 것과 같이 할 것이다."라고 하였다.[302]

위의 상소와 전년도 4월 김병시의 상소를 연결하여 보면, 고종이 하급직인 주사직 인사에까지 개입하고 그들의 업무에도 관여했다는 것과, 고종이 인사에 개입하여 돈을 챙긴다는 소문이 당시 조선에 돌고 있었다는 것이다.

경부철도 부설권

고종실록 9월 8일 자 기록에 "일본인에게 경부철도 부설권을 허락하였다.【일본인이 설립한 경부철도회사의 대리인 사사키 기요마로, 호시나가 지로이다.】"라고 되어 있다. 이 조약에는 3년 이내 착공하여 10년 이내 완공하는 것으로 되어 있었는데, 1901년 8월에 공사를 시작하여 1905년 1월에 개통한다.

"협회라는 것"의 활동 금지 명령에 "분통이 치밀어" 오른 윤치호

10월 20일, 고종은 "… 백성들이 사적으로 설치한 협회라는 것이 있는데 … 무릇 협회라고 이름하는 것에 대해서는 이런 회건 저런 회건 간에 따질 것 없이 만약 규례에 의거하지 않고 전과 같이 제멋대로 쫓아다니면서 치안을 방해하는 자는 엄격히 금지시키도록 하라. …"고 하였다.

이로부터 사흘 후, 중추원 의관 윤치호 등이 상소를 올렸다. "신 등이 어제 조칙을 내린 것을 삼가 읽고서 처음에는 두렵고 떨렸으며 중간에는 근심하고 탄식하다가 마지막에는 분통이 치밀어 올라 피눈물을 흘렸습니다. … 폐하는 어찌하여 아첨하는 것을 좋아하고 바른 말을 미워합니까? … 우리나라 협회는 독립을 기초로 하고 있으며 임금에게 충성하고 나라를 사랑하는 것을 목적으로 하고 있습니다. … 민의(民議)가 없다면 오늘 정사와 법률은 그에 따라 허물어져 어떤 재앙의 기미가 어느 곳에서 일어날지 알 수 없을 것인데 유독 폐하만은 어째서 이에 대하여 생각이 미치지 못하는 것입니까? …"라고 하니, 고종이 "… 마치 명령에 항거하는 것과 같으니 … 다시는 시끄럽게 하지 말라." 하였다.

이틀 후에 윤치호 등이 다시 상소를 올려 심상훈, 민영기, 윤용선을 규탄한다. 그러나 고종은 "… 연이어 상소를 올려 반대 의견을 말하니 어찌 공경하는 것이겠는가? 마땅히 엄중하게 다스려야 하겠으나 … 다시는 시끄럽게 하지 말라." 하였다.[303]

헌의 6조

10월 29일에는 의정부 참정 박정양 등이 종로에서 열린 관민공동회에 참석하고, 다음 날에 박정양이 '헌의 6조'를 보고했다.

"… 백성들이 이미 나라의 폐단과 백성들의 고통에 대해 의논하여 제거할 것이 있다고 말하였기 때문에 의정부의 직책에 있으면서 도리상 배척해 버리기가 곤란하여 서로 이끌고 회의에 갔습니다. … 여섯 가지 조항은 바로 나라의 체면을 존중하고 재정을 정돈하며 법률을 공평하게 하고 규정을 따르는 문제로서 모두 응당 시행해야 할 것들이었습니다." 며 '헌의 6조'를 아뢴다.

"첫째, 외국인에게 의지하지 말고 관리와 백성들이 마음을 함께하고 힘을 합쳐 전제 황권을 굳건히 한다. 둘째, 광산, 철도, 석탄, 산림 및 차관, 차병은 정부가 외국인과 조약을 맺는 것이니, 만약 각 부의 대신들과 중추원 의장이 합동하여 서명하고 날인한 것이 아니면 시행할 수 없다. 셋째, 전국의 재정은 어떤 세금이든지 막론하고 모두 다 탁지부에서 관할하고, 다른 부(府)와 부(部) 및 사적인 회사에서 간섭할 수 없으며, 예산과 결산을 사람들에게 공포한다. …"고 아뢰자, 고종은 "의정부로 하여금 조처하도록 하겠다." 하였다.[304]

독립협회 "혁파"와 박정양 등 파면

그러나 이로부터 닷새 후인 11월 4일, 고종은 독립협회 등 협회를 "혁파"한다.

"… 패거리를 모아 더욱 위세를 부리고 명령을 거역함이 갈수록 방자해져서 심지어는 조정을 꾸짖고 대신을 쫓아내는 데까지 이르렀다. … 폐단을 수습한다고 빙자하여 네거리에 목책을 치고 백성들을 지휘하여 움직여서 높은 벼슬아치를 위협하고는 결재할 것을 청하도록 다그쳤다. … 이른바 협회라고 이름한 것은 모두 혁파하라. … 남들을 부추겨 현혹시키고 사리에 어그러지게 흉악한 짓을 한 자에 대해서는 사실을 명백히 조사하고 엄격히 잡아다 그날로 조율하라. … 민회로부터 재촉을 받고 나서 손 가는 대로 옳다고 쓰고 갑자기 결재할 것을 청하였으니, 짐에게 불안한 점이 있다. …"며 관민공동회에 참석한 의정부 참정 박정양과 법부대신, 의정부 찬정, 농상공부 대신, 탁지부대신서리협판, 의정부 참찬 등 6명을 파면시켰다.[305]

'익명서 조작 사건'과 독립협회 간부 체포

독립협회를 혁파한 그날 밤, 경성 시내에 익명의 벽보가 나붙었다. 그 내용은 독립협회가 고종을 몰아내고 공화국을 세운 후 대통령에 박정양, 부통령에 윤치호, 그리고 이상재, 정교 등을 임명하려 한다는 것이었다. 이에 고종은 독립협회 간부의 체포를 지시하여 부회장 이상재 등 간부 17명이 체포됐다. 다음 날인 11월 5일에는 조병세를 의정부 의정에, 조병식을 법부대신 임시 서리에, 그 외 박제순, 민종묵 등을 임명하였다. 이 사건은 조병식, 유기환 등 당시 대신들이 독립협회를 모함하기 위해 꾸민 일이었다.[306]

만민공동회의 철야 시위, 독립협회 간부 석방

11월 6일 고종은 조령을 내려 "… 요즘 이른바 '만민공동회'라는 것은 무슨 명목이기에 어리석은 백성들을 부추겨 현혹시키고 터무니없는 거짓말로 속이는가? … 여전히 패거리를 모으는 자들은 법부에서 엄격히 잡아서 조율하라. …"라고 하였다. 만민공동회는 철야 시위를 지속하였고, 고종은 이에 굴복하여 11월 10일, 조병식, 민종묵, 유기환 등 만민공동회가 규탄하는 익명서 조작 사건의 장본인들을 해임하고, 이날 오후 이상재 등 독립협회 간부 17명을 석방하였다.[307]

보부상의 습격과 독립협회 복설

11월 21일 새벽, 만민공동회의 철야 시위장을 2천 명의 보부상들이 홍종우와 길영수의 지휘로 습격했으나, 이후 더 많은 시민들이 참여하는 등 진정될 기미가 보이지 않았다. 다음 날, 의정부 의정서리 김규홍이 "독립협회를 이미 백성들의 소원에 따라서 다시 설치한다고 했으니 종전대로 회를 설치한다는 내용으로 …" 독립협회를 다시 설치하는 것을 재가받았다.

의정부 의정 조병세는 11월 24일에 "… 요즘 수도 안의 형편을 듣건대 상하가 서로 의심하며 금령은 집행되지 못하고 피차가 당을 나누어 의론이 서로 다르다고 하니 … 국외인(局外人)이 정부가 없다고 주장하는 것이 어찌 괴이하다고 할 수 있겠습니까? …"라며 사직을 청했다.[308] 이때도 '무정부' 상태에 관한 언급이 나올 정도로 혼란했음을 알 수 있다.

외국 공사들의 회의

러시아공사 마튜닌은 11월 말 보고서에서 외국 공사들도 매일 만나서 회의를 하고 있다고 보고했고, 히오키 일본 대리공사는 일본 정부의 이름으로 소요를 중지시킬 것을 고종에게 진언했다고 보고했다.[309]

고종의 약속 미준수

독립협회 복설이 승인되었으니 만민공동회를 해산하라고 하자 만민공동회는 세 가지 조건을 제시하며 조정의 약속 실행을 믿고 일시 해산했다. 그러나 조정이 약속한 11월 25일까지 실행이 되지 않자, 11월 26일 수만 명의 시민들이 모여 만민공동회를 다시 열었다.

이날 오후 고종은 각부 대신 및 외국 공사와 영사들을 초치하여, 고종이 직접 백성 대표들을 만나기 위해 경운궁 밖에 자리를 만들었다. 만민공동회 측은 고종에게 헌의 6조 실시 등 5가지를 제시하였고, 고종이 이 요구 사항을 승낙하자 만민공동회 회원들은 해산했다. 보부상 대표들은 만민공동회 혁파, 조병식 등 8인의 석방 등을 요구했고 고종으로부터 확답을 듣고 물러났다.

그러나 열흘이 지나도 약속 사항은 실천되지 않았고 보부상들도 해산되지 않았으며, 규탄 대상이었던 대신들이 재등용되자 12월 6일 만민공동회가 재개되었다. 결국 조정은 군대를 동원하였고 보부상들도 가세하여 만민공동회 회원 다수가 부상을 입고 해산하였다. 독립협회와 만민공동회 간부들의 체포와 구금이 시작되었다.[310]

독립신문의 사설

만민공동회가 10여 일째 계속되던 12월 16일 독립신문은 '대한정세'라는 사설에서 "정부는 밤낮으로 백성 속이기만 주장하여 … 구중이 심원하여 바른 말이 다르지 못하니 어찌하여야 좋을지 답답하도다"라고 했다.[311]

독립협회와 만민공동회 해산과 집회 금지

12월 25일, 독립협회와 만민공동회를 해산하는 칙령에서 11가지의 '죄'를 나열했다. "… 도처에서 모여들며 전혀 그만둘 줄 모르는 것 … '만민공동'이라는 명목을 마음대로 내건 것 … 관리를 위협하여 억지로 모임에 나오도록 한 것 … 요사스러운 말로 선동하며 줄곧 명을 거역한 것 … 이다. 기타 자질구레한 범죄는 일일이 셀 수 없을 정도이다. …" 라고 하였다.

같은 날에 "… 열 명, 다섯 명씩 거리에 모여 모임을 열려고 하는 자들 … 방청한다는 핑계로 빙 둘러서서 구경하는 자들도 역시 금단하며 …"라며 집회도 금지시켰다.[312]

"눈썹에 불이 붙은 것처럼" 다급한 탁지부

며칠 전에 탁지부대신에 임명된 민영환이 12월 29일에 올린 사직상소가 승정원일기에 있다. 탁지부의 실상에 대해 "… 마치 물건이 위태롭게 장대 끝에 매달려 있고 힘이 다한 쇠뇌가 천도 뚫지 못하는 것과 같을 뿐만이 아닙니다. 그런데 징납은 지체되고 줄어들어 장부를 청산할 기약이 없고, 창고는 바닥이 났는데도 보충할 방법이 없습니다. … 손을 대기가 어려워서 눈썹에 불이 붙은 것처럼 다급하니 …"라 하였다.

러시아·일본·미국공사의 보고

러시아공사 마튜닌이 12월 말에 본국에 보고한 것을 보면, 11월 말부터 대한제국의 관리들은 궁전에 숨어 일을 하지 않고, 국고와 황제의 금고는 비어 있었다. 또 니콜라이 황제에게 보낸 고종의 편지에는 대한제국 도처에서 무질서가 난무하고 있으며, 고종은 양국의 관계가 다시 강화되기를 원하고 있었다.

일본공사도 12월 말 본국 보고에서, 대한제국은 지속적으로 퇴화하고 있으며, 내정은 혼돈 상태에 있고 외교는 없는 것과 다름없고, 화적이 전국에 창궐하고 있다고 했다.

미국공사 알렌도 고종이 외교 사절 앞에서 군중들에게 개혁을 약속했으나 지키지 않았다고 보고했다. 또 대신들은 거의 매일 교체되고, 공공 업무가 중단되고, 군인과 관리의 봉급이 지급되지 않아 군인들의 소요가 예상되며, 고종은 우유부단하고 사악한 자들에게 휘둘리고 있다고 보고했다.[313]

여기서 보듯이 고종의 우유부단한 성격은 조선의 신하들뿐만 아니라, 미국, 러시아 등 외국 공사들도 똑같이 느꼈고, 이를 본국에 보고했음을 알 수 있다.

1898년(메이지 31) - 일본

러시아는 니시-로젠 협정으로 대한제국에서 일본의 이해관계가 러시아보다 더 큰 것을 인정했다. 러시아는 또 하얼빈에서 대련에 이르는 남만지선 철도(South Manchurian Railway) 부설권을 획득하고, 영국은 경봉철도 건설을 위한 차관을 청국에 공여한다. 결국 영국은 러시아의 남만지선 건설을 인정하고, 러시아도 영국의 경봉철도 건설을 인정한다.

한편 영국은 일본과의 동맹 체결 의사를 표명하고, 러시아 해군제독은 한반도 점령을 건의하고, 미국의 해군전략가 마한은 일본과의 연합을 주장한다. 미국 언론의 선동으로 미국과 스페인 간에 전쟁이 발발하여, 괌, 푸에르토리코 등을 미국이 할양받고, 쿠바의 관타나모에 미해군 기지를 건설한다.

청국의 광서제는 강유위 등이 주장하던 개혁을 하고자 '무술변법'을 시행하나, 서태후와 원세개 등의 '무술정변'으로 103일 만에 실패하고 유폐당한다.

일본의 우월한 이익을 인정한 러시아

1월에 주러 일본공사 하야시 다다스는 러시아 외무상 무라비요프와 회담을 가졌다. 무라비요프는 대한제국에서 양국이 대립하는 것은 이익이 되지 않으며, 일본이 러시아보다 더 큰 이해관계를 대한제국에 갖고

있다는 것을 기본으로 하여 일본에 제안할 것이라 했는데, 이것이 반영된 것이 니시-로젠 협정이다.³¹⁴

양자강 연안 불할양 협정

영국과 청국은 2월에 미얀마에서 양자강에 이르는 철도부설권과 '양자강 연안 불할양'에 관한 협정을 체결했다. 이로써 청은 양자강 연안 모든 지역을 다른 열강에게 조차하거나 담보로 제공하지 못하게 되었는데, 양자강 유역을 영국의 세력 범위로 인정한 것이었다.³¹⁵

독일 및 러시아의 조차 조약과 남만주지선 철도 부설권

교주만을 점령한 독일은 3월에 청국과 교주만 조차 조약을 체결하여, 교주만 양안을 99년간 조차하고 주위에 50km의 중립 지대를 설치하였다.

러시아도 3월 말에 청국과 요동반도 조차 조약을 체결했다. 러시아는 여순, 대련 및 부근 해상을 25년간 조차하고, 동청철도의 하얼빈에서 장춘, 봉천을 거쳐 대련만에 이르는 남만지선(南滿支線)의 부설권도 부여받았다(關東州租借條約追加協定). 이 조약으로 조차지 내에서의 관세율 결정권까지 러시아는 인정받았다.

당시 일본 여론의 한 단면을 도쿄아사히 신문 3월 기사를 통해 볼 수 있는데, 일본의 군사력이나 경제는 요동반도 반환 때에 비해 더 강해지지 않았지만, 일본 국민의 러시아에 대한 적개심은 매우 높아졌다면서 출병 명령을 내린다면 "나아가 위험을 무릅쓰지 않을 자 몇이나 되겠는가?"라 했다.³¹⁶

일본과의 연합을 주장한 미국 해군 전략가

이 무렵 미국의 해군 전략가 마한(Alfred T. Mahan, 1840-1914)은

| 1898년 일본

아시아에서 대륙 세력인 러시아와 프랑스, 그리고 해양 세력인 영국과 일본, 이 두 세력 사이에 갈등이 있는데, 이들 세력 간의 균형을 유지하는 것이 미국의 역할이라고 했다. 그런데 당시 러시아 세력이 팽창하여 균형을 파괴하고 있으므로 미국은 해양 세력인 일본과 연합해야 한다고 주장했다.[317]

영국 식민상의 일본과의 동맹의사

영국의 식민상 챔벌린이 3월에 주영 일본공사 가토 다카아키(加藤高明, 1860-1926)에게 영국은 일본과 조약을 체결할 준비가 되어있다고 말했다. 이에 가토는 외무대신 니시에게 보고하여 동맹 체결을 강력히 권고했는데, 가토는 후일 외무대신을 4회 역임한다.[318]

니시-로젠 협정

4월 말에 외무대신 니시와 주일 러시아공사 로젠 간에 니시-로젠 협정이 체결되었다. 그 내용은, 양국은 대한제국의 주권 및 독립을 확인하고 내정에 간섭하지 않는다, 대한제국이 조언을 구할 경우 훈련교관 또는 재정고문관의 임명은 양국이 협의 후 행한다, 러시아는 대한제국과 일본 간에 상공업상 관계의 발전을 방해하지 않는다는 것이었다.[319]

미국 언론의 선동과 미국-스페인 전쟁

2월에 쿠바의 하바나 항에서 미국 군함인 메인(Maine)호가 폭발하여 약 200여 명이 사망하였다. 결국 4월 하순에 미국은 스페인과 전쟁(Spanish-American War)을 시작하여, 5월 초에는 마닐라만을 공격하여 스페인 해군을 격파하고, 필리핀의 독립운동 지도자 아기날도(Emilio Aguinaldo, 1869-1964)를 지지해 6월 중순에 필리핀의 독립을 선언하게 하고, 8월 중순에 스페인과 휴전했다.

이 전쟁에서 승리한 미국은 12월에 파리 강화 조약을 체결하여 필리핀을 넘겨받고, 스페인은 쿠바에 대한 영유권을 포기하였으며, 괌과 푸에르토리코를 넘겨주고 2천만 불을 지급받았다. 쿠바에는 자치를 허용하고, 관타나모(Guantanamo)에는 미군 기지를 설치하였다. 이 전쟁 기간 동안 독일은 미국에 적대적이었고, 프랑스는 중립, 영국과 일본은 미국에 우호적이었다.

메인호 폭발 사건이 스페인이 일으킨 것이라는 증거는 없었지만 당시 미국 신문은 스페인이 일으킨 것이라고 거짓 보도하여 여론을 들끓게 했다. 메인호의 함장도 무기 저장고 옆 석탄 저장고에서 난 불 때문에 폭발이 일어난 것으로 추정했는데, 그것은 증기기관 전함에서 흔히 일어나는 사고였다. 후일 프랭클린 루즈벨트 대통령(재임 1933- 1945)이 이 일에 대해 스페인 정부에 사과했다.[320]

러시아와 영국의 철도 건설 상호 인정

경봉철도 건설 기사인 영국인 킨더의 해임을 거듭 압박하던 주청 러시아공사 파블로프는 3월 중순에 영국공사 맥도널드와 회담을 가졌다. 파블로프는 러시아가 동청철도의 하얼빈에서 여순에 이르는 남만주 지선을 획득할 수 있다면 킨더의 경질을 요구하지 않겠다고 제의하였고, 맥도널드는 이를 받아들였다. 이로써 영국의 경봉철도 건설과 러시아의 남만주지선 건설을 상호 인정하였다.[321]

'무술변법'

러시아, 독일, 영국, 프랑스가 청국 땅을 조차하고, 철도를 건설하는 등 청국을 더욱 침탈해가고 있었지만, 청국의 기득권층은 무관심했다. 그러나 강유위 등은 메이지유신을 모델로 한 근대 입헌군주제 국가 건설을 주장하며 1월 말에 광서제에게 의견서를 상주했다. 강유위는 철저

1898년 일본

하게 변화하지 않으면 망할 것이라며, 과거제 폐지, 의회 설립, 헌법과 삼권분립 등을 주장했지만, 대다수의 중앙과 지방 고위관리들은 물론 예부와 총리아문조차 반대했다.

그러나 광서제는 강유위의 의견에 따라 6월에 '변법자강'을 선포하고 개혁을 선언하였는데 이를 '무술변법(戊戌變法)'이라 한다. 개혁조치로는 불필요한 인원과 기구의 축소. 폐지, 철도 건설, 예산제도 도입, 근대적 행정과 법률 체계 확립, 근대적 학교 설립, 군대와 경찰제 수립 등 50여 가지에 이르렀다. 청국 정부는 이토 히로부미를 만나 군사력 증강을 위한 의견을 구했고, 이토는 사관학교를 세울 것을 건의했다. 광서제는 개혁을 위해 이토를 고빙하려고도 했으며, 일본 정부와는 일본군 교관 초빙 계약을 체결했다.[322]

'무술정변'과 '백일유신', 광서제 유폐 그리고 조선

그러나 '무술변법'은 수구파의 반발과 결집을 초래해, 결국 서태후와 원세개 등 기득권 세력에 의한 '무술정변'으로 103일 만에 막을 내리는데, '백일유신'이라고도 한다. 개혁 세력에게는 체포령이 내려지고, 9월 하순에 광서제는 유폐되었다. '무술정변'으로 대다수의 개혁 조치는 철폐되었으며, 과거제도 다시 시행되었다.

과거제를 폐지한 강유위는 일생 동안 과거를 준비해 온 생원들에게 원수가 되었으며, 군사 개혁은 만주족과 한족의 특권을 해쳤고, 부패를 척결하는 것은 환관들과 관리들에게는 치명적인 것으로 이들을 격분시켰다. 즉, 유생, 관료, 군관, 환관 등이 '무술변법'을 반대했다.[323] 갑오개혁 등 각종 개혁 정책이 왕과 왕비, 왕족, 대신, 유생, 지방관리 등 기득권층의 저항으로 실패한 조선과 매우 유사한 모습을 보여준다.

담사동

양계초의 회고에 의하면, 서태후가 강유위 등의 체포령을 내린 후, 담사동(譚嗣同)이 양계초를 만나 일본으로 도피하여 장래를 도모할 것을 권하면서 자신은 중국에 남겠다고 했다. 담사동은 각국의 변법은 피를 흘리며 이루었는데, 청국에서는 그러지 못해 청국이 번창하지 못한다며 "이제 그런 사람이 있게 될 터이니 나부터 시작하게 해 주시오"라 했는데, 결국 그는 사형장에서 최후를 맞이한다.[324] 조선에는 이런 지도층이 한 명도 없었다.

강유위, '동아동문회'

강유위는 일본 도착 후 일본 정계와 다방면으로 접촉했다. 9월 말에는 고노에 아쓰마로(近衛篤麿)를 만나서 일본이 빨리 행동에 나서 서태후를 축출하고 광서제의 권력을 회복시켜주기를 희망했다.

고노에는 11월에 '동아동문회(東亞同文會)'를 발족시키는데, 목적은 "일청 양국은 … 형제 같은 사이이고 세력으로 보면 이와 입술의 관계이다. … 위를 돕고 밑을 다스려 번영을 꾀해야 할 것이다."고 했다. 고노에는 1885년부터 5년간 오스트리아와 독일에 유학하였고, 귀족원 의장을 지내기도 했다.

일본에서 손문의 혁명 준비를 돕고 있던 일본인 미야자키 도라조(宮崎寅藏)는 중국의 인심은 황제의 말을 하찮게 여긴 지 오래되어 황제의 말을 효과 있게 하려면 군사력이 뒷받침되어야 했는데, 군사력 없이 황제의 글만 믿고 추진한 것이 강유위가 실패한 이유라고 했다.[325]

영국과 일본

당시 영국 내에는 시끄러운 문제가 많았고 남아프리카에서는 전쟁이 일어나기 전의 불안한 상태가 계속되었는데, 러시아가 대련과 여순을 점령하였다. 이렇게 극동에서 강력해지는 러시아를 영국 혼자서 감당하기에는 역부족이었고, 일본에서는 반러시아 감정이 커지고 있어, 두 나라에는 러시아를 공동의 적으로 할 여건이 조성되고 있었다.

경봉철도 건설 차관계약

영국과 청국 사이에 경봉철도 건설을 위한 차관계약이 11월 말에 체결되었다. 경봉철도는 러시아가 철도로 북경으로 진출하는 것을 저지하고, 영구(우장)와 북경 등 영국이 만주 무역을 하는 데 중요한 지역을 철도로 연결하는 것이었다. 이러한 영국의 권익이 만주로 확대되는 것을 러시아는 막고자 하였고, 따라서 영국과 러시아는 철도를 기반으로 하여 만주에서 첨예하게 대립하고 있었다.[326]

한반도 점령을 건의한 러시아 해군 제독

12월, 러시아의 두바소프 제독은 해군상에게 의견서를 보내, 한반도 점령과 대한제국을 영원히 러시아에 복속시키는 것이 동아시아의 제1의 과제라 했다. 그러나 최대 걸림돌이 일본인데, 일본의 육해군 증강 사업이 완료되는 3, 4년 이내에 전쟁이 일어날 것이 분명하다고 보았다. 두바소프는 다음 해 4월에 러시아 군함을 이끌고 마산포에 내려 측량하고 토지 매수를 준비한다.[327]

사이고 다카모리의 동상

사이고 다카모리와 인연이 많았던 가츠 가이슈가 사이고의 명예 회복을 위해 오랜 기간 노력한 결과 사이고 다카모리는 1889년 헌법 발포 후에 복권되었다. 이해 1898년 12월 중순, 가츠는 동경의 우에노 공원에서 열린 사이고의 동상제막식에 참석하였고, 한 달 뒤에 76세로 사망한다.[328]

1898년 일본

세균학자 시가 기요시

세균학자 시가 기요시(志賀潔)가 전염병연구소의 기타사토 소장 밑에서 연구 중 이해에 이질균을 발견했다. 이후 그는 독일에 유학하여 파울 에를리히(Paul Ehrlich) 밑에서 연구해 세계 최초의 결핵 치료 백신을 발표했다. 에를리히는 면역학에서의 업적으로, 1908년에 러시아의 메치니코프(Élie Metchnikoff)와 함께 노벨 의학·생리학상을 받는다. 시가는 1926년에 경성제국대학 의학부장에 취임하고, 1929년에는 총장이 된다.[329]

1899년(광무 3, 고종 36) - 대한제국

관직매매는 여전히 성행했음이 프랑스공사의 보고에도 나타나고, 법령은 사흘이 멀다 하고 반포되었다. 소학교와 유학생에 대한 예산 3만 원은, 왕실이 무덤가에 돌 장식을 하기 위해 지출한 비용의 반도 안 되는 금액이었다. 러시아 해군은 마산포에 입항하여 측량하고 푯말을 세운다. 6월에는 궁내에 원수부를 창설하여, 고종은 "육해군을" 통솔하게 된다. 8월에는 '대한국국제'를 반포하여, "전제정치"이며, 황제는 "무한한 군권을" 가짐을 선포했다.

세금이 계속 들어오지 않자 고종 자신이 "탄식"을 하고, 백성들이 원망하는 소리는 "길에 가득"하고, 관리들은 서로 파벌을 만들어 상대방을 공격하고 있었다. 12월에 독립신문이 3년 만에 폐간된다. 20세기를 한 해 앞둔 시점이었다.

학부 예산은 세출 예산의 2.2%

이해의 "세입액은 도합 647만 3,222원으로 하고 세출액은 도합 647만 1,132원으로" 왕의 재가를 받았는데, 이 중 학부 예산은 2.2%인 14만 2천 원이었다. 그중 학부 본청과 관립학교의 봉급과 잡비가 4만 2천 원, 외국인 교사 급료가 2만 6,500원으로 급료가 학부 전체 예산의 48%인 68,500원이었다. 그리고 소학교 교육 관련 예산은 1만 7천여 원, 유학생 예산은 1만 3천 원이었다.[330]

독립협회 지회 활동도 금지

1월 중순에 고종은 독립협회 지회의 활동도 금지시키는데 "… 요즘 이른바 '지회(支會)'라고 하는 것들이 도당을 모아 놓고 문득 관의 정사를 의논하고 있는데 … 군부에서 진위대와 지방 부대에 명령을 내려 특별히 금지하게 하라." 하였다.[331]

"구보나 하는 능력"의 군사들

3월 초 군부협판 주석면의 사직상소 내용을 보자. "… 문란하고, 기율은 엄격하지 않아 군사들의 대오가 매우 해이합니다. 그들이 좋아하는 취향은 의식(衣食)과 재화(財貨)를 즐기는 데에 불과하고 기술은 또한 복장이나 잘 차려 입고 구보나 하는 능력에 지나지 않습니다. … 번갈아 서로 업신여기고 속여서 일시적인 안일을 영위하는 것을 지모로 여기고 있습니다. …"라고 하였다.[332]

주미공사 부임 거부의 변

미국공사로 임명된 궁내부 특진관 민영환이 3월 중순에 올린 사직상소를 보면, 당시 대한제국 고위관리들이 국가, 외교, 국제관계에 대해 어떤 사고를 하고 있었는지 볼 수 있다. "… 신이 왕년에 유럽 각국 공사의 직함에 외람되이 제수되었는데, 신의 짧은 생각은 우물 안 개구리의 수준을 벗어나지 못했고, 신의 좁은 행보는 넓은 세상을 보고서 매우 부끄러웠습니다. … 홀어머니가 살아 있는데, 병이 항상 몸에서 떠나지 않고 신을 어린애처럼 여기고 있으므로 하루도 곁을 떠날 수 없는 형편입니다. …"라며 사직을 청했다.[333]

프랑스공사가 보고한 관직매매

3월 하순, 프랑스공사 플랑시의 본국 보고 내용 중에는 대신들이 사직을 많이 하며, 수령 자리의 매매는 사례금이 높아지고 있다고 했다. 지방 수령 자리가 인기가 많은 이유는 "고종의 금고에 바친 선불금을 관민들에게 조속히 환급 받아서"라고 했다. 그리고 의정부 참정 심상훈이 내부대신에게 매직 행위를 비판하자, 내부대신은 국왕의 명령을 준수할 뿐이라고 말했다고 보고했다.[334]

빈번한 법령 공포

황성신문은 3월 말 기사에서 당시 대한제국의 법령이 아침저녁으로 공포되어 경성의 각 거리 벽에 잔뜩 붙었지만, 하나의 법령도 시행되지 않아 백성들이 "이 법령이 3일이나 행해질까? 공연히 백성들만 어지럽게 한다"고 보도했다.[335]

무덤가 돌 장식 비용의 반도 안 되는 교육비

4월 초에 지출한 항목을 고종실록에서 보면 "탁지부에서 홍릉 석의중수비의 부족액 5만 원과, 남관왕묘 비석 조성비 1만 원을 예비금 중에서 지출할 것을 …" 재가 받았는데, 왕릉 주변의 돌장식과 비석 제작을 위해 최소 6만 원 이상이 지출되었음을 알 수 있다.[336] 그런데 이해 소학교 교육비와 해외 유학생 비용의 총액이 3만 원이었다.

러시아 해군의 마산포 측량과 토지 매입 시도

고종실록 4월 29일 자에 "러시아 총영사관 참찬 드미뜨레부스키【드미트래보스키】을 접견하였다. 공사서리로서 알현한 것이다.【공사 파블로프가 휴가를 청하고 귀국하였기 때문이다. 군함 만주루호를 타고 몰래 마산포에 가서 러시아 동양 함대 사령장관 마아로브와 함께 부근의

바다 깊이와 연안을 측량하고, 이어 군사상 필요한 지역인 마산포에 나무 푯말을 세웠으니, 그 속셈은 앞으로 차지할 지점을 매수하려는 것이었다.]"라고 했다. 이후 러시아공사관 측은 마산 땅을 대규모로 매입하려 했는데, 이런 움직임을 파악한 부산 주재 일본영사가 일본 상인을 앞세워 러시아가 사려던 땅을 매입했다.[337]

대포 소리, 폭발 사고가 일어나는 경성

6월에 일본공사 가토 마스오 후임으로 하야시 곤스케(林勸助)가 공사로 부임했다. 이때 하야시가 본국에 보고한 내용을 보면 경성에서는 밤에 대포와 총소리가 나고, 폭약이 터지는 등의 사건·사고가 6월 내내 있었다. 독립신문과 황성신문도 이를 보도했는데, 박정양과 조병식의 집이 총에 맞아 파손되었고, 경찰의 순검소도 파손되고, 화약을 만들다가 폭사하는 사람들도 있었다. 고종은 이런 사건·사고의 배후에는 망명자들이 연계되어 있는 것으로 보았다.[338]

원수부 설치

6월 22일에는 원수부를 만들었는데, 〈원수부 관제〉에서는 "대황제 폐하는 대원수로서 군기를 총람하고 육해군을 통령하며 … 이에 원수부를 설치한다."고 했다. 제3조에서 "원수부는 황궁 내에 설치한다"고 했다.[339]

대한철도회사

7월에 "프랑스 사람 그리러 회사의 경의철도 부설권을 박탈하였다. 【건양 원년(1896) 7월에 허락하였는데 이 회사에서 3년이 지나도록 착공하지 않았기 때문에 이때에 와서 취소한 것이다.】" 대한제국 정부는 박기종이 세운 대한철도회사에 경성-원산-경흥의 철도 부설권을 인가한 데 이어, 경의철도 부설권도 인가했다.[340]

이승만의 탈옥과 체포

7월 하순, 법부대신서리 조병식의 보고를 보면, 이승만은 전년도 11월에 체포되어 갇혀 있다가 12월에 죄수 수명과 함께 탈옥하였으나 다시 체포되었다. 이로써 이승만은 "태형 100대와 종신 징역에" 처해졌다. 이후 이승만은 1904년 8월 4일에 200여 명에 대한 특별 대사령 때 석방된다.[341]

대한국국제와 홍범 14조

8월 17일에는 9개 조로 구성된 〈대한국국제(國制)〉를 반포하였다. 제1조에서 3조까지 대한국은 "자주 독립한 제국"이며, 정치는 "앞으로 만세토록 불변할 전제 정치"이며, 황제는 "무한한 군권을" 지니고 있다고 했다. 제4조에서는 "대한국 신민이 대황제가 지니고 있는 군권을 침손하는 행위가 있으면 이미 행했건 행하지 않았건 막론하고 신민의 도리를 잃은 자로 인정한다"고 했다. 5조에서 9조까지는 황제의 권한을 명기했는데, 육해군 통솔과 법률의 제정·반포·집행 및 개정과 행정 조직의 관제 결정권 등과 해외 사신 파견과 "선전, 강화 및 제반 약조를 체결"한다고 했다.

이것은 1894년 12월에 반포한 '홍범 14조'에 있던 "정무는 직접 대신들과 의논하여 재결하며 ….", "의정부와 각 아문의 직무와 권한을 명백히 제정한다."와 "민법과 형법을 엄격하고 명백히 제정하여 함부로 감금하거나 징벌하지 못하게 하여 백성들의 생명과 재산을 보호한다."와 같은 내용은 전혀 볼 수 없어 홍범 14조는 의미를 상실했다 할 것이다.[342]

세금 체납을 "탄식"하는 고종

그러나 세금 납부가 계속 지체되었고, 9월 하순에 고종은 "각 군의 상납이 지체되고 있는 문제를 가지고 전후에 걸쳐 얼마나 신칙하였던가? 그런데 줄곧 세월만 보내면서 조금도 바칠 생각을 하지 않으니 … 매우 놀랍고도 탄식할 만하다. …"고 했다.[343]

"백성들이 … 원망하는 소리가 길에 가득합니다"

의정부 의정 윤용선이 11월 초 사직상소에서 관리들 사이의 파벌 형성과 대립, 그리고 도탄에 빠진 백성들의 실상을 말한다. "… 수많은 신료들이 … 파벌을 나누고 단체를 만들어서 … 함정과 그물을 설치해 놓고 자기들의 지향과 조금만 달라도 대뜸 빠뜨리거나 걸리게 합니다. … 보부상의 극심한 폐단에 대해서는 … 몽둥이를 들고 곳곳에서 무리를 이루어 한낮에 도시를 해괴한 모습으로 만들어 놓고 있으니 … 관청의 명령이 시행되지 않고 장삿길이 막히게 되었습니다. 이에 백성들이 살아갈 수 없게 되었으므로 원망하는 소리가 길에 가득합니다. … 경향의 부유한 백성들에 대해서는 그들이 죄가 없어도 죄가 있는 것처럼 만들어 버리니 … 단 하루도 안심할 수 없는 처지가 된 것이 도탄에 빠진 것보다 더 심합니다"[344]라고 했다.

매일신문, 독립신문 폐간

이승만 등 배재학당의 학생이 중심이 되어 만들었던 '협성회회보'의 후신인 '매일신문'이 4월에 폐간되었고, 12월에는 독립신문이 3년 만에 폐간되었다.[345]

청일전쟁이 끝난 지 4년이 넘었고, 20세기를 1년 앞둔 1899년이었다. 이해 봄에 마르코니는 영국해협 저편의 프랑스에 이르는 무선통신 실험에 성공했다.

1899년(메이지 32) - 일본

러시아는 하얼빈에서 대련까지의 남만주지선 건설을 시작하고, 청국에서는 의화단이 일어나기 시작한다. 러시아에서는 해군이 조선 남부의 항구 점령을 건의하나, 외무상은 일본과의 충돌을 우려해 반대한다. 제2차 보어전쟁으로 영국은 극동의 영국군 일부를 남아프리카로 이동시키고, 야마가타 총리는 '대한정책의견서'를 발표해 러시아가 마산포를 획득할 경우에는 일본의 존망에 관련된 문제로 간주해 대처할 것을 강조한다.

소학교 학생 346만 명, 수족관

소학교 취학률은 남학생은 85%, 여학생은 60%에 이르렀으며, 일일 출석 아동 수는 346만 명에 달했다. 또 고등여학교령이 공포되어, 각 행정 단위 및 개인도 학교를 설립할 수 있게 되었다. 이해에 여학교는 전국에 37개교이며 여학생 수는 약 1만 2천 명에 달했고, 1902년에는 80개교에 2만 1천여 명으로 늘어난다. 10월에는 동경에 수족관이 만들어졌는데 동경만의 해수를 여과시켜 사용했다.[346]

의화단의 등장

중국에서는 가뭄과 기근, 무질서와 폭동, 면(綿)제품 등의 수입으로 지방 산업이 큰 타격을 입고 있었고, 그런 와중에 의화단의 움직임이 일어났다. 의화단의 구호는 청을 타도하고 서양을 멸한다는 '반청멸양(反淸滅洋)'이었으나, 만주족과 한족 고관들의 후원을 받으면서 청을 도와서 서양을 멸한다는 '부청멸양(扶淸滅洋)'으로 바뀌었다.347

루즈벨트 주지사의 연설

당시 뉴욕 주지사였던 루즈벨트(Theodore Roosevelt)가 4월에 한 연설에서, 20세기에 미국이 경쟁으로부터 몸을 사린다면 미국보다 더 강하고 용감한 민족들이 세계를 지배할 것이라고 했다. 그는 1901년 매킨리 대통령(William McKinley, 재임 1897-1901)이 암살당하자 부통령으로서 대통령직을 승계하여 1909년까지 재임한다.348

이토의 부국강병론

총리를 그만두고 4개월간 청과 조선을 방문한 이토는 이해 4월에 주요 인사들에게 여행 결과를 설명했다. 그는 대한제국은 날로 쇠퇴해져 가고 있고, 청국에는 나라를 발전시킬 실력자가 없으며, 일본은 아직 경제력이나 군사력이 약하기 때문에, 일본이 할 일은 오직 나라를 부강하게 하는 것이라고 했다.349

영국과 러시아의 철도협정

4월 말에 주러 영국대사와 러시아 외무상 무라비요프 간에 철도협정이 체결되었는데, 러시아의 만주 철도 건설을 영국이 승인하고, 러시아는 영국이 양자강 유역에서 갖는 철도 권익을 승인하는 것이었다. 또 이 협정의 부속 합의에서 러시아는 경봉철도 부설을 위한 영국과 청의 차관 계약을 인정했다.350

1899년 일본

헤이그 만국평화회의

5월에는 네덜란드의 헤이그에서 7월 말까지 평화회의가 열렸는데, 이는 러시아 외무상과 황제가 추진한 것이었다. 당시 독일이 포(砲)를 개량하자 러시아 육군 입장에서는 군축을 제기할 필요가 있었다. 이에 육군상 쿠로파트킨은 각국의 군비 증강을 억제하는 것이 러시아에 유리하며, 극동아시아와 흑해에서도 아직 러시아의 권익이 확보되지 않았다며 평화회의 개최를 추진했다.

총 25개국이 참여하여, 국제 분쟁의 평화적 해결을 위한 상설중재 재판소 설치 등을 위한 조약을 체결하고, 독가스 사용 제한 선언 등을 채택했다. 그러나 실질적인 군비 제한의 성과는 없었다.[351]

마산포를 원한 러시아 해군

6월 중순, 러시아의 태평양함대 사령관 두바소프는 여순항 대신에 조선의 남부에 항구를 획득해야 한다는 의견을 해군장관에 보냈고, 이에 동의한 해군장관은 무라비요프 외무상에게 이 의견을 보냈다. 그러나 외무상은 일본과의 군사 충돌 가능성을 우려해 반대했다.[352]

남만주철도 건설 시작

여순과 대련을 포함한 지역을 관동주(關東州)라고 부르고, 러시아는 8월에 관동주 군사령관 겸 태평양 함대 사령관에 알렉세예프를 임명하였다. 하얼빈과 대련을 연결하는 남만주철도의 건설이 시작되었고, 이를 러시아 재무성 산하의 동청철도회사가 관리했다.[353]

제2차 보어전쟁

네덜란드어가 공용어였던 남아프리카의 트랜스바알 공화국(Transvaal Republic) 내의 요하네스버그 외곽에서 금과 다이아몬드가 발견되자 수천 명의 영국인들이 이곳에 몰려들었다. 이로 인해 네덜란드계의 보어인과 영국인 간에 제2차 보어전쟁(The Second Anglo-Boer War)이 발발했고, 영국은 10월에 극동 함대 일부를 남아프리카로 파견했다. 그러나 금방 이길 수 있을 것으로 예상했던 것과는 달리 이 전쟁은 1902년까지 계속된다. 영국군 45만여 명이 참전하여 그중 2만여 명이 전사하고, 1910년에 남아공영연방(British Union of South Africa)이 탄생한다.

이 과정에 1901년에 빅토리아 여왕(재위 1837-1901)이 사망하고, 파병하기 위해 징집한 병사들의 신체 조건이 놀라울 정도로 약한 사실이 알려져 영국 사회에 큰 문제가 되었다. 이것은 영국 사회에 인종적 퇴보 논쟁과 불결한 위생 상태와 산업 환경, 불량한 영양 상태 등 사회적, 경제적 논쟁을 불러 일으켰는데, 이로 인해 극동아시아에서 영국의 동맹국이 더욱 필요하게 되었다.[354]

'대한정책의견서'와 마산포

전년도 11월에 총리에 취임한 야마가타는 이해 10월에 작성한 '대한(對韓)정책의견서'에서 러시아에 대한 우려를 표명했다. 러시아의 여순, 대련 점령에 대한 대응책으로 일본의 육해군 병력과 재정을 강화하고, 만약 러시아가 대한제국의 마산포 등을 군사용도로 점령하거나 사용하려고 할 경우, 일본이 이를 저지시키지 못하면 일본의 존망에 중대한 문제로 받아들여 대책을 세워야 한다고 강조했다. 그가 예상한 대로 대한제국은 다음 해에 러시아와 마산포 조차 조약을 체결한다.[355]

프랑스의 광주만 조차

11월에 광주만(廣州灣)에서 프랑스 병사 살해 사건이 발생하자 프랑스는 청국과 광주만 조차 조약을 체결하여 99년간의 조차와 군사기지를 건설할 수 있게 되었다.[356]

1899년 일본

 이렇게 강대국은 20세기를 맞이하고 있었다. 영국, 독일, 프랑스 등 당시 조선(대한제국)과 아무런 관련이 없었을 것 같은 나라들까지 한반도를 주시하고 자국의 이익을 위해 움직이고 있었다. 그러나 주미공사조차 부임하지 않은 대한제국은 그렇게 20세기를 맞았다.

1900년(광무 4, 고종 37) - 대한제국

20세기 첫해인 이해에는 다른 해와 달리 왕실 비용과 비(非) 왕실 비용 집행 내역에 관한 다양한 기록이 있어서, 사용 항목과 금액을 구체적으로 알 수 있다. 대신들의 권위는 종9품 정도로 추락하고 있었고, 탁지부는 내장원의 빚을 갚으라는 독촉을 고종으로부터 받는다. 2년 전에 고종 폐위를 시도하다가 실패한 주모자를 일본과의 약속을 뒤집고 사형시켜 일본과 외교적 갈등이 생기고, 러시아와는 마산포 조차 조약을 체결한다.

군부는 여전히 식량조차 부족하고, 왕실은 백성들로부터 세금을 직접 거두기 위해 "협잡꾼" 같은 봉세관을 임명하여 보낸다. 의화단의 난으로 혼란한 청국을 대한제국의 신하들은 "강 건너 불구경"하듯 한다.

세출 예산 616만 원

고종실록 1월 19일 자에 이해의 예산 규모가 있다. "의정부에서 광무 4년도의 세입과 세출 총예산표를 개록하여 상주하니, 윤허하였다. 【세입 총계는 616만 2,796원(元)이고 세출 총계는 616만 1,871원이다.】"

이해 고종실록에 비용 집행 기록이 일곱 건 있다. 여러 비용 항목 중 비교적 금액이 큰 것과 중요한 항목 위주로 보자.

각종 비용 항목과 금액

1월 11일의 기록 중에는 "홍릉(洪陵) 석의(石儀)에 드는 비용 3만 원, 평락정(平樂亭) 이건(移建)에 드는 비용 1만 7,700원 … 육혈포 300병(柄)과 탄환 4만 발의 구입비 5,500원, 각 지방에서 불에 타거나 물에 떠내려가거나 허물어진 집과 수재를 당해 죽은 사람들의 구휼 비용 690원을 예비금 중에서 지출"하였다.

3월 10일에는 함경도 영흥에 있는 "준원전 영정을 모사하는 것과 영희전을 영건하는 … 비용이 막대하여 얼마나 들지 예산할 수 없습니다. 우선 은화(銀貨) 8만 원(圓)을 탁지부로 하여금 지출하게 …" 하였다.

5월 7일에는 영희전 건축 비용이 부족해 "… 은화 4만 원(元)을 탁지부에서 더 지출 …"하도록 했다.

6월 30일에는 "흥선대원군 사당을 새로 짓는 비용 2만 9,370원, 남관왕묘(南關王廟)의 비석을 바꾸어 세우고 다듬는 비용 1,236원 남짓, 의정부를 옮겨 짓고 물품을 사는 비용 2만 6,000원 …"을 지출하였다.

9월 2일에는 왕비의 능을 이전하는 비용으로 "… 크고 작은 일에 써야 할 것은 이미 조치를 취하였으니 내탕전 20만 원을 특별히 내어 …"라 하였고, "… 10만 냥을 내하하여 민호(民戶)를 허는 값과 민전(民田)에 급대하는 비용으로 …" 쓰게 하였다.

9월 29일에는 "경복궁, 창덕궁 안의 선원전 제1실을 더 짓는 비용 6만 957원 … 영소묘(廟)와 문희묘(廟)를 옮겨 짓는 비용 3만 2,138원 남짓 … 기계 공장 비용 5만 원, 헌병대 신설 비용 2만 4,629원을 …" 지출했다.

10월 14일에는 "… 내탕전 5만 원(元)을 특별히 내려 보내어 … 다그쳐서 빨리 준공하라." 하였다.[357]

예산의 10%가 넘는 왕실 비용 지출 내역

위에 기록된 7일간의 총지출 금액은 528,220원과 은화 12만 원 그리고 10만 냥이다. 이 중 육혈포 300정과 탄환 4만 발 구입비, 구휼비, 의정부 이전비, 기계공장비용과 헌병대 신설비 등 국가 운영에 지출한 비용은 106,819원이고, 그 나머지 42만여 원과 은화 12만 원, 그리고 10만 냥은 능 이전, 궁전 건설비, 영정 제작 비용 등이다.

즉, 국가 운영을 위해 지출한 비용 10만 6천여 원은 왕비의 능을 이전하는 데 추가로 들어간 20만 원과 10만 냥의 반도 안 된다. 세부적으로는 헌병대 신설비는 왕비의 능 주변의 돌 장식 비용도 되지 않고, 의정부 이전과 물품구입비는 대원군 사당 건립 비용보다 적다. "각 지방에서 불에 타거나 물에 떠내려가거나 허물어진 집과 수재를 당해 죽은 사람들의 구휼 비용"은 "남관왕묘의 비석을 바꾸어 세우고 다듬는 비용"의 반 정도 수준이고, 육혈포 300정과 탄환 4만 발을 사고 기계공장비용으로 지출한 금액은 선원전 제1실을 더 짓는 비용보다 적다.

위와 같이 왕릉 이전, 궁전 건축비, 영정 제작 비용으로 공식적으로 기록되어 있는 금액만으로도 이해 세출 예산 616만 원의 10%는 된다. 이것이 20세기 첫해 대한제국의 비용 집행 내역이다.

땅에 떨어진 대신의 권위

4월 중순에 궁내부 특진관 조병세가 상소를 올려 여러 가지 문제점을 아뢴다. "내장원은 과연 무엇 하는 부서입니까. … 폐하께서는 의정을 신임하여 그의 의론을 들으면 반드시 따라 주고, 권리를 전적으로 맡겨 성공하기를 요구하소서. 또 신은 들으니, 미관말직도 폐하의 처분을 받지 못하면 차임하지 못한다고 하니 … 속히 내장원을 혁파하여 재부(財賦, 세금)로 하여금 둘로 나뉘지 않도록 하소서. … 지금은 권위가 없는 의정이 거의 지난날의 일개 감역(監役)과 같습니다. …"라고 했다.[358]

1900년 대한제국

이것을 보면 내장원 등 대신들도 모르는 조직을 고종이 궁내에 설치하였고, 여전히 하급직의 임면을 고종이 하고 있었으며, 정2품 이상의 대신들의 권위는 건설공사를 감독하던 종9품의 '감역' 정도에 불과했음을 알 수 있다. 그리고 백성들이 낸 세금이 탁지부와 궁내에 있던 황실 재산 관리 기구인 내장원에 나뉘어져 들어가고 있었음도 알 수 있다.

내장원에 진 빚을 갚으라고 탁지부를 독촉하는 고종

위에서 조병세가 언급한 탁지부와 내장원의 위상을 알 수 있는 기록을 황현의 《매천야록》에서도 볼 수 있는데, 탁지부가 재정이 부족하여 오랫동안 백관들의 급여를 내장원의 돈으로 지급했다. 이때 고종은 탁지부에 명을 내려 내장원에서 가져간 돈을 갚으라고 독촉했다. 고종은 탁지부의 것은 공물로 여기고, 내장원의 것은 고종 자신의 사적인 돈으로 여겨 전혀 관계가 없는 것으로 봤다고 했다.

이러한 황현의 기록을 4년 후인 1904년 7월 중추원 의관 안종덕의 상소가 뒷받침한다. 안종덕은 "탁지부의 경비가 바닥나 녹봉과 급료, 공사비로 줄 비용이 없으면 대뜸 내탕전이라 하여 바꾸어서 충당하게 하고는 뒤따라 나라 빚을 독촉하듯 보상하라고 요구합니다."라고 했다.[359] 즉, 황현의 기록이 사실이고, 이러한 고종의 태도는 계속된다는 것을 알 수 있다.

고종 폐위 쿠데타 주모자 처형

2년 전인 1898년 10월에 고종을 폐위시키고 왕태자를 옹립하려던 모의가 적발되어, 이를 주도한 안경수와 권형진 등이 일본으로 망명했다. 이후 이들이 귀국하여 자수하면 공정한 재판을 받을 것이라는 일본과 대한제국 간의 교섭의 결과, 안경수는 2월에, 권형진은 5월에 귀국했다. 그러나 이 사건을 맡은 평리원 재판장 이유원과 판사 등은 고종의 측근들로, 안경수와 권형진이 심문 도중 심한 고문과 악형에 의해 사망한 것으로 알려졌다.

이에 대해 황현은 《매천야록》에서 고종이 이유인에게 이들을 살해하도록 명하여 자살한 것처럼 꾸미게 했고, 이유인이 밤중에 들어가 교살했다고 기록했다. 이 사건을 비난하는 소리가 들리자 고종은 그 죄를 이유인에게 돌려 유배시켰는데, 이후 그를 구제하려는 신하들과 백성들의 상소가 줄을 이었다.

일본 측은 교섭 내용과 달리 이들을 죽음에 이르게 한 대한제국을 비난했다. 고종은 의화군(이강, 고종의 다섯째 아들)에게 즉각 귀국 명령을 내렸고, 이준용에 대해서는 학자금 송금을 중단하고 일본 정부와 접촉하여 그들을 소환하라는 지시를 주일 서리공사 이하영에게 내렸다. 이준용은 을미사변에 관련됐다는 혐의를 받고, 1895년 12월에 일본으로 망명했다.[360]

마산포 조차 조약

3월 말에 마산포를 러시아에 조차(租借)하는 조약을 체결했다. "마산포의 각국 거류지 밖의 10리 이내 지점을 러시아에 조차한다는 것과 거제도는 영구히 조차하지 않는다는 조약이 체결되었다." 이것은 전년도 10월에 야마가타 총리가 '대한정책의견서'에서 우려를 표한 일본의 '존망에 중대한 문제'가 현실로 된 것이다.

이후 러시아는 마산포에 영사관을 개설하고, 해안가에 저탄소기지와 해군병원을 설립한다. 1901년 말 마산포에는 영사관, 여관, 저탄소기지 사무소 직원 등 10여 명이 주재했고, 동계훈련 명목으로 러시아 함대가 마산포에 입항하기도 했다.[361]

"입에 풀칠이나 겨우 해나가는" 군부

군부의 시급한 문제 14가지를 건의한 육군 참장 백성기의 상소가 고종실록 4월 17일 자에 있다. "서울과 지방의 1만 명도 안 되는 군사가 먹고 입는 것을 지급받는 데에 현저한 차별"이 있어 불만과 탄식, 의심과 배신이 생기고, 장수들이 자주 바뀌어 "장수는 병졸을 알지 못하고 병졸은 장수를 알지" 못한다고 했다. 군인 명부가 부정확하여 "도피하거나 속이는 폐단이" 있고, 군사들이 입대한 후 "몇 년, 몇 달이 지나지 않아서 성명을 고치고 몰래 대신시키거나 면목(面目)을 바꾸어 대행하더라도" 적발하지 못하고, 또 도망쳐도 체포하지 못하는 실정이었다. 명령 체계도 허술해 "… 부하가 상관을 능멸하는 폐단이 연이어 생기고" 있고, 군량은 "아침마다 사며 사는 대로 실어 나르니 입에 풀칠이나 겨우 해 나가는 민가의 모습과 같습니다. … 지금은 한 달분의 밑천도 없습니다."고 했다.

무기 생산을 위해 군부에 포공국(砲工局)을 설치했지만 "몇 해째 하나의 군기도 만들지 못하고 경비만 허비하고" 있었고, 이런 상황에서 "군사를 늘려서 그 수가 백만이라고 하더라도 많은 돈만 허비할 뿐"이라며 부대 증설에 반대 했다.

"협잡꾼들"을 보내 세금을 걷는 황실

6월 초, 의정부 의정 윤용선이 함경남도에서 돌아오는 길에 백성들의 호소를 듣고 고종에게 보고한다. 그는 백성의 호소는 모두 세금을 걷기 위해 황실에서 파견한 "파원, 위원, 독쇄관에 대한 사안이었습니다. … 혹 세금을 받을 것이 있을 경우에는 해당 지방관이나 관찰사가 얼마든지 고쳐 바로잡아 받아들일 수 있는데도 무엇 때문에 이런 협잡꾼들을 시켜 백성들을 괴롭힙니까? 이렇게 한다면 관찰사와 수령은 장차 어디다 쓰겠습니까? … 북도뿐만 아니라 강원도와 평안도 백성들도 천 리를 멀다 않고 발을 싸매고 와서 호소하는데 그 정상이 불쌍하였습니다."고 했다. 4월에 궁내부 특진관 조병세도 "이와 같은 짓을 그치지 않는다면 민란을 초래할까 두렵습니다"라고 할 정도로 이들의 폐해는 컸다.[362]

"거꾸로 매달린 것처럼 절박"한 경기도

7월 12일 자 승정원일기의 경기관찰사 이재극의 사직상소는 "… 관리들의 폐해는 날로 심해져 비행이 그치지 않고 있으므로, 백성들은 삶을 영위해 가지 못하고 떠돌며 고통을 겪고 있습니다. 현재의 황급한 상황은 거의 거꾸로 매달린 것처럼 절박합니다. 이미 기울어진 그릇, 새고 있는 배와 같아서 …"라 했다.

"위란이 곧 닥칠 형세입니다"

나흘 후, 승정원일기 7월 16일 자의 의정부 의정 윤용선의 사직상소는 당시의 매우 위태로운 상황을 말한다. "… 안으로는 나라의 기강이 너무나 해이하고 온갖 법도는 바르지 않으니 … 배척하고 반목함으로써 조정이 분열되었고 빼앗고 착취함으로써 민생이 도탄에 빠졌으니, 장차 나라 형편이 어떻게 될지 모르겠습니다. 밖으로는 이웃 나라와의 사이에 틈이 생기고 열국이 전쟁을 하여 순망치한의 형세로 바야흐로 급하게 되어 가는데 위급한 상황에 대비한 것은 어디에 있습니까. 소란스럽고 흉흉하여 위란이 곧 닥칠 형세입니다. …"라 하였다.

"강 건너 불구경"하는 신하들

승정원일기 7월 31일 자에 있는 농상공부대신 민병석의 사직상소를 보자. "… 지금 이웃 나라에 소요가 있으니, 지금은 나라의 존망이 걸린 유례없이 위급한 때입니다. … 모든 우리 정부의 신하들은 남의 일처럼 여기고 강 건너 불구경하듯 할 뿐, 훗날을 위하여 깊이 근심하는 이가

한 사람도 없으니 …"라 했다. 이러한 민병석의 지적은 같은 날의 법규교정소 의정관 김성근의 사직상소에서도 볼 수 있다. "… 지금의 상황은 오주(五洲)가 들끓고 외무(外務)가 쏟아지는데도 국가의 기강이 진작되지 못하고 부(部) 등에는 대비책이 없습니다. 게다가 근래 청국의 소요는 이웃집의 불이라고 할 만하니 …"고 했다.

10월에 조병식 주일공사가 귀임 보고를 하는 내용을 보면 이들의 상소가 사실임을 알 수 있다.

귀임한 주일공사

조병식이 8월 7일에 주일공사에 임명되었는데, 약 80일 만인 10월 24일에 귀국하여 고종에게 복명한다. 이동 시간을 빼면 그의 말대로 50일 정도 묵다가 돌아온 것인데, 일본 외무대신에게 대한제국의 중립을 요구하나 성과는 없었다.

"며칠이나 묵고 돌아왔는가?"
"50일 묵었습니다." …
"그곳의 정세는 과연 굉장하던가?"
"물화(物華)가 매우 변화하였습니다." …
"공관을 새로 정해 묵었는가?"
"공관을 사려면 부지값 외에 집값으로 거의 2만 원(元) 정도의 비용이 드는데, 우리 정부에서 아직 환전하여 보내오지 않았기 때문에 결국 사지 못하였습니다." …
"각국의 공관은 다 둘러보았는가? 일본 군병은 과연 훌륭하던가?"
"일본의 군병과 물화는 매우 성대하고 화려하였으며, 각국의 공관도 훌륭하고 화려하였습니다." …
"대판(大坂)을 두루 둘러보고 공창(工廠)도 보았는가?"

"외관상으로는 매우 컸습니다."

"일본 육군의 기예를 보았는가?"

"육군의 기예는 잘 훈련이 되어 막힘이 없었는데, 우리나라의 무관 학도 몇 사람이 학업을 마쳤습니다." ⋯

그런데 조병식이 묵으며 쓴 돈이 2만 3천여 원(元)이었다. 그리고 조병식의 후임으로 성기운이 11월에 임명되는데, 그도 12월 말에 메이지 천황을 알현하고 다음 해 4월 초에 복명한다. 성기운은 3개월 정도 근무한 것이다.

조병식이나 성기운의 보고에서 당시 의화단의 난으로 인한 8개국 연합군의 북경 점령과 그로 인한 청국의 혼란한 실상이나, 당시 만주에서 영국, 일본과 러시아 간에 철도 문제를 둘러싼 갈등과 대립에 관한 보고는 전혀 볼 수 없고, 고종도 그런 질문을 한 기록이 없다. 이것이 20세기 첫해인 1900년 대한제국의 모습이다.[363]

족보 위조

당시 양반 가문의 족보에 관한 연구를 보면, 1900년의 풍양 조씨의 족보는 74년 전인 1826년에 작성된 족보에 비해 풍양 조씨의 구성 인원이 세 배가량 증가했다. 그런데 그 기간 동안 조선의 인구증가율은 20% 내외였던 것을 감안하면, 족보에 수록된 인원의 최고 80-90%까지에 해당하는 3-4만 명은 가계를 위조한 것으로 볼 수 있는데, 이것은 풍양 조씨만의 현상이 아니고 비슷한 과정을 거치면서 한국의 유명 성씨들은 폭발적으로 증가하였다.[364]

가로등 3개 점등과 파리의 지하철

4월에는 한성전기회사가 종로에 전등 세 개를 달았는데, 이것이 대한제국 최초의 전기 가로등이었다. 11월에는 남대문 정거장에서 경인철도 완전 개통 개업식을 열었는데, 경인철도합자회사 사장인 시부사와 에이이치가 축사했다.

이해에 파리에서는 파리만국박람회가 개최되었는데, 이때 파리에 지하철이 개통되었다.[365]

1900년(메이지 33) - 일본

러시아 해군대학은 일본과의 전쟁을 가상하여 도상 훈련을 실시했는데, 일본이 선전포고 없이 여순 등을 공격하는 것이 일본에 가장 유리하다는 결론을 내렸다.

청국에서는 의화단의 난(The Boxer Rebellion)이 일어나 8개국 연합군이 청국군을 상대로 전쟁을 하였고, 러시아는 이때 만주를 점령한다. 러시아에서는 한반도를 분할하여 일본과 나누자는 의견이 나왔고, 일본은 이에 반대하여 만주와 한반도를 교환할 것을 제의한다. 러시아는 다시 한반도 중립화를 제의하나 일본이 반대한다.

대한제국은 일본 외무대신과 주일 미국공사에게 중립국 안을 제안하나 거부당하고, 미국 부통령 루즈벨트는 일본이 대한제국을 통치하기를 바란다는 의견을 주미 독일대사에게 전한다.

이처럼 1900년부터 대한제국의 운명은 대한제국의 의사와 상관없이 강대국 사이에서 매우 심각하고 급박하게 논의된다.

세계의 주요 지표

이해 영국의 1인당 산업화 수준을 100으로 봤을 때, 미국이 69, 독일이 52, 프랑스가 39, 러시아가 15, 일본은 12, 중국은 3이었다. 인구 규모는 중국이 4.8억 명, 러시아가 1.3억 명, 미국이 7천만 명, 독일이 5천만 명, 일본이 4천 4백만 명, 영국. 프랑스가 각 4천만 명이었다.

1900년 일본

철도 총길이는 미국이 40만 km, 러시아가 5만 8천 km, 일본은 6천 km였다. 육해군 병력 수는 러시아가 116만 명, 프랑스가 71만 명, 영국이 62만 명, 독일이 52만 명, 일본은 23만 명이었고, 미국은 10만 명 수준이었다. 대한제국에는 "서울과 지방의 1만 명도 안 되는 군사가" 있었다.[366]

선거권자 자격, 공중전화, 아드레날린, '무사도'

선거권자의 자격을 연간 세금 납부액 15엔에서 10엔으로 낮추어 선거권을 확대하였고, 중의원 수는 300명에서 369명으로 늘렸다. 9월에 동경에는 일본 최초의 공중전화가 설치되었는데, 전화 가입자 모집이 시작된 것은 1890년이었다.

화학자 다카미네 조키치(高峰讓吉)는 세계 최초로 부신에서 분비되는 아드레날린을 추출하는 데 성공했다. 이로 인해 시작된 호르몬 연구는 호르몬이 인체에 필수불가결하다는 점을 밝혔으며, 치료법의 발달을 가져왔다.

훗카이도 농업학교 교수였던 니토베 이나조(新渡戶稻造, 1862-1933)는 《무사도(武士道, Bushido)》를 1월에 미국에서 영어로 출판했다. 니토베는 미국과 독일에서 공부했으며, 국제연맹(League of Nations) 사무차장(1919-1926)으로 활동한다. 이 책은 다음 해에 미국 대통령이 되는 루즈벨트의 일본관 형성에 많은 영향을 준다.[367]

러시아 해군대학의 전쟁 도상 훈련

연초에 러시아 해군대학에서 일본과의 전쟁을 가상한 도상 훈련을 실시했다. 그 결론은 일본군이 선전포고 전에 여순을 공격할 것이라고 내다봤는데, 예측 그대로 러일전쟁이 시작된다.[368]

의화단의 난, 8개국 연합군, 러시아의 만주 점령

5월 중순경 톈진과 베이징에서 의화단의 소요가 본격화되어 외국인에 대한 폭행과 살인 사건이 빈번히 일어났다. 6월에 들어서는 의화단이 철도만이 아니라 관련자들과 철도 시설들에 대한 공격과 파괴, 그리고 외국인에 대한 공격과 살인 및 재산침해 등을 저질렀으나 청 조정은 아무런 대응을 못했다. 결국 8개국 대표자들이 연합군을 결성하기로 하자 의화단은 더욱 격렬하게 저항했고, 청국 정부는 서태후가 참석한 어전회의에서 연합군에 선전포고를 내렸다.

당시 영국은 제2차 보어전쟁으로 남아프리카에서 전쟁을 수행 중이어서 청국에서의 군사력이 부족했다. 이에 주영 일본공사 하야시 다다스를 통해 일본군의 파견을 요청했고, 야마가타 내각은 육군과 도고 헤이하치로가 지휘하는 해군을 파견하기로 결정했다.

7월 중순에는 의화단이 북경의 공사관 구역을 포위하고, 수십 명의 외국인을 살해했으나 청국은 아무런 조치도 취하지 못했다. 마침내 8월 초에 1만 3천여 명의 연합군이 베이징 공격을 시작했는데, 일본군이 6천여 명, 러시아군이 4천여 명, 영국군이 1,500명이었다. 연합군은 8월 중순에 베이징을 점령했고, 이화원을 파괴하고, 서태후와 광서제는 시안(西安)으로 탈출하여 그곳에서 1년 이상 머무른다.

러시아군은 하얼빈, 혼춘 등을 차례로 점령하고 남하하면서, 9월 말에는 만주 북부 전체를 점령했고, 청국군과 의화단의 군대를 몰아냈다. 10월 초까지 러시아군은 남쪽으로 내려와 봉천과 요양을 점령함으로써 만주 전체가 러시아군의 통제 하에 들어갔고, 동청철도에 대한 러시아의 통제권이 실질적으로 가능하게 되었다.[369]

제2차 문호개방 선언

7월 초에 미국무장관 존 헤이(John M. Hay, 재임 1898-1905)는 청

국에 군대를 파병한 열강에게 전문을 보내 제2차 문호개방 선언을 했다. 그 내용은 청국에 영구적인 안정과 평화를 가져오고 영토보전과 행정적 완전성을 지지한다는 것으로, 다른 열강도 같은 입장을 밝힐 것을 요구했고, 각국은 이에 동의했다.[370]

러시아의 한반도 분할론

러시아의 신임 외무상 람스도르프는 7월에 주일 러시아공사에게 훈령을 내려, 필요시 러시아가 한반도 북부에 러시아군을 파견하고, 일본도 일정한 지역에 파병하는 한반도 분할론을 일본 정부와 협의할 것을 지시했다. 그러나 세력 범위가 어디까지인지가 분명하지 않았다.

주한 러시아공사 파블로프도 이 내용을 하야시 일본공사에게 제의하여 아오키 외무대신에게 보고되었다. 결국 주일 러시아공사 이즈볼스키가 아오키와 이 문제를 협의했으나 아오키는 한반도 분할에 반대했다.[371]

'북청사변선후책'과 일본의 만한 교환 제의

이러한 러시아의 제의에 대해 야마가타는 '북청사변선후책'이라는 의견서를 8월에 제출했다. 여기서 그는 러시아와 일본의 세력 범위로 대동강과 원산항을 경계(39도)로 하는 것이 적당하다고 했다. 그러나 외무대신 아오키와 주러공사 고무라는 한반도 분할이 아니라 만주와 한반도를 교환할 것을 주장했다. 이에 따라 고무라는 10월에 비테 재무상을 만나 만한(滿韓) 교환을 제의했으나, 비테는 거절했다. 만주가 러시아 영토가 되면 대한제국은 러시아에 한층 더 중요해지므로 동의할 수 없다는 것이 비테의 입장이었다.

한편, 일본군 내부에서는 대한제국을 피보호국화해야 한다는 강경론과, 세 부분으로 나누어 북부는 러시아, 남부는 일본, 중부는 대한제국의 영토로 하자는 의견도 나왔다.[372]

일본과의 비밀조약 체결을 제의

일본을 방문하여 스기무라 외무성 통상국장을 면담한 현영운은, 고종이 일본에 있는 망명자 몇 명을 외국에 추방하는 것을 전제로 일본과 비밀조약을 체결할 의사가 있음을 밝혔다. 밀약의 내용은 대한제국에서 내란 또는 외환이 일어날 경우 일본군이 진입하고, 일본이 타국과 전쟁할 경우 한반도 내에서의 군사 활동을 허가한다는 것이었다.

그러나 스기무라는 이 제안이 엄비의 아들인 영친왕(이은, 고종의 일곱 번째 아들)을 왕위에 앉히기 위해 그 걸림돌인 망명자, 특히 의화군(의친왕 이강, 고종의 다섯 번째 아들)과 이준용(대원군의 적장손)을 제거하기 위한 목적에서 나온 것으로 판단하여 거부했다.[373]

대한제국의 중립국안 제의

8월 말에는 신임 주일공사 조병식이 도착하여 아오키 외무대신을 방문해 중립국안을 타진했고, 고노에 아쓰마로와 만나서도 이를 협의했다. 그러나 고노에는 중립국이 되기 위해서는 스스로 지킬 수 있는 힘이 있어야 하는데, 대한제국의 현실을 고려할 때 실현 불가능하다는 의견을 개진했다.

주일 러시아공사 이즈볼스키는 조병식이 주일 미국공사에게도 중립화 문제의 협조를 요청했지만, 미국공사는 미국 정부와 직접 교섭하라고 말했다고 보고했다.[374]

일본의 대한제국 통치를 희망한 루즈벨트

8월 말, 미국 부통령 루즈벨트는 주미 독일대사에게 자신은 러시아를 견제할 능력이 있는 일본이 대한제국을 지배하기를 희망하며, 청국이 분할되는 일은 없기를 바란다고 밝혔다. 루즈벨트는 당시 러시아에 대해 부정적 감정을 갖고 있었고, 러시아가 청국을 분할하면 최악의 사태가 일어날 것으로 전망하고 있었다.[375]

|1900년 일본

'국민동맹회'의 정부 압박

러시아의 만주 진출이 본격화되자 일본에서는 고노에 아쓰마로, 구가 가쓰난(陸羯南) 등이 9월 중순에 '국민동맹회'를 결성했다. 이들은 야마가타 총리를 방문하여 러시아의 청국 침략에 대한 대책을 거론하며, 러시아의 만주 및 요동반도 점령에 항의할 것과 하루빨리 조선 문제를 결단할 것, 그리고 일본과 입장이 같은 나라와 연합하여 만주와 조선 문제를 해결할 것을 주장했다.

이때 야마가타는 러시아와의 전쟁은 피할 수 없으나 당장은 안 된다고 했다. 야마가타는 며칠 후에 사임하고 10월에 이토 히로부미가 총리가 되는데, 주영공사를 지낸 40세의 가토 다카아키(加藤高明, 1860-1926)를 외무대신에 임명한다.[376]

러-청 비밀협정 가조인

11월 초, 러시아는 청과 비밀협정에 가조인했다. 주요 내용은 철도 및 지역의 안정을 위해 러시아군을 봉천성에 주둔시키고, 청국군은 무장 해제하며, 무기류 및 모든 군용 창고와 비축물은 러시아가 관리하는 것 등이다.

당시 다른 국가들은 베이징에서 의화단의 난 수습을 위한 회담을 하고 있었다. 이 사실이 알려지자 이것은 러시아가 청에 사실상의 보호령을 설치하는 것이라고 유럽과 미국은 물론 일본도 크게 흥분했다. 이 가조약을 청국의 쩡치(增棋) 장군이 11월 말에 서명했는데, 다음 해에 양국은 이 조약 체결을 취소한다.

러시아는 11월에 만주통치에 관한 방침을 세웠는데, 만주는 청국이 통치하지만 러시아군이 계속 점령하며, 청국은 만주에 군대를 배치하지 않고 대신에 질서 유지를 위한 경비대를 편성하는데 그 인원은 러시아군 사령관이 결정한다는 것 등이었다.[377]

대한제국 중립화를 제의한 러시아

7월의 한반도 분할론에 이어 연말에 러시아 외무상 람스도르프는 주일공사 이즈볼스키에게 훈령을 내려 대한제국 중립화 문제를 일본과 협상하도록 했다. 그러나 가토는 고무라 주청공사의 의견대로, 대한제국을 중립화하면 만주도 중립화해야 한다는 입장으로, 만주에서 러시아군이 먼저 철수하지 않으면 러시아와 협상이 불가하다는 입장이었다.

당시 이토 총리, 이노우에 가오루 등은 만주와 대한제국에서의 이익을 서로 인정함으로써 전쟁을 피하자는 입장이었다.[378]

영국, 일본, 미국의 공동의 적이 된 러시아

흑해, 지중해, 아프간 등에서 남하를 시도하던 러시아를 막아 오던 영국에게 러시아의 만주 진출은 큰 위협이었다. 삼국간섭으로 반환한 요동반도를 러시아가 점령하는 것을 본 일본의 여론도 매우 악화되었고, 미국도 러시아의 만주 점령으로 중국 시장이 폐쇄될 것을 우려하였다. 즉, 영국, 일본, 미국은 러시아의 만주 진출로 인해 피해를 보는 세력이 되었고, 따라서 이들 삼국 간에는 더욱 밀접한 관계가 형성된다.[379]

독일, 함대건설법 통과

독일 의회는 6월에 독일 해군을 영국 다음의 세계 2위의 전력으로 만들기 위한 '함대건설법'을 통과시켰다. 이해 해군 전함의 총톤수를 보면, 영국이 106만 톤, 독일은 28만 톤이었다. 프랑스가 50만 톤, 러시아는 38만 톤, 미국은 33만 톤이었고, 일본은 18만 톤 수준이었다.[380]

1901년(광무 5, 고종 38) - 대한제국

 이해의 황실 비용은 더욱 늘어 거의 예산의 20%에 이르렀다. 그러나 제주도에서는 봉세관의 횡포에 저항해 이재수의 난이 일어났고, 함경도, 평안도 백성들도 봉세관의 횡포를 호소하는 실정이었으며, 세금이 들어오지 않자 고종은 "개탄"했다. 경기, 충청, 전라, 황해 등지에서는 "열 집 중 아홉 집은 비어" 있었고, "누더기를 걸친 굶주린 사람들이 꼬리를 물고" 고향을 떠나고 있었다.
 신하들은 "선한 것도 없고 악한 것도 없이 그럭저럭 지내고", 200년 전에 죽은 신하들에게 상을 내리고 제사를 지내자고 하는 등 과거에 살고 있었다. 조선을 방문한 영국기자는 "저주받은 인민들이 노예 상태를" 끊기 위해서는, 영국이 관여하여 조선을 일본으로 넘겨야 한다고 기록할 정도였다. 연말에는 유길준의 고종 폐위 쿠데타 시도가 밀고로 인해 발각되어 관련자들이 처형과 유배를 당한다.

세출 예산 907만 원

 고종실록 1월 15일에 1901년의 세출·세입 예산표 내용이 있다. 세입은 907만 9,456원, 세출은 907만 8,862원이었는데, 그 중 세출 항목을 보자. "【〈예산표〉 세출은 … 황실 비용과 제사 비용 90만 원, 궁내부 소속 관청 비용 6만 1,039원, 원수부 비용 7만 3,242원, 의정부 비용 3만 8,298원, 내부 비용 98만 2,599원, 외부 비용 24만 4,552원, 탁지부 비용 76만 4,324원, 군부 비용 359만 4,911원, 법부 비용 5만 6,774원, 경부 비용 42만 6,039원, 학부 비용 18만 4,983원, 농상공부 비용 7만 117원 … 예비금 100만 원, 총계 907만 8,682원이다.]"

세출 예산의 약 20%가 황실 비용

예비금이 100만 원인데, 그동안 예비금의 경우 대부분 제사, 능 수리 비용, 궁전 건설 비용으로 나간 것을 감안하면, 이해 황실 비용 및 제사 비용 등이 세출 예산의 약 20%에 달한 것으로 보인다. 반면에 학부 예산은 전체 예산의 2%에 불과한 18만여 원이고, 외부의 비용도 24만 원, 농상공부는 7만 원에 불과하다. 그리고 이해 6-8월에는 비가 100mm 정도밖에 내리지 않았는데 구휼금을 보낸 기록이 보이지 않고[381], 농업 국가인데도 농상공부 1년 예산이 한 해 전 조병식 주일공사가 50여 일 동안 묵으면서 쓴 돈의 세 배도 안 된다.

일본을 본받아야 한다는 주일공사

4월 초에 귀국한 주일공사 성기운이 5월 초에 사직상소를 올린다. "… 이번 걸음에 대략 한두 가지 본 바가 있습니다. … 그들의 풍도와 기개는 매우 굳세고 인물들은 뛰어나고 민첩해서 일을 하는 데에는 용감하고 자립하는 데에는 신중하게 살피니, 결코 남의 아랫사람이 되기를 좋아하지 않습니다. 백성들과 나라가 서로 뭉쳐 서로 의지하고, 위아래가 마음을 같이하고 힘을 합칩니다. 모든 관청에 방치되는 직임이 없고 여러 가지 일들이 잘 되는 것은, 절대로 그 사람들이 모두 현명하고 지혜롭기 때문이 아닙니다.

그것은 바로 규정이 명백히 갖추어져 있고 법망이 잘 짜여져 보통 이하의 사람도 폐단 없이 지켜나갈 수 있기 때문입니다. 이것이 이른바 '착실히 나아가 스스로 강해지는 것'으로 충분히 본받을 만한 것이기에

덧붙여 진술하니 …"라 하였다.

성기운의 후임으로는 1894년에 동학난이 일어났을 때 고부군 안핵사에 임명되어 백성들을 죽이는 등 사태를 악화시켰던 이용태가 5월 말에 임명된다. 그러나 그는 부임하지 않았고, 1903년 2월까지 공석이 된다. 성기운은 주일공사 임명 전에도 독일 등 유럽 3국 주재공사로 임명되었으나 부임하지 않았다.[382]

이재수의 난

5월에 제주도에서 일어났다. 백성들에게 세금을 독촉하여 거두어들이기 위해 궁내부에서 보낸 봉세관과 천주교도들이 저지르는 수탈과 폐단을 시정해 줄 것을 제주도민이 호소하자, 제주목사는 이를 받아들였고 백성들은 해산했다. 그러나 천주교도들은 이를 폭도들의 반란으로 규정하고, 총기로 무장하여 농민들에게 발포하고 체포했다. 이에 분노한 수만 명의 농민들이 5월 중순에 신부가 지휘하고 있던 제주성에 진격하였고, 천주교측은 프랑스 군함의 급파를 요청했다.

제주성에 무혈 입성한 농민군은 이재수의 주도하에 천주교도를 색출하여 살해하였고, 프랑스 군함이 공격을 준비하는 등 사태가 위태로웠다. 그러나 궁내부 고문관인 미국인 샌즈가 중재하여 양측은 철수했으나, 농민군 일부는 6월 초까지 천주교도를 살해했다. 40여 명의 농민군 지도부는 경성으로 압송되었으며, 이재수 등 세 명은 교수형에 처해졌다. 황현은 《매천야록》에서 교인들 250여 명이 죽었고, 강화의 군대 100명, 수원과 전주 군대 각 200명, 광주의 군대 100명을 파견하여 진압했다고 했다.[383]

세금의 몇 배를 거두어들이는 봉세관

이재수의 난에서도 나타났듯이 봉세관의 수탈이 매우 심했는데, 5월 말에 특진관 조병세도 함경북도에 다녀온 후 고종에게 봉세관 때문에 겪는 백성들의 고통을 보고한다. "… 원래 정한 조세나 도조(賭租) 외에 봉세관이 몇 배나 억지로 더 거두어들이는 폐단에 대한 것이었습니다. 이 폐단을 혁파하지 않는다면 백성들이 어떻게 지탱하겠습니까? …"라고 했다. 전년도 6월 초에도 윤용선이 봉세관의 수탈을 아뢨는데, 1년이 지나도 변하지 않은 것이다.[384]

50일 묵는 데 2만 3천여 원 지출

7월 말 탁지부 대신 민병석이, 전년도 8월에 조병식이 일본공사로 출국할 때 "국고의 돈 2만 6,921원(元)을 거리낌 없이 유용하였는데, 돌아와서는 단지 지폐 3,191원 11전 8리만을 반납하고, 그 나머지는 아직 반납하지 않아 …"라고 했다.[385]

'저주받은 인민들'

여름에 대한제국을 방문한 영국 기자 휘갬(Henry James Whigham)은 1903년에 《만주와 코리아》를 집필한다. 여기에서 그는 대한제국 정부는 세계 최악의 정부이며, 고종과 그 측근들은 오로지 돈에만 관심이 있어서, 외국에 주는 이권에 비해 아주 작은 돈을 받고도 좋아하고, 그 돈을 궁전에 방 몇 개를 만드는 데 쓰는 것을 보면 바보스럽게 느껴진다고 했다. 그는 대한제국의 독립은 명목상의 독립일 뿐이라면서, 대한제국의 저주받은 인민들을 노예 상태로 계속 두는 것보다 차라리 명목상의 독립을 잃도록 해야 한다고 했다.

영국총영사 조던은 10월 말 보고에서, 대한제국의 수도 경비대는 태만하고, 초병과 수위를 구분할 수 없을 정도라 했다. 또 이들은 7,500명 규모인데 장교직은 대신의 친족이나 영향력 있는 자들에게 주어지거나 팔리고 있다고 보고했다.[386]

200년 전에 살고 있는 신하들

8월 6일에는, 종2품의 장봉환이 1701년 즉, 정확히 200년 전에 죽은 신하에 대해 시호를 내려주기를 상소한 내용이 고종실록에 있다. "숙종 때의 유신 증 이조 판서 … 응당 시호를 내리는 은전이 베풀어져야 하겠는데 … 시호를 내려주고 … 유학을 빛내고 세상 교화를 부지하시기를 바랍니다."라고 하였다.

경부철도 기공식

8월 20일에는 "경부철도 주식회사가 북부행 철도 기공식을 영등포에서 행하였다."387 경부선은 1905년 1월에 운행을 개시한다.

법집행이 안 된다

9월 말에 궁내부 특진관 조병세가 상소에서 "지금 경기, 충청, 전라, 황해 등지는 주민들이 유리하여 열 집 중 아홉 집은 비어 있습니다. … 지금의 법사(法司)에서는 한갓 청탁만을 들어주어 사면해야 할 사람을 사면하지 않고 형벌을 가해야 할 사람에게 형벌을 가하지 않으며 무거운 죄든 가벼운 죄든 오랫동안 지체하면서 처결하지 않고 있는데 …"라 했다.

이런 내용은 가장 가깝게는 3년 전인 1898년 8월 초, 법부 검사국의 〈기안(起案)〉에서 " … 징역 1개월로 판결할 자를 몇 개월씩 가두어두고 1백 냥 가액의 소송을 식비로만 1천 냥을 쓰게 하여 백성의 억울하다는 비명이 곳곳에서 들리니 …"라 한 것과, 윤치호 등이 같은 해 7월 상소에서 "기강이 문란하고 송사를 처리함이 공평하지 못하여 형옥이 함정을 설치하는 격이 되고 있으니"388라고 한 것에서도 볼 수 있지만, 1904년 7월, 의정부 총무국장의 상소에서도 볼 수 있다. 이처럼 법을 직접 집행하는 하부 조직이 전혀 변하지 않는 것은 구조적으로 이미 바꿀 수가 없었다고 봐야 할 것이다.

"세금을 받아 낼 길이 없는 지경으로" 가고 있다

중추원 의관 김중환이 10월 초에 사직상소를 올렸다. "… 수령들은 공화를 유용하는 것을 능사로 여기고 아전과 하례들은 공전을 훔쳐 먹는 데에 이골이 나서, 부(部)에서 훈령을 내려 불같이 독촉을 하여도 오로지 미루기만 일삼아 끝내는 세금을 받아 낼 길이 없는 지경으로 만들려고 합니다. … 백방으로 핑계를 대면서 면제되기를 도모하는 자처럼 하고, 관청 문서에 포흠을 범한 것이 드러나도 두려운 줄을 모르고 뻔뻔하게 편안히 지내기까지 합니다. … 수감된 지 얼마 되기도 전에 보방(保放)되기를 도모하여 편안히 집에서 지내니 …"라 하였다.

관직매매에 관한 황현의 《매천야록》의 기록을 보면, 1901년 당시 관찰사 자리 가격은 10만~20만 냥, 수령 자리는 5만 냥 이상이었다. 그래서 부임하면 공전(公錢)으로 빚을 상환하였고, 아전들도 이를 따라하여 국고는 새어 나가고 텅 비게 되었다고 했다.[389] 이처럼 1차 사료와 《매천야록》의 기록이 일치하는데, 아래의 고종의 조령에서 다시 확인할 수 있다.

고종의 세금 독촉

김중환의 상소 사흘 후 고종은 세금 납부를 독촉하는 조령을 내리는데 "… 요즘 수령과 재신들이 유용하고 이서(吏胥)들이 축낸 것이 어찌 이처럼 심하며 7, 8년이 지나도록 청산하지 못한단 말인가? … 말이 이에 미치고 보니, 참으로 개탄스럽다. …"라 하였다. 10월 말 탁지부대신 민병석은 사직상소에서 "… 기근이 거듭 이르러 공사(公私)의 창고가 바닥났습니다. … 민생은 뿔뿔이 흩어졌는데 재물을 주어 구제할 방법이 없는 형편입니다. …"라 하였다.[390]

"집들은 텅 비고 누더기를 걸친 굶주린 사람들이 꼬리를 물고"

전라북도 관찰사 조한국은 10월 하순에 사직상소를 올려 "… 가난한 백성의 집과 황야는 전경이 몹시 비참하며, 노인을 부축하고 어린아이를 이끌고서 짐을 어깨에 메고 등에 지고 떠나가는 상황을 차마 보고 들을 수 없습니다. 눈앞의 현실이 이와 같으니 내년 봄의 형편을 예상할 수 있습니다. …"라 하여 다음 해 세금 납부도 어려울 것임을 알 수 있다.

12월 초, 충청북도 관찰사 정태현은 사직상소에서 "… 키를 물에 빠뜨린 배와 같고 축이 부러진 수레와 같으니 … 집들은 텅 비고 누더기를 걸친 굶주린 사람들이 꼬리를 물고 이산하고 있습니다. … 도내 전체 17개 군의 몇만 백성들이 장차 구렁에 빠지게 될 것이며 …"라 하였다.

5월에는 함경북도 관찰사 이규원이 "… 온갖 폐단이 뒤엉켜 있고 갖은 병폐가 많이 생기는데 보완할 방법도 모르고 다스릴 계책도 없습니다. …"라며 사직을 청했다.[391]

"가죽을 벗겨 내고 뼈를 긁어내지 않으면 그만두지 않습니다"

전년도 7월에 이어, 이해 10월에 의정부 의정 윤용선이 상소를 올렸는데, 당시 조선 지배층이 아주 잔인하게 백성을 다루었다는 것과 조선의 많은 문제가 여전히 반복되고 있었음을 보여준다.

"… 안으로는 인심이 흩어져서 굳게 단결할 가망이 없고… 어리석은 백성이라 할지라도 반드시 위란(危亂)이 들이닥치리라는 것을 모두 알고 있습니다. … 신하들은 … 선한 것도 없고 악한 것도 없이 그럭저럭 지내고 세파를 따라 오르내리면서 나라의 흥망이 나와 무슨 상관인가 하고 남들이 욕을 하면 그들을 보고는 또한 미치광이라고 합니다. … 신하들 중에는 진언하는 자가 없으며 …

백성들을 돌보지 않은 지가 오래됩니다. … 전국적으로 흉년이 든 곳이 5분의 3이나 됩니다. … 수령과 재신들이 약탈하는 것이 도적의 우환보다 더 심합니다. 향읍(鄕邑)에서 부자라고 칭하는 사람들도 100석 이상 비축한 자는 많지 못하니, 백성들의 생업이 요즘처럼 영락된 적은 없습니다. … 저 봉세관은 또한 무엇 하는 사람들입니까? … 백성들의 원망이 하늘에 사무쳐 거의 난을 일으킬 지경이라고 합니다. …

오늘날의 수령과 재신은 으레 모두 백성들을 어육(魚肉)과 같이 여기면서 가죽을 벗겨 내고 뼈를 긁어내지 않으면 그만두지 않습니다. 눈과 귀 노릇 하는 자들을 널리 박아놓고는 온갖 계책으로 모함하는데, 효성스럽지 못하고 화목하지 못하다거나 간음을 한다거나 혹은 동학이라거나 하는 통에 소 한 마리나 베 몇 필을 가진 백성들은 그 그물에서 벗어나지 못하며, 죄 없는 사람들이 하늘에 하소연하면서 서로 원수가 되고 있습니다. 이래 가지고서야 백성들이 어찌 원망하지 않으며 난이 어찌 생기지 않겠습니까? …"라고 아뢨다. 이에 고종이 "… 충애하는 경의 지극한 심정을 가상하게 생각하고 가슴에 새겨 두겠다. …"라고 하였다.³⁹²

신하들의 경고

여기서 그동안 신하들이 고종과 철종에게 아뢴 말들을 보면, 이런 상황이 상당히 오래 전부터 지속되어 온 것임을 알 수 있다.

1884년 3월에는 공조참판 남정철이 "풍속은 이미 무너졌고 기강은 이미 어지러워졌습니다. … 머지않아 근심이 있을까 두렵습니다."라고 했고, 도적과 명화적이 들끓던 1878년 5월에 영의정 이최응은 "오늘날 국가의 형세나 백성들의 실상은 머리끝부터 다 병들었다고 할 수 있습니다."라 했다.

1869년 5월, 영의정 김병학은 "옛날에 이른바 나라가 나라로 유지되지 못한다는 지경에 불행하게도 가까워 오고 있습니다. … 이것이 바로 신이 한밤중에 담벽을 돌면서 번민하고 답답해하는 문제입니다."라고 했고, 1856년(철종 7) 1월, 우의정 박회수는 "… 팔도의 위급한 상황을 돌아보면 거의 장차 백성이 없어지고 난 다음에야 그칠 것 같습니다. …"라 하였다.³⁹³

즉, 이런 문제가 1901년에 생긴 것이 아니라, 오래된 것이었고 조선의 체제가 이미 수십 년 전에 그 기능을 상실한 것으로 보인다.

순빈 엄씨를 순비로 책봉

10월 중순에 고종은 순빈 엄씨를 "… 순비로 봉하라고 명하니 …"라고 했는데, 윤용선이 건의한 지 한 달 만이었다.³⁹⁴

백성은 쉽게 사형 당했다

전년도와 이해에 범죄자의 형량을 대폭 상향 조정했다. 특히 절도범에 대한 형량이 가중되었는데, 초범의 경우 500냥 이상은 교수형에 처하도록 했다. 재범자의 경우 태형 100에 종신형이던 것을 훔친 돈의 액수에 상관없이 교수형으로 정했다. 그러나 6월 하순에, 탁지부대신 육군 부장 민병석이 "전 경상남도 관찰사 조시영이 해도 각 군의 공전(公錢)을 유용한 것이 34만여 냥이나 … 지연시키고 체납하였습니다. …" 하였는데,³⁹⁵ 그를 처벌한 기록은 없다.

유길준의 고종 폐위 쿠데타 실패

유길준도 일본 유학생들과 고종 폐위 쿠데타(coup d'etat)를 계획했는데, 고종과 왕태자(순종)를 폐위하고 의친왕(이강)을 옹립한다는 것이었다. 유길준은 일본 육군사관학교 졸업생인 장호익 등 15인이 만든 '혁명일심회'의 쿠데타 계획에 동조했다. 12월에 장호익 등이 몰래 귀국하여 오세창, 최린 등 국내 지지 세력들과 함께 인천의 거부 서상집에게 거사 자금을 부탁하였다가 다음 해에 서상집의 밀고로 실패로 돌아간다. 이 사건을 적발한 사람이 이용익이었는데 이후 그는 고종의 총애를 얻고 실력자가 된다. 이 사건 이후 유길준은 김옥균이 억류되었던 오가사와라 제도(小笠原諸島)에 억류된다.

고종실록 1904년 3월 11일 자 기사를 보면, 유길준의 거사 동기는 『지금 대한 정치가 문란하고 백성들은 도탄에 빠졌다. 그러므로 우리가 계책을 내서 정부를 조직해야 하겠다. 그러나 이 일은 돈이 있어야 할 수 있다. 한국인 서상집은 나의 친구인데 내가 이 문제를 가지고 타이르면 그가 필경 따를 것이다. … 대황제 폐하가 동가하는 때를 틈타 시위(侍衛)를 막고 창덕궁이나 경복궁에 맞아 이어한 후에 정부를 조직해야 할 것이다. …』라고 하였다. 이 사건으로 장호익, 조택현, 김흥진을 참형에, 그 외 8명은 유배형에 처했다.[396]

1901년(메이지 34) - 일본

러시아는 만주 점령을 확고히 하기 위해 러시아군의 만주 주둔 등을 내용으로 하는 청국과의 비밀 협약을 추진했으나 결국 일본, 영국 등의 반대로 포기한다. 일본에서는 육군대장 출신의 53세의 가쓰라 다로가 총리에 취임하여 46세의 주청공사 고무라 쥬타로를 외무대신에 임명한다. 이들은 영국과의 강력한 동맹을 주장했고, 러시아의 한반도 북부에의 진출에 반대하며 전쟁도 불사한다는 입장이었다. 반면, 이토 히로부미 등 원로들은 러시아와의 협상을 강조했는데, 이에 불안을 느낀 영국은 일본과의 동맹 체결에 더욱 적극적이 된다.

청국에서는 서태후의 '변법상유'로 군사와 교육 제도를 중심으로 개혁을 추진하는데, 이는 향후 중국에 많은 영향을 끼친다.

야하타 제철소 완공

무기 등의 수요와 공업 발전을 위한 철강재의 생산을 주로 하고, 일반 철강재를 부차적으로 생산하기 위해 1897년 6월에 착공한 야하타 제철소가 완공되었다. 그러나 생산이 제대로 되지 않아 문제가 되었고, 결국 다음 해에 조업이 정지된다. 그러나 러일전쟁으로 조업을 재개하고, 이후에 '야하타 제철소'라고 부르게 된다.[397]

람스도르프-양유 협의

2월 중순, 람스도르프 러시아 외상은 주러 청국공사 양유(楊儒)에게 12개항을 제시했다. 그것은 질서 회복 때까지 러시아 군대를 만주에 주둔시키며 청국군의 만주 파병을 금할 것, 만주·몽고·이리 지역의 광산 개발, 철도 건설과 여타 이익을 러시아의 승낙 없이 타국에 양도하지 않을 것, 동청철도의 간선 혹은 지선에서 북경에 이르는 철도 부설권을 보장할 것 등이었다.

이 내용을 알게 된 가토 외무대신은 3월 초에 주일 청국공사를 만나, 이것은 만주를 점령하겠다는 것으로 이를 승낙하면 다른 열강들이 만주 이외의 지역에 대해 같은 요구를 할 것이라고 했다. 이 내용을 접한 일본의 여론은 "하늘을 뒤흔들 정도"로 들끓었고, 청국의 학생, 지식인, 신문, 잡지 등도 반대에 앞장섰다. 3월부터는 각종 반대 집회가 열렸고, 결국 3월 말 양국 정부는 협정 체결을 포기했다.

4월 초, 주일 러시아공사 이즈볼스키는 본국 외무상에게 분노한 일본 여론을 보고하며 가토 외무대신 등은 러시아와의 협상을 주장해온 이토 수상 등을 밀어내고 있어서 원수부(元帥府)의 야마가타 원수, 사이고(西鄕) 제독이 오히려 이성적이라고 보고했다.[398]

가쓰라 다로와 고무라

이토 정부가 물러나고 6월 2일, 53세의 육군대장 출신의 가쓰라 다로 정부가 출범하여 1906년 1월까지 존속한다. 외무대신으로는 46세의 주청공사 고무라 쥬타로가 임명되었다. 가쓰라는 3년 간 독일에 유학을 다녀왔고, 독일 주재 무관을 거쳐, 일청전쟁에도 참전했다. 그는 강력한 일영동맹 추진자로, 러시아가 한반도 북부에 진출하려는 어떠한 시도에도 반대하며 전쟁도 불사한다는 입장이었다. 고무라는 국비유학생으로 하버드대학에서 법학을 공부한 후 뉴욕의 로펌에서 근무했다.

이후 조선·미국·러시아·청국공사를 역임하는 등 약 20년간의 외교 경력을 갖고 있었다.[399]

영국과 일본의 교섭 시작

하야시 다다스 주영 일본공사는 7월 말에 랜스다운(Henry Lansdowne) 영국 외무상을 만나, 러시아가 만주를 점령하면 그 다음에는 대한제국을 병탄할 것이기 때문에 일본은 이를 저지할 것이라고 했다. 그리고 일본의 입장은 청국의 문호 개방 유지와 영토 보전이라 했고, 이에 랜스다운은 영국과 일본의 입장이 일치한다고 말했다. 하야시는 이 사실을 보고했고, 8월 초 일본 정부는 영국과 교섭을 진행하라는 훈령을 내린다.[400]

베이징 의정서

의화단과 전쟁을 벌인 8개국 연합국 외에 스페인, 벨기에, 네덜란드까지 포함된 11개국과 청국은 9월 초에 '베이징 의정서(신축조약)'를 체결하였다. 의정서의 내용은 배상금 4.5억 냥을 40년간 분할 상환할 것, 사죄사 파견, 무기 및 탄약과 제조를 위한 자재의 수입 금지, 공사관 수비 부대 주둔 허용과 천진, 산해관, 북경 등 요지에 각국의 군대 주둔권 허용 등이었다. 배상금의 분배는 러시아가 29%, 영국은 11%, 미국과 일본은 각 7%였다.[401]

배상금 포기

4.5억 냥의 배상금은 청일전쟁 배상금 2.3억 냥의 거의 2배였다. 그러나 1905년에 미국은 개인 손실액 200만 달러가 완납되었음을 선언했고, 1908년에는 중국에 1천여만 달러를 반환하고, 1924년에는 남은 배상금도 포기했다. 이것은 1887년 초까지 약 4개월 간 조선공사를 역

임한 당시 루즈벨트의 외교 고문 록힐(William W. Rockhill)의 건의에 따른 것인데, 영국, 러시아, 프랑스 등도 뒤따랐다.⁴⁰²

외무대신의 적극적 정책

고무라는 러시아와의 전쟁 가능성을 예상하여 전임 이토 내각의 소극적인 대외 정책을 바꿔 육해군의 확장, 청국 및 대한제국에서의 철도 부설, 외채 발행 등을 강조했다.⁴⁰³

영국의 동맹조약 초안

11월 초에 영국 외무상 랜스다운은 동맹조약의 첫 번째 초안을 하야시에게 건네주면서, 이 협정의 적용 범위를 인도에까지 넓혀야 한다는 영국 각료들의 의견이 있다면서 이에 대한 일본 정부의 의견도 요청했다.⁴⁰⁴

러시아와의 협상 우선을 주장한 이토

러시아 방문에 오른 이토는 11월 초에 파리에서 주영 일본공사 하야시를 만나 영국에 대한 일본의 회답은 자신이 러시아와 이견을 나눈 뒤로 미뤄달라고 했다. 그러나 하야시는 오히려 영국과 협상이 진행 중이니 러시아와의 협상을 뒤로 미뤄줄 것을 이토에게 요청했다. 가쓰라 수상도 이토에게 하야시와 같은 입장을 표명했고, 고무라도 하야시에게 영국과 동맹 체결 후에 러시아와 협정을 체결할 방침이라고 타전했다. 이토는 러시아 방문 목적과 정반대의 상황에 직면하게 되었다.⁴⁰⁵

초조한 영국 외무상

이토의 러시아 방문에 불안감을 갖고 있던 랜스다운은 11월 하순, 하야시에게 가능한 한 빨리 동맹을 성사시켜야 한다면서 일본의 회신을 독촉했다. 랜스다운은 이토가 하루라도 빨리 영국을 방문해 주길 바란

| 1901년 일본

다면서, 영일동맹 교섭이 많이 진전되고 있으므로 일본 정부가 러시아와 어떤 결정도 해서는 안 된다고 강조했다.[406]

외부대신의 일본 방문

이처럼 일본이 영국, 러시아와 협상을 진행 중이던 11월에 외부대신 박제순이 외부대신으로서 첫 해외 방문을 일본으로 갔다. 그는 고무라를 만나 유길준, 의화군 등 망명자들의 인도를 요구하였으나 성과는 없었다.[407]

이토의 러시아 방문

12월 초, 이토는 자신이 개인 자격으로 왔다는 것을 알리고 러시아 외무상 람스도르프와 회담을 가졌다. 이토는 러시아가 대한제국을 영유하려 한다는 불안이 일본에 퍼지고 있는데 그렇게 되면 일본의 생존이 위협을 받는다, 그러한 우려가 청일전쟁의 원인이기도 했는데 러시아가 이런 점을 일본에 안심시켜주어야 한다고 했다. 이토는 비테와도 회담을 가졌는데, 비테는 러시아는 조선을 점령할 필요는 없지만 일본이 점령하는 것을 방관할 수는 없다고 말했다.[408]

일본의 수정안 제시

12월 중순, 하야시는 영국에 수정안을 제시했다. 그전에 이토는 영국과의 동맹보다 러시아와의 협상을 우선시할 것을 요청하는 전보를 가쓰라 총리에게 보냈다. 그러나 고무라는 하야시에게 즉각 일본의 수정안을 영국에 제시하도록 했다. 이러한 이토의 움직임 때문에 영국은 동맹 체결을 더욱 서두르게 되었다.[409]

서태후의 '변법상유'

서태후는 1월에 '변법상유(變法上諭)'를 발표하여 '신정(新政)(신축신정 혹은 광서신정)'을 지시했는데, 이것은 중앙정부 차원에서 근대화를 추진한 것이었다. 이를 위해 신식 군대의 창설과 훈련에 가장 많은 예산을 투입하였으며, 교육 개혁도 중요시하여 중국 사회 전반에 큰 영향을 주었다. 1911년에 손문에 의해 신해혁명이 일어나고, 1912년에 청국이 멸망하지만, '변법상유'는 중국 사회 전반에 큰 영향을 미쳤다.[410]

유에스스틸, 노벨상, 로이터와 특약

J.P.모건(John Pierpont Morgan)은 카네기(Andrew Carnegie)에게서 철강 부문을 인수하여 유에스 스틸(US Steel)을 세워 미국 철강 소비의 2/3를 생산했다. 또 마르코니는 대서양 횡단 전파 송신에 성공하였고, 노벨상(물리, 화학, 의학, 생리학) 시상이 시작되었다. 제1회 노벨 물리학상은 1895년에 X선을 발견한 독일의 뢴트겐이 받았다. 또 오스트리아의 물리학자 볼츠만(L.E.Boltzmann)이 원자의 실재를 밝혔다.

이해 일본의 신문사들은 하루에 두 번 인쇄할 수 있게 되었고, 로이터(Reuter) 통신과 특약을 맺어 세계 정보를 신속하게 보도하기 시작했다.[411]

1902년(광무 6, 고종 39) - 대한제국

1월 초부터 올라오는 상소는 백성들의 극한적인 삶을 보여준다. "오막살이"를 다 뒤져가면서까지 세금을 거두었고, "사람마다 열 손가락은 피가 흐르고 입은 푸성귀 색깔"일 정도로 백성들의 삶은 절망적이었다. 탁지부대신은 세금이 들어오지 않아 "통탄"을 하는데, 고종은 즉위 40주년 기념행사를 준비하고, 평양에 제2의 수도를 건설하게 한다.

신하들은 유비와 장비도 제사를 지내야 한다는 상소를 올리고, 지방의 유생들도 중화사상에 여전히 빠져 있었다. 이런 와중에 궁 내부에서는 권력 투쟁이 일어나고, 백성들은 하와이로 이민을 떠난다. 이런 조선을 미국공사는 앞으로 1년은 버틸 것으로 봤고, 4년 만에 조선을 방문한 베베르는 예전보다 오히려 조선이 퇴보했음을 본국에 보고한다.

3월에는 서울-인천 간 일반 전화가 개통되었는데, 가입자는 서울과 인천 합쳐서 20여 곳이었다.[412]

"곳곳이 무너지고 있는데도 손을 댈 수가 없습니다"

1월 초에는 경기관찰사 조중목이 사직상소에서 "… 백성들이 눈앞에서 대부분 뿔뿔이 흩어지고 추위에 얼고 굶주리는 상황이 구제할 수 없는 것처럼 진행되어 왔는데 … 공사(公私)의 곡식 창고가 텅 비어 있습니다. …"라 하였다.

3월 말에는 탁지부, 학부, 군부대신의 상소가 잇따른다. 탁지부대신 심상훈은 "… 곳곳이 무너지고 있는데도 손을 댈 수가 없습니다. 일마다 군색하여 눈썹이 타들어 가듯 몹시 초조하며 아침에 저녁을 도모할 수 없을 만큼 위태롭습니다. …"라며 사직을 청했고, 학부대신 민영소도 "… 장차 무너지려고 하는 큰 집에는 반드시 목수의 훌륭한 계책이 필요하며 …"라며 사직을 청했다. 군부대신 신기선은 3월 말에 "… 아, 나라의 형세가 위태롭고 외방의 근심이 예측하기 어려운 상황이 오늘날보다 심한 적이 없었습니다. '층층이 쌓아 놓은 알'과 '허물어져 가는 담 아래'라는 말로도 그 위급함을 비유하기에 부족합니다. …"라고 하였다. 그는 10월 말에도 사직상소를 올린다.[413]

"오막살이를 다 뒤져내어" 가져가는 세금

3월 2일에 탁지부에서 보고한 내용이 고종실록에 있다. "… 백성들에게서는 오막살이를 다 뒤져내어 기어이 준봉(準捧: 징수)하고는 자기 손에 들어오기 바쁘게 빚을 주어 이자를 받기도 하고 팔아서 이득을 보기도 하면서 못하는 짓이 없습니다. 그런데도 관찰사는 규찰할 생각도 하지 않고 …"라 했다.

"말류의 폐단"을 걱정하는 내장원 경

승정원일기 3월 13일 자에는 내장원 경 이용익의 상소가 있다. "… 나라의 재정에 대해 말하자면 간난과 근심이 눈앞에 가득 찼고, 백성들의 실정에 대해 말하자면 곤궁함이 나날이 심해지고 있는데 물가는 높이 치솟고 재정은 꽉 막혔으니, 그 원인이 어디에 있겠습니까. 하나는 사적으로 돈을 주조하는 일이 몰래 행해짐으로 … 지금 기회를 잃어 구제하지 않는다면 말류의 폐단이 다시 어떠하겠습니까. …"라 하였다.

황실 재산을 관리하던 내장원 경이 "말류(末流)"라 표현할 정도로 대한제국은 통치능력을 상실하였음을 볼 수 있다.

즉위 40주년 행사

이렇게 경제적 곤궁이 보고되고 있었는데도, 고종은 3월에 "… 올가을에 등극한 지 40년이 된 것을 경축하는 예식을 거행하려고 한다. …" 하였다. 이 행사는 전염병 때문에 다음 해로 연기되었다가 결국 취소된다.

황현은 《매천야록》에서 이때 탁지부에서 행사를 위한 예산안을 올렸는데, 양로연 음식 비용이 6만 9천여 원, 법전(法殿) 영건비용 31만 5천 원, 왕비의 능인 홍릉 공사비에 추가로 45만 원, 만수절 수용비 25만여 원 등 총 108만여 원이었다. 이외에 궁내부에서 경축연에 쓰기 위해 서양식 촛대와 식기를 북경에서 구입했다고 했다.[414]

전년도 세출 예산이 907만 원이었는데, 이를 기준으로 보면 예산의 12%에 해당한다. "곳곳이 무너지고", 백성의 "오막살이를 다 뒤져내어" 세금을 가져가던 해였다.

제2의 수도 건설 결정

이에 더하여 5월 1일, 특진관 김규홍이 서경(평양)에 또 하나의 수도를 둘 것을 상소한다. "옛날에 세상을 다스리는 이들은 모두 두 개의 수도를 세웠으니 … 우리 황제 폐하는 … 중흥의 업을 세워 만대의 터전을 닦으셨습니다. … 지금 당당한 황제의 나라로서 어찌 유독 두 개의 수도를 두지 않을 수 있겠습니까? 더구나 이 조치는 평양 관리들과 백성들이 기꺼이 따르는 일이니 …"라 하였다.

이로부터 닷새 후 고종은 "평양은 기자(箕子)가 정한 천 년의 역사를 가진 옛 도읍으로서 … 이제 평양에다 행궁을 두고 서경이라고 부름으로써 나라의 천만년 공고한 울타리로 삼겠다. 더구나 이것은 그곳 백성들이 모두 바라고 기꺼이 호응하는 데에야 더 말할 나위가 있겠는가? …"라 하였다.

5월 중순에 고종은 "… 내탕전 50만 냥을 내려 보내어 운영하게 하라. 일체 물력을 마련하고 재력을 획정하는 것은 해당 도신(道臣)으로 하여금 좋은 편으로 합당하게 헤아려서 공사를 끝내도록 하고 …"라 하였다. 이후 6월, 9월, 10월, 12월에 네 차례 더 돈을 지출하는 것을 포함하여 이해에 지출된 돈은 총 은화 55만 원과 100만 냥이다.[415]

그런데, 5월 중순 이후 대신들과 관찰사들의 상소 내용은 더욱 다급하고 처절해진다.

"통탄"하는 탁지부대신

세금이 계속 들어오지 않자 6월 말에 탁지부 대신 심상훈은 "… 아직 한 군에서도 독촉하여 바치는 것을 볼 수 없으니 어찌 이런 놀랍고 한탄스러운 일이 있겠습니까? … 만일 계속 이렇게 나간다면 조세를 받을 땅이 없고 법을 시행할 날이 없을 것입니다. …"라고 했다. 8월에 또 심상훈이 "근래에 조세 납부를 연체하는 폐단이 갈수록 더욱 심해져서 점차 고질화되어 나날이 수습할 수 없는 지경에 이르고 있으니 일이 통탄스럽기가 이보다 더한 것이 어디에 있겠습니까? … 장차 조세 규정을 빈 종잇장으로 만들려고 하니 …"라 했다.[416]

"사람마다 열 손가락은 피가 흐르고 입은 푸성귀 색깔이니"

승정원일기 7월 10일 자에 전라북도 관찰사 조한국의 사직상소가 있다. "… 거지가 도로에 들끓고 마을은 열에 아홉 집이 텅 비었습니다. 겨우 남아 있는 자들도 아침에는 부자(鳧茈)를 뜯어 먹고 저녁에는 오매(烏昧)를 캐 먹느라 사람마다 열 손가락은 피가 흐르고 입은 푸성귀 색깔이니, 누더기 옷과 파리한 얼굴로 극한 상황에 처한 광경을 어떻게 차마 눈으로 보고 귀로 들을 수 있겠습니까. …"라 하였는데, 그가 전년도 10월에 올린 사직상소 때보다 더 비참해졌음을 알 수 있다. 곡창지대인 전라북도의 백성들이 이런 지경이었다.

"별다른 대책"이 없고 "나라 창고는 비어"

9월 초에 탁지부대신 임시서리 내장원경 이용익이 "… 지금 재정이 바닥나고 지출해야 할 경비가 매우 많은 상황입니다만, 아무리 적절한 처리 방도를 생각해 보아도 사실 별다른 대책이 없습니다. …"라 하였다. 전국의 미납 세금 시한을 7월까지 연장을 해주었는데 11월 중순에도 "… 아득하게 뚜렷한 결과가 없으니 … 현재 나라 창고는 비어 있고 지출 사항은 밀려 있는데 …"라 하였다.[417]

연말이 되도록 세금은 들어오지 않고 있었던 것인데, 한마디로 부도 난(bankrupt) 상태였다.

행사비와 건축비에 148만 원

고종실록 8월 20일 자에는 대규모 비용 지출에 관한 기록이 있다. 이날 기록의 총액은 기존 예비금에서 지출하는 213만 976원과, "예비금을 1백만 원을 더 첨가하여 계산해서 배용(排用)할 것에 대한 문제를 의논을 거쳐" 승인을 받아, 총 지출 금액은 313만 976원이다.

주요 지출 내역을 보면 "… 영정모사도감과 진전중건도감의 비용으로 28만 8,696원 … 법전(法殿) 건축비 증가액으로 20만 원 … 경축 행사 때의 각종 비용으로 100만 원 … 을 예비금 중에서 지출하며 …" 재가 받았다.

왕실 경비와 서경 공사비가 예산의 최소 25%

위의 세 항목의 지출액이 148만여 원이고, 서경 공사비가 은화 55만 원과 100만 냥이므로, 이것들을 합하면 148만 원, 은화 55만 원과 100만 냥이다. 이를 전년도의 세출 예산 907만 원을 기준으로 보면, 예산의 4분의 1 내지 3분의 1에 해당하는 금액이다. 참고로, 경축 행사비의 각종 비용 100만 원은 황현이 기록한 경축 행사비 108만 원으로 보이는데, 황현의 기록이 매우 정확함을 다시 볼 수 있다.

"사람마다 열 손가락은 피가 흐르고 입은 푸성귀 색깔"인 상황이었지만, 왕실을 위해서는 여전히 돈을 아끼지 않았다.

제2수도 공사비에는 은화 55만 원, 수만 명 죽은 전염병 퇴치에는 "특별히 은화 3,000원"

그런데 이때 전염병이 퍼져 많은 사망자가 발생하자 고종은 9월에 "… 특별히 은화 3,000원(元)을 내려 보내니 임시 위생원에서는 의사들을 불러 모아서 잘 의논해서 치료 대책과 예방 방도를 강구하며 좋은 약을 사고 또 각별히 방책을 …" 취하도록 했다. 당시 전염병이 얼마나 창궐했는지 알 수 있는 것으로, 같은 날 고종이 "요즘 몹쓸 병 기운이 크게 퍼지는데, 이런 때에 각국의 사신들이 먼 길을 오는 것도 심히 불안한 노릇"이라며 자신의 즉위 40주년 기념행사를 내년으로 연기시킨 것에서 볼 수 있다. 황현의 기록으로는 이때 전염병으로 서울에서 수만 명이 사망했다고 한다.[418]

서경 공사비로 이해에 지출한 금액 중 은화만 55만 원인데, 수만 명이 죽은 전염병 퇴치를 위해서는 은화 3천 원, 그것도 "특별히" 내려주던 대한제국이었다.

관우 외에 유비와 장비에게도 제사지냈다

여기서 당시 대한제국 지도층의 중화사상의 의식 세계를 볼 수 있는 기록을 보자.

고종실록 10월 4일 자 기록을 보면 궁내부 특진관 조병식이 관우 외에 유비(소열 황제)와 장비에 대해서도 제사를 지내자고 상소를 올린다. "… (관우를) 일찍이 동묘와 남묘에서 떠받들었는데, 폐하께서는 다시 북묘를 세우고 황제의 칭호를 존숭하였으며 … 그런데 유독 함께 맹약을 다진 한나라 소열 황제와 장 환후에 대해서는 아직 신령을 모시는 곳이 없으니 … 특별히 삼의사(三義祠)를 세워 한나라 소열 황제에게 주향하고 관제와 장 환후를 배향함으로써 청나라에서 이미 시행하는 규례를 본받는 것이 의리를 내세우는 일단으로 될 듯합니다. …"고 하였다. 같은 날 고종은 이들 세 명을 위해 " … 사당을 세우고 신주를 모시는 절차를 장례원에서 마련하여 거행하게 하라."라고 하였다.

지방 유생들도 다르지 않았다

이러한 중화사상은 중앙관리만이 아니라 지방의 유생들도 똑같았다. 이해에 평안도 지역의 유학자들이 숭화재(崇華齋)를 짓고 숭화계를 결성하자, 유인석이 숭화계의 서문을 썼다. 그는 하늘에 음양이 있듯이 땅에는 화이(華夷)가 있고, 인간이 세상에 태어나서 추구해야 할 가장 소중한 가치는 중화라면서, 중화를 높이고 이적을 물리치는 데 마음을 합쳐야 한다고 했다.[419]

여전히 중화사상에 잠겨 있는 1902년 10월의 대한제국

창덕궁 '대보단'에서 190년 동안 매년 명나라 황제 세 명에게 지내던 제사를 1894년 6월의 일본군의 경복궁 점령 후 폐지하고, 그해 12월에는 고종이 종묘에 가서 홍범 14조를 발표하며 제일 먼저 "청나라에 의존하는 마음을 끊어버리고 자주독립의 터전을 튼튼히 세운다"고 했다. 1895년 시모노세키조약에서는 청이 조선을 독립국으로 인정하고 조공의례를 모두 폐지했고, 이를 기념해 고종은 독립기념일을 지정하려고까지 했다.

이로부터 6-7년이 지났고, 러일전쟁 발발 16개월 전이었다. 청은 러시아의 만주 점령으로 위기에 처해 있었고, 러시아의 재무상, 주일 러시아공사 등은 대한제국을 일본에 넘겨 일본과의 전쟁은 반드시 피해야 한다는 의견들이 나오고 있던 1902년 10월이었다. 1월에는 영일동맹이 체결되었다. 그러나 대한제국의 신하들과 고종, 그리고 지방에 있는 유생들조차 여전히 중화사상, 화이론에서 벗어나지 못하고 있었다.

1년은 견딜 수 있을 것으로 본 미국공사

이러한 대한제국의 모습을 알렌 미국공사는 어떻게 보고했는지 보자. 알렌은 5월 말 보고에서는, 실질적으로 경성에는 정부가 없고, 대신조차 고종의 명령이 없으면 아무것도 하지 못한다고 했다. 외부대신은 사임했고, 후임자가 제대로 없어 외부(外部)와는 직접 일을 할 수 없다고 했다. 또 고종은 돈을 헛되이 쓰고, 외국에서 차관을 얻으려고 모든 방법을 동원하고 있으며, 관직매매는 여전히 놀랄 정도로 행해지고 그 가격도 많이 올랐는데 모든 책임은 고종에게 있다고 했다.

알렌은 6월 보고에서는 대한제국은 앞으로 1년은 더 견딜 수 있겠지만, 세금에 짓눌린 백성이 반란을 일으킬 수밖에 없을 것이라는 러시아공사 파블로프의 견해도 보고했다.[420]

국가의 기능을 상실한 것으로 본 러시아공사들

1885년 8월에 조선공사에 부임하여 1897년에 멕시코공사로 이임한 전 러시아공사 베베르가, 10월에 고종 즉위 40주년 기념식(취소됨)에 왔다가 경성에 다음 해 4월까지 체류하면서 기록을 남겼다.

그가 본 대한제국은 여전히 혼란했고, 음모와 술수, 권력 남용이 횡행하고, 백성을 쥐어짜는 것도 똑같았다. 군인의 수는 배로 늘어났으나 규율이 없고 복장은 남루했고, 관직은 연줄이나 매매로 주어졌으며 교체가 빈번했다. 또 백성이 내는 세금은 많아졌지만 국고에는 항상 돈이 없고, 백성과 나라를 위해 쓸 돈이 없었다. 반면에 왕실의 사치품 구매와 화려한 행사, 궁궐 수리와 신축, 사원·왕실묘의 건립과 내시, 점쟁이,

무당 등에게 막대한 돈을 쓰고 있다고 썼다.

주일 러시아공사 이즈볼스키도 대한제국의 국내 정치가 완전히 해체되었고, 대한제국은 외국의 원조 없이는 스스로 국가로서의 기능을 할 능력이 전혀 없다고 본국에 보고했다.[421]

굶어 죽은 백성들에 관한 기록

당시 굶어 죽은 백성들에 관한 황현과 윤치호의 기록을 보자. 1901년에 이어 1902년에는 흉년이 절정에 이르러 굶어 죽는 사람(기민)이 속출했다.

황현의 기록을 보면 "경기도의 기민이 교하(交河)에 있는 장릉(인조의 능, 경기도 파주)의 소나무 숲에 들어가서 소나무 껍질을 온통 벗겨 갔으나 능관은 이를 금하지 못했다. 소나무 아래 쓰러져 죽은 백성이 즐비했다"고 했다.

윤치호는 5월 1일 자 일기에서 당시 상황을 "경기도와 충청도의 여러 곳에서는 … 많은 사람들이 솔나무 밑에서 죽은 것을 흔히 볼 수 있다고 하는데, 이들은 솔나무를 깎아 연명하다가 죽어 버린 것이다. 그런데 이런 상황에서 대황제 폐하와 정부는 무엇을 하고 있는가? 그들은 관직을 사고팔고 정부 부처를 새로 만들고 이미 있던 부처들을 확장하고 거액의 돈을 들여 어리석은 예식을 거행하고 잔치를 베풀곤 하고 있다. …

지난 3, 4년 동안 새로 임명된 왕릉 청지기들의 숫자를 합하면 모름지기 왕릉에 서 있는 나무들의 숫자보다 많을 것이다. 청지기 자리를 사고파는 값은 1,500냥에서 4,000냥이다. 선왕의 유골이 대황제 폐하에게 이처럼 끊임없이 수입을 가져다주고 있으니 폐하께서는 선왕들에게 감지덕지하실 것이다"라고 썼다.[422]

외국공사들이 본 대한제국의 모습, 대신들과 관찰사들의 사직상소에 나타난 실상, 세금이 걷히지 않던 당시 상황, 각종 비용의 집행 항목과 금액, 그리고 황현과 윤치호의 기록을 보면 이들의 내용이 서로 일치함을 알 수 있다.

유길준과 이승만

이러한 대한제국을 통탄하고 걱정한 지식인의 기록도 있다. 일본에 망명 중이던 46세의 유길준은 '보국지책'이라는 글에서 러시아와 일본이 전쟁을 하면 대한제국은 망할 것이라며, 개혁을 단행하여 나라를 강하게 해야 하며, 그것이 불가능할 경우 일본과의 연합을 주장했다.

27세의 이승만은 제국신문 10월 24일 자 논설에서 "이 천지에는 이 나라를 위해 애쓸 사람도 없고 일할 사람도 없는 … 홀로 쓸데없는 빈말이라도 주야에 애쓰는 놈이 도리어 어리석고 미련한 물건이로다"고 개탄했다.[423]

군부의 실상

1월 초에는 약 1년간 훈련을 받은 무관학교 학생들이 집단으로 무단자퇴하고 집으로 돌아가는 일이 발생했다. "… 학도들이 주장하기를, 「학도들의 소원이 언제 이루어질지 막연하니 일찌감치 집으로 돌아가서 생업에 안착하는 것만 못하다.」라고 하면서 … 각자 물러갔다고 하였습니다. … 현재 남아 있는 인원은 92명이고 …"라 하였다.

황성신문은 2월 초 논설에서 당시 군대는 야전포와 같은 좋은 무기도 사용할 줄 모르는데, 이런 병사들을 위해 예산의 절반을 낭비하고 있다면서 17,000여 명의 군대 중 2/3를 감축하면 국고를 절약하고, 민생에 도움이 될 것이라 했다.[424]

1901년 예산 907만 원 중 군부의 예산은 40%나 되는 359만 원이었다. 그러나 위의 기록처럼 황성신문조차 군대가 예산을 낭비하고 있다고 비판한 것과, 베베르가 대한제국의 군사들이 불쌍하다고 한 것을 보면, 군은 여전히 최소한의 기능도 하지 못하고 있었음을 알 수 있다.

두어 달 근무한 유럽공사와 황족의 해외 유람 보고

2월 중순에 주프랑스공사 김만수가 돌아와 고종에게 보고하는 장면을 보자.

"무사히 돌아왔다. 갔다 오는 데 지금까지 몇 달이나 걸렸는가?"

"실로 6개월이 걸렸습니다."

"물산의 풍족한 정도가 독일국과 비교해 어떻던가? 우리나라 사람들이 더러 있던가?"

"물화가 풍족한 것은 독일국과 마찬가지입니다. 우리나라 사람이라고는 공사 일행 외에 사는 사람이 더는 없습니다."

"경비가 궁색하지나 않았는가?"

"절약해서 간신히 댈 수 있었습니다."

김만수가 임명된 것은 1901년 3월 16일이고, 10월 18일에는 벨기에공사를 겸임하게 되었다. 그런데 갔다 오는 데 6개월이면, 이동 시간을 빼면 두어 달 정도 있었다는 것이다.

8월에는 영국 국왕 에드워드 7세(재위 1901-1910)의 즉위식에 황족인 이재순과 함께 다녀온 이재각이 고종에게 보고하는 내용을 보자. 즉위식은 에드워드 7세의 병으로 연기되었다.

"영국에서 며칠이나 접대를 받았는가?"

"양력 6월 22일부터 7월 2일까지 도합 10일간 접대를 받았습니다."

"오고 갈 때 모두 뱃길을 이용했는가? 혹 철길도 이용했는가?"

"갈 때에는 일본 장기(長崎)에서 … 밴쿠버에 이르렀고, 그곳에서 기차를 타고 7일을 달려 퀘벡항에 도착했고, 그곳에서 다시 배를 탔습니다. …"

"경유했던 여러 곳에서 구경은 했는가?"

"조금 구경을 하였습니다. 밴쿠버는 철길이 지나가는 곳에 기이한 절경이 많이 있었습니다. 영국과 미국 두 나라의 분계(分界)에 나이아가라 폭포가 있는데 …"

"오인도(五印度) 부근 지역은 과연 매우 덥던가?"

"그렇습니다."

"어느 곳이 가장 덥던가?"

"홍해가 가장 무더웠는데, 마치 큰 화로 안에 있는 것과 같았습니다."

"실론섬을 보았는가?"

"보았습니다."[425]

이렇게 프랑스와 벨기에 겸임 공사는 이동 시간을 포함하여 6개월 만에 귀국하고, 영국에 간 황족은 관광한 내용을 보고하고 있다. 주미공사로 발령이 나도 부임하지 않고, 주일공사도 장기간 공석 중이었고, 주진독리도 1895년까지 약 11년 중 8년이 공석이었다. 일하는 사람이 없었다.

권력 투쟁

한편, 궁중에서는 고종을 둘러싸고 이용익파와 이근택파 사이에 권력 투쟁이 진행되고 있었다. 이용익에게 위기를 느낀 이근택은 탈출구로 엄비를 황후로 책봉하는 것을 추진하였다. 이근택 등 엄비(영친왕) 측근과 윤용선, 조병식, 조병세 등 원로대신들이 이를 추진하였는데, 반대 세력은 민씨 척족(순종)과 이용익, 이기동, 길영수 등이었다. 그런 가운데 이용익이 고종을 당 고종, 엄비를 양귀비로 비유한 사건이 발생하자, 이근택 등은 조병세 등 의정부 대신들과 손을 잡고 이용익을 탄핵한다. 10월에 궁내부 특진관 조병식이 순비 엄씨를 '황순비'로 호칭을 높일 것을 상소한다. "… 순비(淳妃) 엄씨는 왕후로서 제사를 받들고 황자를 생산하였습니다. …"라 했는데, 이날을 전후로 조병식 외 여러 명이 같은 내용의 상소를 올린다. 이에 고종은 10월 말에 "순비 엄씨를 황귀비(皇貴妃)로 올려 봉하는 제반 의절을 …" 거행하게 했다.

11월 29일 자 고종실록을 보면, 윤용선, 심순택, 조병세 등이 "역적"인 이용익을 처단해 줄 것을 요구하며 대궐 문밖에 나가 엎드리는 일이 발생했다. 이날 고종은 탁지부 대신 서리 이용익을 해임하는데, 그는 러시아공사관에 머물다가 12월 중순에 러시아 군함을 타고 여순으로 향했다고 알려졌다. 12월 17일 자 고종실록을 보면 "내장원 경 이용익에게 외국에 나아가 쌀 무역에 대한 사무를 맡아서 처리하라고 명하였다."고 기록되어 있다.[426] 이들 두 세력의 권력 투쟁은 다음 해에도 계속된다.

하와이 이민

12월 말에 이민자 약 120명이 인천항을 떠나, 다음 해 1월 하와이 호놀룰루에 도착한다. 한 해 전 10월에 의정부 의정 윤용선이 함경도와 평안도에서 수만호가 국경을 넘어가는 이유가 "모두 장리(長吏)가 탐욕스럽고 포악하여 백성들로 하여금 이산하게 만든 것입니다"고 했다.[427]

1902년(메이지 35) - 일본

영일동맹이 체결되자 러시아는 프랑스와의 협력을 내용으로 하는 공동 선언을 발표한다. 그러나 프랑스는 유럽에서의 독일의 부상을 염려하여 러시아와 일본의 전쟁에 반대하는 입장이었고, 미국과 독일은 영일동맹에 지지를 표했다.

러시아는 만주에서의 철군을 약속하는 협정을 청국과 체결하여 10월에 1차 철군을 하고, 제2차 보어전쟁을 끝낸 영국에서는 전반적인 면에서 자국을 재평가해야 한다는 여론이 일어났다.

한편, 프랑스 대통령은 러시아 황제에게 대한제국을 일본에 양도할 것을 건의하고, 주한 러시아공사도 대한제국의 양도를 본국에 건의한다. 청은 일본에 대규모 유학생을 파견한다.

무선 기술 연구, 해외 유학생 수 1만 1천여 명

마르코니가 1895년에 발명한 무선 통신을 세계 최초로 전쟁터에서 사용한 것은 러일전쟁 때의 일본군이다. 일본은 1900년에 해군 무선전신조사위원회를 설치하여, 동경대 물리학과 출신인 36세의 해군 교수 기무라 슌기치(木村駿吉)를 중심으로 연구에 착수했다. 기무라는 1893년부터 1896년 동안 예일대와 하버드 대학원에서 공부하고 해군 교수가 되었고, 함선용 무선 전신기를 개발하기도 했다. 그는 이해에 유럽을 방문해 무선 기술 연구 현황을 시찰했는데, 유럽 어느 나라에서도 일본의 연구 성과 이상은 볼 수가 없었다고 했다.

참고로, 1902년까지 일본의 해외 유학생은 약 1만 1천여 명에 달했고, 일본 정부는 메이지 유신 이후 약 3천여 명의 외국인 기술자, 학자, 전문가를 초빙했다.[428]

나쓰메 소세키가 본 일본

당시 일본의 상황에 대해 소설가 나쓰메 소세키(夏目漱石, 1867-1916)는 다음과 같은 기록을 남겼다. 사람들은 일본이 30년 전에 깨어났다고 하지만, "화재 경보를 듣고 바로 자리를 박차고 나온 것과 같았다"고 했다. 이것은 각성이 아니라 완전한 혼돈으로, 급작스럽게 서양 문화를 흡수하여 제대로 소화할 여유를 갖지 못했다고 했다. 따라서 일본은 모든 분야에서 "진정으로 깨어나야만 한다"고 봤다.[429]

청의 대규모 일본 유학생 파견

청 조정과 각 성(省) 당국, 그리고 개인은 갈수록 많은 유학생을 일본에 보냈는데, 1906년까지 약 13,000여 명에 달했다. 유학생들은 일본 서적과 서양 서적 번역서들을 청국에 소개했다. 또 이들은 일본어로 된 전문 용어를 사용했으며, 청 말기의 신식 교육 체제와 대다수의 교재들은 대부분 일본을 본떠 만든 것이었다.[430]

동사 사고

1월 하순에는 아오모리(青森) 현 핫코다(八甲田)산에서 동계 훈련을 하던 210명의 일본군 보병 중 199명이 동사(凍死)하는 사고가 일어났다. 당시 일본 육군은 겨울철 행군의 문제점을 연구하고 있었는데, 이 사고로 러일전쟁 때는 알루미늄제 반합과 수통을 보급하고 동상 예방 대책을 세운다.[431]

영일동맹

1월 14일, 영국은 동맹 조약 2차 안을 제시했고, 18일에는 일본이 2차 안을 제출했다. 24일에는 영국이 3차 안을 제출하는 등 신속하게 추진되어 마침내 1월 28일에 최종안에 합의했고, 1월 30일에 6개조의 영일동맹(Anglo-Japanese Alliance) 조약이 조인되었다. 전년도 8월 초에 일본 정부가 교섭 개시를 훈령한 이래 6개월이 안 되어 체결된 것이다.

조약 전문은 "… 극동에서의 현상과 평화 유지를 희망하고 또한 청제국과 대한제국의 독립과 영토 보전을 유지하고 …"라 했다. 제1조에서는 "청국과 조선의 독립을 서로 인정하고 … 대영제국은 주로 청국에 대하여 특별한 이해관계를 가지고 있고, 반면에 일본은 청국에 대하여 특별한 이해관계를 가짐에서 더 나아가 조선에 대하여 상업적·산업적으로 뿐만 아니라 특별할 정도로 정치적으로 이해관계를 가지고 있으므로 … 어느 일방이 자국 국민의 생명과 재산 보호를 위해 개입을 필요로 한다면 체약 당사국은 그러한 특별한 이해관계를 보호하기 위해 필요불가결한 조치를 취하는 것을 양해한다."고 했다.

제2조에서는 "… 어떤 다른 강국과 전쟁에 휘말리게 된다면 이 체약 당사국 중 다른 당사국은 엄정 중립을 지킬 것 …"을 규정했다. 영일동맹 공표 하루 전인 2월 10일, 구리노 신이치로 주러 일본공사는 러시아 외무상 람스도르프에게 동맹이 성사되었음을 알리고, 조약 전문을 전달했다.[432]

동맹 조약 제1조에 관한 주영 일본공사의 설명

조약 제1조와 관련해서 하야시 공사는 랜스다운 외무상에게 임오군란, 갑신정변, 동학난과 청국에서의 의화단의 난 등을 설명했다. 이런 혼란은 앞으로도 언제든지 일어날 수 있는데, 양국이 동맹을 맺는다면 예측할 수 없는 모든 사건들을 동맹 조약 안에서 처리할 수 있을 것이라는 입장을 밝혔다.[433]

일본의 지위 향상

일본 각지에서는 동맹 조약 체결 축하회와 제등 행렬이 이어졌다. 주영공사와 전년도 6월까지 외무대신을 역임한 가토 다카아키는 엄청난 외교적 성공이라 평가하며, 맹호가 날개를 단 격이라고 표현했다. 그리고 '볼품없는 집 사람이 명문가에 시집가는' 것 같다는 평가도 있었다.

이해 일본의 철강 생산량은 1천 톤, 영국은 590만 톤이었다. 러일전쟁에서 해전의 주역이 되는 일본 전함 6척은 영국에 발주한 것들인데, 1897년부터 1902년에 걸쳐 차례로 완공되어 일본에 전달되고 있었다. 이들 전함은 모두 영국 해군의 주력함으로도 손색이 없는 첨단의 전함들이었다.[434]

프랑스, 독일, 미국의 입장

영국과 일본이 동맹을 맺자, 러시아와 프랑스는 3월 중순에 공동선언을 발표했다. 그 내용은 만약 청국에서 양국의 권익이 침해당하면 필요한 수단을 취한다는 내용이었다. 그러나 1891년에 러시아와 동맹을 맺은 프랑스로서는 러시아가 극동에 전념할수록 유럽에는 등한시할 것이고, 그러면 독일의 부상을 막지 못할 것이라는 우려가 있었다. 따라서 프랑스는 러시아와 일본의 전쟁에 반대하는 입장이었다.

결국 영일동맹 후 프랑스는 영국과의 관계를 개선하고, 미국과 독일은 영일동맹에 찬성했다. 이로써 프랑스와 독일의 참전은 사실상 불가능하게 되었고, 따라서 일본은 러시아와의 전쟁에만 집중할 수 있게 되었다.[435]

만주 철군 협약

영일동맹이 공표된 지 두 달이 안 된 4월 8일, 결국 러시아는 영국의 요구에 따라 만주 철군 협약을 청국과 조인했다. 그 내용은, 10월 8일에 1차 철군을 시작으로 그 후 6개월 단위로 두 번 더 철군하는 것이었다. 그러나 러시아는 1차 철군 후 청에게 새로운 요구 조건을 제시하며 철군을 하지 않아, 일본과의 대립이 본격적으로 시작된다.[436]

드러난 영국의 문제점들

1899년 말부터 시작되어 45만 명의 영국군이 참전한 제2차 보어전쟁이 5월에 끝났다. 이후 영국의 위상에 관한 토론이 영국 내에 확산되었는데, 미국과 독일은 몇몇 부문에서는 이미 영국을 능가하였고, 영국은 여러 공업국가들 중 하나일 뿐 더 이상 유일 강대국이 아니었다. 이 전쟁에서 노출된 군사적 비능률과 병사들의 부실한 자질로 인해 영국의 정치적, 경제적, 사회적 제도들을 재평가해야 한다는 여론이 일어났다.[437]

대한제국을 일본에 양도할 것을 권유한 프랑스 대통령

5월에 에밀 루베(Émile Loubet, 재임 1899-1906) 프랑스 대통령은 러시아를 방문하여, 니콜라이 황제에게 대한제국을 중립화하든지, 아니면 러시아가 항구 하나를 점유하는 조건으로 대한제국을 일본에 넘겨주는 안을 제시했다.

한편, 일본의 재계를 대표하던 62세의 시부사와 에이이치는 5월에 루즈벨트 대통령을 만나 양국 경제계의 긴밀한 교류를 부탁하는 등 경제외교를 펼쳤다. 그는 미국의 재계 지도자들과도 만나고, 이후 영국, 프랑스, 이태리를 방문한다.[438]

대한제국의 양도를 주장한 주한 러시아공사

8, 9월에 러시아 내에서는 만주와 대한제국을 둘러싼 일본과의 관계 설정에 대해 많은 의견이 나왔다.

재무상 비테는 황제에게, 일본과의 전쟁은 러시아에게 엄청난 재앙을 가져올 것이므로, 교섭을 통한 조선 문제 해결을 주장했다. 주일 러시아 공사 이즈볼스키는 대한제국은 스스로 국가로서 기능을 할 능력이 없으므로, 이런 상태로는 몇 년 내에 일본이 대한제국의 모든 것을 장악하는 것을 러시아가 인정하든지, 아니면 일본과 전쟁을 하든가 결단을 내려야 할 것으로 봤다. 이즈볼스키의 후임으로 부임한 로젠 주일공사는 일본과의 합의는 이미 불가능하기 때문에 러시아가 일본을 궤멸시키든지, 아니면 일본을 압도하든지 해야 하며, 만주 철군에는 반대했다.

주한 러시아공사 파블로프는 대한제국 중립화를 주장하면 일본은 만주 중립화를 요구할 것이고, 그러면 러시아군은 만주에서 철군해야 하기 때문에 대한제국 중립화에 반대했다. 그 대신 대한제국을 일본에 양보하고, 일본은 만주에서의 러시아의 이권에 개입하지 않는다는 밀약을 해야 한다고 주장했다.[439]

동청철도 파괴를 주장한 참모들

일본의 참모본부 내에는 만주에서 작전을 펼칠 것을 주장하는 참모들이 있었다. 그중 다나카 기이치(田中義一) 소좌는 이해 겨울 참모본부 차장 다무라 이요조(田村怡與造)에게 의견서를 제출했다. 다나카는 러시아에게 큰 고통과 손해를 줄 수 있는 동청철도 파괴 및 여순과 대련에 있는 러시아군을 궤멸시키고, 가능하면 하얼빈을 점령하여 동청철도를 차단해야 한다고 했다.

다무라는 4월에 참모차장에 임명되어 철도회의 의장을 겸임하고 있었다. 다무라는 러시아와의 전쟁에는 소극적이었으나, 전쟁을 상정한 전략 수립을 추진하다가 다음 해 10월에 사망하고, 후임에 고다마 겐타로(兒玉源太郎)가 취임한다.[440]

1903년(광무 7, 고종 40) - 대한제국

거의 1년 내내 올라오는 탁지부 대신들의 사직상소를 보면 "한밤중에도 잠을 못 이루고 이리저리 방황하며 생각해 보지만" 대책을 세울 수가 없었다. 외부(外部)대신 이도재는 11개월 동안 최소 열두 번의 사직상소를 올려 마침내 사직을 허락받는다. 관찰사들의 사직상소를 보면, "만신창이가 되지 않을 곳이" 없고, 백성들은 "농기구도 들 힘이 없고 … 밥 짓는 연기도 거의" 나지 않았다.

토목 공사로 백성은 여전히 그 비용 충당에 고통을 받고 있었는데 신라 왕릉 보수까지 신하들이 상소한다. 백 리도 안 되는 거리에 세금을 거두는 곳은 열여덟 곳이나 되고, 이태리 총영사, 미국 기자, 전 러시아 공사, 러시아 민속학자 등이 이런 대한제국에 관한 기록을 남겼다. 연말에 고종은 러시아 영토로 탈출하는 것을 러시아공사관에 문의한다.

"빼돌리는 것이 열에 여덟아홉입니다"

철도원 총재 이도재는 1월 초 사직상소에서 "… 땅값을 즉시 지불해 주어야 하는데 나라의 재정이 텅 비어 마련할 방법이 없어 …"라고 했다. 내장원 경 이용익은 1월 하순에 "… 남을 속이는 일이 만연하여 공유(公有)의 물건이 모두 개인에게 돌아가고 … 중간에서 부당하게 빼돌리는 것이 열에 여덟아홉입니다. … 힘을 다하여 이들을 제거하고자 하였습니다. 하지만 서로 버티고 있는 자들이 거실세족(巨室世族)이 아니

면 관찰사나 군수이므로 …"라 하였다.[441]

"정승의 직책은 한갓 이름만 있고"

1월 하순에 의정부 의정에 임명된 이근명은 사직상소를 올려 "… 정승의 직책은 한갓 이름만 있고 조치가 항간에 미치지 못하고 권위가 서리에게 가해지지 않습니다. … 걱정스런 형태와 위험스런 형세는 무너지는 파도를 막을 수 없고 쌓은 바둑알이 쉬 무너지듯이 거의 단시일 내로 화가 닥칠 것입니다. …"라 하였다.[442]

"결국은 나라가 망하는 화를 만들어 내니"

탁지부 대신들의 상소를 통해 재정 부실이 어느 정도였는지 보자. 3월에 김성근은 사직상소에서 "… 국고는 텅 비어 예산을 지출할 방도가 전혀 없고 … 지금의 방책으로는 우선 남아돌거나 쓸모없는 관직을 없애고 불요불급한 수많은 경비를 감축"할 것을 건의했다.

10월에 김성근은 다시 사직상소를 올려 "… 어찌하여 근년 이래로 저축이 고갈되고 경비가 궁색해져서 올해가 작년보다 어렵고 다음 달이 지난달보다 곤궁하여 갈수록 더 심해져 … 언제나 씀씀이가 헤퍼 … 재정이 고갈되어 다시 지나치게 세금을 많이 거두어들이는 폐단에서 생겨났습니다. 이에 백성들의 생활이 곤궁해지고 도적이 불어나 결국은 나라가 망하는 화를 만들어 내니 … 신이 한밤중에도 잠을 못 이루고 이리저리 방황하며 생각해 보지만 구제할 계책을 찾지 못하여 …"라 하였다.

김성근의 후임으로 심상훈이 임명되지만 그도 한 달 후에 사직상소를 올린다.[443]

최소 열두 번 사직을 청한 외부대신

외부(外部)에서도 사직상소를 많이 올렸는데, 그 내용을 보면 외국과 교섭을 하거나 대처할 능력이 있는 사람이 한 명도 없었음을 알 수 있다.

2월 3일, 외부대신 이도재가 사직상소를 올려 "… 현재 국제간의 관계가 알력이 심하여 일마다 손을 대기가 어려운 형편인데, 교섭해야 할 안건은 겹겹이 생겨나고 …"라 하였다. 이도재는 이후에도 계속 사직상소를 올리는데, 처음 올린 2월 1일부터 12월 23일까지 최소 열두 번 사직을 청했다. 이 기간 동안 외부대신의 업무가 정상적으로 진행되었을 것으로 기대하기는 어려울 것이다.

그런데 이때 48세의 고무라 일본 외무대신은 만주 철군 약속을 파기한 러시아와 본격적으로 협상을 하고 있었다. 그들의 협상 내용 중 가장 첨예하게 대립하던 내용은 한반도의 북위 39도 이북을 중립지대로 하는 것과 대한제국 땅을 군사적으로 사용하는 문제, 그리고 만주와 한반도에 대한 일본과 러시아의 이권 문제 등이었다. 당시의 이런 상황을 고려하면서 외부대신과 외부협판, 외부 교섭국장의 사직상소의 내용을 계속해서 보자.

이도새는 세속뇌는 사직상소에서 "지금 국가의 형세는 진작되지 못하고 외국의 모욕은 막을 길이 없는데 …", "온갖 병폐가 드러나 비웃음과 비방이 사방에서 이르고 있으니, 국내의 여론만 그러할 뿐 아니라 필시 외국인으로 하여금 우리나라의 정부에 사람이 없다고 비웃게 할 것입니다. …", "오늘날의 외교 상황을 보건대, 마치 구멍 난 배를 보수하는 것과 같고 기울어진 큰 집을 나무로 지탱하는 것과 같으니 …"라 했다. 또 "근래에는 교섭하는 일이 많은 관계로 마음도 이미 지쳐 버렸고 힘도 이미 다하였습니다. … 다 죽어 가는 팔순 노인같이 숨이 간당간당하고 …", "현재 외국과의 교제가 무척이나 혼란하여 … 신처럼 병든 자는 외국인을 응대할 때에 고개를 숙이고 신음하면서 말을 들을 적에는 정신을 놓고 있어서 말의 맥락을 잡지 못하고 … 신이 그칠 줄 모르는 듯이 이렇게 여러 번 호소하는 것은 신 개인을 위해서가 아닙니다. …"라고 했다. 마침내 이도재의 사직은 12월 23일에 수락되었다.

외부 교섭국장 이근상은 9월 초 사직상소에서, 교섭국장 자리는 "외교에 대해 익숙히 알고 평소 명망과 실력이 있는 자가 아니면 위에서는 가벼이 주어서는 안 되고 아래에서는 함부로 차지해서는 안 되는데 …"라 했고, 후임에 임명된 김석규도 8일 후에 사직상소를 올려 "… 재능이 전혀 맞지 않는 것은 논할 것이 없을뿐더러 …"라 하였다. 외부대신 서리 외부협판에 임명된 지 6개월 된 이중하는 9월 중순 사직상소에서 "… 번잡한 외국과의 사무와 쌓여 있는 부서의 업무에 대해 하나도 제대로 처리하지 못하여 …"라 하였다.

1902년에 주일공사에 임명되었으나 부임하지 않았던 궁내부 특진관 김승규는 일본에서 열리는 제5회 권업박람회 관람위원장으로 3월에 임명되었으나 이것도 거절하는 상소를 올린다. "… 신은 겁이 나서 더욱 몸 둘 바를 모르겠습니다. … 신과 같은 좁은 안목으로는 결코 박람에 이바지할 만한 것이 없으며 … 병든 모친의 곁을 떠나 강토를 벗어나는 것은 매한가지입니다. …"라 하였다.[444]

황성신문의 우려가 현실로

황성신문이 4월 초 사설에서 대한제국과 중국은 일본에 유학생을 보내기는 했지만 중도에 귀국하는 학생이 많고, 특히 대한제국은 신학문을 배운 자가 없어 야매(野昧)의 지경을 면할 수 없을 것이며 빈약국 탈피가 어려울 것이라 했는데,[445] 이런 우려가 위와 같이 지도층에서 이미 현실로 나타나고 있었다.

주일공사는 공석 중

러일전쟁 발발 불과 몇 달 전이었지만, 주일공사직은 제대로 수행되지 않고 있었다. 2월에 동경에 부임한 주일공사 고영희는 10월 말에 귀국하였고, 이지용이 주일공사에 임명되었다. 그러나 이지용은 부임하지 않았고 12월에 외부대신 임시 서리를 겸임하게 되어, 12월 31일에 주미공사 조민희를 주일공사로 임명하여 현지에서 부임하도록 했다. 조민희는 다음 해 3월 초에 주일공사관에 도착하였고, 8월 중순에 귀국한다.[446]

"귀머거리에게 듣는 일을 시키고 벙어리에게 말하는 일을 시키는"

11월 8일에 이태리공사로 임명된 궁내부 특진관 이용선도 12월에 사직상소를 올려 "… 언어도 제대로 통하지 않는 나라에 외교관의 직함을 주어서 국경을 나가도록 하신다면, 이 어찌 귀머거리에게 듣는 일을 시키고 벙어리에게 말하는 일을 시키는 것과 다르겠습니까. 거액의 나랏돈만 부질없이 허비하면서 공관만 지키고 앉아 있을 뿐 외국과 관계를 맺는 일에 있어서는 태만하여 교섭하지 않고, 다른 나라의 기밀 정보를 알아내는 일에 있어서는 명청하여 찾아내지 못합니다. …"라 하였다.[447]

이 사직상소는 15년 전인 1888년 8월에 주미공사관 참무관으로 임명된 병조정랑 김사철의 사직상소 내용과도 비슷하다. 그동안 유학생에게 지원한 돈이라 해 봐야 왕실 능의 돌 장식이나 비석 수리 비용도 안 되는 금액이었으니 "벙어리" "귀머거리"인 것은 당연했을 것이고, 조정대신은 물론 지방의 유생조차 '중화(中華)' 사상에 빠져 '화이(華夷)'의 사고의 틀에서 벗어나지 못했는데, '오랑캐' 학문을 배우는 것 역시 기대하기 어려웠을 것이다.

그러면 지방의 상황은 어땠는지 각 도의 관찰사들의 상소를 통해 알아보자.

1903년 대한제국

"피골이 상접하여 다 죽어" 가는 경상도 백성들

10년 만에 경상북도 관찰사에 다시 부임한 이헌영이 1월 하순에 상소를 올려 실태를 보고하는데 "… 어느 해부터인지 여러 갈래로 세를 징수하여 이중으로 징수하는 일이 없지 않고 … 옛날에 부유하던 사람이 지금은 모두 빈곤합니다. … 가을걷이에 쌀독이 모두 비고 날씨가 추운데도 이고지고 떠나는 사람이 꼬리를 잇고 있으니 …"라 하였다.

이헌영은 3월 중순에는 사직을 청하는데 "… 불쌍한 이곳 백성들은 가족끼리 서로 헤어져 객지를 떠돌며 굶주림으로 피골이 상접하여 다 죽어 가고 있으니, 장차 도랑이나 골짜기에는 주검들이 줄을 잇는 상황을 면치 못할 것입니다. … 그런데 이런 즈음에 '집포관'과 '찰리관'이란 것이 … 백성들을 협박하여 죄명을 씌우고 재물을 빼앗으면서 마음에 들지 않는 것이 있거나 욕심을 채우지 못할 경우에는 … 사람을 죽이는 지경에까지 이르렀습니다. 그리하여 조금 여유가 있는 자는 가산을 탕진하지 않은 자가 없고 가난한 자는 놀라고 겁을 먹어 이리저리 도망다니는 모습이 마치 난리를 만난 듯합니다. … 이와 같다면 망치지 않을 일이 없으며 만신창이가 되지 않을 곳이 없습니다. …"라 하였다.

이헌영의 후임으로 임명된 윤용식도 9월 중순 사직상소에서 "… 헐벗은 채 죽어 가는 백성을 편안히 살게 하기가 쉽지 않고 고질이 된 폐단을 바로잡을 계책도 없습니다. …"라 했다.

경상남도 관찰사에 임명된 이윤용도 8월 말에 "… 흉년이 거듭되어 굶주림에 고생하는 백성들의 실정이 듣기에도 몹시 가련한 …"이라며 사직을 청했다. [448] '집포관', '찰리관'은 황실에서 보낸 세금 징수원이다.

"밥 짓는 연기도 거의 나지" 않는 전라도

전라북도 관찰사 조한국은 1월 하순에 "… 듣고 보는 것들은 슬프고 참혹하지 않은 것이 없습니다. …"라며 사직을 청했다. 조한국 후임인 윤용식은 8월 초에 "… 전라북도는 본래 부유한 지방으로 일컬어지고, 국가에 바치는 세금도 많고 물산도 풍부한 하나의 큰 도시입니다. 그런데 … 간교하게 세금을 징수하는 일이 예전에 비해 몇 배나 되어 민생의 괴로움이 날로 더욱 심해지고 있으며 도적이 사방에서 일어나 …"라며 사직을 청했다. 윤용식에 뒤이어 임명된 이성렬도 9월 중순에 사직상소를 올려 "… 현재 군현의 피폐한 상황은 터럭 하나까지도 병들지 않은 곳이 없습니다. …"라 하였다.

전라남도 관찰사에 임명된 이근교도 8월 하순에 "… 노인과 아이들을 데리고 괴롭게 길에 떠돌아다니는 자들은 굶주림에 내몰린 것인데 끝내는 갈 곳도 없으며, 남아 있는 자들은 어느 곳이나 가난에 찌들려 농기구도 들 힘이 없고, 황폐화된 마을에는 밥 짓는 연기도 거의 나지 않습니다. …"라며 사직을 청했다.[449]

최대 곡창지대인 전라남·북도 백성들의 삶조차 이런 지경에까지 이르렀다는 것은, 탐관오리의 착취와 수탈 그리고 조선의 국가로서의 기능 상실 외에는 다른 것으로 설명을 할 수가 없을 것이다. 다른 지방의 모습도 계속해서 보자.

"떠돌다가 점점 죽고 말" 경기도 백성들

경기 관찰사 정인승은 7월 하순에 "… 온전한 고을이 없고 백성들은 대부분 생업을 잃었습니다. … 시장 가격은 더욱 치솟는데 미곡은 보이질 않고, 민심은 서로를 속이느라 농사짓는 데 마음 쓸 겨를이 없으니, 온 도 백성들은 굶주림으로 이리저리 떠돌다가 점점 죽고 말 것입니다. …"라며 사직을 청했다.[450]

"백성의 근심은 죽음보다 심한" 충청도

충청남도 관찰사 주석면은 7월 말에 "… 삶이 애처롭고 그 생업이 지

극히 어려운 것이 오늘날보다 심한 적이 없을 듯싶습니다. …"라며 사직을 청했고, 후임으로 8월 말에 임명된 정인승은 "… 모든 기강이 다 해이해져서 쇄신할 기약이 없고 많은 폐해가 이미 고질이 되어 버려 치료할 방법이 없으니 …"라며 사직을 청했다. 충청북도 관찰사 심상훈은 9월 초에 "…백성의 근심은 죽음보다 심한 점이 있으니, 마땅히 구제하고 보호해 주는 데에 겨를이 없어야 하는데도 …"라 했다.[451]

제2수도 건설 공사비에 짓눌리는 평안남도

평안남도 관찰사 민영철은 8월 중순에 "… 토목 공사는 1년이 지났는데도 마치지 못하여 많은 경비를 계속 대기 어렵고, 관리와 백성들은 흉년으로 고통을 당하여 공납(公納)이 대부분 체납되고, 강한 이웃 나라인 중국은 국경 문제로 교섭을 하여 변방의 근심이 갑자기 생겨났습니다. …"라 하였다.[452]

"흩어져 떠돌고 있는 무리가 줄을 잇고" 있는 함경도

함경남도 관찰사 서정순은 2월 하순에 "… 온 도가 흉년이 들어 흩어져 떠돌고 있는 무리가 줄을 잇고 있는데도 …"라 하였고, 함경북도 관찰사 이윤재는 9월 중순에 "… 도망가는 백성을 편안히 살게 해 줄 가망이 없고 도적을 제거할 방법이 없습니다. …"라며 사직을 청했다.[453]

이처럼 황해도와 강원도, 평안북도를 제외한 지역의 관찰사의 사직상소는 백성들의 삶이 무너지고 있었음을 말하고 있고, 대신들의 상소는 나라의 재정은 비었고 기강이 무너지고 법이 제대로 행해지지 않고, 외교를 담당할 인력도 없었음을 말하고 있다. 나라로서 제대로 작동하고 있는 것을 보고하는 상소가 없다.

제2수도 건설 공사에 추가 지출

이렇게 백성들은 굶주림에 허덕이는데, 전년도에 지급한 은화 55만 원과 100만 냥도 부족하여 서경(평양) 공사를 지휘하던 영건도감 제조 윤정구가 10월 중순에 "… 은화 20만 원을 다시 더 탁지부에서 지출하여 비용을 대어 주도록 …" 윤허받았다. 1902년에 시작한 서경의 태극전과 중화전 공사는 11월 초에 완공된다.

미국 기자 앵거스 해밀턴이 이해에 방문하여 기록한 것을 보면, 이해 총세출은 1,070만 달러였는데, 지출 내역 중 학부 예산이 유학생 비용 1만 6천 달러를 포함하여 약 16만 달러(1.5%), 외부가 28만 달러(2.6%) 수준이었다. 그런데 고종의 개인적인 용돈이 81만 달러, 제사 비용이 19만 달러로 이 두 항목만 예산의 10%인 100만 달러였다.[454]

그 외 기록을 통해 이해 대한제국의 실상을 보자.

청과 러시아로 "흘러 들어가는" 백성들

내부대신 김주현은 2월 하순에 함경북도의 흉년에 대해 보고하면서 "… 노인을 부축하고 어린아이를 이끌고 청나라와 러시아 두 나라의 경계로 흘러 들어가는 이가 서로 연이어서 길을 따라 끊이지 않고 있습니다. …"라 하였다.

이해에 하와이로 이민을 떠난 사람은 1,100여 명, 1904년에는 3,400여 명, 1905년에는 2,600여 명이었다. 1905년 4월에는 멕시코로 1천여 명이 이민을 떠난다.[455]

대신들의 출근 불량

대신들이 출근을 등한시하자 6월 하순에 의정부 참정 김규홍이 전 군부대신서리, 군부·학부·법부대신과 군부대신서리 그리고 내부·군부·법부·

학부·농상공부협판 등을 견책 처분할 것을 윤허받았다. 4일 후에는 궁내부대신 성기운이 "… 50여 일간에 거의 5일이나 10일을 출근하지 않는 형편입니다"라며 철도원 총재, 비서원 경, 궁내부 협판 등을 견책 처분할 것을 상소했다. 8월에도 출근상황이 안 좋았는데 의정부 참정 김규홍이 "… 지난달 또 닷새나 열흘씩 출근하지 않은 것이 있었습니다."라며 외부·군부대신 등을 견책할 것을 윤허받았다.[456]

신라왕릉 보수 요청 상소

탁지부대신은 사직상소에서 나라에 돈이 없어 "한밤중에도 잠을 못 이루고 이리저리 방황하며" 걱정을 하는데, 고종실록 11월 14일 자에 종2품 김창렬 등이 신라 왕릉 보수를 요청하는 상소가 있다. "신들의 선조인 신라 김씨왕 28개의 능이 경주군에 있는데 … 봉분은 내려앉고 전각은 무너져 탄식을 금할 수 없습니다. 그리고 경순왕의 능은 장단(長湍)에 있습니다. … 그러나 역시 갑오년(1894) 이후에는 제사를 지내지 않게 되어 …"라고 하니 고종이 "… 해당 도신(道臣)으로 하여금 특별히 신칙하여 수호하게 하라."고 하였다.

백동화의 폐단

중추원 의장 김가진 등이 백동화의 폐단에 대해 11월 중순에 상소했다. "… 위로는 부고(府庫)의 수입이 앉아서 100분의 80을 잃어버리고 있는데도 오히려 악화가 샘처럼 솟아나 산처럼 쌓이는 것을 나라를 부유하게 하는 근원이라고 여기니 …"라 하였다. 며칠 후 의정부 의정 이근명은 "화폐의 폐단이 오늘 같은 때는 없었는데 … 백동화의 주조를 정지시키는 것 … 개인적으로 돈을 주조한 악화는 그 통용을 금지시키는 것 …"을 윤허받았다.[457] 백동화는 1892년부터 1904년까지 주조되었는데, 인플레를 유발했다.

"100리도 안 되는데 세금을 거두는 곳은 열여덟 곳"

12월 초, 서경(평양)에서 돌아온 대신 이근명이 "… 신이 장단(長湍) 고량포를 지나는데 수백 명의 백성들이 도로에 몰려와서 호소하기를, '잡세가 번다하여 본 포구로부터 강화까지 100리(40km)도 안 되는데 세금을 거두는 곳은 열여덟 곳이나 됩니다.'라고 하였습니다. 장사하는 백성들이 어떻게 견디겠습니까? …"라 하였다.[458]

순비 엄씨를 황귀비로 책봉

고종실록 12월 25일 자에 "… 순비 엄씨는 공경하는 도리를 스스로 지키고 후덕한 성품은 타고난 것이어서 대궐에 들어와 자식을 낳음으로써 … 황귀비로 책봉하도록 …" 하였다.

이해 외국인들은 대한제국을 어떻게 보고 있었는지 그들의 기록을 통해 보자.

이태리 총영사의 기록

주한 이태리 총영사 로세티(Carlo Rossetti)는 1902년 11월부터 1903년 7월까지 9개월 근무했다. 그는 대한제국의 관직은 너무 자주 교체되어, 관직매매는 매매가 아니라 차라리 임대차였다고 했다. 또 황제의 뜻은 후궁들과 내시, 궁정 신하, 점쟁이들에 의해 좌우되었고, 대신들은 당파에 속한 꼭두각시에 지나지 않았으며, 나라를 위해 일하는 신하는 찾아보기 어려웠다고 했다. 거두어야 할 세금 총액은 사전에 지역별로 정해져 있는데, 기한 내에 세금을 보내지 않으면 파면, 투옥, 유배 등의 처벌을 당하므로 지방관들은 자의적으로 세금을 징수하고, 따라서 백성은 아사 직전에 있다고 했다.[459]

미국 기자의 기록

영국 출신의 미국 기자 해밀튼(John Angus M. Hamilton)이 본 대한제국도 이태리 총영사가 본 모습과 별로 다르지 않았다. 군인은 몇천 명뿐인데 용기와 훈련도 부족하며, 위기 상황에서는 아무런 역할을 못할 것으로 봤다. 또 황제는 당파의 허수아비나 마찬가지며, 백성은 과도한 세금에 불만만 할 뿐 굴종하여 계속 세금을 내고 있고, 대한제국은 러시아와 일본 모두에게 매우 중요하여 양국의 대립은 더욱 커질 것이라 했다.[460]

전 러시아공사의 기록

전 주한 러시아공사 베베르는 1월 말에 본국 외무상에게 대한제국의 현실에 대한 서한을 보냈다. 조선인은 아이들처럼 문제의 본질을 이해하지 못해 자신들이 처한 상황을 제대로 이해하지 못하고, 오랜 세월 중국의 억압을 받아 스스로의 힘으로 존재할 수 있을지 의구심을 품고 있다고 했다. 또 황실은 나라의 돈을 모두 써버리면서 나라의 경제적 궁핍은 전혀 걱정을 하지 않고, 재정 관리 능력도 없다고 했다.[461]

베베르로부터 이런 보고서를 받은 러시아 외무상이 12월에 고종의 밀서를 가지고 오는 특사를 만날 때, 밀서와 특사의 말을 신뢰하기는 어려웠을 것이다.

러시아 민속학자의 기록

러시아의 민속학자 바츨라프 세로셰프스키(Waclaw Sieroszewski)가 이해에 대한제국을 방문하여 기록한 것도 베베르의 관찰과 크게 차이가 나지 않는다.

그는 당시 대한제국의 특징으로 초상집 같은 무거운 분위기, 불신과 의심이 만연한 아주 폐쇄적인 인간관계, 그리고 공적인 문제에 대해서는 전혀 관심을 두지 않는다고 했다. 또 사회 전체에 대한 생각과 반성이 없고, 지식은 중국에서 전승받은 것만 있고, 따라서 가치관은 기회주의에 머물러 있다고 했다. 손톱을 길게 기르고, 신분에 따라 옷도 다르고, 아무 일도 하지 않으며, 누구에게도 어떤 일로도 반대하지 않고, 나이 든 사람과 상사를 존중하고, 모든 사람과 사이좋게 지내고, 강하고 사악한 자들에게는 굴복하고, 관습과 예의범절을 준수하는 것, "이것이 자존심 있고 예의 바른 한국인이라면 누구나 명심하고 있는 교리이다"라고 했다. 462

그런데 바츨라프의 이 기록은 11년 전인 1892년 7월에 좌의정 송근수가 사직상소에서 지적한 내용과 매우 비슷하다.

당시 대한제국의 대외관계에서 가장 중요한 문제는, 러시아의 압록강 삼림권 행사를 위한 용암포 진출과, 경의선 철도 부설권을 둘러싼 일본과 러시아의 대립에서 입장을 명확히 하는 것이었다. 그런데 영국과 일본이 주장한 용암포 개항에 대해서 11월 말까지도 아무런 결정을 하지 않고 있었음을 외부대신 임시서리의 사직상소를 통해 알 수 있다.

러시아의 경의철도 부설권 요구

주한 러시아 대리공사 슈타인은 2월부터 외부대신 이도재에게 경의철도 부설권을 허가해 줄 것을 공식적으로 요청했다. 이에 일본은 하야시 공사를 통해 반대 의사를 분명히 했는데, 니시-로젠 협정에 따라 러시아는 대한제국에서 일본의 상공업 발전을 방해할 수 없다는 것이 근거였다. 대한철도회사도 러시아의 요구를 거절토록 조정에 요청했고, 결국 대한제국은 자체 건설을 구실로 러시아의 요구를 거절했다. 463

러시아의 용암포 땅 매입과 영국, 일본

이후 슈타인은 본국의 훈령에 따라 브린너의 압록강 삼림 채벌 계약에 의거하여 해당 삼림의 채벌 사업 개시를 대한제국 정부에 통보했다. 이후 러시아는 용암포 땅을 매입하여 공사를 시작했고, 의주에도 토지를 매입하였다. 이에 6월에는 압록강 삼림 문제와 용암포가 큰 문제가 되었고, 영국과 일본공사는 러시아에 대항하여 용암포와 의주 개방을 위해 움직였다.[464]

조차 조약 체결을 부인하는 대한제국

러시아와의 용암포 조차 조약이 7월에 체결된 사실이 삼림감리 조성협이 귀경한 직후에 주한 외교관들에게 알려졌다. 일본공사 하야시는 대한제국이 이 조약을 비준할 경우 일본에게도 동일한 권리를 양여해야 한다는 의사를 분명히 밝혔고, 영국총영사 브라운도 조차 조약의 부당성을 지적했다. 이러한 압력에 직면하자 의정부는 비준을 지연시켰고, 이 조약은 임시적인 것이며 조성협이 개인적으로 체결한 것이라 천명하였다. 그러나 파블로프 러시아공사는 외부를 방문하여 조약 체결을 요구하였고, 9월부터 러시아와 일본의 긴장은 고조되었다.[465]

신뢰를 잃어가는 대한제국

외부대신 임시서리로 임명된 지 50일이 된 이하영이 사직상소를 올려 용암포 개항에 대해 조정이 아무런 결정을 해 주지 않아 일을 할 수 없음을 아뢴 내용이 승정원일기 11월 27일 자에 있다. "… 현재 불리한 국면을 유리하게 이끌고 위태로운 형세를 안정시키는 방법은 오직 용암포를 개항하는 한 가지 사안에 달려 있습니다. … 개항을 청의(請議)한 지 여러 달이 되어도 분명한 결정을 못하고, 그 사실에 대해 조회하면 문서를 반환하는 것만 일삼고 … 시일을 너무 오래 끌다

보니 나라 사이에 있던 약간의 불화가 지금은 위기 상황으로 변하고 우리나라의 체신이 날로 깎여서 시급한 국면이 되어 버렸으니 … 제 자신이 그 사안에 대해 취사를 할 수가 없으니 진퇴양난의 곤란한 형편입니다"고 하였다.

이하영은 8일 후에도 사직상소를 올려 "… 저의 정성이 부족하고 말이 어눌하여 의정부 사람들에게 용납받지 못하였으니, 신은 화합하고 싶지만 여러 사람들이 협조하지 않는 것을 어찌하겠습니까. …"라 하였다.

경성-개성 철도공사 계약

7월 말, 조정은 대한철도회사에 경의철도 부설권을 인가하였고, 8월 중순에는 서북철도국과 대한철도회사 사이에 경성-개성 간 공사 계약이 체결되었다. 9월 초에는 대한철도회사가 경성-개성 간의 철도 공사를 위해 하야시 일본공사와 출자 계약을 체결하였는데, 이후 경성-평양 간으로 연장한다.[466]

일본의 개전을 바라는 황성신문

황성신문은 6월 8일 자 사설에서, 러시아는 만주를 지키기 위해 일본에게 대한제국을 내주려 한다고 비난했다. 황성신문은 대러 전쟁을 촉구한 일본의 '7박사 건의서'의 전문을 번역하여 게재했고, 7월 10일 자 논평에서는 대한제국의 상황은 도마 위의 고기처럼 두렵다고 했다.

또 10월 1일 자 논설에서는 러시아의 세력이 만주에까지 확장되면 일본도 병탄될 것이라며, 일본은 반드시 러시아와 전쟁할 것으로 봤다. 10월 24일 자 논설에서는, 일본이 러시아와 싸우는 것은 동양 전체의 이익을 위한 것이므로 우리 황인종은 일본의 개전을 바란다고 했다.[467]

대한제국의 중립 선언

고종실록 11월 23일 자에는 대한제국이 "각국에 선언하기를, '장차 일본과 러시아가 전쟁을 할 때 우리 나라는 관계하지 않고 중립을 지킨다.'고 하였다."

러시아 영토로의 피신을 문의한 고종

주한 러시아공사 파블로프는 고종과 측근들이 공포감에 빠져 있고, 신하들 사이에는 고종의 거처를 즉각 평양으로 옮기는 문제가 거론되었다고 보고했다. 12월 30일에는 고종이 위험한 순간에 러시아공사관으로 피신하고 또 러시아 영토 내로 탈출할 수 있는지 문의해 왔다고 파블로프가 알렉세예프 총독에게 보고했다. 그러나 알렉세예프는 파천은 거절하기 어렵겠지만, 러시아령으로의 피신은 종합적으로 검토해야 한다고 했다.[468]

12월 30일은 일본 정부가 러시아와의 교섭이 결렬되어 전쟁이 발발할 경우 대한제국과 공수(攻守)동맹을 맺거나 보호 조약을 체결하는 것을 방침으로 정한 날인데, 바로 그날 고종은 러시아 땅으로 피신하기 위해 러시아공사에게 문의했던 것이다.

1903년(메이지 36) - 일본

 러시아는 마침내 동청철도를 완공하여 남만주지선의 여순까지 연결하게 되었고, 러시아 내에서는 강경파가 득세한다. 청국에게 철군 조건을 제시하며 러시아가 2차, 3차 만주 철군을 거부하자, 일본 내에서는 전쟁을 주장하는 강경 여론이 일어난다. 일본 정부는 러시아와 협상을 개시하면서 협상 결렬 시 전쟁도 불사한다는 입장을 정했다.
 양국 간 가장 큰 의견 차이는 한반도의 39도선 이북을 중립지대로 하는 것, 한반도를 군사적으로 사용하는 것, 그리고 만주와 한반도에서 일본과 러시아의 이권 문제 등이었다. 이에 대한 양국 간의 의견 대립은 좁혀지지 않았고, 일본 내 대러 강경 여론도 줄어들지 않았다.
 러시아는 봉천을 다시 점령했고, 일본은 개전을 결의하고 대한제국을 피보호국으로 한다는 입장을 정하고, 영국은 개전 시 엄정 중립을 천명했다.

제2차 만주 철군 취소와 동청철도 완공

 4월 8일에 있을 제2차 만주 철병을 앞두고 1월 하순에 러시아는 외무상, 육군상, 외무차관, 주한공사, 주청공사 및 주일공사 등이 참석한 회의를 가졌다. 이 회의에서 만주에 대한 러시아의 권익을 청으로부터 보장받은 후에 철군할 것 등을 결정했다.
 한편, 러시아의 치타에서 청국의 치치하얼-하얼빈-수분하(쑤이펀허)를 거쳐 블라디보스토크에 이르는 1,760km의 동청철도가 완공됨으로써,

1903년 일본

1891년에 시작한 첼리야빈스크에서 블라디보스토크까지 7,500km에 이르는 구간이 완성된다. 1901년에는 하얼빈에서 여순에 이르는 남만주지선이 이미 개통되어, 러시아는 중국의 북만주와 남만주를 철도로 연결하는 작업을 완성시켰다.[469] 일본이 가장 우려하던 일이 현실이 되었다.

러시아 해군의 전쟁 예측

1900년에 이어 러시아 해군은 이해 초에 러일전쟁을 가상한 제2차 도상 훈련을 실시했다. 그 결론은 일본에게 가장 유리한 전략은 기습 공격을 하는 것이고, 러시아 함선은 기습 공격을 받으면 몇 분 내에 침몰할 것이라고 했다. 아울러 러시아군이 만주 철병을 지연시키거나 만주를 재점령할 경우, 그리고 일본의 대한제국 지배를 러시아가 방해하거나 진해만 등을 러시아가 점령하면 일본은 전쟁을 결의할 것으로 예상된다고 했다.[470] 이 보고서의 예측은 아주 정확한 것이 되었다.

러시아 내 강경파의 등장

제2차 만주 철군 기한일(4월 8일)에 러시아 황제 니콜라이는 압록강 삼림회사에 관한 회의를 열어, 일본의 만주 진출을 막기 위해 압록강 유역 양안에 목재 개발 회사를 설립할 필요성을 제기했다. 그러나 육군상, 재무상, 외무상은 일본과의 관계 악화를 초래해서는 안 된다고 주장했는데, 육군상은 전쟁 시 러시아가 승리하겠지만, 그 희생은 매우 클 것이라 했다.

한편, 황제의 신임을 얻고 있던 강경파인 베조브라조프 일파는 4월 초순부터 압록강 건너 대한제국 측 토지를 매입하기 시작했고, 압록강변 삼림 이권을 이용하겠다고 대한제국 정부에 4월 중순에 통고하고, 용암포에 창고와 사무실 등을 건축하기 시작했다. 베조브라조프는 만주 철군은 러시아와 청국 간의 문제이며, 일본의 만주 공격에 대비하여 압록강에 방어 진지를 구축해야 하며, 만주에서는 문호개방 원칙을 지켜야 한다고 했다.[471]

만주 철군을 위한 7개 항 요구 조건

4월 중순, 주청 러시아 대리공사 플란손은 만주 철군을 위한 7개 항의 요구 사항을 청국에 제시했다. 그 내용은 러시아가 철군하는 지역은 타국에 매각 또는 임대해서는 안 되며, 만주에 항구 또는 도시를 개발하거나 그곳에 외국 영사의 주재를 허용해서도 안 된다는 것 등이었다. 이를 알게 된 일본 및 영국정부는 이 제안을 받아들이지 말 것을 청국 정부에 통보했고, 미국무성도 같은 입장이었다. 미국, 영국, 일본은 자국의 공사를 통해 러시아 정부에 항의를 제기했고, 결국 청국 정부는 4월 하순에 러시아의 7개 항 요구를 전면 거부했다.[472]

전쟁 불사 결정과 영국공사의 보고

4월 21일, 가쓰라, 고무라, 이토가 오사카에 있는 야마가타의 저택 무린암(無隣庵)에서 회의를 가졌다. 이 회의에서 만주 철군을 하지 않는 러시아에 엄중 항의하며, 러시아와의 교섭 개시, 대한제국에 대한 일본의 우월권과 만주에 대한 러시아의 우월권을 서로 인정하며, 결렬 시 개전도 불사한다는 결론을 내렸다.

주일 영국공사 맥도널드는 고무라와 회담을 갖고 그 내용을 본국에 보고했다. 고무라는 러시아의 만주 점령은 한반도 점령을 의미하고, 이는 일본의 존립 자체를 위협하는 것이다, 따라서 일본이 지금 침묵을 지킬 수는 없다고 말했다. 고무라는 이 사태를 극도로 심각하게 보고 있으며, 만약 러시아가 철군 약속을 지키지 않으면 더욱 더 중대한 결과가 생길 것이라고 말했다고 맥도널드는 보고했다.[473]

주청 러시아 무관의 강경론

주청 러시아 무관 보가크는 5월 초 황제에게 의견서를 보내, 러시아 군이 만주에서 철군하면 여순은 고립되고, 여순을 잃으면 러시아에 큰 타격이 될 것이라 했다. 그는 극동에서의 전쟁 방지를 위한 제일의 수단은 양보하지 않는 것이며, 전쟁 준비를 더욱 강화함으로써 전쟁을 막을 수 있다고 했다.[474]

러시아 황제의 강경책으로의 전환

러시아의 7개 조 요구 사항을 청국이 거부하자 러시아 황제는 강경책으로 돌아섰다. 그것은 외국의 만주 진입 불허, 러시아 기업들의 만주에서의 활동 장려, 동아시아에서의 군사적 대비태세 강화, 만주에서의 러시아의 권익 보장 등이었다. 그리고 대한제국에서 러시아의 이익을 강화하고, 만주와 한반도에 대한 정책을 적극적으로 전환하며, 평화는 오직 힘에 의해서만 보장된다는 것을 천명했다.[475]

청국 내 반청 세력

청국에서는 봄부터 반(反)러시아 운동이 크게 일어났고, 메이지유신을 따르려는 입헌파와 청조를 타도하고 민주공화제를 모색하는 혁명파가 나타났다. 이들은 러시아와 일본의 전쟁을 청을 붕괴시켜 개혁이나 혁명을 앞당길 수 있는 좋은 기회로 보고 있었다.[476]

러시아 육군상의 일본 방문

6월 중순, 러시아 육군상 쿠로파트킨이 장성들과 함께 일본을 방문했다. 그러나 이 기간 동안 가쓰라와 고무라는 러시아와의 전쟁은 피할 수 없다고 판단하게 되었는데, 시베리아 철도의 수송력을 감안할 때 러시아와 일시적으로 타협이 성립되어도 결국 러시아에 시간만 줄 뿐이라고 결론 내렸다.[477]

개전론과 어전회의

데라우치 마사타케(寺内正毅, 1852-1919) 육군대신은 전쟁은 용이한 일이 아니라는 입장이었다. 그러나 5월에 러시아가 용암포에 군사시설 건설을 시작하자, 참모본부 차장과 총무부장 이구치 쇼고(井口省吾) 소장 등 실무책임자들이 군사의견서를 작성하였고, 이를 바탕으로 6월 중순에 오야마 참모총장이 '조선 문제 해결에 관한 건의서'를 메이지 천황에게 제출했다. 참고로, 이구치 소장도 3년간 독일에 유학을 다녀왔으며, 청일전쟁 때는 작전참모로 활동했고, 러일전쟁 때는 만주군 총사령부 참모로 봉천회전 등의 작전을 지휘한다.

오야마의 '건의서' 내용은, 한반도는 일본의 독립을 보장해 주는 곳으로 과거에도 그랬고 현재도 미래도 마찬가지라고 했다. 따라서 만약 강대국이 대한제국을 점령하면 일본은 독립을 유지하기 어려울 것이며 청국과의 전쟁도 그런 이유로 일어났다, 그런데 러시아가 만주의 실권을 쥐고 있어 그대로 두면 3-4년 내 러시아가 대한제국을 점령할 것이며, 그렇게 되면 러시아의 칼날이 일본의 옆구리를 겨냥하는 것이 될 것이라 했다. 당시 군비 상황은 일본에게 유리하지만 시간이 지남에 따라 일본에 불리할 것인 바, 지금 행동을 해야 한다는 것이었다.

이러한 오야마 참모총장의 건의서를 총리, 외무대신, 육군대신, 해군대신과 이토, 야마가타 등 원로들이 6월 23일 어전회의에서 검토했다. 이 의견서에 동의한 고무라는 러시아와의 협상에서 얻어내야 할 것을 제시했다. 그것은 청과 대한제국의 독립과 영토 보전, 일본과 러시아는 대한제국과 만주에서의 이익을 상호 인정하고 자국의 이익을 위해 출병할 수 있고, 일본은 대한제국의 내정 개혁을 위해 조언 및 조력을 할 수 있는 전권을 보유할 것 등이었다. 이러한 고무라의 제안은 어전 회의에서 채택되었고 일본 정부의 방침으로 확정되었다.[478]

1903년 일본

대한제국을 넘겨줄 것을 건의한 주일 러시아공사

6월 말, 주일 러시아공사 로젠은 평양-원산(39도)을 경계로 한 한반도 분할이 불가능하면, 러시아는 만주를 취하고 일본에게는 대한제국 전체를 넘겨주거나, 적어도 남부는 넘겨주는 조건으로 일본과 협정을 맺을 것을 본국에 제안했다. 이를 보고받은 람스도르프 외무상은 로젠의 제안대로 추진해도 좋다고 훈령했다.

일본에서 돌아온 쿠로파트킨 육군상은 보고서에서 북만주 편입을 주장하는데, 대한제국과 국경을 접하지 않아 일본과의 분쟁을 야기하지 않고, 다른 강대국과도 분쟁을 일으키지 않을 것이기 때문이라 했다. 반면에 남만주까지 편입할 경우 경제적 부담과 일본 및 청국과의 전쟁을 준비해야 하는 문제가 있다고 했다.[479]

'7박사 건의서'

6월부터는 일본의 신문들도 주전론으로 바뀌었다. 6월 하순에 도쿄 아사히신문(東京朝日新聞)은 러시아가 만주를 점령하면 그 다음에는 대한제국을 점령하고 일본으로 향할 것이 분명하기 때문에, 지금 만주 문제를 해결하지 않으면 일본을 방어할 수 없다고 보도했다.

도쿄 니치니치신문(東京日日新聞)에는 동경제국대학 등의 7명의 박사의 의견서가 발표되었고, '대러동지회(対露同志会)'의 귀족원 의장 고노에 아쓰마로와 중의원 의장 등은 8월에 러시아와의 전쟁을 촉구했다. '7박사 건의서'는 하루를 늦추면 위기는 그만큼 커지며, 일본이 군사적 우위를 유지할 수 있는 시간은 기껏해야 1년 정도라고 했다. 4천만 명의 일본인이 러시아를 증오하고 있는데도 정부가 결단을 내리지 않는다면 일본은 위태로워질 것이며, 만주를 보전하는 것에 초점을 맞추어야 조선도 잃지 않을 것이라 했다. '요로즈초호(万朝報)' 등도 7월에 이와 같은 논조의 사설을 게재했다.[480]

알렌과 록힐의 설전

이러한 일본과 러시아의 대립에 대한 미국의 입장을 보자. 주한 미국 공사 알렌은 6월에 휴가차 본국에 갔을 때 국무성에서 록힐을 만났다. 록힐은 주조선 미국 임시 대리공사(1886. 12-1887. 7)로 근무한 바 있으며, 당시는 루즈벨트 대통령의 아시아 외교 및 정치 고문이었다. 록힐은 알렌의 의견과 반대로, 만주에서 일본을 도와줘야 러시아의 만주 점령 기도를 봉쇄할 수 있고, 일본의 한반도 지배권을 승인해야 동북아의 평화와 만주에서의 미국의 이권도 보장된다는 입장이었다.[481]

총리의 사직서와 원로들의 퇴장

이토와 대립하던 가쓰라 총리가 7월 중순에 사직서를 제출하자, 대러 화해론자인 이토와 야마가타 및 마쓰가타 등 원로들이 모두 정계에서 퇴장했다. 이로써 가쓰라의 권위가 높아지고 대러 강경론이 힘을 얻고, 러시아와의 교섭 개시를 영국과 미국에 통보했다.[482]

주일·주청 러시아 무관들의 보고

7월 하순, 주일 러시아 무관은 이토와 야마가타가 퇴진함으로써 가쓰라 총리는 강경해질 것이며, 따라서 상태는 이전보다 나빠질 것이라고 보고했다. 비슷한 시기 주청 러시아 무관도 일본 중산층이 러시아에 대해 극도로 흥분하여 전쟁을 바라고 있다는 정보를 입수했으며, 상황은 청일전쟁 전과 비슷하다고 보고했다.[483]

일본, 러시아에 6개 조 협약안 제시

8월 12일, 일본은 6개 조의 협약안을 러시아에 제시했다. 그 내용은 6월 23일 어전회의에서 채택한 내용과 거의 같았다.[484]

1903년 일본

러시아, 만주에 극동총독부 설치

8월 중순, 러시아 황제 니콜라이는 관동지역과 흑룡지역을 총독구로 하는 극동총독부를 설치하고, 총독에 알렉세예프 제독을 임명했다. 총독은 그 지역의 통치권과 군사 지휘권 및 동아시아 3국과의 외교통할권까지 위임받았다. 온건파인 비테 재무상은 8월 말에 해임되었다.[485]

일본과 러시아가 거부한 대한제국의 국외 중립 제의

주일공사 고영희는 9월 초, 대한제국의 국외 중립 의사를 고무라에게 전달하고, 개전 시 대한제국을 침범하지 않겠다는 것을 보장하는 문서를 요구했다. 이에 대해 고무라는 9월 하순에 회신을 보내 전쟁 발발이 불확실한 상황에서 중립을 먼저 거론하는 것은 부적절하다며 거절했다.

주러공사 이범진도 10월 하순에 러시아 외무차관 오볼렌스키에게 대한제국의 중립 의사를 전달했으나, 오볼렌스키도 전쟁 가능성을 부인했다. 오볼렌스키는 설령 대한제국이 중립을 표명해도 중립을 유지할 국력이 있는지, 중립 상태를 어느 국가가 보증할 것인지 등을 질문했다. 이후 이범진은 더 이상 적극적인 교섭을 추진하지 않았다.[486]

러시아의 3차 철군 거부

2차 철군을 거부한 러시아가 10월 8일의 3차 철군을 앞두고 9월 4일에 청국에 다섯 가지 사항을 요구했다. 이에 대해 일본은 청국의 주권을 침해하고, 다른 열강의 조약상의 권리를 무시하는 것이라는 입장을 청에 통보했고, 청은 9월 말에 주청 러시아공사에게 거부하는 회답을 보냈다.[487]

일본의 제안과 크게 다른 러시아의 1차 회답

일본의 1차 제안에 대해 러시아가 회답한 것은 약 두 달 후인 10월

3일이었다. 회답 내용은 일본의 것과 크게 다른 것이었다. 러시아는 청국의 독립 및 영토 보전에 대한 언급을 삭제했고, 일본이 대한제국 영토를 군사적 목적으로 사용하는 것에 반대했으며, 한반도의 북위 39도 이북을 중립 지대로 삼을 것과 만주 및 그 연안은 일본의 이익 범위 밖임을 일본이 승인할 것 등을 요구했다.[488]

일본 내 반러시아 여론

러시아가 아직 회신을 하지 않은 9월 초에 '대러동지회'는 러시아에 대해 결단을 내릴 것을 정부에 다시 경고하고, 대표 3명이 가쓰라를 방문하여 결의서를 전달했다.

주일러시아 무관은 일본의 여론, 대러동지회의 주전론 및 반러시아 움직임과 신문의 논조를 보고했다. 그는 일본을 압도할 만한 러시아의 군사력 배치가 있어야 일본을 억제할 수 있을 것이며, 일본의 여론은 진정시킬 수 없는 정도여서 러시아와 합의에 이르지 못하면 가쓰라 내각은 출구를 찾아야 하는 상황이라고 보고했다.[489]

고다마 겐타로와 도고 헤이하치로

참모본부 차장 다무라 이요조가 갑자기 사망하여 후임에 고다마 겐타로(兒玉源太郞)가 10월 중순에 취임하는데, 타이완 총독과 내무대신을 역임했다.

해군대신 야마모토 곤베(山本權兵衛)는 10월 중순, 그동안 두각을 내지 못하던 도고 헤이하치로(東鄕平八郞, 1848-1934)를 상비함대 사령관에 임명했다. 도고는 해군 유학생으로 7년간 영국에서 영어와 국제법을 공부했고, 1905년 5월에 쓰시마 해전에서 러시아의 발트함대를 격파한다.[490]

러시아의 봉천 재점령과 일본의 2차 서한

러시아의 제1차 회신에 대해 일본이 제2차 서한을 준비하고 있던 10월 28일, 러시아군이 봉천을 재점령했다. 10월 30일, 고무라 외무대신은 로젠 공사에게 일본의 제2차 서한을 전달했다. 그 내용은 8월에 보낸 1차 안과 거의 똑같으며, 일부 추가된 것은 러시아가 요구한 대한해협의 자유항행을 수용한 것, 북위 39도 이북에 중립 지대를 설치하자는 러시아의 제의에 반대하며 대신에 한반도와 만주 경계의 양측 각 50km에 설정하는 것, 그리고 만주가 일본의 특수 이익의 범위 밖임을 일본이 승인하면 대한제국은 러시아의 특수 이익의 범위 밖임을 러시아가 승인할 것 등을 요구했다.[491] 러시아는 이에 대한 2차 회신을 12월 11일에 보낸다.

더욱 커지는 반러 여론

대러동지회 대표는 11월 초에 다시 가쓰라 총리와 이토를 방문해 경고문을 전달했다. 그 내용은 이토가 러시아 문제에 관여하여 일을 그르치면 그 죄를 결코 용서할 수 없으며, 이를 이토에게 경고한다고 했다. 이들은 또 야마모토 곤베 해군대신에게도 경고했다. 이들 외에 재계와 정당, 의회의원, 신문사 사장 등도 11월 중순에 모여 결의안을 채택하여 정부가 신속하고 단호한 처분에 나설 것을 촉구했는데, 12월에도 계속되었다.

러시아에서는 11월, 12월 신문과 잡지에 남만주를 포기하는 대신에, 미국과 영국의 이해관계도 없고 청국의 이해관계도 작은 북만주를 확보하자는 내용의 글이 실리기도 했다.[492]

러시아의 2차 회답

12월 11일, 러시아가 제2차 회답을 보냈는데 1차 회답과 큰 차이가 없었다. 러시아는 여전히 청의 독립 및 영토 보전에 대해서는 언급을 하지 않았고, 대한제국에서의 민정(民政)에 대해 일본은 조언만 할 수 있고 군사적 원조는 거부하였으며, 북위 39도 이북을 중립 지대로 하자는 것도 그대로였다.[493]

환영받지 못한 고종의 특사

고종의 밀서를 지닌 특사 현상건이 러시아를 방문하여 12월 초에 람스도르프 외무상을 방문했다. 람스도르프는 쿠로파트킨 육군상에게, 대한제국 특사가 러일 간에 전쟁이 날 경우 대한제국이 어떻게 행동하기를 러시아가 바라는지, 일본군에 저항한다면 러시아의 지원을 기대할 수 있는지를 알고 싶어 한다고 설명했다. 람스도르프는 이에 대한 확답을 하지 않았고, 현상건은 대한제국의 중립 의사를 존중하겠다는 니콜라이 2세의 친서를 받아서 돌아갔다.[494]

개전을 결심한 일본 총리

러시아와의 전쟁에 소극적이던 이토, 야마가타 등 원로와 총리, 외무대신, 육군대신, 해군대신이 12월 16일에 모여 러시아의 제2차 회답을 검토했다. 여기서 가쓰라 총리는 대한제국 문제에 대해 러시아를 설득하고 그것이 안 될 경우 전쟁으로라도 관철할 것임을 밝혔다. 외무성은 개전 시 청국에게는 중립을 요구하기로 했다.[495]

주일 러시아 무관들의 보고

주일 러시아 육군무관은 일본군의 한반도 파병이 임박했다는 소문이 신문 지면과 일본 국민들 사이에 또다시 퍼지고 있다고 알렉세예프 극동 총독에게 보고했다. 주일 해군무관은 1, 2개 사단 병력을 파병할 것이고, 교섭이 결렬되면 개전할 것이라는 소문도 있다고 12월 말에 보고했다.[496]

1903년 일본

일본의 3차 서한

러시아의 2차 회답에 대한 일본의 제3차 제안이 12월 21일 주일 러시아공사 로젠에게 전달되었고, 23일에는 주러 일본공사 구리노가 람스도르프 외상에게 구두 각서를 전달했다. 그 내용은 일본의 2차 서한과 동일한 것으로, 구리노는 이를 전달하면서 만약 합의에 도달하지 못할 경우 아주 곤란한 상황이 발생할 수 있음을 강조했다.

26일에는 극동총독 알렉세예프가 일본의 제안은 대한제국을 일본의 피보호국으로 하는 것을 러시아가 인정할 것을 요구하는 것인데, 받아들여서는 안 된다는 의견을 황제에게 보냈다.[497]

대한제국과 '보호 조약' 체결 방침 확정

12월 28일에는 전시편제의 연합 함대가 편성되고 사령관에는 도고 헤이하치로가 임명되었다. 30일에는 육군과 해군의 합동회의가 열려 러시아와의 전쟁은 해군의 준비가 완료될 때 개시하기로 했다. 그리고 대한제국을 실력으로 일본의 세력권 하에 둘 것과, 청일전쟁 때처럼 공수동맹이나 보호 조약을 체결하는 것을 일본의 방침으로 최종 확정했다.[498]

영국의 엄정중립

12월 29일, 주영 일본공사 하야시 다다스는 랜스다운 영국 외무상을 만나 일본 함대를 위해 석탄공급과 재정적 원조 그리고 통신 전송을 위해 식민지를 이용할 수 있게 해줄 것을 요청했다. 그러나 랜스다운은 이를 거절했고, 이를 보고받은 고무라는 영국의 엄정중립을 손상하지 않을 것이라 회신했다.[499]

볼셰비키와 멘셰비키

러시아의 마르크스주의 정당인 사회민주당이 이해에 벨기에의 브

뤼셀에서 멘셰비키파와 볼셰비키파로 나뉘어졌다. 멘셰비키파는 입헌적 체제 위에서 점진적으로 사회주의를 건설하고자 한 반면에, 레닌(Vladimir I. Lenin, 1870-1924)의 볼셰비키파는 소수의 혁명분자 조직으로 무력에 의한 정권 탈취를 목표로 하였다. 이후 레닌의 의견이 다수를 차지하였고, 레닌은 볼셰비키를 장악한다.[500]

포드자동차, 퀴리, 라이트 형제, 등대, 회전목마

미국에서는 포드자동차(Ford Motor Co.)가 설립되었고, 퀴리가 남편과 함께 노벨 물리학상을 받았다. 또 미국의 라이트 형제가 8마력의 휘발유 내연기관을 엔진으로 한 최초의 비행기를 발명해 59초간의 비행에 성공했다. 일본에서는 일본인이 설계한 등대가 최초로 건설되었고, 권업박람회에서는 회전목마가 등장했다.[501]

1904년(광무 8, 고종 41) - 대한제국

2월에 인천 앞바다에서 러일전쟁이 발발하고, 4월에는 전장이 만주로 옮겨간다. 신하들의 상소에 나타난 1904년 대한제국의 모습은 "군병과 백성이 마침내는 원수나 적"이 되었고, 탁지부대신은 "잠자는 것도 잊은 채 서성대고 방황하며 오직 한결같이 떠나려는 생각뿐"이었다. 부정부패와 착취가 일상이 되었고, 전국에서는 민란이 일어나고, 왕과 신하는 서로 불신과 불만이 가득했다.

이런 와중에도 신하들 중에는 "허리가 작두에 잘려도" 상소를 올렸고, 자신을 "효수"하라고 하면서까지 상소를 올렸다. 심지어 "오늘날 폐하의 백성들이 불쌍하고 가엽지 않습니까?"라는 상소도 올라가지만, 고종실록과 승정원일기에서는 아무런 변화의 노력도 볼 수 없다. 대신들은 여전히 "장기짝"처럼 교체가 잦았고, 고종이 내시, 무당, 점쟁이를 멀리할 것을 아뢰는 상소도 올라갔다. 왕실의 두 명의 장례비로 예산의 10% 이상을 지출했고, 경운궁이 불타자 또 짓도록 한다.

20여 년간 조선에서 살아온 알렌 미국공사마저 "이 사람들은 주인이 하나 있어야 합니다"라고 본국에 보고할 정도였고, "나라는 반드시 스스로 망하게 한 다음에야 남이 망하게 하는 것입니다"는 의정부 참정 신기선의 상소는 1905년의 일을 예언한 것이 되었다. 이렇게 1904년이 끝나간다.

불안한 서울 민심

러시아와 일본 간에 전운이 감돌자 미국, 영국, 프랑스, 독일, 이태리가 자국 공사관 보호 명목으로 호위병을 배치하고 인천 앞바다에 군함을 입항시켰다. 대한제국의 군사 1천여 명은 도망갔고, 서울 민심은 불안해졌다.[502]

파천에 실패한 고종

이런 상황에서 고종은 전년도 말에 이어 연초에도 러시아, 미국, 영국 공사관에 파천을 의뢰하였으나 모두 거절당했다. 이용익, 현상건 등은 프랑스공사관으로 고종을 파천시키려 시도하였으나 역시 실패했다.[503]

"어찌 야만인이라 하지 않겠는가"

신문대금이 들어오지 않아 황성신문이 휴간을 해야 할 처지가 되자 장지연이 1월에 "기생 갈보집이나 골패 화투장에는 돈을 물 쓰듯 하면서 신문 값을 독촉하면 내일 모레 늦추니 이러고야 어찌 야만인이라 하지 않겠는가"라고 개탄했다.[504] 이것 역시 당시 대한제국 지도층의 모습을 말해 준다.

중립 선언

지난 해 8월에 출발하여 러시아를 방문하고 1월 중순에 귀국한 특사 현상건은 러시아 황제의 친서를 전달하고, 이에 고무된 고종은 중립 선언 발표를 결정했다. 1월 21일, 러시아와 프랑스의 협조로 대한제국 총영사를 겸직하고 있던 주청 프랑스 부영사가 각국에 국외 중립 선언문을 발송하였다. 그러나 대부분의 국가는 선언문을 수신하였다는 것(acknowledgement)만 통보하였고, 일본과 미국은 회답을 하지 않았으며, 러시아는 1월 말에 받아들인다는 회답을 보냈다.[505]

러일전쟁 발발과 황성신문

2월 8일 오후, 일본 구축함이 인천항에서 러시아 포함에 어뢰를 발사함으로써 전투가 시작되었다. 이날 밤에는 일본 구축함이 여순에 정박 중이던 러시아 함선들에 어뢰 공격을 개시했고, 양국은 2월 10일에 선전포고를 한다. 2월 14일에는 평양에서 일본군과 러시아군이 처음으로 교전하였는데 러시아군은 곧 퇴각했고, 4월 중순에는 압록강에서 양국 간에 대규모 전투가 벌어졌다. 이 전투에서 승리한 일본군은 만주로 전선을 옮긴다.

2월 중순에 황성신문은 사설에서 러일전쟁(Russo-Japanese War)의 일차적인 책임은 대한제국에 있다면서, 대한제국은 일본 및 청과 동맹을 맺어야 하며, 머뭇거리면서 눈치만 봐서는 안 된다고 했다.[506]

한일의정서

2월 23일, 6개조로 이루어진 '한일의정서'가 체결되었다. "제1조 … 대한제국 정부는 대일본제국 정부를 확고히 믿고 시정 개선에 관한 충고를 받아들인다. 제2조 … 대한제국 황실을 확실한 친선과 우의로 안전하고 편하게 한다. 제3조 … 대한제국의 독립과 영토 보전을 확실히 보증한다. 제4조 … 대한제국 황실의 안녕과 영토의 보전에 위험이 있을 경우에는 대일본제국 정부는 속히 정황에 따라 필요한 조치를 취할 수 있다. … 대일본제국 정부는 전항의 목적을 성취하기 위하여 군략상 필요한 지점을 정황에 따라 차지하여 이용할 수 있다. 제5조 대한제국 정부와 대일본제국 정부는 상호 간에 승인을 거치지 않고 뒷날 본 협정 취지에 어긋나는 협약을 제3국과 맺을 수 없다."[507] 대한제국이 중립을 선언한 지 불과 한 달 정도 지난 시점이었다.

이때 일본의 피보호국이 되었다

한일의정서 체결 다음 날, 알렌은 본국에 일본이 대한제국을 피보호국으로 한다는 조항에 고종이 서명했다고 보고했다. 3월 1일 황성신문도 논설에서 한일의정서 체결은 대한제국이 일본의 피보호국이 되었음을 의미한다며 분노했다.[508]

그런데 미국공사와 황성신문도 알았던 이 조약의 의미를 조약을 직접 체결한 대한제국의 신하들과 고종은 몰랐을까?

한일협정서

8월 22일에는 '제1차 한일협약'이라 부르는 3개조로 된 '한일협정서'가 체결되었다. 그 내용은, 일본이 추천하는 "일본인 1명을 재정 고문"으로 임명하여 재무에 관한 사항은 그의 의견을 물어서 시행하고(메가타(目賀田種太郎), 대장성 주무국장), "외국인 1명을 외교 고문"으로 임명하여 외교에 관한 중요한 사무는 그의 의견을 물어서 시행해야 한다(스티븐스, Durham Stevens)고 했다. 또 "외국과 조약을 체결하거나 기타 중요한 외교 안건 즉 외국인에 대한 특권 양여와 계약 등의 문제 처리"에 대해서는 미리 일본 정부와 상의해야 한다고 하였다.[509]

여기서 경기도와 충청북도를 제외한 각도 관찰사들의 사직상소를 통해 지방의 실상을 보자.

백성들이 "구렁과 골짜기에 나뒹굴 상황"의 함경도

8월 하순 함경북도 관찰사 이윤재는 "… 백성들의 형편이 한창 도탄에 빠져 있는데도 구제할 방법이 없으며 …"라며 사직을 청했다. 함경남도 관찰사로 7개월 근무한 이헌경은 11월 초 사직상소에서 "… 가난한 마을의 잔약한 백성들은 구렁과 골짜기에 나뒹굴 상황에 직면한 한

편 … 무리를 불러 모으고 제멋대로 날뛰고 있는 것은 모든 고을이 매한가지입니다. …"라 하였다.[510]

"민력이 이미 고갈"된 평안도

외부대신을 지낸 이도재가 평안북도 관찰사에 임명되자 1월 하순에 사직상소를 올려 "… 청나라 비적들이 사납게 날뛰기 때문에 백성들이 모두 마을을 떠나려 하고 … 러시아 사람들이 벌목을 구실로 연안에서 깊이 들어와 내지(內地)를 제멋대로 차지하고 있습니다. 도의 모든 형편을 총괄해 볼 때 하나도 다스릴 수 있는 것이 없으니 …"라 하였다. 4월에 평안북도 관찰사에 임명된 이용관은 "… 민력이 이미 고갈되었으니 무엇으로 그들을 응대해야 하며, 백성들이 이미 흩어졌으니 …"라며 사직을 청했다. 부임한 지 반년이 된 평안남도 관찰사 이중하는 10월 중순에 "… 백성들은 뿔뿔이 흩어져 마을은 황량한데 … 도적은 들끓어 …"라며 사직을 청했다.[511]

"도탄에 빠진" 황해도와 "이산하는 실상"이 심각한 강원도

6월 하순에 황해도 관찰사에 임명된 김학수는 "… 수령들이 탐학을 자행하고 백성들이 도탄에 빠진 것이 어느 지역인들 그렇지 않은 곳이 없습니다. …"라며 사직을 청했고, 10월 초에 다시 사직상소를 올려 "… 백성들이 어떻게 두려움을 품고 뿔뿔이 흩어지지 않을 수 있겠으며, 장차 어디에다 의지하여 살아나갈 수 있겠습니까. …"라 했다.

수년 간 강원도 관찰사를 한 김정근은 3월 중순 사직상소에서 "… 고통스러운 생활을 하고 이산하는 실상은 매우 심각한 상태로 눈앞에 가득하여 …"라 했다.[512]

"소요"와 "유랑"이 계속되는 경상도

경상북도 관찰사에 임명된 윤헌은 4월 말에 "… 번다한 문서 장부, 수많은 재부(財賦, 세금), 많은 옥송, 깊은 백성들의 고질적인 폐막은 …"이라며 사직을 청하였고, 9월 중순에 임명된 장승원은 "… 해마다 기근이 들어 백성들이 쇠잔해지고 도적이 번성하여 온 경내에 소요가 끊이질 않습니다. …"라며 사직을 청했다. 경상남도 관찰사에 임명된 김학수는 3월 말에 "… 백성들이 터전을 떠나 유랑하는 상황인데도 도적을 잡아들일 방법이 없고 …"라며 사직을 청했다.[513]

"약탈"과 "민란"의 충청남도와 "탄식"과 "기근"의 전라도

충청남도 관찰사 조한국은 3월 하순 사직상소에서 "… 굶주리던 무리들은 서로 이끌고 도적질하며 약탈하는 습속을 능사로 여기고 있고, 산적이 출몰했다거나 민란이 일어났다는 소식이 곳곳에서 들려오지만 막을 수가 없습니다. …"라 하였다.

전라북도 관찰사에 임명된 이용직은 3월 하순에 "… 먹고살기 어렵다는 탄식과 은연중 일어나는 도적에 대한 근심이 전라북도가 더욱 심하여 …"라며 사직을 청했다. 전라남도 관찰사에 임명된 이윤용은 5월 중순 사직상소에서 "… 흉년이 든 나머지 가엾은 백성들 가운데는 혹 동학의 무리를 따라 악을 자행하는 자가 있는가 하면 서양 기독교에 종적을 의탁하는 자도 있습니다. …"라 했다. 8월 초에 임명된 김세기는 "… 송사가 끊임없이 일어나고 있는데 신의 능력으로는 바로잡을 수가 없고, 기근이 닥쳐 이산의 행렬이 꼬리를 물고 이어지고 … 조세가 과중하여 고을의 미납 조세가 누적되고 …"라며 사직을 청했다.[514]

위의 관찰사들의 사직상소에 많이 나오는 단어는 기근, 도적, 이산, 탐학, 민란, 세금 등으로 그만큼 대한제국 백성들의 삶은 고달팠음을 알 수 있다. 러일전쟁이 한창 진행 중이던 때의 실상이다.

신하들에게 탓을 돌리는 고종

고종이 1월 초에 신하들에게 한 말을 보자. "… 모든 관리들은 한결같이 빈둥거리고 놀기만 하다 보니 성과가 없으며, 형법은 명색뿐이고 금령은 해이되어 아전들이 긁어 들이기만 일삼으니, 백성들이 살아갈 수 없게 되었다. … 아침저녁을 보전하지 못할 정도로 위태롭기만 하다. … 아! 개탄할 노릇이다. 의정부는 … 그럭저럭 미루기만 하였으니, 과감하게 시행하지 못한 책임을 역시 면하기 어렵다. 이제부터 마음을 가다듬고 눈을 밝혀 일이 일답게 되도록 하라. …"라 하였다.[515]

아래에서는 대신들의 상소를 통해 대한제국의 모습을 보자.

"조석도 보전할 수 없을 만큼 나라가 위태로운 상황"

군부대신들의 사직상소를 보자. 이용익이 1월 하순에 "… 군대의 규율은 한 가지도 정립된 것이 없고 병비는 준비되어 있는 것이 없으니 …"라며 사직을 청했고, 윤웅렬은 3월 하순에 "… 며칠간 직무를 수행한 결과, 털끝만큼도 보탬이 되지 못한 채 온갖 과실을 저질러 수습할 방법이 없습니다. …"라 하였다. 8월 하순에는 민영기가 "… 나라의 형세가 점점 쇠해지고 민심은 매우 불안하여 조석도 보전할 수 없을 만큼 나라가 위태로운 상황이니 … 숙련된 현능한 자를 선발해서 …"라며 사직을 청했다.[516]

"나라의 비용을 소모하여 해악을 끼치는 자들에 불과할 뿐입니다"

승정원일기 3월 1일 자 원수부 군무국 총장 신기선의 사직상소를 보면 러일전쟁이 발발한 지 한 달도 안 되는 당시 대한제국군의 실상과 고질적인 문제를 알 수 있다.

"… 양식을 주는 것이 너무 박하여 태반이 항오(行伍)에서 도망쳐 흩어져서 도적이 되고, 기율이 매우 해이해져 백성들을 침해하는 것을 능사로 삼아 제멋대로 침탈함으로써 관리가 그 학대를 받고 군병과 백성이 마침내는 원수나 적이 되었습니다. … 일찍이 도적 하나를 쫓아가 체포하지 못하였는데, 만일 외구(外寇)가 침범하는 일이 생긴다면 누가 능히 총을 한 발이라도 쏘고 창을 한 번이라도 휘두르겠습니까. 다만 무뢰배가 모이는 곳이 되는 데에 불과하고 나라의 비용을 소모하여 해악을 끼치는 자들에 불과할 뿐입니다.… 기계국을 설치한 지 20여 년이 되었는데 일찍이 총알 한 개도 주조해 낸 적이 없고 … 오늘날 절벽 위에 있는 것처럼 위망(危亡)의 지경에 이르렀습니다. 그 이유는 무엇 때문이겠습니까? 폐하께서 이치를 헤아리는 것이 분명하지 않기 때문입니다. … 우리나라는 그 풍(風)에 지나치게 물들어 일마다 형식적인 것이 많았으며, 근래에는 그 폐단이 날로 심해지고 있습니다. …"라고 하였다.

김윤식이 학도를 이끌고 영선사로 톈진에 다녀온 뒤 1883년에 기계국(기기창)을 세웠다. 그러나 아무런 성과가 없었다는 것을 21년 후 군무국 총장의 상소가 입증해 주고 있다.

외교를 담당할 인재가 없다

1월 하순에 외부대신 임시서리 이지용은 "… 오늘날 눈앞에 처한 동양의 어려운 상황은 더욱이 평소와 비교할 수 있는 바가 아니니 …"라 하였고, 2월 중순에 다시 상소를 올려 "… 동양의 국면은 위태로움이 조석간에 달려 있어 풍진이 크게 일어 무기가 서로 접전하는 때를 만났으니 …"라며 사직을 청했다.

3월 하순에 외부대신서리에 임명된 조병식도 사직을 청했고, 4월 중순에 외부대신 박제순이 "… 신을 불쌍히 여기고 헤아려 주시어 …"라며 사직을 청했다. 7월 초에는 외부대신 이하영이 "… 재주가 모자란

탓에 직임을 감당하기 어려워 …"라 하였고, 7월 하순에 이하영은 다시 "… 현재 신의 병세는 갈수록 악화되어 …"라며 사직을 청했다. 이하영은 8월 하순에 다시 사직상소를 올려 사직을 허락받았다.

주미 전권공사에 임명받은 윤헌도 1월 하순에 상소를 올려 "… 해외는 풍속이 다르고 글자와 규범이 같지 않아 여러 번 통역해서 일러 주어도 뜻이 석연치 않습니다. … 우리 조정에 인재가 없다고 말하지 않겠습니까. …"라 하였다.[517]

파산 상태임을 알리는 탁지부대신들

탁지부대신 박정양은 5월부터 9월까지 최소 다섯 번의 사직상소를 올린다. 5월 초에는 "… 국가 재정과 경비는 번잡한데 눈앞의 급선무는 재화의 부족을 해결하는 것일 뿐입니다. …"라 했고, 7월 하순에는 "… 누적된 포흠이 수도 없어 해결할 기약이 없고 저축이 고갈되어 경상 비용이 갈수록 궁색합니다. …", 8월에는 "… 복잡한 장부의 회계는 전혀 기억하거나 살피지 못하고 앉아서 관인(官印)만 지키는 것이 오직 허수아비와 같으니 …"라 하였다. 9월 초에는 "… 신은 낮에는 먹는 것을 폐하고 밤에는 잠자는 것도 잊은 채 서성대고 방황하며 오직 한결같이 떠나려는 생각뿐입니다. …"고 하였다.

군부대신에 임명되었다가 10월 초에 탁지부대신에 임명된 민영기도 다음 날 사직상소를 올려 "… 지금 창고가 텅 비어 … 백성과 나라의 근심은 심해진 정도가 열 배뿐만이 아닙니다. …"라 하였다.[518]

부정부패와 "착취"가 일상임을 알리는 내부대신들

2월 중순에 조병호는 "… 인물을 가려 쓰는 일은 신이 할 수 있는 바가 아니며 …"라며 사직을 청하였고, 6월 중순에는 이용태가 "… 기강이 땅에 떨어져 해이해지고 …"라 하였다. 이용태는 사흘 후 "… 백성들은 도탄에 빠져 있어 국가의 형세가 매우 위급합니다. …"라며 사직을 청했다.

7월 초에는 조병필이 "… 관리들의 탐학이 습관이 되어 갖은 방법으로 침탈을 하는 바람에 의지할 곳 없이 도탄에 빠져 허덕이고 …"라 하였고, 9월에 그는 다시 사직상소를 올려 "… 부정한 방법으로 청탁하여 농간을 부리고 기만하는 습속과 탐관오리들이 착취하여 자신만을 살찌우는 풍속이 만연하여 도도하게 모든 사람들이 이러하면서도 돌아보거나 꺼리는 바가 없습니다. …"라 하였다.[519]

인재 육성이 없었다는 학부대신

학부대신 민영환은 5월 하순 사직상소에서 "… 서울과 지방에 학교를 설치하는 일이 지금 성행하고 있으나 십수 년 사이에 인재가 부쩍 일어나는 것을 보지 못하고 있는 것은 대개 관직에 합당한 사람을 얻지 못한 데에서 기인하는 것입니다. …"라 하였다. 농상공부 대신 이도재는 11월 초 사직상소에서 당시 상황이 "… 집이 기울고 배가 새는 것으로도 그 위급한 정도를 비유하기에 부족합니다. … 모든 시행과 조처가 형식만을 받들어 수행하는 데에 불과하기 때문입니다. …"라 하였다.[520]

1904년의 대한제국

대신들의 사직상소에 나타난 1904년의 대한제국의 모습은, 군에는 기율도 사기도 능력도 없었으며, 외교를 담당할 인물도 능력도 없었고, 재정은 사실상 파산 상태였으며, 사회 전체에는 부정부패와 빈곤이 만연해 있었고, 인재는 양성되지 않고 있었다. 전국 관찰사들의 사직상소에 나타난 도적, 기근, 이산, 흉년, 탐학, 민란 등의 단어가 당시 대한제국 백성들의 삶의 모습을 보여주고 있다.

러시아가 만주에서 철군을 거부하자, 만주 점령 다음에는 대한제국을 지배하고, 그 다음에는 일본이 점령된다는 위기감에서 일본은 러시아와 협상을 시작했다. 협상 결렬 시에는 러시아와 전쟁도 불사한다는 것을 결의했고, 2월에 이미 러일전쟁이 발발했다. 그 전쟁의 결과에 따라 승전국의 전리품이 될 수밖에 없었던 운명의 대한제국의 1904년 모습이다.

"오늘날 폐하의 백성들이 불쌍하고 가엾지 않습니까?"

의정부 찬정 권중현의 7월 하순의 사직상소를 보면, 여전히 의정부 대신들에게는 권한이 없었고, 거의 모든 정책은 고종이 궁내부의 몇몇 신하들과 결정했음을 알 수 있다.

"… 지금 폐하께서 의정부를 대하는 것으로 말하면 일찍이 한가한 관청의 하는 일 없는 관리를 대하던 것보다 못하여 … 폐하는 하늘같아서 접견을 기대할 수 없으니 전주(傳奏)하거나 문건을 들여다보이기 위해서는 승후관의 기분이 좋아질 때를 기다려야 하고 …

은행을 설립하는 일이 과연 그만둘 수 없는 일이라면 응당 탁지부 대신이 의정부에 청의하여 실행하고, 금화를 빌리는 일이 과연 그만둘 수 없는 일이면 응당 외부대신이 주재 공사와 교섭해서 실행하는 것이 정당한 경로이고 편리한 길일 것입니다. 누가 이것을 나라의 은행이 아니라고 이르겠습니까? 하필이면 궁내부에 한정시킨 후라야 폐하의 것이 되겠습니까? … 오늘날 폐하의 백성들이 불쌍하고 가엾지 않습니까? …"라며 사직을 청했다.[521]

권한이 없는 의정부

그런데 이미 1월 초에 영국총영사 조던은 본국 랜스다운 외무상에게 의정부는 형식적인 기구에 불과하고, 많은 파벌들이 고종에게 서로 다른 건의를 하기 때문에 업무 진행 상황을 알 수가 없다고 의정부의 실상에 대해 보고했다.

이것은 의정부 참정 신기선의 10월 말 사직상소에서도 확인할 수 있다. "… 아, 온 천하가 우리나라에 의정부가 없다고 비난할 것이니, 의정부가 없다는 것은 의정부가 권한이 없는 것을 말합니다. 의정부가 본래 권한이 없는데다가 … 명령이 시행되지 않는 정도가 이토록 심각한 것입니다. …"라고 했다.[522]

"폐하의 것", "폐하만이 부유해질 리가 있겠습니까?"

위의 7월 권중현의 상소에서 "하필이면 궁내부에 한정시킨 후라야 폐하의 것이 되겠습니까?"라고 한 것과, 신기선이 9월 상소에서 "백성과 나라가 다 같이 가난해지는데 유독 폐하만이 부유해질 리가 있겠습니까?"라고 상소하는 것에서, 고종에게는 조선 왕실을 지키는 것 말고 '나라'와 '백성'을 지킨다는 것이 과연 있었을까 하는 의문을 갖게 된다. 아래 안종덕의 7월 상소에서도 그런 내용이 보인다.

이런 대한제국의 실상을 개선하고자 하는 중추원 의관, 봉상사 부제조, 의정부 총무국장, 의정부 참정 등 신하들의 충성스런 상소도 있는데 그 내용들을 보자.

"신의 허리가 작두에 잘려도 … 신의 목이 도끼에 찍혀도"

7월 15일에 중추원 의관 안종덕이 상소를 올렸다. 그는 상소에서 당시 대한제국의 문제는 바로 고종이 청렴하지 못하고, 공과 사를 구분하지 않고, 마음속에 신의가 없기 때문이라고 직언한다. 아주 긴 상소인데 줄여서 보자.

"… 신이 감히 죽음을 무릅쓰고 하나하나 진술하겠습니다. … 탐학한 자들이 도처에 넘치고 도적이 빈번히 일어납니다. 이 까닭이 무엇이겠습니까? 신은 바로 폐하께서 청렴에 착실하게 마음을 두지 않기 때문이라고 생각합니다. … 무릇 탁지부의 정공(正供, 세금)은 모두 폐하의 소유입니다. 그런데 또 무엇 때문에 별도로 내장원을 설치하고 거두어들이기 잘하는 신하로 하여금 주관하도록 해서 탁지부에 들어가야 할 일체 공전(公田), 사전(私田), 개인 토지, 산과 못, 어장과 염전, 인삼포, 광산 등속을 떼어내어 모두 가지고 있는 것입니까? …

가만히 보면, 폐하가 황위에 오른 40여 년간에 … 토목 공사만은 잠시도 그친 적이 없었기 때문에 … 서경에 궁전을 건축하는 것이 나라에 무슨 이익을 주며, 백성들의 원한을 쌓으면서 궁전을 만들어 … 학교에는 글 읽는 소리가 없고 전야(田野)에는 놀고먹는 백성들이 많으며 … 조정에는 사욕이 넘쳐나고 관리들 간에는 당이 갈라졌으며 … 재주도 없이 턱없는 벼슬을 지내는 것은 모두 세도 있는 집안의 인척들이고 죄를 지고도 요행수로 면하는 것은 모두 권세 있는 가문의 청탁의 결과입니다. … 조금이나마 절개를 지닌 사람들은 임용되자마자 바로 쫓겨나고 벼슬에 나서자마자 물러나오고 있습니다. …

좌우 신하들은 속이는 것이 버릇이 되었고 중앙과 지방에서는 유언비어가 떼 지어 일어나고 있습니다. … 대신이나 협판을 장기짝 옮겨 놓듯 교체하고 … 관찰사나 군수가 여관집에 다니듯이 오고 갑니다. … 나라에 인재가 없는 것이 걱정이 아니라 폐하의 마음에 신의가 부족한 것이 걱정이라고 생각합니다. … 신의 허리가 작두에 잘려도 부족하고 신의 목이 도끼에 찍혀도 모자라리라는 것을 저 자신이 잘 알면서도 감히 이처럼 망령된 말을 하면서 두려움을 모르는 것이 어찌 정신병에 걸려 이러는 것이겠습니까? …"라 했다.

이에 고종은 "말은 물론 옳다. 그렇지만 시의(時宜)도 생각해야 할 것이다. 그대는 사직하지 말고 직무를 살피라." 하였다.[523]

안종덕이 "정신병"이라고 언급한 것은 47년 전인 1857년(철종 8) 1월, 좌의정 김도희가 "미치광이의 말로 다시 번거롭게 하지 않겠습니다"라며 상소를 올린 것과 비슷하다. 조선은 바뀐 것이 없었다.

"장기짝"처럼 교체되는 대신들

3월부터 12월까지 10개월간 8부(部)의 대신을 역임한 자들의 수는 총 24명으로, 평균 재임 기간이 100일에 불과하다. 그 중 외부대신과 탁지부 대신은 각 2명으로 평균 150일이라고 할 수 있지만, 그들은 재직 중 계속 사직상소를 올렸다. 안종덕이 "장기짝"이라고 표현한 것이 여전히 사실이었다.[524]

내시, 점쟁이, 무당을 가까이 한 고종

안종덕의 상소 10일 후, 왕실 업무를 담당하던 봉상사 부제조 송규헌이 내시, 점쟁이 등을 멀리할 것을 상소한 내용이 고종실록 7월 25일 자에 있다. "… 근래에 품계 높은 내시 무리들이 작당을 하여 권세를 차지하고 위세를 부리니 … 점쟁이나 관상가·음양가·둔갑술사·무당 … 등과 같이 요사한 술법을 하는 무리들을 일체 엄하게 신칙하고 … 요즘 내장원 경, 비서원 승과 재랑, 주사의 직함을 가진 관리들이 날마다 윤번으로 두루 돌아다니는데 항설에 따르면 이들은 모두 뇌물을 받은 협잡 무리들로 사방으로 나가 토색질하는 것이 마치 장사꾼과 같다고 합니다. … 폐하는 속히 건축 공사를 파하시고 당일 옛 대궐로 거처소를 도로 옮길 …"것을 상소했다.

직급이 낮다고 면박당한 상소

7월 27일에는 의정부 총무국장 박의병이 조정 대신들이 제대로 일을 하고 있지 않음을 구체적으로 지적하는 상소를 올렸다.

"… 법이 거꾸로 시행되고 형옥에 억울한 것이 많아 옥에 갇힌 자는 해를 넘기도록 판결이 나지 않고 죄 없는 사람은 억울하게 주륙을 당하여 … 군부에서는 문서에 관한 일이나 봉행할 뿐 군정을 진작하지 못하고 … 외부에서는 겁을 먹고 위축되어 외국과의 교섭을 확고하고 자신 있게 하지 못하니 … 궁내부에서 쓸데없는 관직을 증설하고 … 들판에 황무지가 많으나 개간할 줄을 모르고 … 이 밖에도 여러 관사에서 직임을 방치하는 것이 이루 다 열거할 수 없을 정도이니 … 폐하께서는 과감히 용단을 내려 …"라 하였다. 그러나 고종은 "… 하료(下僚)의 지위에 있으면서 대관의 잘못을 논하였으니, 매우 사체를 잃은 것이다."라 하였다.[525]

"나라는 반드시 스스로 망하게 한 다음에야 남이 망하게 하는 것입니다"

의정부 참정 신기선이 또 상소를 올려 두 가지를 강조하는데 고종실록 9월 2일 자에 있다. "… 사람은 반드시 스스로 업신여긴 다음에야 남이 업신여기고, 나라는 반드시 스스로 망하게 한 다음에야 남이 망하게 하는 것입니다(人必自侮, 而後人侮之; 國必自伐, 而後人伐之). … 온갖 법이 문란해지고 모든 정사가 그르쳐졌습니다. …

첫째, 대궐을 엄숙하고 맑게 하는 것입니다. … 굿판이 대궐에서 함부로 벌어지고 … 대궐 안의 말이 순식간에 전파되고 기밀에 속하는 문제가 외국인에게 곧바로 전달됩니다. … 둘째, 뇌물을 없애는 것입니다. … 온 나라 사람들이 모두 뇌물이 아니면 벼슬을 얻을 수 없고 뇌물이 아니면 송사에서 이기지 못하는 것으로 알며, 관찰사나 수령 자리에는 모두 높은 값이 매겨져 있고 의관이나 주사 자리도 또한 값이 정해져 있어서 심지어는 뇌물을 바치고 어사가 되어 각도를 시찰하기도 합니다. … 부지런히 하는 일이란 오로지 공전(公錢)을 도적질하고 백성들의 재물을 약탈해서 뇌물로 바친 빚을 보상받고 몇 배의 이득을 취하자는 것입니다. …

백성과 나라가 다 같이 가난해지는데 유독 폐하만이 부유해질 리가 있겠습니까? … 백성들이 목숨을 부지할 수 없어 갑오년(1894)의 난리를 일으키고 이웃 나라에게 허술한 틈을 주어 오늘날의 위기가 초래된 것이 아닙니까? … 이렇게 하고서도 정사가 잘 되지 않고 백성들이 편안하지 않으며 재앙이 사라지지 않고 나라가 흥하지 않으면 신을 효수(梟首) …" 하라고 하였다.

"폐하가 과연 무엇을 믿고서 두려워하지 않는가를 모르겠습니다"

신기선이 상소를 올린 날, 의정부 참정 윤웅렬도 상소를 올려 당시의 위급함을 경고한다. 고종실록에 있다. "… 요즘 여러 신하들이 아뢴 말이 절절하지 않은 것이 아니건만 폐하가 마치 믿는 이가 있는 것처럼 들은 체 만 체하니 신은 참으로 폐하가 과연 무엇을 믿고서 두려워하지 않는가를 모르겠습니다. 현재 민심의 소동은 뜨거운 철판 위의 벌레 같고 외적의 침노에 대한 급박함은 두 호랑이가 고깃점을 놓고 싸우는 것과 같습니다. …"라 했다.

이처럼 신하들은 위험을 무릅쓰고 극언까지 동원해 가면서 고종이 분발하여 나라를 바로잡기를 바랐다. 그러나 52세의 고종에게는 아무런 변화가 없었다. 손을 대기에는 이미 너무 늦었는지 모른다.

손병희

손병희(1861-1922)는 러일전쟁에서 일본이 이기면 대한제국은 일본에 넘어가고, 러시아가 이기면 러시아에 넘어갈 것은 분명하다고 했다. 이런 위기를 극복할 방법은 반드시 승전할 만한 편에 가담하여 공동 출병을 하여 승전국의 지위를 얻는 것이라 했다.[526]

"자신만이 현명하고 자신만이 옳다고 생각한다"

박은식(1859-1925)은 이해에 지은 《학규신론(學規新論)》에서 외세의 억압을 받게 된 것은 조선 유학자들의 사고가 정체된 것에 그 원인이 있다고 했다.

"한국의 선비들은 발자국이 마당과 대문을 벗어나지 못하고, 시야가 해외에 미치지를 못하고 … 좁은 식견을 굳게 지키면서, 자신만이 현명하고 자신만이 옳다고 생각한다. 옛 책이나 파고들고, 현실에 적합한 것은 연구하지 않고, 의리만 공허하게 따질 뿐, 실지로 나라를 경영하고 세상을 구제하는 일에는 몽매하다. 모든 나라들의 이용후생의 새로운 학문과 새로운 방법을 원수처럼 보고 배척하고 물리쳐 버린다.

결국 전체 인민을 무지몽매한 가운데 가두어 놓고, 움직이지도 않고, 변화하지도 않는 것을 스스로 편안하게 여긴다. 작금에 이르러서는 결국 우리 동포 모두를 남의 노예가 되어 버리게 하였다. 이것이 누구의 죄인가? 사실은 우리나라 지식인들의 고질병인 자신만이 현명하고, 자신만이 옳다고 생각하고, 남에게 배우기를 부끄러워하는 죄이다."[527]

이 내용은 1881년에 어윤중이 《수문록(隨聞錄)》에서 과거제와 안빈낙도(安貧樂道)를 비판하며 쓴 내용보다 더 직설적이고, 구체적으로 조선 지배층의 문제점을 지적하고 있다.

"성인군자의 학문에만 갇혀" 산 중국 사대부

박은식의 이 말은 32년 전인 1872년 5월에 이홍장이 한 토론에서 청국의 "사대부들은 성인군자의 학문에만 갇혀 수천 년 이래 가장 위태로운 비상시국을 보지 못하고 눈앞의 일시적인 안일"만 탐하고 있다고 한 것과, 1877년에 친구인 주영 청국공사 곽숭도(郭嵩燾, 1818-1891)와 주고받은 편지에서 사대부의 "사납고 무식한 기풍이 떠도는 인민을 움직여 마음대로 하려고 한다."라고 한 것과도 비슷하다.[528]

두 명의 장례 비용이 예산의 최소 10%

앞에서 본 대신들과 전국 관찰사들의 상소는 파산 상태에 이른 대한제국의 재정 상황과 기근과 수탈에 시달린 백성들이 떠돌아다니고 있음을 보고했다. 그런데 헌종의 계비인 명헌태후(1831-1904)와 황태자(순종)의 비 민씨(1872-1904)가 사망하자, 이들의 장례비 등에 매우 큰돈이 들어간다.

1월 18일 자 승정원일기를 보면 명헌태후의 장례를 위해서는 예산 외에 은화 20만 원이 추가로 들어갔고, 2월 4일에는 산릉공사비로 10만 원이 들어갔으며, 고종실록 4월 30일 자에는 예산의 예비금 중에서 "나라 상사의 각종 비용 77만 8천 원"이 들어갔다고 기록되어 있다. 황태자비가 사망하자 11월 9일에 내탕고에서 3만 원, 닷새 후에는 예산 외로 은화 35만 원이 지출되었다.

위의 기록 총액만 은화 55만 원과 90여만 원인데, 3년 전인 1901년의 예산 907만 원을 감안하면[529] 장례 비용이 1904년 예산의 최소 10%는 될 것이다. 1895년의 회계법이 시행되었다면 이런 지출이 불가능한 것이었다.

"항상 그랬듯이 이 사람들은 주인이 하나 있어야 합니다"

1월 초 알렌 공사는 미국무장관에게 "이 사람들은 자치 능력이 없습니다. 항상 그랬듯이 이 사람들은 주인이 하나 있어야 합니다."라고 보고하면서 가능하면 일본이 대한제국을 통치하는 것이 사회 안정과 경제를 위해 좋을 것이라 했다.

알렌은 전년도 6월에 대한제국을 위해 일본이 아닌 러시아를 지원해야 한다고 록힐에게 주장했고, 루즈벨트에게도 같은 말을 했다. 이런 알렌도 6개월 만에 입장이 바뀐 것이다.

그런데, 알렌의 보고 내용은 8년 전인 1896년 5월 독립신문 사설에서도 비슷하게 표현된 바 있다. "조선 내정과 외교하는 정치를 모두 진 고개 일본공사관에서 조치하였으니 … 이것은 일본 사람만 책망할 것이 아니라, 조선 사람들이 자청한 일이요, 조선 사람들이 남에게 의지하기를 좋아하는 까닭에 언제든지 상전이 있어야 견디지 상전 없이는 견디기가 매우 어려운즉, 그것은 다름이 아니라 인민이 어리석고 나라를 위하는 마음이 없는 연고니 …"라 하였다.[530]

실패한 의정부 중심의 국정 운영 시도

3월 초에는 대신들이 의정부 관제를 개정하여 황제의 측근이 아닌 의정부 중심의 국정 운영을 시도했다.

고종은 3월 하순에 내한한 일본 특사 이토에게 이에 대해 자문을 구했는데, 이토는 국왕이 모든 일을 할 경우에는 정치적 책임이 국왕에게 귀속되므로, 대신들이 성과를 이루도록 믿고 독려해야 한다고 했다.

그러나 이토가 귀국한 뒤 고종은 대신들의 개정안을 거부하여 고종의 국정 관여를 용인하는 의정부관제가 의결되었고, 개정하려고 한 심상훈, 민영환, 권재형 등은 사직했다.[531]

경운궁 화재

4월 14일에 "경운궁(덕수궁)에 화재가 났다. 【함녕전, 중화전, 즉조당, 석어당과 각 전각이 모두 탔다.】" 경운궁 화재 바로 다음 날 고종은 "… 오늘날 경비가 곤란하기는 하지만 다시 세우는 일을 조금도 늦출 수 없으니, 도감을 설치하고 … 며칠 안으로 공사를 시작하라." 하였다.

황현은 《매천야록》에서 고종이 내탕금 200만 원을 경운궁 복구를 위해 내자, 영국과 일본공사가 춘궁기이고 재정이 궁핍하므로 부역을 정지할 것을 건의했고, 이에 고종은 즉조당만 세우고 나머지 전각들은 가을로 연기했다.[532]

근무 기강을 질책한 고종

5월 10일 자 고종실록을 보면 고종이 관리들의 근무 기강에 대해 "… 예전대로 우물대며 세월만 보내고 있다. … 출근을 제대로 하지 않기 때문에 사무가 쌓이고, 조치를 취하는 것이 타당하지 못하며, 규범이 잘못되는 것이 많고, 온갖 일들이 거행되지 않아 제대로 될 가망이 없다. …"라고 했다.

한반도와 만주의 이권을 두고 러일전쟁이 발발한 지 3개월 지난 시점이었다.

"비옥한 땅을 그대로 버려두고 있습니다"

봉상사 제조 정일영이 농지가 버려지고 있는 것과 관련해 올린 상소가 5월 15일 자 승정원일기에 있다. "… 개간되지 않은 토지가 대략 5분의 2나 되고 있습니다. 산간 고을의 경우 산기슭 대부분이 그대로 버려져 … 혹 3리, 5리에서 십수 리에 이르도록 끝없이 잡초만 무성하고 아무도 갈고 씨 뿌리는 자가 없으므로 마침내 비옥한 땅을 그대로 버려두고 있습니다. …"

해외 공관원들 철수

5월 중순에는 러시아와 체결한 조약과 두만강, 압록강, 울릉도의 삼림 채벌권을 폐기하고, 러시아공사관 폐쇄와 이범진 공사의 소환을 명하였다. 12월 중순에는 칙령을 내려 외국 주재 공관원들의 철수를 명하고 향후 업무는 현지 일본 영사관이 맡게 하였다.[533]

《독립정신》 서문

6월 말에 "한성감옥에서 죄수 리승만"이 "우리가 지금 당장 빠져 죽어가고 있으니 정신 차려 보기 바란다"며 《독립정신》의 서문에 다음과 같이 썼다.

"우리나라에서 중간층 이상의 사람이나 한문을 안다는 사람들은 대부분 썩고 잘못된 관습에 물들어 기대할 것이 없고, 그들의 주변 사람들도 비슷하다. … 진심으로 바라는 바는 우리나라의 무식하고 천하며 어리고 약한 형제자매들이 스스로 각성하여 올바로 행하며, 다른 사람들을 인도하여 날로 국민정신이 바뀌고 풍속이 고쳐져서 아래로부터 변하여 썩은 데서 싹이 나며, 죽은 데서 살아나기를 원하고 또 원하는 바이다"라고 했다.

이 서문 내용은 서재필이 《회고 갑신정변》에서 갑신정변이 실패한 뒤, 김옥균이 나라를 구하기 위해서는 오직 청년에게 희망을 갖고 있었다고 한 것과 같다.

8월 초에 이승만 등이 석방되었는데 수감된 지 5년 7개월 만으로 29세였다. 《독립정신》은 국내에서는 발간되지 못하고, 이승만이 프린스턴 대학에 재학 중이던 1910년에 로스앤젤레스에서 발간된다.[534]

일진회에 대한 《매천야록》의 기록

8월에 윤시병 등이 일진회를 설립하였는데, 그 내용을 황현의 《매천야록》을 통해 보자.

일진회의 목표는 황실의 안녕, 정부 개혁, 인민의 재산 보호, 군정과 재정 정리였다. 전국에 알린 일진회 취지서의 내용을 보자. "… 인민의 의무는 비단 병역, 납세에만 있는 것이 아니다. 국가의 모든 치란과 안위의 사안에 대해 비판하고 권고할 권리를 가지고 있기도 하다. … 아직도 개혁해야 함을 생각지 않는단 말인가? 국고를 3분의 2나 기울여 강력한 군대를 양성한다고 하는데 내우외환에 아무런 힘이 되지 못했고, 함부로 악화를 주조하고 재용이 절도가 없어 민생은 곤궁하고 국고는 고갈되었으니 …"라 했다.

이때 전국의 동학도들이 진보회 혹은 진명회라 부르며 일진회 지회라고 하여 참여하였고, 이들이 지방관에게 저항하고 백성들을 위협하니 그 형세가 동학난 때와 똑같았다고 했다. 이에 지방관들이 그 우두머리를 죽이고 그 무리들을 가두기도 했으나, 윤시병 등이 조정에 항의하여 문책을 당하는 지방관도 있었다.[535]

민란

이러한 황현의 기록을 승정원일기와 고종실록에서 확인할 수 있다. 의정부 참정 신기선이 9월 초에 "… 영남과 호남 지방에서는 비적들의 준동이 아직 그칠 줄을 몰라서 동학군의 잔당들이 다시 날뛰며 소란을 일으키고 있으니 …"라 했고, 9월 중순에는 경기도 시흥과 충청남도 직산군의 난리를 보고하는데 "… 시흥군의 백성 수천 명이 어제 신시 경에 관아에 돌입하여 해당 군수 박우양을 참혹하게 해치고 또 그의 아들과 외국인 2명을 살해하였는데 … 직산군 광부 수천 명이 동헌을 부수고 군수 유병응을 마구 때리고 이어서 찔러 죽였으니 … 요즘 지방의 소요가 꼬리를 물고 일어나지만 수령을 참혹하게 해친 것은 전에 없던 변입니다. …"라 하였다.[536]

동학도 소탕을 명하는 고종

이렇게 혼란해지자 고종이 9월 중순에 각도 관찰사 등에게 동학도 체포를 명하는데, "요즘 듣건대 동학 비적(匪賊) 잔당이 다시 퍼져서 … 무기를 휘두르며 곳곳에서 소란을 피우면서 … 두목은 즉석에서 처단하고 …"라 하였다.

이틀 후에 고종이 다시 동학도 소탕을 명하는데, "아! 민생의 도탄과 나라의 위태로운 형세가 어찌 오늘보다 심한 적이 있었겠는가? … 동학 무리들이 사방에서 소란을 피우고 난리를 일으킨 백성들이 수령을 살해하기까지 하여 내란으로 망할 지경이지만 불길같이 번져 가는 형세를 수습할 수 없어 … 경기, 충청도, 경상도, 전라도, 강원도, 황해도의 순찰사를 정부로 하여금 특별히 선발하게 해서 각기 며칠 안으로 떠나게 하라." 하였다.

황현은 《매천야록》에서 이해 평안도에는 동학이 크게 일어나 포(包)를 설치하고 선동을 하는데, 큰 곳은 수만 명, 작은 곳은 4, 5천 명에 이르러, 부군(府郡)에서 금할 수 없는 지경이었다고 한다.[537]

고위관리들의 도박

그러나 당시 고위관리들 사이에는 도박이 심했는데, 승정원일기 11월 30일 자에 있다. "… 고관들이 또한 무리 지어 도박하는 일이 많아 한 판 승부에 종종 거만(巨萬)의 돈이 왔다 갔다 한다고 합니다. … 그런데 법관들은 그들의 위세를 두려워하여 감히 따져 묻지도 못하고 …"라 하였다.

"이 변고는 100년에 걸쳐 점진적으로 축적되어 형성된 것"

12월 31일, 의정부 참정 신기선이 사직상소를 올렸는데, 당시 백성들의 저항이 매우 심했음과, 대한제국의 "고질적인 폐단"을 구체적으로 알 수 있다.

"… 백성들이 모여서 일으킨 소란은 참으로 유사 이래 들어보지 못한 것입니다. 한 사람이 제창하자 온 나라 억만 무리가 호응하였습니다. … 그 형세를 보면 필경 세상을 뒤엎은 후에야 그만둘 것입니다. … 세신(世臣)이 권력을 쥐고 겉치레 버릇으로 굳어져 문벌만 숭상하고 인재를 등용하지 않았고, 이익 있는 벼슬자리를 다투고 나라를 운영할 대책을 강구하지 않고 … 관리들이 사욕만 채웠기 때문에 시행하는 정령이 부지불식간에 날이 갈수록 압제로 줄달음쳤습니다. …

원한이 극도에 이르렀으나 하소연할 데가 없게 되었고, 그것이 처음 변란인 임술년(1862)의 소요를 초래하였고 두 번째 변란으로 갑오년(1894)의 난리를 초래하였습니다. … 백성들을 어렵(漁獵)하듯이 등골을 긁어내고 파견 관리와 시찰 관리들은 터무니없는 거짓말을 빙자하여 기회를 타서 남의 재물을 빼앗고 있습니다. 경무를 맡은 두 관청과 옥을 맡은 관리들은 요민(饒民, 부자)에게서 포악하게 약탈하여 온 나라를 함정으로 만들고 있으며 각 진위대의 군사들은 비적을 핑계대고 백성들을 침해하고 있습니다.

각궁(各宮)과 각사(各司)에서는 잡세를 함부로 받아 내고 서경의 궁을 짓는 역사(役事)에 도 전체를 모조리 긁어내어 고갈시켰습니다. 전환국은 악화를 주조하여 물가를 등귀시키고 있으며 내장원에서는 역참의 둔전을 관할하면서 농민들을 들볶고 있습니다. 이 밖의 허다한 고질적인 폐단은 시중드는 사람을 교대해 가며 말하더라도 다 셀 수 없습니다.

백성들이 도탄에 빠진 것이 도리어 임술년(1862), 갑오년(1894) 전보다 더 심해졌으니 백성들이 떠들썩하게 일어나 분연히 모여 살아날 길을 도모하는 것 또한 괴이할 것이 무엇이겠습니까? … 이 변고는 곧 백여 년 동안 차근차근 쌓여서 이루어진 것이(是變也, 乃百年積漸而成者), 마침 폐하의 조(朝)에 이르러 터졌으니 신은 적이 봉탄스럽습니다. …"라며 사직을 청했다.[538]

신기선은 대한제국의 실상을 항거, 문벌, 사욕, 압제, 원한, 약탈, 도탄, 변고라는 단어로 표현하고 있다. 그런데 이런 표현은 순조 때부터 상소에 많이 나왔는데, 신기선의 말대로 1904년의 대한제국의 절망적인 상황은 갑자기 나타난 것이 아니라 "백여 년 동안 차근차근 쌓여서 이루어진 것"이었다. 이 상소를 올린 날은 일본군이 13만 명을 동원하여 9만여 명의 사상자를 내며 여순고지를 러시아로부터 탈환하기 하루 전이었다. 조선(대한제국)이 일본의 전리품으로 거의 확정되던 시점이었다.

1904년(메이지 37) - 일본

러일전쟁 발발 전 미국과 독일은 중립을 선언했고, 프랑스는 전쟁 발발 후 영국과 협정을 체결한다. 전쟁 전 러시아는 영국과 프랑스에 중재를 요청하나 일본이 거부한다. 개전 직후 일본은 전쟁 비용 충당을 위해 1천만 파운드의 채권 발행을 목표로 대표단을 미국과 영국에 파견하는데, 목표 대비 8배 이상의 채권 발행에 성공한다. 중국의 신문들도 일본의 승전을 기원하는 가운데, 일본은 대한제국을 피보호국으로 할 것을 최종 결정했다.

전쟁 중 독일 황제는 일본이 대한제국을 통치하는 것에 동의한다는 입장을 미국에 전달했는데, 루즈벨트 미국 대통령도 같은 입장이었다. 이렇게 이미 영국, 독일, 미국, 프랑스는 일본의 대한제국 통치를 인정했다. 루즈벨트는 전쟁 강화를 일본에 제의했고, 고무라는 일본의 강화 조건을 준비한다. 러시아의 발트함대는 남아프리카의 희망봉을 거쳐 8개월간 항해를 하게 된다. 레닌은 러일전쟁을 로마노프왕조를 위한 전쟁이라고 비판한다.

미국과 독일의 중립 선언

루즈벨트는 전쟁 발발 시 중립을 지키겠다고 공언하며, 만약 프랑스와 독일이 삼국간섭 때처럼 개입한다면 미국은 일본 편에 가담하겠다고 선언했다. 독일도 개전 직전인 1월에 전쟁에 개입하지 않을 것임을 일

본에 통보했고, 전쟁이 발발하자 중립을 선언했다.[539]

주일 러시아공사의 본국 건의

1월 초, 주일 러시아공사 로젠은 일본은 만주에 대한 군사적 개입 의도는 보이지 않으나, 대한제국에 대해서는 전쟁도 불사하겠다는 징후가 보인다며 대한제국에 관해서는 일본이 원하는 대로 하도록 허용할 것을 람스도르프 외무상에게 건의했다. 이때 대부분의 일본 신문은 정부가 개전의 결단을 내리지 않는다고 비판하고 있었다.[540]

주일 미국공사와 러시아무관의 보고

1월 하순, 주일 미국공사는 일본은 지금 극도로 흥분해 있으며, 러시아의 완전한 항복 외에 다른 어떤 것도 일본의 여론을 진정시킬 수 없다고 본국에 보고했다. 주일 러시아 해군무관은 사세보 항에 함대가 집결했으며, 항구에는 대량의 군수물자가 이송되고 있음을 보고했다.[541]

러시아와 일본의 마지막 교신

1월 6일, 러시아는 로젠 주일공사를 통해 제3차 제안을 고무라에게 전했는데, 이전과 차이가 없었다. 러시아의 제안에 대해 고무라는 회답안 및 의견서를 작성하였고 12일에는 어전회의에서 고무라의 원안이 채택됐다.

고무라의 최종 회답안은 군사상의 목적으로 한반도를 사용할 수 있을 것과 39도선 이북을 중립 지대로 설정하는 것에 반대하며, 만주에 대한 일본의 이익을 인정하지 않으면 대한제국에 대한 러시아의 이익도 인정하지 않을 것 등이었다. 이러한 일본의 최종안은 1월 13일 러시아에 전달됐다.

그러나 러시아 외무상, 육군상, 해군상 등은 1월 말까지도 서로 의견일치를 이루지 못했다.[542]

러시아, 영국과 프랑스에 중재 요청

람스도르프 러시아 외무상은 영국에 중재를 요청했다. 주러 영국공사로부터 이를 보고받은 랜스다운 영국 외무상은 고무라에게 타진했다. 그러나 고무라는 러시아 내에는 주전파가 압도하고 있어서 현실성이 없다는 입장이었다. 프랑스도 주프랑스 일본대사와 영국 측을 통해 중재를 시도했다.[543] 청일전쟁 직전에도 청국은 영국, 러시아, 미국 등에 중재를 요청했으나, 일본은 이를 거부했다.

일본, 개전 결정

2월 1일, 오야마 참모총장은 메이지 천황에게 일본이 머뭇거리고 결단하지 못하면 다시는 만회할 수 없을 것이며, 군비 상황을 비교하면 지금이 적기라고 강조했다. 가쓰라 총리는 2월 3일 이토, 야마가타 등 원로들과 외무대신, 육해군 대신과 오야마의 의견서를 협의하여 자유행동에 나설 것을 결정했다. 이날 고무라는 주러공사 구리노에게 더 이상 러시아에 회답을 독촉하지 말 것을 지시했다.

2월 4일에는 마침내 어전회의에서 개전이 결정되었고 군 동원령이 내려졌다. 5일에는 고무라가 구리노에게 러시아와의 단교(斷交)를 통보하고 귀국을 명령했다. 구리노는 다음 날 람스도르프에게 최후통첩을 전달했고, 일본에서는 고무라가 러시아공사 로젠에게 최후통첩 문서와 국교 단절을 통보했다. 일본은 러시아와의 단교 사실을 미국, 영국공사들에게 2월 6일에 통보했다. 이를 통보받은 영국 외무상 랜스다운은 하야시 주영 일본공사에게 영일동맹의 조약상 의무를 준수하겠다고 천명했다.[544]

여순 공격과 선전포고

2월 8일, 일본 육군은 인천에 상륙했고, 연합함대는 여순항 밖에 있던 러시아 함대를 공격했으며, 2월 10일에는 양국이 선전포고를 했다.

일본의 선전 조칙의 내용 중에는 "… 한국의 존망은 실로 제국의 안위와 관련된 것이기도 하다. … 러시아는 … 여전히 만주를 점거하고 있으며 … 이미 제국의 제안을 거부하고 … 장래의 보장은 이제 싸움터에서 이를 구할 수밖에 없게 되었다. …"라고 했다.545 1900년과 1903년 초에 러시아 해군이 전쟁 가상 도상 연습에서 내렸던 예측대로 일본은 선전포고 전에 기습 공격으로 시작했다.

외채 발행에 실패하면 일본은 붕괴된다

전쟁은 시작했으나 돈이 부족했던 일본은 미국과 영국에서 외채를 발행하기로 했다. 이를 위해 이토 히로부미는 가네코 겐타로를 설득해 일본은행 부총재 다카하시 고레키요(高橋是淸, 1854-1936)와 함께 2월 하순에 미국으로 보냈다. 이들이 출발하기 전날 이노우에 가오루는 다카하시가 실패하면 일본은 붕괴된다고 말을 할 정도로 일본의 재정 상황은 심각했다.

일본은 러일전쟁 전까지 국내산업 진흥을 위해 5.8억 엔(5천 8백만 파운드, 1억 1천 6백만 달러)의 외채를 발행한 상태였고, 러일전쟁 발발 직후 당시 국제 금융 시장에서 유통되던 일본의 공채 가격은 20% 이상 폭락할 정도로 일본의 신용도는 낮았다. 다카하시는 뉴욕에 도착한 뒤 외채 발행 전망이 극히 어둡다는 사실을 알게 되었고, 결국 미국에서의 발행을 포기하고 영국으로 건너갔다.546 다카하시는 1867년에 미국에 유학을 갔으나 사기를 당하여 노예로 팔리기까지 했다. 1868년에 귀국하여 문부성 등에서 근무하고, 일본은행에 입행했다. 이후 그는 내각총리대신을 지내고 82세에 암살당한다.

에드워드 7세와 시프

런던의 유대계 투자은행들과 파리의 로스차일드(Rothschild) 가문 등은 러시아의 석유와 철도 사업에 대규모 투자를 하고 있어서 일본을 공개적으로 지원하기 어려웠고, 누구도 일본의 승리를 예상하지 않았다.

그런데 런던에 도착한 다카하시 일행은 미국의 유대인 금융가 시프(Jacob H. Schiff, 1847-1920)를 만난다. 이들이 시프를 만날 수 있었던 것은 영국 국왕 에드워드 7세(재위 1901-1910)의 소개 덕분이었다. 영국의 대부분의 분석가 및 서구의 금융계는 인구, GNP, 군비 규모에서 압도적인 러시아가 승전할 것으로 예상했다. 그러나 에드워드 7세와 외무상 랜스다운은 강경파가 득세한 러시아가 극동에서 강자로 등장하는 것을 막아야 한다는 입장이었다.[547]

목표의 8배의 외채 발행에 성공

미국 유대인협회장이었던 시프가 다카하시를 만난 것은 유대인이 러시아에서 심한 학정에 시달리는 것 때문이었다. 당시 러시아에는 세계에서 가장 많은 500여만 명의 유대인이 살고 있었는데 개종을 강요받고 있었다. 따라서 일본이 승전하면 러시아의 전제정치가 종식되거나 혁명이 일어나, 유대인이 해방될 수 있을 것이라는 희망을 갖고 있었다.

이렇게 만난 시프의 주도적인 역할로 다음 해까지 런던과 뉴욕에서 총 4회에 걸쳐 8,200만 파운드, 약 8.2억 엔이라는 기적적인 금액의 채권을 발행할 수 있었다. 다카하시의 출장 당시 채권 발행 목표는 1천만 파운드였다. 전쟁 후인 1905년 11월에는 2천 5백만 파운드를 더 발행하여 국내 용도로 사용할 수 있게 됨으로써, 총 1억 7백만 파운드의 채권을 발행하였다.

이런 시프의 공로를 인정하여 일본은 1907년에 최고훈장인 욱일장(旭日章)을 수여했다. 훗날 러시아의 재무상도 패전의 가장 큰 요인은 시프의 재정 지원이라고 말했다.[548]

루즈벨트와 미국인의 일본에 대한 인식

루즈벨트는 친구에게 보낸 서한에서 러시아가 승전하면 대한제국과 일본은 러시아의 속국이 되고, 미국의 필리핀 지배도 위협받을 것으로 봤다. 그는 자신의 친구인 주독일 대사에게 일본이 대한제국을 소유할 수 있음을 독일 황제에게 말하라고 했고, 청국의 미래는 청국을 차지하려는 국가들에 의해 결정될 것이라고 보고 있었다.

당시 미국인의 러시아와 일본에 대한 선호도를 영국의 전 각료 제임스 브라이스의 발언을 통해 알 수 있다. 제임스는 미국에서 다양한 사람들을 만났는데, 영국에서는 볼 수 없을 정도로 열광적으로 일본을 지지한 반면에, 러시아에 대한 반감은 상상 외라고 10월에 만난 가네코 겐타로에게 말했다.[549]

영불협정

전년도부터 협상을 진행해 오던 영국과 프랑스는 영불협정(Entente Cordiale)을 4월 초에 체결했는데, 주요 내용은 영국은 이집트에서, 프랑스는 모로코에서 자국의 지위를 서로 인정하는 것이었다. 이것은 독일이 예상치 못한 것으로 영국과 프랑스의 관계는 개선되었고, 일본은 러시아와의 전쟁에만 몰두할 수 있었다.[550]

일본의 승전을 바라는 중국 신문들

'대공보(大公報)'는 4월 초에 러시아가 승리하면 동아시아 전체가 위태로우나, 일본이 승리하면 대한제국은 일본의 속국이 되지만, 만주는 청국에 반환되거나 세계 각국에게 통상장으로 개방될 것으로 전망했다. '중외일보'는 5월 초에 "이 전쟁이 끝나면 반드시 신세계가 열릴 것인데, 이는 일본이 승리할 경우에만 그러하고 …"라 했다.[551]

대한제국을 '피보호국'으로 삼는다

가쓰라 총리는 원로회의 및 내각회의를 통해 5월 31일에 '대한제국에 대한 방침'을 확정했다. 그 내용은 대한제국에 대한 실질적인 보호권 확립을 위해 일본 군대의 주둔이 선행되어야 하며, 대한제국의 모든 대외 문제는 일본이 담당하고 재외 국민은 일본의 보호하에 두며, 대한제국은 직접 외국과 조약을 체결할 수 없다고 했다. 그리고 대한제국이 체결한 조약의 실행은 일본이 그 책임을 지며, 일본은 주차관을 두어 감독하고 일본 국민을 보호하도록 했다.[552] 이것은 1년 6개월 후에 체결되는 을사조약의 내용과 큰 차이가 없다.

루즈벨트의 강화조건과 독일 황제

루즈벨트는 러일전쟁 발발 4개월 후인 6월 초에 가네코 겐타로와 주미 일본공사 다카히라를 만나 전쟁 강화 주선에 나서겠다고 했다. 자신이 생각하고 있는 강화 조건은, 일본이 승전 후 여순과 대한제국을 세력 범위에 넣는 것까지는 인정하지만, 만주는 청에 반환하여 중립지대로 하는 것이라 했다. 또 만일 일본이 태평양에 있는 미국의 식민지를 침략하면 미국은 단호히 물리칠 것이라 하자 가네코와 다카히라는 일본이 필리핀을 넘보는 것은 있을 수 없는 일이라고 강조했다. 가네코는 루즈벨트와 동문관계였으며, 루즈벨트에게 유도 사범도 소개하고, 《무사도(武士道, Bushido)》 등의 책을 소개하는 등 루즈벨트가 일본에 친화적이게 하는 역할을 했다.

9월 말에는 독일 황제 빌헬름 2세가 대한제국을 일본의 지배하에 두는 것에 동의하고, 독일은 극동문제에 대해 미국과 공동 보조를 취한다는 입장을 루즈벨트에게 전했고, 루즈벨트는 감사를 표했다.[553]

이렇게 러일전쟁 중에 미국, 독일, 영국, 프랑스, 청국 등은 일본의 승전을 기원했고, 전쟁의 결과 대한제국은 일본의 피보호국이 되는 것으로 보고 있었다. 그러나 대한제국만이 모르고 있었고, 외부대신마저 사직상소를 계속 올리고 있었다.

고무라의 12개 조 강화 조건

루즈벨트의 강화 주선 의사를 보고받은 고무라는 7월 초에 일본측의 12개 항목의 강화 조건을 가쓰라에게 제출했다.

주요 내용으로는 군비 배상, 대한제국에서 일본의 자유 행동권을 인정할 것, 만주에 대한 행정권을 청국에 돌려줄 것, 하얼빈-여순 간의 철도와 그 지선 및 요동반도 조차지와 관련된 특권과 재산을 일본에 양도할 것, 만주에서 각국의 상공업의 기회 균등 보장, 사할린 및 그 부근의 섬들을 일본에 할양할 것 등이었다. 이 12개 조건은 1년 후 제출되는 일본의 강화 조건의 최종안과 거의 일치한다.[554]

요양전투

8월 말부터 요양(遼陽)에서는 일본군 13만여 명, 러시아군 22만여 명이 동원되어 전투가 벌어졌는데 일본군 사상자는 2만 3천여 명, 러시아군 사상자는 2만 명에 달했다. 그러나 결국 러시아군은 퇴각하고, 9월 초에 일본군이 요양을 점령했다.[555]

미국의 '한일협정서' 인정

주미 일본공사 다카히라는 제1차 한일협약(한일협정서)의 내용을 약 1주일 후에 미국무장관 헤이에게 통고하였고, 헤이는 이를 인정한다는 회답을 했다. 헤이는 11월 중순 알렌에게 보낸 서한에서, 대한제국이 왜 아직도 워싱턴에 공사관을 유지하고 있는지 모르겠다고 했다.[556]

영국의 러시아 함대 견제

러일전쟁이 시작되자 영국은 러시아와 일본 군함에 대해 대영제국에 속한 모든 항구와 정박지에의 입항을 금지시켰다. 러시아가 흑해함대를 극동으로 파견하려 하자, 영국은 흑해의 중립화 규정을 제기하며 흑해함대의 보스프러스(Bosporus) 해협 통과를 불허했다. 이로 인해 러시아는 발트함대를 파견했는데 남아프리카 희망봉을 거쳐 8개월간 항해를 해야 했다. 반면에 이태리에서 건조 중이던 아르헨티나의 군함 2척과 영국에서 건조 중이던 칠레의 전함 2척을 일본이 구매할 수 있도록 영국이 협조했다.[557]

도거 뱅크 사건

발트함대가 10월 중순에 북해를 지나다가, 영국의 어선을 일본의 어뢰정으로 오인하여 발포한 후 어부들을 구조하지 않고 항행을 계속한 도거뱅크 사건(Dogger Bank Incident)이 발생했다. 이에 대해 영국 언론이 발트함대를 비난하며 국제적 여론을 주도하여 러시아에 대한 부정적 이미지가 커졌다.[558]

러시아 민심과 레닌의 러일전쟁 비판

주러 프랑스대사는 11월 초, 러시아 인민은 점점 더 전쟁에 염증을 느끼고 있으며, 이 전쟁은 궁정이 계획한 대규모 외국 침략 원정이며 패전을 해도 하나도 이상하지 않다는 여론이 퍼지고 있다고 보고했다. 볼셰비키파의 리더였던 레닌도 멀리 떨어져 있는 땅을 뺏기 위한 파멸적이고 무의미한 전쟁에 가난하고 굶주린 인민을 끌어들이고 있다고 규탄했다. 그는 또 "문화적이고 자유로운 일본과의 곤란한 전쟁"이라고도 했고, "이 범죄적이고 수치스러운 전쟁"으로 "전제국 러시아는 입헌국 일본에 이미 타파되고 있다"고도 했다.[559]

여순전투

11월 말부터 벌어진 여순전투에서 노기 마레스케(乃木希典, 1849-1912) 장군이 이끄는 일본군은 13만 명 중 사망 1만 5천여 명, 부상 약 7만 4천여 명의 피해를 입었고, 러시아군 사망자는 5,000명에 달했다. 결국 1905년 1월 1일, 일본군은 여순을 점령한다.[560]

물리학자 나가오카 한타로

나가오카 한타로(長岡半太郎)는 1893년에 독일에 유학을 가서 볼츠만(Ludwig Eduard Boltzmann) 밑에서 공부했다. 그는 전자가 토성의 고리처럼 원자 주변을 돌고 있다고 생각했는데, 이 토성형 원자 모델을 이해에 발표했다.[561]

미쓰코시 백화점

12월에는 미쓰이(三井) 포목점이 런던의 해롯(Harrods) 백화점을 모델로 하여 동경에 미쓰코시(三越) 백화점을 개점했다. 이 백화점은 식당, 배달 서비스 등을 도입했고, 일본 최초로 에스컬레이터를 설치했다.[562]

1905년(광무 9, 고종 42) - 대한제국

1월부터 매우 심각한 상소가 올라오는데, "언제 망할는지 알 수가 없습니다", "나라는 우리나라가 아니고 백성은 우리 백성이 아니라고 이를 만합니다", "망하는 지경에까지 이르렀지만 참으로 무엇 때문인지도 모릅니다", "팔짱을 끼고 망하기를 기다리는 것입니까"라고까지 호소한다.

7월 31일에는 외부와 군부대신 등 5명의 대신이, 9월 11일에는 대신 4명과 협판 2명이 집단으로 사직상소를 올린다. 대신들은 "마치 바늘방석에 앉아 있는 듯" 불안해했고, "지금처럼 극도로 분열되는 지경에" 이르러 이른바 "무정부" 상태에 있다며 절망적인 상황임을 상소했다. 전국의 관찰사들의 상소 내용도 백성들의 굶주림과 착취, 이산 등을 말하고 있다.

이토 히로부미가 을사조약 체결을 위해 방문하기 5일 전에도 "화려한 옷과 사치스런 노리개"와 "무당과 점쟁이를 섬기는" 것을 그만두어야 한다는 상소가 올라가고, 이토의 도착 다음 날에는 300여 년 전 임진왜란 때 죽은 신하에게 벼슬과 시호를 내려달라는 상소가 올라갔다. 결국 을사조약이 체결되었고, 을사오적이라는 누명을 쓴 5부의 대신들은 고종에게 상소를 올려 조약 체결과 관련한 자세한 진행 경과를 말하면서 "신들이 실제로 범한 것이 없음을 밝혀" 주기를 요청한다. 그러나 고종은 이들의 책임으로 돌린다.

중국의 사상가 양계초는 조선이 망한 것은 일본 때문이 아니라 조선 자신 때문이라 하는데, 알렌도 떠나면서 비슷한 말을 한다.

1월에 올라온 대신들의 상소를 보면, 전국의 백성들은 여전히 학정에 시달리고 소요가 심했고, 사헌부와 사간원 등 대간의 기능은 정지되어 있었다.

1월, "썩은 밧줄에 매달린 것 같고"

1월 초에 의정부 의정 이근명이 사직상소에서 "… 썩은 밧줄에 매달린 것 같고 달걀을 쌓아 놓은 것 같다는 말로도 그 위태로움을 비유할 수 없을 정도인바 …"라 하였다. 같은 날, 학부대신 이재극은 "… 민회(民會)가 불길처럼 확장되어 근거 없는 소문으로 서로 선동하니 … 지난날에 교육가로 하여금 교육을 제대로 시키게 하여서 관원을 관원답게 하고 이서(吏胥)를 이서답게 하여 농민은 농업에 종사하고 상인은 상업에 종사하도록 하였다면 …"이라며 사직을 청했다.

바로 다음 날, 의정부 참찬 허위도 "… 정령이 시행되지 않고 외국이 업신여기고 핍박하여 나라의 형세가 꺾이는 지경에까지 …"라 하였고, 민영기 탁지부대신이 물러난 이틀 뒤인 21일에 후임 조병호는 "… 재정이 고갈되고 어지러운 해부(該部)의 형편이 지난날의 몇 배가 될 뿐이 아닌데 …"라며 사직했다.[563]

2월, "언제 망할는지 알 수가 없습니다"

2월 초에는 홍문관 학사 남정철이 사직상소를 올렸다. "… 청렴하고 공평하여 허물이 없는 자들은 죄가 없어도 쫓겨나고… 백성들이 원망하며 이리저리 떠돌아다니고 곳곳마다 시체가 나뒹굴고 있습니다. … 신은 국가에서 영조(營造)하는 경비가 해마다 몇 천만이 되고, 제사에 드는 비용과 신하들에게 하사하는 비용과 날마다 증가하고 달마다 불어나는 갖가지 용도의 경상비용이 해마다 또 몇 천만이 되는지 감히 알지 못하겠습니다마는 … 신이 현재의 어려운 상황을 직접 보건대, 언제 망할는지 알 수가 없습니다. …"라 하였다.

2월 중순에 농상공부 대신 이도재는 사직상소에서 "… 국권은 이미 상실되어 빼앗긴 칼자루를 되돌릴 수 없는 것과 같고, 민심은 이미 떠나 버려 기울어져 가는 큰 집을 지탱하기 어려운 것과 같으니, 나라는 우리나라가 아니고 백성은 우리 백성이 아니라고 이를 만합니다. …"라 하였다. [564]

3월, "팔짱을 끼고 망하기를 기다리는 것입니까?"

3월 초에는 정2품 김학진이 상소를 올렸다. "… 갖은 우환거리가 생겨나는데도 이미 스스로 강화(強化)할 생각은 잊고 오직 당장 편한 것만을 힘씁니다. … 그런데도 자책하는 폐하의 말씀은 또한 형식적일 뿐이며 … 머뭇거리며 나태하여 멍하니 깨닫지 못하는 사이에 쇠퇴하여 망하는 지경에까지 이르렀지만 참으로 무엇 때문인지도 모릅니다. … 저 사람들이 우리에게 의정부가 없다고 하는 것은 사실은 폐하께서 스스로 무너뜨려 놓은 것이니 …"라 하였다.

같은 날, 태의원 도제조 조병세는 "… 백성들이 도탄에 빠지고 위험이 목전에 닥쳤는데 … 측근자들에게 에워싸여 나라의 계책을 날로 그르치면서 팔짱을 끼고 망하기를 기다리는 것입니까? … 지금 바른말이 올라오는 길을 막아놓고 …"라 했다. [565]

4월, "강제로 빼앗고 토색질을 감행하여"

의정부 참정대신 민영환은 4월 중순에 "… 수령들이 탐욕스럽고 포학하며 함부로 세금을 징수하여 백성으로 하여금 생업에 안정할 수 없게 만들고 파견된 관리라는 무리들은 강제로 빼앗고 토색질을 감행하

여 …"라 하였다.⁵⁶⁶

그런데 이 '파원'의 수탈 문제는 1900년부터 계속 신하들이 문제를 제기해 왔고, 심지어는 이들을 "협잡꾼들"이라고 하면서 소환시킬 것을 요구했고, 고종도 소환시키겠다고 약속했다. 그러나 아직 그대로였던 것이다.

5월, "나라의 운명이 안착할 곳이 어디가 될지 알 수 없는 노릇입니다."

5월 초에는 탁지부대신 민영기가 사직상소에서 "… 이처럼 인심이 소란하여 진정될 가망이 없고 도적이 점점 성하여 온 나라가 근심하는 형국입니다. 그러니 오늘날에 미쳐 상하가 모두 마음을 다잡아 단합하지 않는다면 나라의 운명이 안착할 곳이 어디가 될지 알 수 없는 노릇입니다. …"라 하였다.

7월 말에는 외부대신 이하영이 사직상소를 올려 "… 나라의 운수가 극도로 비색하고 시기가 험하여 위태롭고 급박한 형세이니 …"라 하였다. 8월에는 농상공부대신 박제순이 "… 날이 갈수록 물이 더욱 깊어지듯 곤란에 빠질 뿐이니 …"라며 사직을 청했고, 이틀 후에는 박제순 등이 상소를 올려 "… 근래 여러 날 동안 의정부에서 한마디도 건의한 것이 없고 한 가지 일도 조치한 것이 없어 … 머리를 맞대고 천장을 보며 길게 탄식만 할 뿐 별달리 뒤처리를 잘 해낼 방도가 없습니다. …"라며 사직을 청했다. 이들은 다음 날에도 상소를 올려 "… 마치 바늘방석에 앉아 있는 듯 한시가 시급합니다. …"라며 다시 사직을 청했다.⁵⁶⁷

8월, "이는 바로 외국에서 말하는 무정부라는 것입니다"

8월에는 군부대신이 자주 바뀌었다. 14일에는 이용익이 사직하였고, 17일에는 심상훈이 군부의 실정이 "… 헝클어진 실타래처럼 추스르기 어려움이 대단히 심합니다"며 사직을 청했다.

19일에는 권중현이 사직상소에서 당시 대한제국을 "무정부" 상태라고 진단한다. "… 지금은 관원의 임용이 마땅함을 잃어 충신과 아첨하는 자의 자리가 뒤바뀌었습니다. … 그러다 보니 조정에서 한 사람도 자기의 자리에 편안하게 있지 못하고 지금처럼 극도로 분열되는 지경에 이르게 된 것입니다. 세계의 많은 나라 가운데 어찌 이러한 지경에 이른 나라가 있겠습니까. 이는 바로 외국에서 말하는 무정부라는 것입니다. 이러하면서 나라의 정사가 진작되고 쇄신되기를 바란들 이루어질 수 있겠습니까. …"라 하였다.[568]

외국 공사들이 본 대한제국의 무정부 상태

권중현이 이때 "무정부" 상태를 언급하지만, 러시아공사 마튜닌은 이미 7년 전인 1898년 4월에 부임하며 본국에 보낸 보고서에서 조선의 무정부 상태를 우려했다. 1902년 5월에 알렌도 본국에 보낸 보고서에서 경성에는 실제적으로 정부가 없다고 보고를 했고, 주일 러시아공사 이즈볼스키도 같은 시기에 대한제국의 국내 정치는 완전히 해체되었다고 보고했다.

이와 같이 외국 공사들은 이미 최소한 1898년부터 대한제국이 무정부 상태에 빠져 있거나 무정부 상태로 갈 것을 우려하고 있었다.

한날에 올라온 4부 대신들과 협판들의 사직상소

7월 31일에는 의정부 참정대신 심상훈 외에 외부와 군부대신 등 5명의 대신이 다시 사직상소를 올렸다. 9월 11일에는 외부와 학부 등 4부 대신과 학부협판 2명 등 6명이 사직상소를 올렸다. 이들의 사직의 변을 보자.

외부대신 민영환은 "… 잘 담당할 만한 사람으로 하여금 맡게 하더라도 손을 쓰기 어려울 것인데 …"라 했고, 내부대신 윤용구는 "… 지금 갑자기 새로운 명이 생각지도 못하는 사이에 내려오니 …"라 했다. 학부대신 이지용은 "… 장차 어찌 능히 인재를 기르고 선비들의 지향을 바르게 함으로써 우리 국가의 많은 인재를 육성하는 다스림과 교화에 보탬이 될 수 있겠습니까. …"라 했고, 법부대신 이하영은 "… 꿈에도 생각지 못했던 법부대신에 제수하는 명이 내려왔으니 신은 명을 듣고 놀라고 두려워 …"라 했다. 학부협판 이준영은 "… 신은 학식이 조금도 없고 지식도 전혀 없으니 …"라 했고, 이상설은 "… 신의 부족한 재주는 예전과 같습니다. …"라며 사직을 청했다.569

경무사의 사직상소

경찰과 감옥 업무를 총괄하고 있던 경무청의 책임자인 경무사 김사묵도 사직상소를 올렸는데 승정원일기 10월 12일 자에 있다. "… 지금은 민심이 안정되지 않아 다들 동요하고 있고 법기(法紀)가 해이해져 도적들이 출몰하는 실정인데, 더욱 어찌 신처럼 무능하고 …"라며 사직을 청했다.

관찰사들의 사직상소를 보면, 여전히 전국의 어느 한 곳도 안정되어 있는 곳이 없었고, 관찰사들도 다스리기를 포기하여 부임 자체를 거부하는 상소가 많다.

"집들은 모두 텅" 빈 함경도

6월 중순에 함경북도 관찰사에 임명된 윤충구는 "… 집들은 모두 텅 비고 농기구와 베틀은 한눈에 보기에도 쓸쓸합니다. …"라 했다. 함경남도 관찰사 이헌경은 2월 중순에 "… 백성들이 흩어지는데도 회유하여 안정시킬 방책이 없으며, 도로가 두절되어 각군(各郡)에 정령을 시행할 수가 없고 …"라며 사직을 청했다. 이헌경에 이어 임명된 신기선은 3월 초에 "… 비록 김유신 같은 재략과 강감찬 같은 언변을 지녔다 하더라도 오히려 대응하기가 어려울까 근심스러운데 …"라며 사직을 청했다.[570]

"물 없는 연못에서 몸부림치는 물고기" 같은 평안남도 백성들

3월 말에 이어 관찰사 이중하는 6월 중순에 또 사직상소를 올려 "… 백성은 백성으로의 삶을 누리지 못하고 관리는 관리 노릇을 하지 못하고 있습니다. …"라 하였다. 6월 하순에 임명된 이도재는 "… 물 없는 연못에서 몸부림치는 물고기처럼 고통스러워하고… 어린이와 노인들은 도로에서 울부짖으면서 …"라며 사직을 청했다. 10월 중순에 임명된 이용선은 "… 소민(小民)들이 날마다 계속해서 흩어져 떠나가고 있으며 …"라며 사직을 청했다.[571]

"구렁텅이에서 죽어" 나뒹구는 황해도와 다스리기 번거로운 강원도

1월 중순에 황해도 관찰사에 임명된 조병호는 "… 화폐는 뒤섞여 물가가 치솟고 … 백성들이 구렁텅이에서 죽어 나뒹굴고 제 살 곳을 잃고서 헤매며 잦은 부역에 베틀이 텅 비어, 마치 말라가는 물속의 붕어가 살려 주기를 바라는 것과 같은 상황입니다. …"라며 사직을 청했다. 2월 하순에 강원도 관찰사에 임명되어 사직상소를 올렸던 조종필은 10월에 또 사직상소를 올려 "… 27개의 군을 다스려야 하는 번거롭고 바쁜 자리이며 …"라며 사직을 청했다.[572]

도둑이 극성인 충청남도와 "이미 구제할 수도" 없는 경상남도

충청남도 관찰사에 2월 하순에 임명된 이건하는 "… 소요를 일으키는 도적들과 속이고 괴이한 행동을 하는 무리들이 전에 비해 더욱 극성을 부리고 있습니다. …" 하였고, 12월 중순에 임명된 한진창은 "… 흉년이 들고 화폐의 유통이 꽉 막혀 있다 보니, 도둑이 자꾸 일어나는데도 …"

라며 사직을 청했다.

경상남도 관찰사에 3월 초에 임명된 성기운은 "… 농업과 상업이 모두 피폐해졌고 … 법을 제멋대로 하고 호령도 막혀서 어려운 상황에서 곤란을 겪고 있는 백성들을 이미 구제할 수도 없으며 …"라며 사직을 청했다.573

아래에서는 이해의 주요 사항과 고종의 각종 정책과 활동을 보자.

경부선 개통

1월 1일에 경부철도가 개업했고, 5월에는 남대문 정거장에서 경부철도 개통식이 거행됐다. 서울까지 17시간이 소요되었고, 이후 14시간으로 단축되었다.574

일본군을 위문하고 온 위문사와 특파대사

여순의 일본 군사를 위문하기 위해 여순에 다녀온 위문사 권중현과 고종이 1월 1일에 나눈 대화를 승정원일기에서 보자.

"여순의 형편은 어떠하던가?"

"여순의 형편은 신의 소견으로는 머지않아 함락될 것이라 생각합니다. 그렇지만 … 단번에 러시아 전체의 승부를 예측할 수는 없습니다."

"누구누구를 만났는가?"

"만주군 총사령관 육군 대장 대산암(大山巖), 여순연합함대 사령관 해군 대장 동향평팔랑(東鄕平八郞), 여순의 후방을 맡고 있는 제3군사령관 육군 대장 내목희전(乃木希典)과 친왕 한원궁(閑院宮)을 모두 만났습니다." …

"며칠 만에 돌아온 것인가?"

"도합 17일입니다." …

권중현이 보고한 이날, 일본이 여순을 함락시켰다. 고종은 이를 축하하기 위해 황족인 이재각을 3월 16일에 특파대사로 임명하여 일본에 보냈다. 황현의 《매천야록》에는 그가 가져간 국서에 일본의 승리는 "오직 우리 동양의 대세를 유지하기 위한 것이므로 이것은 옛날에도 드물었던 쾌거"이며, 이에 "짐은 의당 동맹국의 군주로서" 황족인 이재각을 대사로 삼아 특파하여 깊은 우의를 표한다고 했다.

이재각이 4월에 일본에 다녀와 고종에게 보고하는 것을 고종실록에서 보자.
"몇 번 폐하를 뵈었는가?"
"한 번 폐하를 뵈었는데 그길로 하직하였습니다." …
"각국의 공사들을 불러 만나보았는가?"
"신이 지리궁(芝離宮)에서 7일간을 숙식하였는데 각국의 공사들도 와서 예를 갖추었습니다."
"이번에 사행을 그토록 정성껏 접대하였다니, 매우 감사한 일이다."
"과연 정성껏 대접하였습니다." …[575]

러시아 황제에게 밀서를 보낸 고종

그런데, 고종은 3월에 러시아 황제에게 비밀 서한을 보냈다. 고종은 서한에서 여순이 함락되었지만 곧 회복할 것을 기원하며, 러시아 군이 조속히 경성에 와서 "일본의 악독한 싹을" 없애 버려 줄 것을 바란다고 했다. 또 러시아 군대를 "내응하여 맞아들일 계책을 몰래 마련해 둔 것이 이미 오래"되었다며, 전국 곳곳에서 도와 "힘과 정성을 다할 것"이라 했다.[576]

3월에는 미국공사 알렌의 후임으로 모건(Edwin Morgan)이 임명되었는데, 그는 6월 중순에 부임한다.[577]

신하를 비난하는 고종

고종이 신하들에게 불만이 많았음을 고종실록 8월 19일 자에서 볼 수 있다. "짐이 바른말을 올리라고 요구하고 난국을 수습하고 정사를 잘하기 위한 방도에 대하여 도와줄 것을 요구하여 명령을 내린 것이 한 해에 한두 번 정도가 아니었다. … 그럼에도 불구하고 더욱더 팔짱을 끼고 앉아 안일하게 지내다가 해이해 버리는가 하면 심한 경우에는 대뜸 벼슬에서 파면시켜 줄 것을 아뢰어서 약삭빠르게 회피하는 것을 능사로 여기고 있어 실정에 맞고 시행하기에 적중한 말은 한마디도 하는 사람이 있다는 것을 들어볼 수 없으니 … 더러는 비위를 거스를까 봐 두려워 입을 다물고 말하지 않으며 더러는 그런 벼슬에 있지 않다고 해서 꼭 말하려고 하지 않으며 더러는 벼슬이 낮다고 해서 감히 말하지 않는데 이처럼 언로가 막힌 채 통하지 않으니 국사(國事)는 날로 잘못되어 가는 것이다. …"라 하였다.

신하들의 고언

그러나 고종의 발언은 사실과 다르다. 그동안 대신들과 관찰사들이 상소를 올려 문제점을 아뢰었고, 특히 이해에는 1월부터 심각한 상소가 올라갔다. 3월에는 태의원 도제조 조병세도 고종이 언론을 막고 있음을 아뢨다. 며칠이 지나도 아무런 조치가 없자 조병세는 "폐하께서 비록 이미 가납하셨다고는 하나, 신이 귀를 기울 인지 여러 날이 지나도록 아직도 크게 용단을 내리시어 분연히 실시하겠다는 처분이 있지 않았습니다. … 피눈물을 흘리며 매우 간절히 바랍니다. 재결하여 주소서"라고 하였다. 한 해 전 7월에는 의정부 총무국장 박의병이 의정부의 기능 마비, "무법천지"가 된 인사제도, 궁내부가 조직을 계속 확장하는 문제 등을 지적하는 상소를 올리자 "사체에 어긋나는 일이다."고 했다.[578]

이를 보면, 3월에 김학진이 "망하는 지경에까지 이르렀지만 참으로 무엇 때문인지도 모릅니다"고 상소한 것이 1905년 고종과 대한제국의 상황을 대변하는 말일 것이다.

루즈벨트 딸의 방문

루즈벨트는 딸 앨리스와 상원의원 등을 포함한 평화사절단을 동아시아로 파견했는데, 이들이 9월 중순에 대한제국을 방문했다. 이때 앨리스는 고종과 대한제국에 대해 "전반적으로 다소 연민을 자아내는 분위기였다", "황제다운 존재감은 거의 없었고 애처롭고 둔감한 모습이었다."고 했다. 당시 미국공사 모건의 비서는 친구에게 보낸 편지에서, 이들의 방문을 생명줄이라도 되는 것처럼 "붙잡고 매달렸다"고 썼다.[579]

영일동맹 조약 내용에 항의한 외부대신

10월 초에 외부대신 박제순은 영국총영사 조던을 만나 8월에 체결된 제2차 영일동맹의 내용에 대해 항의했다. 그러나 조던은 한일의정서와 한일협정서 등 1904년에 체결한 협약에 의해서 대한제국이 현재의 상태에 빠진 것으로, 영국에게는 하등의 책임이 없다고 말했다고 본국에 보고했다.[580]

의병 소탕 명령

10월 중순에 고종은 의병 소탕을 명하는데 "… 이른바 의병이라는 것들이 도처에 모여들어 그 세력이 맹렬하여졌다. 생각건대 저것들이 들고 나선 것이 무슨 의리이겠는가? 그 동태와 행동을 따져보면 한갓 비적(匪賊) 무리들의 변에 불과하니 불쌍한 우리 어진 백성들이 어떻게 목숨을 부지하겠는가? 군부에서 연속 군사들을 파견하여 기어이 급히 쳐 없애버려야 할 것이다. …"라 했다.[581]

450년 전에 사는 신하들

이토 히로부미가 을사조약 체결을 위해 도착하기 8일 전인 11월 2일, 중추원 찬의 이건하가 약 450년 전인 단종 때 죽은 "… 감찰을 지낸 정보라는 사람이 있습니다.… 신들은 정보가 세운 절의도 실로 사육신에 못지않다고 생각합니다.…"라며 벼슬과 시호를 내려주기를 상소하였다.

이토가 도착한 다음 날에는 종2품 이경하 등이 300여 년 전인 "… 임진왜란 때 그는 어가를 호종하면서 왜적을 막고 나라를 보존할 대책을 아뢰었는데 …"라며 그 신하에게도 시호와 벼슬을 내릴 것을 상소했다.[582]

이토 도착 5일 전 대한제국 궁궐 내부의 실상

전참찬 곽종석이 11월 5일에 상소를 올려 "… 화려한 옷과 사치스런 노리개, 기이한 물건을 모두 물리치고 비용을 허비하는 여러 토목 공사나 건축 공사를 없애며 신령과 부처, 무당과 점쟁이를 섬기는 괴상하고 허무맹랑한 짓을 그만두게 해야 합니다. … 각종 세금을 턱없이 받아내는 폐단을 다 없애야 합니다. 무릇 뇌물과 취렴으로 상에게 잘 보여 총애를 굳힌 권세 있는 관리나 측근에 있는 신하 …" 등의 문제점을 지적했다.[583]

이처럼 을사조약 체결 당시까지도 당시 대한제국의 신하들은 현재는커녕 300년, 450년 전 과거에 머물러 있었고, 왕이나 왕실의 사치는 줄어들지 않았고, 무당과 점쟁이는 여전히 궁 안에서 활개를 쳤다. 백성은 세금에 짓눌려 있었고, 왕실의 건축공사는 계속되고, 고종에게 바치는 뇌물도 성행했음을 이들의 상소를 통해 알 수 있다.

'한일협상조약' 초안

이토가 고종을 알현하고 전달한 메이지 천황의 친서 내용은 '대한제국과 일본 장래의 안녕을 절망하는 진실된 마음을 친히 폐하에게 알리기 위해서' 이토를 파견한다면서, 대한제국은 불행히도 아직 국방을 완비하지 못했고 자위의 기초도 굳건하지 못하다고 했다. 그리고 동아시아 장래의 불안을 없애기 위해 양국이 뭉치는 것이 중요하기 때문에 정부에 명령해 방법을 세웠으니 경청해주기를 바란다는 것이었다.

11월 15일, 이토는 고종에게 '한일협상조약(을사조약)' 초안을 제출하는데 고종실록은 "일본 대사 이토 히로부미, 공사 하야시 곤노스케〔林權助〕를 접견하였다. 협약문 초안을 제출하였기 때문이다."고 했다.

이날, 고종은 이토에게 일본이 외교의 실체를 취하더라도 사신의 왕래 등 형식적인 명목은 대한제국에 남겨주기를 희망했다. 그러나 이토는 외교는 형식과 실체를 분리할 수 없으며, 지금과 같은 외교 상황이 유지되면 영토 문제 등으로 동양이 다시 재난에 빠질 수 있다며 거부했다.[584]

'한일협상조약' 체결

11월 17일 이토가 대신들의 찬반 의사를 확인하고, 협약문에 '황실의 안녕과 존엄 유지'와 "한국이 실지로 부강해졌다고 인정할 때" 이 협약을 철회한다는 것을 추가하기로 결정했다. 그날 밤, 고종을 면담하려던 이토에게 고종이 궁내부 대신 이재극을 통해 전갈을 보내 '짐이 이미 각 대신에게 협상하여 잘 처리할 것을 허락하였고, 또 짐이 지금 목구멍에 탈이 생겨 접견할 수 없으니 모쪼록 잘 협상하라.'고 했다.

이날 외부대신 박제순과 일본공사 하야시 사이에 5개 조로 구성된 을사조약이 체결되었는데 고종실록에서는 "한일협상조약"이라 했다. 그 내용을 보자.

"일본국 정부와 한국 정부는 두 제국을 결합하는 이해공통주의를 공고히 하기 위하여 한국이 실지로 부강해졌다고 인정할 때까지 이 목적으로 아래에 열거한 조관을 약정한다.

제1조 일본국 정부는 동경에 있는 외무성을 통하여 금후 한국의 외국과의 관계 및 사무를 감리 지휘할 수 있고 일본국의 외교 대표자와 영사는 외국에 있는 한국의 신민 및 이익을 보호할 수 있다.

제2조 일본국 정부는 한국과 타국 사이에 현존하는 조약의 실행을 완전히 하는 책임을 지며 한국 정부는 이후부터 일본국 정부의 중개를 거치지 않고 국제적 성질을 가진 어떠한 조약이나 약속을 하지 않을 것을 기약한다.

제3조 일본국 정부는 그 대표자로서 한국 황제 폐하의 궐하에 1명의 통감을 두되 통감은 오로지 외교에 관한 사항을 관리하기 위하여 경성에 주재하면서 직접 한국 황제 폐하를 궁중에 알현하는 권리를 가진다. …

제4조 일본국과 한국 사이에 현존하는 조약 및 약속은 본 협약의 조관에 저촉하는 것을 제외하고는 다 그 효력이 계속되는 것으로 한다.

제5조 일본 정부는 한국 황실의 안녕과 존엄을 유지함을 보증한다."585

대한제국이 요구한 제5조를 제외한 4개 조의 내용은 전년도 5월 31일에 가쓰라 총리가 일본 내각회의 및 원로회의를 통해 채택한 '대한제국에 대한 방침' 및 '한일의정서'와 '한일협정서'의 내용과 거의 동일하다.

을사조약 비판 상소

조약 체결 직후 고종은 이토에게 이 협약은 "두 나라를 위해 축하할 일이다"라며 이토에게 위로의 칙어까지 내렸다. 그런데 다음 날 아침, 서울 상가는 철시하고, 19일부터는 보호 조약에 찬성한 대신들을 처단하라는 원로대신과 현직 관료, 지방 유생의 상소가 빗발쳤다. 이완용의 집이 불에 타고, 이근택은 집에서 잠을 자다가 자객의 습격을 받았다. 조약 체결 다음 날 내부대신 이지용 등은 상소를 올려 사직을 청했다.586

외국공사관의 철수

주한 이태리 총영사는 이미 10월 17일에 귀국했는데, 11월 27일에 이태리는 제일 먼저 대한제국 정부에 공사관 철수를 통고했다. 다음 날에는 미국공사 모건이, 11월 30일에는 영국이 공사관 철수를 통고했다. 이로써 12월 초까지 대부분의 주한 외교사절은 한국을 떠났다.[587]

민영환과 조병세의 자결

11월 30일에 45세의 시종무관장 민영환이 자결했는데, 황현의 《매천야록》에 있는 유서 내용을 보자. "… 우리 인민들이 생존경쟁 가운데에서 장차 멸망에 이를 것이다. … 학문에 힘쓰고 마음을 모으고 힘을 합쳐 우리나라의 자유 독립을 회복"하기를 바랐다. 각국 공사에게 보내는 유서에서는 "… 우리 이천만 인민들이 장차 생존 경쟁의 와중에서 멸망하려고 하니 … 우리 인민의 자유 독립을 도와준다면 죽은 자도 응당 저승에서 웃으며 감사할 것이다"고 했다.

12월 1일에는 조병세도 자결했는데, "… 각자 분발하여 더욱 충의에 힘써 나라를 보좌하여 우리나라 독립의 기초를 공고히 하여 치욕을 씻을지어다. … 각자 힘쓸지어다, 각자 힘쓸지어다"라고 했고, 각국 공사에게 남긴 유서에서는 "… 이웃 간의 정의를 생각하여 약소국을 애달피 여기고 우리나라 독립의 권리를 회복하여 준다면 병세는 죽어서 결초보은 할 것입니다. …"라 했다.[588]

해외 공사관 폐쇄

12월 11일, 일본 외무성은 대한제국의 해외공사관 폐쇄를 주재국 및 그곳의 대한제국공사에게 통고하라는 훈령을 일본 공관에 보냈고, 고종에게도 이 사실을 각국에 통보하도록 요청했다.[589]

1906년 세출 예산 796만 원

12월 12일에는 다음 해 예산을 확정하였는데 의정부에서 "세입 총액 748만 4,744원, 세출 총액 796만 7,388원"을 재가 받았다. 1905년 일본인 재정고문의 조사에 따르면 황실의 1년 수입은 국고에서 지급하는 165만여 원(元)과 내장원 수입 326만여 원을 합한 491만여 원이었다.[590]

"신들이 실제로 범한 것이 없음을 밝혀"주기를 상소한 다섯 대신

고종실록 12월 16일 자에는 참정대신 박제순, 학부대신 이완용, 내부대신 이지용, 농상공부대신 권중현, 군부대신 이근택 등이 고종에게 올린 상소가 있다.

"… 이것은 오늘 처음으로 이루어진 조약이 아닙니다. 그 원인은 지난해에 이루어진 의정서와 협정서에 있고 이번 것은 다만 성취된 결과일 뿐입니다. … 조약 체결의 전말에 대하여 말한다면 … 17일 … 신들이 물러나가 일본 대사를 만나서, 안 된다는 한마디 말로 물리쳐야겠습니다.' 하니, 폐하께서 하교하시기를, '그렇기는 하지만 조금 전에 이미 짐의 뜻을 말하였으니 잘 조처하는 것이 좋겠다.' 하셨습니다. 한규설과 박제순이 아뢰기를, '신들은 한 사람은 수석 대신이고 한 사람은 주임 대신으로서 폐하의 하교를 받들어 따르는 데 불과합니다.' 하였습니다.

우리들 8인이 일제히 물러나 나오는데 한규설과 박제순은 폐하의 명을 받들고 도로 들어가서 비밀리에 봉칙하고 잠시 후에 다시 나와 모두 휴게소에 모이니, 일본공사가 어전에서 회의한 것이 어떻게 결정되었는가를 물었습니다. 한규설이 대답하기를, '우리 황상 폐하께서는 협상하여 잘 처리하라는 뜻으로 하교하셨으나, 우리들 8인은 모두 반대하는 뜻으로 복주하였습니다.' 하니, 공사가 말하기를, '귀국은 전제국이니 황상 폐하의 대권으로 협상하여 잘 처리하라는 하교가 있었다면 나는 이 조약이 순조롭게 이루어질 것으로 알지만 여러 대신은 정부의 책임에 대해서 전혀 알지 못하여 한결같이 군명(君命)을 어기는 것을 주로 삼으니 어찌된 일입니까? …' 하였습니다. … 대사가 궁내부 대신 이재극에게 폐하의 접견을 주청한다는 것을 전해 주도록 여러 번이나 계속 요구하였습니다.

이재극이 돌아와서 '짐이 이미 각 대신에게 협상하여 잘 처리할 것을 허락하였고, 또 짐이 지금 목구멍에 탈이 생겨 접견할 수 없으니 모쪼록 잘 협상하라.'는 성지를 전하였습니다. … (대사가) 곧 이재극에게 다음과 같이 전달해 달라고 요구하며 말하기를, '이미 삼가 협상하여 잘 처리하라는 폐하의 칙령을 받들었기 때문에 각 대신에게 의견을 물었더니 그들의 논의가 같지는 않지만 그 실제를 따져 보면 반대한다고 단정할 수는 없습니다. 그 가운데서 반대한다고 확실히 말한 사람은 오직 참정대신과 탁지부대신뿐입니다. 주무대신에게 성지를 내리시어 속히 조인하기 바랍니다.' 하였습니다. …

한참 있다가 이재극이 돌아와서 폐하의 칙령을 전하여 말하기를, 「협상 문제에 관계된다면 지리하고 번거롭게 할 필요가 없다.」 하셨습니다.' 하고, 이어 또 이하영에게 칙령을 전하여 말하기를, '약관 중에 첨삭할 곳은 법부대신이 반드시 일본 대사, 공사와 교섭해서 바르게 되도록 하는 것이 좋겠다.」 하셨습니다.' 하였습니다. … 이 자리에서의 사실은 단지 이것뿐입니다. … 그러나 탄핵하는 사람들이 이 조약의 이면을 따지지 않고 그날 밤의 사정도 모르면서 대뜸 신 등 5인을 '나라를 팔아먹은 역적'이요, '나라를 그르친 역적'이라고 하는데 이것은 크게 잘못된 것입니다. …

무릇 위 항목의 일들은 폐하께서 환히 알기 때문에 … 속히 법사(法司)의 신하에게 엄한 명을 내리시어 … 신들이 실제로 범한 것이 없음을 밝혀 주신다면 이것이 어찌 신 등 5인에게만 다행한 것이겠습니까?"라며 자신들은 그날 밤 고종의 명령에 따라 행동했음을 구체적으로 아뢨다.

그러나 고종은 "나라를 위해서 정성을 다하고 국사에 마음을 다하는 것은 신하라면 누군들 그렇게 하지 않겠는가마는 … 여론이 당사자에게 책임을 돌리고 또한 해명을 하는 것을 용납하지 않는다. 지금처럼 위태로운 때에는 오직 다 같이 힘을 합쳐서 해나가야 될 것이니, 그렇게 한다면 위태로움을 안정으로 돌려놓을 수도 있을 것이다. 경들은 각기 한층 더 노력함으로써 속히 타개할 계책을 도모하라."591며 책임을 신하에게 돌리고, 자신이 나서서 신하를 보호할 의지가 없었음을 알 수 있다.

고종이 신하들에게 책임을 전가한 사례들

이 장면과 유사한 사례가 몇 번 있었다. 1903년 8월에 삼림감리 조성협이 러시아와 용암포 조차를 위한 가조약을 러시아와 맺은 것을 일본과 영국이 항의하자, 조성협의 탓으로 돌렸다. 1895년 말에는 춘생문 사건이 실패하자 임최수 등 2명을 교형에 처하고 아관파천 후에 이들의 관직을 회복시키고 위로금을 내려줬고, 1889년 9월에는 고종이 신하들에게 탓을 돌리고 불만을 표하자 영의정이 열흘 넘게 출근을 거부한 일도 있었다. 1887년에는 주미공사 박정양이 '영약삼단'을 지키지 않아 청에서 항의가 빗발치자 고종은 이를 박정양의 탓으로 돌리고 소환했고, 1886년에는 제2차 조러밀약이 폭로되자 역시 신하들의 불법 행동이라며 신하 4명을 유배시켰다.592

이처럼 결정적인 순간에 신하들을 보호하지 않고 신하의 책임으로 돌리는 고종의 태도는 이들 다섯 대신들에게도 반복된 것이라 볼 수 있을 것이다. 그것은 "신하라면 누군들 그렇게 하지 않겠는가마는… 여론이 당사자에게 책임을 돌리고 또한 해명을 하는 것을 용납하지 않는다"라는 고종의 말에서도 나타난다.

1905년 대한제국

실력을 길러야 한다는 충청남도 관찰사의 사직상소

충청남도 관찰사 이도재가 12월 31일에 사직상소를 올렸다. "… 자강의 계책을 서둘러 도모하소서. … 실제적으로 진보하되 밖으로는 남에게 의탁하지 않고 안으로는 우리의 실력을 쌓으면 이것이 바로 자연스럽게 절로 독립을 이루는 길이니 … 폐하께서는 와신상담하여 … 뜻을 확고하게 하고 결단을 시원하게 하여 …"라 하였다.[593]

알렌, "너무도 오랫동안 무사안일의 세월을 보냈다"

1884년 갑신정변 발생 몇 달 전에 조선에 와서 1903년 휴가 때에는 미국에 가서 루즈벨트 대통령의 외교 고문을 만나 대한제국을 위해 친러반일 정책을 취할 것을 주장하고, 결국은 루즈벨트 대통령을 화나게 했던 알렌이 1905년에 21년간 살았던 조선을 떠났다.

그런 알렌이 대한제국을 떠나며 "불쌍한 조선 사람들이여! 그대들은 너무도 오랫동안 무사안일의 세월을 보냈다. … 이제 잠을 자고 있을 때가 아니다"고 했다. 황현은《매천야록》에서 알렌이 귀국 전에 사람들에게 "한국 국민이 가련합니다. 내가 일찍이 구만리를 돌아다녀 보고 위아래로 4천 년의 역사를 보았지만 한국 황제와 같은 인간은 또한 처음 보는 인종이었습니다"라고 말하였다고 기록했다.[594]

조선을 망하게 한 것은 조선이다

중국의 양계초가 1910년에 쓴《조선 멸망의 원인》의 일부를 보자. 그는 전 세계에서 개인주의가 가장 발달한 나라가 조선이며, 조선 사람들은 미래에 대한 관념이 거의 없으며, 관리들도 '오늘 벼슬하고 권세가 있으면 내일 나라가 망하더라도' 상관할 바가 아니라고 생각하고 있다고 했다. 1910년에 합병 조약이 발표되자 이웃나라 사람들은 조선을 위해 눈물을 흘렸는데, 조선 사람들은 술에 취해 놀며 만족했다고 했다.

그는 또 조선을 망하게 한 것은 조선이지 일본이 아니라며, 조선인들 스스로가 망하는 것을 즐겼으니 불쌍하게 생각할 일이 아니라 했다. 그리고 조선 때문에 청일·러일 두 차례의 전쟁이 일어나, 세 나라에서 백 수십만 명이 죽고 엄청 많은 전쟁 비용이 들었다고 했다. 또 이 전쟁으로 일본은 대가가 있었지만, 청과 러시아는 큰 손실을 입어서 영원히 회복할 수 없게 되었다며, "아! 상서롭지 못한 나라로다! 아, 이제 조선은 끝났다!"고 했다.[595]

알렌과 양계초의 글과 1904년 신기선의 상소가 공통적으로 지적하는 것은, 조선은 일본 때문이 아니라 조선 때문에 망했다는 것이다. 그런데 이것은 순조 때부터 올라온 신하들의 상소, 조선 주재 외국공사들의 보고와 강대국 정부들의 판단, 그리고 외국인 방문자들의 기록 등을 통해서도 이미 예견되고 있었다.

1812년 홍경래의 난 이후로 조선의 체제는 세금 징수 기능 등을 포함하여 국가로서의 최소한의 기능, 즉 재정, 국방, 치안, 외교, 행정, 인재 양성 등의 기능이 거의 작동되지 않았고 악화되어 왔음을 봤다. 그러나 그것을 개선하려는 조선의 지도층 내지 조선왕조의 노력은 지금까지 이 책에서 보아온 것처럼 수많은 1차 사료 그 어느 곳에서도 찾아볼 수 없었다.

결국 1904년 의정부 참정 신기선이 상소를 올려 "나라는 반드시 스스로 망하게 한 다음에야 남이 망하게 하는 것입니다(國必自伐, 而後人伐之)"라고 호소한 것이 예언이 되었고, 그것은 "백여 년 동안 차근차근 쌓여서 이루어진 것(是變也, 乃百年積漸而成者)"이었다.

1905년(메이지 38) - 일본

쓰시마해전에서 승리한 일본은 미국의 강화 중재를 받아들였고, 러시아는 대한제국과 요동반도 등을 양도하는 강화 조건을 영국에 제의했다. 제2차 영일동맹에서는 일본이 대한제국에서 보유한 이익을 지키기 위해 필요한 조치를 취할 수 있음을 영국이 승인했는데, 프랑스도 동의를 표했다. 이로써 영국, 미국, 러시아, 독일, 프랑스가 일본이 대한제국을 통치하는 것에 동의했다. 일본에서 활동 중이던 손문은 청국 타도를 위해 일본과의 연대를 강조하고, 일본의 승전은 중동 및 아시아에서 독립의 기운을 불어넣었다고 평가했다.

강화 조약에서 배상금을 한 푼도 받지 못한 것에 분노한 일본국민은 대규모 항의 시위를 벌였고 비상계엄이 내려졌다. 이토는 조선에 파견되어 을사조약을 체결하고, 고무라는 요동반도와 남만주철도 양도와 관련하여 청국 및 러시아와 협약을 체결했다. 일본은 전 세계에 을사조약 체결 사실을 알렸다.

대학의 독립과 학문의 자유

이른바 '도미즈(戶水)' 사건이 일어났다. 발단은 동경제국대학 법과대학 교수인 도미즈 히로토(戶水寬人)가 러시아와 협상을 진행하던 정부를 비판하고 반정부 언론 활동 등을 한 이유로 휴직 처분을 받은 것 때문이었다. 법규상 교수의 진퇴는 총장이 문부대신에게 보고하여야 하는

데, 이 절차를 거치지 않은 것에 항의해 총장은 사표를 제출했고, 문부대신은 이를 수리했다. 이에 200여 명의 교수가 항의 서한을 문부대신에게 제출하여, 행정관청의 불법·부당한 행위로 교수를 퇴진시키면 대학의 위엄과 학문의 자유를 지킬 수 없다고 항의했다. 결국 문부대신과 총장이 사직하고, 도미즈 교수는 복직되었다.[596]

여순 전투

12월부터 여순 전투를 주도한 제3군 노기 마레스케(乃木希典) 사령관은 세 차례의 총공격 끝에 1월 1일에 여순고지를 점령했다. 연인원 13만 명을 동원하여 전사 1만 5천여 명, 부상 4만 3천여 명, 전병자 약 3만 명 등 70%에 가까운 엄청난 인명 손실을 입었다. 그러나 이 승리로 일본의 국제적 신용은 올랐다. 이 전투에서 수많은 병사와 자신의 두 아들을 잃은 노기는 1912년 메이지 천황의 장례식 날 그의 부인과 자결한다.[597]

프랑스 무관의 러시아 해군 평가

여순이 함락된 뒤 러시아의 장군은 더 이상 버틸 수가 없어 항복할 수밖에 없으며, 사상자가 3/4에 달한다고 니콜라이 황제에게 보고했다. 여순 함락 소식이 러시아에 전해지자 인민의 분노는 컸다.

당시 극동으로 향하던 발트함대에 대한 주러 프랑스 해군 무관의 평가도 부정적이었다. 발트함대는 선박을 모은 것에 지나지 않으며, 장교나 하사관은 경험이 거의 없고, 수병의 태반은 군사 훈련을 받지 못했고 바다에 나간 경험조차 없다고 했다. 처음부터 이 전쟁에 반대하던 러시아 내 사회주의자의 영향력은 커져가고 있었다.[598]

| 1905년 일본

피의 일요일 사건

여순 함락 후 1월 중순에 레닌은 이 전쟁은 러시아 황제가 일으킨 전쟁이기 때문에 패전도 황제의 패전이지 인민과는 무관하다고 했다. 이런 상황에서 1월 19일에는 러시아 황제를 암살하려던 사건이 일어났고, 1월 22일에는 14만여 명의 군중들이 니콜라이 2세에게 빈곤, 억압과 과도한 부역, 노예와 같은 대우, 무법천지 같은 현실을 호소하는 진정서를 올리기 위해 궁에 도착했다. 그러나 기병들의 발포로 수백 명이 살상되는 '피의 일요일 사건(Bloody Sunday)'이 벌어졌고, 노동자의 일체 파업으로 러시아 경제는 마비되기 시작했다. 이 사건으로 비공식 추산으로 4천 명 이상이 희생되었는데, 이후 러시아 언론은 니콜라이 황제를 인민의 적이자 학살자라 불렀다.[599]

대한제국 병합 의사 표명

고무라 외무대신은 1월 하순, 루즈벨트 대통령에게 일본의 안전을 위해 대한제국을 완전하게 장악할 필요가 있다는 일본 정부의 입장을 전했다. 이때쯤 대한제국은 미국에 거중조정을 의뢰했으나, 루즈벨트는 헤이 국무장관에게 대한제국은 스스로를 방어하기 위해 일격을 가할 능력도 의지도 없는데, 일본의 의사를 거스르면서 한국 문제에 관여할 의사가 없음을 밝혔다.[600]

독도 편입

1월 28일, 일본 정부는 독도(獨島)를 다케시마(竹島)라 부르며 시마네(島根)현 오키도사(隱岐島司)의 관할로 편입한다는 것을 각의에서 결정했고, 시마네현은 2월 22일에 독도를 시마네현 부속 섬으로 편입했다.

1월 28일의 일본 내각의 결정문은 "… 오키도(隱岐島)에서 떨어져 서북으로 85해리에 있는 무인도는 다른 나라에서 이를 점령했다고 인정할 만한 형적이 없고 … 메이지 36년(1903) 이래 나카이 요사부로란 자가 당해 섬에 이주하여 어업에 종사한 일은 관계 서류에 의하여 명백하므로 국제법상 점령의 사실이 있는 것으로 인정하여 이를 우리나라 소속으로 하고 시마네현 소속 오키도사의 소관으로 해도 지장이 없을 것으로 생각한다. …"라고 했다.[601]

봉천전투

2월 중순부터 3월 초까지 봉천(지금의 선양)전투가 벌어졌는데, 일본군 총사령관은 오야마 이와오였다. 러시아군 29만여 명, 일본군 21만여 명이 동원되었는데 일본군이 승리했다. 러시아 군의 사망자는 약 4만 명, 부상은 5만 명, 일본군은 사망 1만 6천여 명, 부상은 6만 명에 이르렀다. 양측 모두 병력의 30% 이상의 인명 손실을 가져온 대전투였다. 이 전투 이후 프랑스 신문은 러시아는 승전의 가망성이 없다고 보도했다.[602]

비테, 대한제국 양여 등 종전 조건 제시

봉천전투에서 러시아가 패배하자 비테는 황제에게 서신을 보내 즉각 강화를 할 것을 주장했다. 루즈벨트가 3월 초에 중재를 위한 계획을 공표했고, 3월 중순에 비테는 주러 영국대사에게 강화 조건을 제시했는데, 대한제국, 여순, 요동반도와 남만주지선을 일본에 양여하지만 배상금 지불은 거부했다.

루즈벨트도 2월 하순에 기자와의 인터뷰에서 요동반도와 한반도는 일본 손에 들어가는 것으로 이미 확정되었다고 말했다. 3월에 루즈벨트는 두 번째 대통령 임기를 시작했다.[603]

'한국보호권확립' 통과

4월 초, 일본 정부는 '한국보호권확립'이라는 문건을 각의에서 통과시켜 1904년 5월 31일에 결정한 대한제국에 대한 방침을 구체화시켰다. 그 내용은 대한제국의 대외관계는 일본이 담당하고 재외 한국민은 일본의 보호 하에 둔다, 대한제국은 외국과 직접 조약을 체결할 수 없고 기존 조약의 실행은 일본이 책임지며, 일본은 주차관을 두어 대한제국의 정치를 감독하고 일본 국민을 보호하도록 한다는 것이었다.[604]

중국신문, 일본의 승전을 기원

4월 중순에 중국의 '대공보(大公報)'는 일본의 승전을 기원하는 기사를 또 실었는데, 러일전쟁에서 유럽이 승리하면 아시아 국가는 사라질 것이고, 백인이 승리하면 황인종이 사라질 것이다, 따라서 개전 이래 일본의 승리 소식을 접할 때마다 환호하고 고무되었다고 했다.[605]

강화 조건과 제2차 일영동맹안

4월 21일, 일본 내각은 러시아와의 강화 조건 초안을 의결했는데, 양보 불가능한 세 가지 조건으로는 대한제국을 완전히 일본의 처분에 맡길 것, 러시아 군대의 만주 철군, 요동반도 조차권과 동청철도 남만지선은 일본에게 넘기는 것이었다. 양보 가능한 네 가지 조건으로는 군비 배상, 사할린과 그 부근 섬의 할양 등이었다.

4월 24일에는 제2차 일영동맹에 대한 입장을 정리했는데, 일본이 대한제국에서 보유한 정치·군사적 및 경제적 특수 이익을 보호하기 위해 타당하고 필요한 조치를 취할 수 있음을 영국은 승인할 것 등을 5월 하순에 영국에 전달했다.[606]

일본의 쓰시마해전 승전과 강화 협정 중재 요청

8개월의 항해 끝에 쓰시마에 도착한 발트함대는 5월 27일, 28일 양일간 쓰시마 해전에서 도고 사령관이 이끄는 일본 연합함대에게 38척의 군함 중 19척이 격침당하고, 7척이 포획되었다. 러시아군은 약 5천 명이 전사하고, 6천여 명이 포로가 된 반면에 일본해군의 손실은 96척 중 3척의 어뢰정과 전사자 100여 명에 불과했다.

이 전투 후 일본은 루즈벨트에게 강화 협상 중재를 정식으로 요청했고, 6월 초에 양국은 루즈벨트의 강화 제의를 수락했다. 일본의 승리는 13세기 몽고족의 유럽 침략 이후 아시아 세력이 유럽을 이긴 첫 사건이라는 점에서 서양에게는 충격이었다.[607]

러시아 내 시위와 유혈 사태

러시아에서는 반전 시위, 폭력과 유혈 사태가 일어났다. 6월에는 흑해함대의 전함인 포템킨(Potemkin) 호의 수병들이 열악한 식사와 처우에 불만을 품고 반란을 일으켜 함선을 탈취하여 루마니아로 몰고 가는 일이 일어났는데, 결국 이들은 군경에 의해 진압되었다. 당시 러시아군의 장교는 귀족 출신의 특권계급이었고, 병사의 대부분은 봉건 농노 출신이었다.[608]

'중국혁명동맹회', 일본과의 연대를 중요시

손문(孫文, 1866-1925)은 1924년에 쓴 '대아시아주의'라는 글에서, 일본이 러일전쟁에서 승리한 그날로부터 이집트, 페르시아, 터키, 아프가니스탄, 아랍, 인도에서 독립이라는 커다란 희망이 생겨 독립운동이 일어났다고 했다.

손문은 이해 8월에 동경에서 '중국혁명동맹회'를 결성하면서 양국 국민의 연합을 6대 강령의 하나로 명시할 정도로 일본과의 연대를 중요시했는데, 자신의 혁명 활동에 필요한 일본의 지원을 받는 대가로 만주를 양여하겠다고 약속할 정도였다. 동맹회는 민족·민권·민생의 '삼민주의'를 표방했다.[609]

이승만의 석방과 미국 파견

1904년에 한성감옥에서 풀려난 이승만은 미국 대통령과 국무장관에게 대한제국의 독립을 도와줄 것을 요청하기 위해 민영환과 한규설에 의해 미국에 파견되었다. 이승만은 주조선공사를 지낸 딘스모어(Hugh A. Dinsmore, 1850-1930) 하원의원을 통해 미국무장관 헤이와 2월에 면담을 가져 독립을 도와줄 것을 요청했다. 7월 중순에는 이승만 등이 하와이 교민의 대표로 루즈벨트 대통령에게 보내는 '하와이 교민들의 독립청원서'를 제출했다. 그러나 루즈벨트는 공사관을 통해 공식적으로 제출할 것을 요구하며 묵살했다.[610]

주한 영국총영사, 일본의 대한제국 통치를 건의

주한 영국총영사 조던은 주일 영국공사 맥도널드에게 보낸 7월 초 보고서에서, 대한제국 정부는 통치 능력이 없고 독립국으로서 유지되기가 어려우므로 일본이 통치하는 것이 대한제국을 위해 좋다는 의견을 밝혔다. 맥도널드는 이에 따라 일본이 대한제국의 보호국이 되는 것을 승인할 것을 본국 정부에 건의했고, 이것을 인정하는 내용의 제2차 영일동맹이 8월 12일에 체결된다.[611]

미육군장관의 일본 방문

7월 27일, 미 육군장관 태프트(William H. Taft)는 필리핀에 가던 중 동경을 방문해 가쓰라 수상과 회의를 가졌다. 이때 태프트는 일본이 필리핀에 대한 침략 의도가 있는지 다시 확인하였는데, 가쓰라는 전혀 그런 의도가 없음을 밝혔다. 가쓰라는 대한제국은 러일전쟁의 직접적인 원인이었기 때문에 완전히 해결되어야 한다는 입장을 표했고, 태프트도 이에 동의했다. 태프트는 이 대담 내용을 신임 국무장관인 루트(Elihu Root)에게 보고했고, 루즈벨트는 이를 승인하는 회신을 보내도록 했다. 태프트는 4년 후 제27대 미국 대통령에 취임한다(재임 1909-1913).[612]

강화 협상 시작

강화 회담을 일본에 유리하게 하기 위해 루즈벨트는 사할린 점령을 일본에 제의했고 이에 따라 일본군은 7월 초에 사할린 남부지역에 상륙하여, 8월 초에는 사할린 전토를 점령했다. 그 다음 날 양국 대표는 포츠머스(Portsmouth) 회담장에 도착했다. 8월 10일에 강화 회의가 시작되자 일본 대표 고무라는 러시아 대표인 비테에게 12가지 강화 조건을 건넸다. 그중 대한제국을 완전히 일본의 자유 처분에 맡기는 것은 회담 초기에 합의에 이르렀고, 가장 협상이 어려웠던 것은 사할린 및 부속 도서 할양, 전쟁 비용 배상, 중립항에 피신한 러시아 군함의 일본 양도, 극동에서의 러시아 해군력 제한 등 4가지였다.[613]

제2차 영일동맹

8월 12일에는 런던에서 영국은 일본과 제2차 영일동맹을 체결했다. 그 내용은 동아시아와 인도의 평화 유지, 영국의 인도에서의 영토권 보존 및 특수 이익을 지지하고, 청국의 독립과 영토보전, 상공업상의 기회 균등을 목적으로 한다고 했다.

제3조에서는 "일본국은 한국에서 정치, 군사 및 경제적으로 특별한 이익을 가지고 있으므로 대영국은 일본국이 이 이익을 옹호 증진하기 위하여 정당하며 또 필요하다고 인정하는 지도, 감리 및 보호의 조치를 한국에서 취할 권리를 가진다는 것을 승인한다. …"라고 했다.

|1905년 일본|

　제1차 영일동맹의 전문에 있던 "한국의 독립"과 "영토 보전" 조항은 삭제되었고, 제2차 영일동맹은 인도까지 범위를 확장시켰다. 제2차 영일동맹의 한국 조항에 대해 프랑스가 이의를 제기하지 않겠다고 영국에 확답을 해줌으로써, 독일에 이어 프랑스도 일본의 대한제국 지배권을 인정했다.

　이 협약이 체결된 직후 영국의 밸푸어(Arthur J. Balfour, 재임 1902-1905) 수상은 동경의 영국공사관을 대사관으로 승격시켰고, 미국, 프랑스, 독일, 이태리도 뒤를 이었다. 이러한 조치는 일본이 일등국으로 인정되었음을 상징하는 일이었다.[614] 영국이 주미 영국공사관을 대사관으로 승격한 것은 1893년이었다.

전쟁의 인적·물적 손실

　전쟁 당시 일본의 총 동원 병력은 80만~100만 명, 그중 전사자 약 8만 5천 명, 부상자는 약 38만 명에 이르러, 사상자가 병력의 약 절반이었다. 러시아는 약 130만 명을 동원하였다.

　일본의 전쟁 비용은 해외에서 발행한 채권 8억 엔과 일본 국내에서 발행한 채권 7억 엔을 포함하여 총 약 18-19억 엔으로, 당시 일본 예산의 약 7배, 청일전쟁 비용의 7-8배에 해당하는 엄청난 금액이었다. 이 막대한 전쟁 비용 충당을 위해 일본 정부는 세금을 대폭 인상했고, 일본 국민은 세금 부담에 짓눌렸다. 따라서 일본 국민들은 배상금 획득을 전쟁 강화의 필수 조건으로 생각하고 있었다. 그러나 한 푼도 받지 못했다.[615]

러시아 황제에게 보낸 고종의 밀서

　포츠머스 협상장에서 대한제국에 관한 양국 간의 협상이 이미 끝난 시점인 8월 하순에 고종은 여전히 러시아 황제에게 밀서를 보내 호소한다. "… 폐하가 짐의 나라 실정을 동정하고 … 세계열강 제국이 짐의 나라에 대한 일본의 불법적인 행위를 꾸짖고 …"라며 러시아 사신을 파견해 주기 바란다고 했다.[616]

포츠머스 조약의 내용

9월 5일에 체결된 총 15개 조의 강화 조약 중, 제2조에서는 대한제국에 관해 러시아는 "일본국이 한국에서 정치상, 군사상 및 경제상의 탁월한 이익(paramount interests)을 갖는다는 것을 승인하고 일본 제국 정부가 한국에서 필요하다고 인정하는 지도, 보호 및 감리의 조치를 취함에 있어 이를 저해하거나 간섭하지 않을 것을 약속한다. …"라고 했다.

제3조에서는 만주로부터의 러시아, 일본군의 철병과 만주를 청국의 행정으로 환부할 것, 제5조는 여순, 대련의 조차권을 일본에 양도할 것, 제6조는 동청철도 남만지선의 일체의 권리를 일본에 양도할 것 등이다.[617]

분노에 찬 일본 여론

배상금은 한 푼도 못 받고, 사할린의 절반을 러시아에 되돌려주는 강화 조약이 체결되자, 러시아 대표는 축제 분위기였고 일본 측은 정반대였다. 조약 체결 당일인 9월 5일, 동경의 히비야 공원에서 열린 집회가 끝나자 군중들은 경찰서, 교회, 신문사 등을 습격하고, 다음 날 일본 정부는 동경과 주변 지역에 계엄령을 내렸다. 이때 수백 곳의 파출소가 불에 타고, 내무대신의 관저 등이 파괴되었다. 이로써 10여 명이 사망하고, 다수가 부상을 입었고, 약 2천 명이 검거되었다. 계엄령은 11월 말에 해제되었다.[618]

루즈벨트와 고무라의 회담

루즈벨트는 강화 조약 체결 며칠 후 고무라와 회담을 가졌다. 고무라는 대한제국의 외교 업무를 일본이 완전히 접수해야 한다고 말했고, 루즈벨트와 국무장관 루트도 동의했다. 고무라는 만주의 조차지 및 철도의 양수를 위해 청국과 협의할 계획도 밝혔고, 루즈벨트는 청국이 교섭에 불만을 표하지 않도록 주청 미국공사에게 지시하겠다고 했다.[619]

'만한시설강령'

고무라는 9월 말에 귀국길에 올랐는데 이때 '만한(滿韓)시설강령'을 작성했다. 그 내용은 만한철도의 경영을 위해 외자를 도입하고, 일본과 대륙의 무역을 활성화시키는 것이었다. 구체적으로는 대련, 마산, 고베, 하카타(博多)에 대규모 항만을 건설하고, 간몬(關門) 해협에 다리를 놓아 규슈와 혼슈를 연결하고, 만주와 시베리아의 청나라 관내를 철도로 연결시킨다는 것이었다. 이를 통해 동아시아 무역 중심지를 상해에서 고베와 마산으로 옮기고, 만주철도, 시베리아철도, 청나라의 관내철도를 연결하여 유럽과 청, 일본을 직접 연결하는 대륙철도경영을 구상했다. 그러나 원로인 이노우에 가오루와 가쓰라 수상 등은 만주에서 일본의 세력이 지나치게 확대되는 것은 위험하다고 인식했다.[620]

영국, 일본의 대한제국 지배에 지지 표명

랜스다운 영국 외무상은 9월 하순 주영 일본대사 하야시를 만나, 영국 정부는 일본 정부가 대한제국에 대해 취하는 조치에 반대하지 않는다고 함으로써 보호 조약 체결에 지지 의사를 다시 표명했다.[621]

'10월 선언'

니콜라이 황제의 편지에 나타난 10월 당시 러시아는 학교, 공장에서 파업이 일어나고, 경찰과 군인들이 살해되는 등 소요와 폭동이 만연했다. 이런 상황에서 니콜라이 2세는 '10월 선언(October Manifesto)'을 발표하여, 전제정에서 입헌왕정으로 체제를 변경할 것을 선언하고, 양심. 언론의 자유 및 집회와 결사의 자유를 허용했다. 군중들은 환호했고, 개혁 추진을 위해 비테가 수상에 임명되었으며, 입법기관인 듀마(Duma)도 소집되었다.

이러한 조치에 자유주의자들은 만족을 표했으나, 사회주의자들은 또 다른 파업을 준비했다. 황제의 11월 편지에는 대부분의 도시에서 여전히 소요가 계속되었고, 파견할 군대도 충분치 않아 소요를 진정시키기가 어려웠음이 기록되어 있다.[622]

로마노프왕조의 최후와 조선왕조

여기서 니콜라이 2세와 로마노프왕조(The Romanovs)의 최후에 대해 간단하게 살펴보자. 1914년에 1차 세계 대전이 터지고, 1917년에 2월혁명이 일어나 결국 니콜라이 2세는 양위하고 케렌스키(Alexander Kerensky, 1881-1970)를 수반으로 하는 임시 정부가 수립된다. 이후 레닌이 돌아와 볼셰비키가 집권하고, 니콜라이 2세는 서부 시베리아의 에카테린부르그(Ekaterinburg)로 유배를 떠난다. 그러나 니콜라이 2세는 그곳에서 1918년 7월에 부인과 17~23세의 4명의 딸과 14세의 아들, 그리고 측근들과 함께 볼셰비키에 의해 총살당한다. 볼셰비키는 이들의 시신을 폐광으로 옮겨 염산을 부어 2박 3일간 불을 질러 흔적도 남지 않게 했다.[623] 1613년에 세워져 305년간 통치했던 로마노프왕조는 이렇게 종말을 고한다.

이에 반해 조선왕조는 일본에 의해 1945년까지 보존된다. 이는 이성계가 조선을 건국하던 전후에 고려의 우왕과 그의 아들 창왕(아홉 살), 그리고 공양왕과 최영 장군, 정몽주를 비롯한 수많은 고려의 왕과 왕실

1905년 일본

사람, 신하들이 처형, 유배, 살해 등을 당하며 고려와 고려왕조가 사라진 것과도 다르다.

여기서 남는 의문은 1910년에 나라(조선)가 망했다고 하는데, 1945년까지 존속한 조선왕조는 어떻게 해석해야 하며(1926년 순종 사망), 조선과 조선왕조는 다른 것인가 하는 것이다.

기아선상에 놓인 주미공사관원들

한편, 주미 대한제국공사관 관원들은 9개월째 봉급을 받지 못해 극도로 어려운 생활을 하고 있었는데, 이 사실이 주미 일본공사와 미국무장관에게도 알려졌다. 1904년 12월부터 대한제국 정부는 주미공관원의 봉급 및 여러 비용의 송금을 끊어 1905년 3월부터 관원들은 생계 문제 해결도 어렵게 되었다.

이 때문에 임시서리공사 신태무는 6월에 주미 일본공사 다카히라에게 지난 9개월 동안 돈을 받지 못한 것과, 관원들이 기아에 허덕일 상황이라며 도움을 청했다. 이를 다카히라는 외무성에 보고했고, 10월 하순에 미국무장관 루트를 만난 자리에서도 신태무의 이야기를 전했다. 그런데 장관은 고(故) 헤이 장관이 있을 때에도 이 같은 일이 있어 헤이가 자신의 개인 돈으로 도와준 적이 있다고 말했다. 다카히라는 주미 한국공사관에 조속히 돈을 보내줄 것을 본국에 요청했다. 이를 전달받은 주한 일본공사관 측은 브라운 총세무사의 승낙을 받아 그동안 보내지 않았던 약 2천 불을 11월 말에 송금하도록 했다.[624]

보호 조약 체결에 관한 고무라의 구상

대한제국에 관한 포츠머스 조약 제2조를 실행하기 위한 고무라의 구상이 10월 말에 내각회의에서 통과되었다.

그 주요 내용은, 보호 조약을 체결해 대한제국의 외교권을 인수한다,

보호 조약 성립 사실을 영국, 미국, 독일, 프랑스 등에 통보하고 열국의 상공업상의 이익을 침해하지 않겠다고 약속한다, 실행 시기는 11월 초순으로 한다, 칙사를 보내 대한제국 황제에게 천황의 칙서를 전한다, 대한제국의 동의를 얻을 전망이 없을 때는 일방적으로 보호권 확립을 통고하고 열국에 불가피했던 이유를 설명한다는 것 등이었다.

고무라는 청과의 협상을 위한 전권 대표로 북경에 파견됐다. 요동반도와 남만주 철도의 양도 등에 대해 11월 중순부터 12월 말까지 청국과 22차에 걸친 협상 끝에 조약을 체결하였다.[625]

만주 철병과 철도 인도

일본과 러시아는 만주에서의 철군과 철도 인도 문제를 논의하기 위해 10월 30일에 청국에서 의정서를 체결했다. 시기적으로는 이해 12월 31일까지 1차 철군을 시작으로 총 4회에 걸쳐 철군하여, 1907년 4월 15일까지 양국의 군대가 만주에서 철군하는 것으로 합의하고, 철도는 1906년 8월 1일까지 일본이 인수하기로 했다.[626]

을사조약 체결 사실을 해외에 통보

일본 정부는 11월 20일-22일에 영국, 미국, 독일, 프랑스, 청, 오스트리아, 이태리, 벨기에, 덴마크 주재 일본공사들에게 을사조약 체결 사실을 알리고, 조약 전문을 전했다. 11월 말, 미국무장관 루트는 다카히라 주미 일본공사에게 향후 대한제국에 관한 외교업무는 주일 미국공사관이 일본 정부와 직접 행한다고 통보했다. 주일 영국대사는 12월 초에 주한 영국총영사의 철수를 일본 외무성에 통지했고, 주일 독일공사도 철수를 통보했다. 12월 20일, 일본 정부는 '통감부 및 이사청 관제'를 공표하여, 이토를 통감으로 임명했다.[627]

1905년 일본

아인슈타인, 특수상대성 이론 발표

이해에 26세의 아인슈타인(Albert Einstein, 1879-1955)은 스위스의 취리히대학에서 박사 학위를 취득하고, 특수상대성 이론을 독일의 '물리학 연보'에 발표했다. 그 내용은 빛은 관측자의 움직임과 상관없이 항상 초속 30만 km(c)라는 일정한 값으로 움직인다는 '광속 불변의 원리'와, 에너지와 질량(m) 간의 관계에 대한 $E=mc^2$이라는 내용이었다. 그런데 질량을 에너지(E)로 바꾸기 위해서는 아주 특별한 물리적 조건이 필요한데, 아인슈타인은 이 에너지를 얻을 수 있는 가능성은 전혀 없다고 했다.[628]

책을 마치며

이 책을 준비하며 컴퓨터에 입력한 자료의 분량은 A4용지로 4,800여 페이지입니다. 이후 세 번의 축약 작업을 거쳐 A4 약 500페이지로 줄여 두 권으로 만들었습니다. 이렇게 하다 보니 많은 내용을 빼고 문장도 줄이고, 사진도 지도도 없이 글자만 있는 아주 답답한 책이 되었습니다. 읽으시다가 상당히 매끄럽지 못하다는 생각을 하신 경우가 많았을 것입니다. 여러분의 양해를 바라며, 이런 책을 읽어주신 여러분께 다시 한번 감사드립니다.

처칠의 말처럼 우리는 과거와 현재가 싸우도록 만들어 미래를 잃어서는 안 된다고 생각합니다. 그런 관점에서 100여 년 전 조선의 운명을 생각하면서, 이제 여러분은 '북조선(DPRK)'에 급변사태 발생시 그 땅이 어떻게 될 것인지, 우리는 지금 어떻게 해야 하는지 대통령, 외교장관의 입장에서 직접 생각해 보시기 바랍니다.

남북한은 1991년 유엔안보리 결의 702호에 따라 유엔에 동시 가입했는데, 유엔에 가입할 수 있는 자격은 유엔헌장 제4조에 "국가(states)"로 규정되어 있습니다. 그리고 우리 주변에는, 청천강 이북의 땅이 통일신라 이후로 자신들의 땅이라고 6.25 전쟁 때도 주장했고 지금도 주장하면서 국가사업으로 동북공정(東北工程)을 추진하고 있는 중국이 있고, 마산에 군항 설치를 위해 측량을 하고 쓰시마도 일시 점령했던 러시아, 청국의 조선 지배와 러시아의 한반도 진출을 우려해 청국, 러시아와 전쟁을 한 일본이 있고, 현재는 미국이 한반도에 가장 큰 영향력을 행사하고 있습니다. 그리고 당시 세계 최강국이던 영국은 러시아를 견제하기 위해 거문도를 점령했습니다.

  백성을 굶어 죽게 만들던 그 무능한 조선에 대해서도 분할, 공동 점령, 중립화, 일본에 이양할 것 등을 주장하며 영국, 러시아, 일본, 청, 미국, 프랑스 등이 100여 년 전에도 움직였는데, 지금 경제 규모가 세계 10위인 대한민국(ROK)의 헌법에 그렇게 쓰여 있다고, ROK가 DPRK의 땅을 가지는 것을 이들 강대국들이 모두 찬성할까요? 우리를 그래도 지지해 줄 나라가 있을까요? 국제사회는 자국의 이익을 위해 법이 아니라 철저히 힘(POWER)에 의해 움직인다는 것을 150년 전인 1873년에 비스마르크가 이와쿠라 사절단에게 한 충고에서도 보았고, 지금도 마찬가지입니다. 이 문제는 급격한 출산율 감소 문제만큼이나 중요한 문제라 생각되어 말씀드려 보았습니다.

  저도 한국사를 있는 그대로 배우지 않았다는 것을 나이가 한참 들고 난 뒤에야 알았습니다. 그런데, 이 책을 준비하면서 고등학교 역사 교과서 10여 종을 사 보고는 사실(facts)과 정반대의 근대사 내용들도 있고, 사실과 다르게 근대사를 해석한 것들도 있음을 알았습니다. 이러한 과거와 현재의 역사 교육의 현실을 보고 생각난 것은 돌아가신 역사학자 조지형 교수님의 글이었습니다.

"역사가의 지식인 마을에는 유령처럼 떠도는 수사들 속에 자신의 주장을 신비화하고 역사 해석의 독재자로 군림하려는 권력의 암투가 있다. 이 권력은 과거 사실에 대한 것이기도 하지만 마을에 함께 사는 다른 역사가들과 이웃 마을의 지식인들, 그리고 방문객들에 대한 지배를 꿈꾼다. 역사가들의 지식인 마을에서 누구든 올바른 지식을 쌓고 진정한 스승을 만나려면, 이런 권력의 수사에 속지 않고 역사가들의 참된 목소리를 귀담아들을 수 있는 통찰력과 혜안이 필요하다."

- 조지형, 《역사의 진실을 찾아서 : 랑케 & 카》, 김영사, 2014, p232

이런 현실에 살고 있는 우리는 그만큼 자유롭고 독립된 개인으로서 판단하고 주관을 갖는 것이 어려워졌습니다. 그래서 우리들이 "속지 않고" "통찰력과 혜안"을 키우는 것은 우리 자신만이 아니라 후세를 위해서도 중요한 것이 되었습니다.

신봉승(辛奉承, 1933-2016) 작가님의 세 권으로 된 역사 소설 《이동인의 나라》는 아주 우연히 읽게 되었는데 이 책을 쓰는 데 많은 영감을 주었습니다. 늦었지만 작가님께 깊이 감사드립니다. 그리고 이 책에 인용한 자료 및 참고한 자료의 저자와 번역가들게도 감사드립니다. 특히 몇 권 팔리지도 않을 것이라는 것을 누구보다 잘 알면서도 영어, 일본어, 한문, 러시아어, 프랑스어 등으로 된 좋은 책을 번역해 주신 번역가와 출판사에 경의를 표합니다.

이 책을 준비하면서 신경을 많이 쓴 것은 주석 부분입니다. 4,800여 페이지를 500여 페이지로 줄이면서 문제가 된 것은, 정확한 참고자료 명과 페이지를 주석에 기록하는 것이었습니다. 이를 위해 4,800여 페이지 원 자료에 기록되어 있는 모든 출처와 이 책에 인용한 부분을 서로 확인해서 출처와 페이지를 찾아내서 기록하였는데, 이 과정만 약 두 달 걸렸습니다. 이렇게 한 이유는 그 자료를 참고할지 모르는 석박사 학위논문을 준비 중인 학생들 때문이었습니다.

　조선왕조실록, 승정원일기, 비변사등록 등 "다른 어떤 것보다 더 중요한" 자료들("primary" sources, 1차 사료)을 한글로 볼 수 있게 번역해 주신 국사편찬위원회(www.history.go.kr)와 그 번역에 대해 일일이 피드백을 하고 계시는 국사편찬위원회 실무진 여러분께도 진심으로 감사 드립니다.

　마지막으로 아버지께 감사를 드립니다. "남자는 목에 칼이 들어와도 바른 말을 해야 한다"고 귀에 못이 박히도록 말씀하신 아버지, 평생을 부산항 부두노동자로 일하시고 40년 전에 돌아가신 아버지의 이 말씀에 기대어 버티며 이 책을 마칠 수 있었습니다. 이제 이 책을 부모님 영전에 바칩니다.

2022년 8월 이행기 올림

주석

1. 승정원일기 1.16/ 3.11, 고종실록 3.11/5.13, 현광호 2002, p.192
2. 다보하시 기요시 하 2016, p.57-65, 쟝팅푸 1991, p.128-129, 와다 하루키 1, 2019, p.143-144, 김용구 2009 외교사, p.532-534, 김원모 2003, p.391-398, 강준만 2권, p.88, 유바다 2017, p.69, 70, 이양자 2002, p.62-64, 이태진 2004, p.151, 노대환 2002, p.484, 김기혁 2007, p.189, 190
3. 벨라 보리소브라 박 2020, p.70-75, 조현범 2002, p.92, 98-100
4. 고종실록 7.29, 구선희 2005, p.171-173
5. 비변사등록/고종실록 9.11/ 8.16
6. 승정원일기 10.11/12.29/ 4.10, 고종실록 7.27/10.12, 비변사등록 10.12/ 12.29
7. 승정원일기 12.4, 고종실록 11.11, 비변사등록 12.4/ 11.11
8. 이희수 2008, p.26, 27
9. 승정원일기 7.11, 고종실록/비변사등록 6.29, 김학준 2010, p.211, 전석원 2012, p.230, 231, 김경미 1998, p.48, 정성화. 로버트 네프, 2008, p.255-263
10. 마키하라 노리오 2012, p.115
11. 야마모토 요시타카 2019, p.87-89, 도미타 쇼지 2008, p.54-55, 아마노 이쿠오 2017, p.30,144, 유모토 고이치 2018, p.392
12. 앤드루 고든 1, 2015, p.201-202
13. 다보하시 기요시 하 2016, p.163, 강준만 1권, p.358-359
14. 김용구 2009 거문도, p.167, 172-173, 179, 와다 하루키 1, 2019, p.144-145, 말로제모프 2002, p.61-62, 쟝팅푸 1991, p.129-131, 한승훈 2015, p.175, 176, 홍웅호 2008, p.113, 김현수 2002, p.87
15. 마키하라 노리오 2012, p.203, 도널드 킨 2, 2017, p.889
16. 함동주 2009, p.137
17. 고종실록 3.29, 현광호 2002, p.193-194
18. 고종실록 4.26/ 4.28/ 4.30, 1891.2.9, 강준만 2권, p.92
19. 벨라 보리소브라 박 2020, p.79-81, 문일평 2016, p.198, 홍웅호 2008, p.114, 김수암 2000, p.250, 유바다 2016, p.285
20. 비변사등록 8.15/ 12.10, 고종실록 8.15/ 12.10, 승정원일기 12.10
21. 벨라 보리소브라 박 2020, p.86-91, 김원모 2003, p.621
22. 고종실록 5.16/ 7.29, 한철호 2010, p.41-51, 김수암 2000, p.204-206, 228, 한승

훈 2015, p.188,189

23. 고종실록 6.29, 문일평 2016, p.207-210, 김원모 2003, p.621, 국사편찬위원회, 고종시대사 13, 2017, p.388-394, 403, 404, 427-429, 구선희 2006, p.11, 이상면 2006, p.117-118, 김수암 2000, p.220-222, 이양자 2002, p.67-70
24. 문일평 2016, p.223-228, 벨라 보리소브라 박 2020, p.92, 김원모 2003, p.629-634, 이상면 2006, p.119, 강준만 2권, p.84, 김수암 2000, p.250-253
25. 김원모 2003, p.635-638, 쟝팅푸 1991, p.132-134, 황현 상 2005, p.277, 이상면 2006, p.120-121
26. 김현숙 1998, p.89, 김수암 2000, p.206
27. 고종실록 12.25, 현광호 2010 세계화, p.147, 심헌용 2005, p.141
28. 야마모토 요시타카 2019, p.113, 169-171
29. 도미타 쇼지 2008, p.57
30. 이에나가 사부로 2006, p.97
31. 손일 2017, p.585, 586, 도널드 킨 2, 2017, p.892-896, 마키하라 노리오 2012, p.201-203
32. 말로제모프 2002, p.70, 71, 와다 하루키 1, 2019, p.155
33. 후지이 조지 외 2012, p.336-337, 합동주 2009, p.137, 마키하라 노리오 2012, p.201
34. 유모토 고이치 2018, p.98-99
35. 소공권 1998, p.1274
36. 차하순 1989, p.473, 제임스 메클렐란 3세 외 2006, p.473
37. 상인성 외 1권 2012, p.98-105, 조재곤 2017, p.439-440, 김용구 1997, p.262-268, 김영작 1989, p.147-155, 김대륜 2018, p.92, 93, 박찬승 2008, p.312
38. 고종실록 4.13/ 8.12, 비변사등록 4.30
39. 승정원일기 3.28/ 4.16/ 5.26
40. 고종실록 7.13, 벨라 보리소브라 박 2020, p.92, 93, 126-128, 김용구 2001, p.410-412, 현광호 2019, p.32, 101, 이양자 2002, p.184
41. 황현 상 2005, p.272, 강준만 2권, p.93-94, 박한민 2017, p.149-153, 정성화. 로버트 네프, 2008, p.47, 48
42. 고종실록 8.21, 김수암 2000, p.181
43. 승정원일기 8.26
44. 벨라 보리소브라 박 2020, p.129, 130
45. 고종실록 9.15/ 9.22, 비변사등록 9.22
46. 황현 상 2005, p.278-280, 고동환 2010, p.289, 290

47. 승정원일기 10.3/ 10.8, 비변사등록 10.6/1890.1.29
48. 비변사등록 10.8, 고종실록 1905.8.19
49. 벨라 보리소브라 박 2020, p.94-97, 김학준 2010, p.258
50. 심헌용 2007, p.63
51. 손일 2017, p.587, 589-590, 유모토 고이치 2018, p.100-101, 도널드 킨 2, 2017, p.902-904, 성희엽 2016, p.631, 방광석 2008, p.197-203
52. 야마모토 요시타카 2019, p.32, 가토 요코 2003, p.61, 박영준 2007, p.189
53. 도널드 킨 2, 2017, p.901, 911-913, 손일 2017, p.588, 마키하라 노리오 2012, p.206, 207
54. 야마모토 요시타카 2019, p.90, 도널드 킨 2, 2017, p.905, 방광석 2017, p.252-260
55. 차하순 1989, p.476
56. 이매뉴얼 쉬 2013, p.383, 384, 이윤섭 2016, p.77
57. 이상면 2006, p.122-124
58. 고종실록 1.30/ 3.24, 비변사등록 1.30, 승정원일기 3.24
59. 고종실록 3.24/ 9.17
60. 고종실록 9.21/ 9.22/ 1886.7.29/ 1882. 7.20, 승정원일기 1884.11.30
61. 승정원일기 6.3/ 8.4/ 11.13
62. 고종실록 7.29/ 10.7/ 6.25/ 1873.11.5, 현광호 2015, p.342-344
63. 승정원일기 11.11
64. 승정원일기/ 고종실록 7.24, 문일평 2016, p.253
65. 김학준 2010, p.258-259
66. 이희수 2008, p.28, 한승훈 2015, p.193
67. 고종실록 1883. 6.22, 다보하시 기요시 하 2016, p.75-83
68. 김영민 2005, p.58-60, 황지혜 2011, p.45-50, 유모토 고이치 2018, p.102-104, 도널드 킨 2, 2017, p.908-910, 함동주 2009, p.137-139, 서현섭 2014, p.246, 미요시 도오루 2002, p.347, 존 페어뱅크 외 하, 2007, p.137-140, 박영재 외 1996, p.125-127
69. 가토 요코 2003, p.86-90, 방광석 2017, p.261, 262, 성희엽 2016, p.590, 591
70. 김영민 2005, p.57, 61-64, 68, 황지혜 2011, p.51-57, 루스 베네딕트 2019, p.119
71. 도널드 킨 2, 2017, p.915-920, 앤드루 고든 1 2015, p.202
72. 후지와라 아키라 상 2013, p.95,99,111, 유모토 고이치 2018, p.428, 미타니 히로시 외 2011, p.278
73. 콜린 존스 2001, p.267
74. 비변사등록 1.29, 승정원일기 9.16

75. 이양자 2002, p.129-130, 벨라 보리소브라 박 2020, p.130-132, 강준만 2권, p.110-112, 구선희 2006, p.15, 한승훈 2015, p.194, 195, 쟝팅푸 1991, p.135-137
76. 고종실록 4.17/ 4.18/ 6.10/ 6.15/ 6.29/ 7.2/ 8.25, 비변사등록 10.16, 승정원일기 1891.8.15
77. 비변사등록 7.19, 고종실록 1876.8.9
78. 이양자 2002, p.187, 계승범 2011, p.216, 217, 이상면 2006, p.131, 박정현 2005, p.300
79. 유바다 2016, p.286, 297-303
80. 현광호 2011, p.170, 손정숙 2004, p.100
81. 벨라 보리소브라 박 2020, p.132-134, 현광호 2019, p.125
82. 승정원일기 1866.9.24/ 1875.4.12/ 1876.1.22, 유바다 2016, p.303
83. 승정원일기 11.21/ 11.24, 고종실록 12.6/ 1865.7.28, 비변사등록 12.5, 순조실록 1812. 2.4
84. 오카 요시타케 1996, p.53, 54, 도널드 킨 2, 2017, p.927-928, 성희엽 2016, p.640
85. 도널드 킨 2, 2017, p.926-927
86. 가노 마사나오 2009, p.109,111, 손일 2017, p.594, 595 도널드 킨 2, 2017, p.938-944, 가토 요코 2003, p.98, 마리우스 잰슨 2, 2013, p.650, 함동주 2009, p.148
87. 미타니 히로시 외 2011, p.308-309, 가토 요코 2003, p.91-92, 김용구 2009 외교사, p.332, 유인선 외 2014, p.375, 방광석 2014, p.238-239, 왕현종 외 2009, p.151-155
88. 메리 풀브룩 2000, p.209-212, 김용구 2009 외교사, p.176-178, 마틴 키친 2002, p.249-263
89. 승정원일기 1.6/ 5.15
90. 비변사등록 8.25, 승정원일기 9.14/ 5.28/ 9.18/ 8.30/ 9.2/ 12.13, 고종실록 4.14
91. 승정원일기 10.2, 고종실록 1886.8.16
92. 고종실록 2.14/ 5.21/ 7.22, 비변사등록 2.14, 김성배 2009, p.295, 303, 한용진 1999, p.342, 346
93. 구메 구니타케 1권, 2011, p.223-225, 공하린 2009, p.158-163
94. 승정원일기/비변사등록, 1890.5.20, 김학준 2010, p.293-300, 윌리엄 길모어 2009, p.21, 22
95. 김학준 2010, p.300-306, 손정숙 2004, p.104
96. 후지이 조지 외 2012, p.339-340, 도널드 킨 2, 2017, p.952, 957- 968, 와다 하루키 1, 2019, p.166, 167, 미요시 도오루 2002, p.326, 327, 하라다 게이이치 2012, p.36-37, 46, 말로제모프 2002, p.86

97. 하라다 게이이치 2012, p.38, 야마무로 신이치 2010, p.57,58, 도널드 킨 2, 2017, p.971-975, 손일 2017, p.604-608, 미요시 도오루 2002, p.328-333
98. 야마무로 신이치 2010, p.65, 말로제모프 2002, p.88, 하라다 게이이치 2012, p.46, 와다 하루키 1, 2019, p.154, 174-175, 김원수 1997, p.20
99. 강진아 2009, p.74, 87, 도널드 킨 2, 2017, p.978, 979
100. 손일 2017, p.608-610, 오카 요시타케 1996, p.50, 51, 아마노 이쿠오 2017, p.165
101. 오기평 2007, p.115-117, 122-132, 139-150, 김용구 2009 외교사, p.155-158, 와다 하루키 1, 2019, p.181, 182,
102. 고종실록 윤 6.15, 현광호 2002, p.198, 박은숙 1997, p.231
103. 비변사등록 1.27, 승정원일기 1.21/ 윤 6.22
104. 고종실록/ 승정원일기 윤 6.5, 비변사등록 윤 6.13/ 1886.9.11
105. 고종실록/비변사등록 윤 6.25/ 10.19, 승정원일기 10.26
106. 승정원일기 윤 6.15/ 7.29/ 8.30/ 10.7/ 10.18/ 11.4/ 11.29/ 12.15/ 12.27, 고종실록 7.6, 김학준 2010, p.346-351, 이영훈 1, 2016, p.584, 585
107. 현광호 2015, p.209-211
108. 고종실록 11.27, 승정원일기 11.29, 강진아 2011, p.69-72, 구선희 2006, p.15, 16
109. 승정원일기 3.10, 비변사등록 11.2/ 12.30, 고종실록 12.30
110. 다보하시 기요시 하 2016, p.208
111. 존 페어뱅크 외 하, 2007, p.141-142, 손일 2017, p.622, 도널드 킨 2, 2017, p.981-984, 김보림 2014, p.372, 373, 380, 마리우스 잰슨 2, 2013, p.641, 유모토 고이치 2018, p.458, 하라다 게이이치 2012, p.51
112. 고토 히데키 2016, p.20, 34-35
113. 마리우스 잰슨 2, 2013, p.749,750
114. 에밀리 로젠버그 2018, p.760, 차하순 2, 2000, p.876
115. 다보하시 기요시 하 2016, p.209-212
116. 고종실록 2.18/ 2.25/ 2.26/ 2.28/ 3.10, 승정원일기 2.21/2.25/ 2.27/ 3.10
117. 다보하시 기요시 하 2016, p.214, 215, 강준만 2권, p.120
118. 다보하시 기요시 하 2016, p.217-219
119. 고종실록 3.25, 다보하시 기요시 하 2016, p.220-224, 구선희 2005, p.178
120. 고종실록 4.1, 다보하시 기요시 하 2016, p.224, 225
121. 승정원일기 5.3/ 6.3/ 6.6/ 7.26/ 2.3, 고종실록 10.28
122. 승정원일기 11.18, 다보하시 기요시 하 2016, p.231
123. 고종실록 2.23/ 8.12/ 11.13/ 11.24
124. 도널드 킨 2, 2017, p.989- 991, 후지이 조지 외 2012, p.340

125. 와다 하루키 1, 2019, p.196, 197, 가토 요코 2003, p.104, 105
126. 박영준 2020, p.113
127. 강창성 1991, p.116-118, 미타니 히로시 외 2011, p.324
128. 하라다 게이이치 2012, p.47, 48, 미타니 히로시 외 2011, p.311, 박영준 2020, p.117, 최석완 2002, p.102
129. 도널드 킨 2, 2017, p.995, 최석완 2002, p.97, 103
130. 도널드 킨 2, 2017, p.995-996, 손일 2017, p.623
131. 가노 마사나오 2009, p.212-216
132. 하라다 게이이치 2012, p.51, 52, 와다 하루키 1, 2019, p.176, 말로제모프 2002, p.85, 조철호 2011, p.113, 유모토 고이치 2018, p.44, 45
133. 고종실록 2.15/ 4.15/ 1895.7.3/ 1898.1.2, 다보하시 기요시 하 2016, p.232, 김흥식 2016, p.23, 27, 이영호 2004, p.215, 216, 245, 황광우 2016, p.212-216, 박종인 2021, p.205
134. 강성학 2006, p.257, 258
135. 고종실록 3.9/ 3.23/ 4.27/ 12.27, 승정원일기 3.9/ 4.15, 다보하시 기요시 하 2016, p.172-179, 181-185, 강준만 2권, p.136-138
136. 고종실록 4.4, 다보하시 기요시 하 2016, p.233- 235, 256, 차남희.유지연 2006, p.71
137. 벨라 보리소브라 박 2020, p.149-152
138. 다보하시 기요시 하 2016, p.272, 이노우에 가쿠고로 1993, p.85
139. 고종실록 4.18/ 4.27/ 4.29, 다보하시 기요시 하 2016, p.257-264, 273-278, 283-286, 524, 왕현종 외 2009, p.26, 262-264, 강준만 2권, p.166-170, 황현 상 2005, p.340- 342, 이노우에 가구고로 1993, p.86, 오타니 다다시 2018, p.87, 88, 엄찬호 2006, p.7-17, 구선희 2005, p.179-181
140. 다보하시 기요시 하 2016, p.246, 247, 고종실록 1893.3.25/ 1892. 윤 6.5, 비변사등록 1886.9.11
141. 고종실록 5.12/ 7.30/ 9.24/ 9.26, 승정원일기 5.12, 다보하시 기요시 하 2016, p.248-252
142. 다보하시 기요시 하 2016, p.453-455, 문일평 2016, p.265, 강성학 2006, p.194
143. 승정원일기 6.10, 강상규 2013, p.423-426, 이매뉴얼 쉬 2013, p.409, 402, 임준철 2008, p.145, 149, 159, 정동귀 1982, p.229, 230, 강진아 2018, p.116, 117
144. 고종실록 5.23, 다보하시 기요시 하 2016, p.320-322, 339-349, 374-376, 이노우에 가쿠고로 1993, p.110-112, 황현 상 2005, p.351-354
145. 고종실록 6.21/ 6.22, 승정원일기 6.21/ 6.22, 다보하시 기요시 하 2016, p.376-382, 388-392, 이노우에 가쿠고로 1993, p.119-125, 129, 130, 미요시 도오루

2002, p.391, 무쓰 무네미쓰 2018, p.80-81, 구선희 2005, p.182, 윤덕한 2012, p.103, 104

146. 다보하시 기요시 하 2016, p.533, 미요시 도오루 2002, p.391-393, 강준만 2권, p.188-189
147. 계승범 2011, p.201
148. 고종실록 6.25/ 6.28/ 8.2, 승정원일기 8.2/ 9.7/ 9.15, 이정훈 2012, p.19, 김동노 2009, p.92-94, 강준만 2권, p.172-173, 198-201, 이우연. 차명수 2010, p.111, 이상면 2006, p.139, 육영수 2015, p.323, 324
149. 종실록/ 승정원일기 7.5
150. 고종실록 7.11/ 7.8, 강진아 2018, p.155-158
151. 에른스트 폰 헤세 바르텍 2016, p.23, 24, 고동환 2009, p.368
152. 승정원일기 7.20/ 7.26, 고종실록 8.1/ 8.9
153. 고종실록 7.20/ 7.22, 이노우에 가쿠고로 1993, p.146-148, 왕현종 외 2009, p.97, 미타니 히로시 외 2011, p.330, 운노 후쿠쥬 2008, p.107
154. 승정원일기 8.4, 고종실록 12.27, 순종실록 1910.6.29, 이노우에 가쿠고로 1993, p.177, 178
155. 후지와라 아키라 상 2013, p.130-132, 이삼성 2009, p.351, 354, 와다 하루키 1, 2019, p.235-236, 황현 상 2005, p.393, 408, 강준만 2권, p.195, 왕현종 외 2009, p.96, 오타니 다다시 2018, p.174-178, 승정원일기 6.26
156. 이노우에 가쿠고로 1993, p.159-163, 왕현종 외 2009, p.54, 64, 강준만 2권, p.206, 안승일 2016, p.234, 235, 강성학 2006, p.191, 192
157. 고종실록 10.27/ 11.4/ 11.24/ 12.27, 고석규 1998, p.312, 강준만 2권, p.217, 221, 오타니 다다시 2018, p.165-168
158. 구용희 외 2014, p.313, 314, 강준만 2권, p.226-227, 배항섭 2013, p.337
159. 고종실록 10.3, 황현 상 2005, p.424-426, 배항섭 2001, p.236, 237
160. 이노우에 가쿠고로 1993, p.164-170, 강성학 2006, P.192, 193, 와다 하루키 1, 2019, p.242, 243
161. 승정원일기 7.19/ 11.20, 고종실록 11.2
162. 고종실록 12.6, 강준만 2권, p.228-230
163. 고종실록 12.12/ 12.13, 장인성 외 1권 2012, p.150, 151, 하영선. 손열 2012, p.188, 189, 이정훈 2012, p.23,24
164. 고종실록 12.27/ 1895.7.3/ 1895.5.1, 황현 상 2005, p.427
165. 후지이 조지 외 2012, p.340, 341, 후지와라 아키라 상 2013, p.123, 124, 최석완 2002, p.96-98

166. 도널드 킨 2, 2017, p.1015, 최석완 2002, p.98-100
167. 다보하시 기요시 하 2016, p.260-263, 273-277, 미요시 도오루 2002, p.374-376, 무쓰 무네미쓰 2018, p.33, 34, 최석완 2007, p.37-40
168. 다보하시 기요시 하 2016, p.307-309, 무쓰 무네미쓰 2018, p.46-49, 왕현종 외 2009, p.262- 265, 최석완 2005, p.95
169. 다보하시 기요시 하 2016, p.316-319, 358-365, 무쓰 무네미쓰 2018, p.59,60, 방광석 2014, p.240, 최석완 2005, p.102, 103
170. 다보하시 기요시 하 2016, p.404-411
171. 다보하시 기요시 하 2016, p.457, 458, 무쓰 무네미쓰 2018, p.61-63, 최석완 2007, p.41, 46, 47
172. 다보하시 기요시 하 2016, p.335-339, 최석완 2007, p.52, 53
173. 다보하시 기요시 하 2016, p.431- 435
174. 다보하시 기요시 하 2016, p.459-463
175. 다보하시 기요시 하 2016, p.423-425, 437, 438, 무쓰 무네미쓰 2018, p.78, 와다 하루키 1, 2019, p.208
176. 다보하시 기요시 하 2016, p.436-438
177. 벨라 보리소브라 박 2020, p.154, 155, 도널드 킨 2, 2017, p.1014
178. 구용희 외 2014, p.233, 234, 후지와라 아키라 상 2013, p.125-127, 이윤섭 2016, p.77,78
179. 다보하시 기요시 하 2016, p.463
180. 와다 하루키 1, 2019, p.196, 197, 213, 심헌용 2007, p.76
181. 다보하시 기요시 하 2016, p.525
182. 마리우스 잰슨 2, 2013, p.675, 676, 가토 요코 2018, p.138, 139, 성희엽 2016, p.646
183. 김용구 2009 외교사, p.327, 328, 하라다 게이이치 2012, p.71, 72, 배항섭 외 2020, p.299, 박정심 2003, p.130, 131
184. 다보하시 기요시 하 2016, p.464, 489-501, 529, 530, 박영준 2020, p.123
185. 다보하시 기요시 하 2016, p.448-450, 신복룡 외 2014, p.55,56, 한승훈 2015, p.208-214
186. 다보하시 기요시 하 2016, p.503-505, 533-536, 미요시 도오루 2002, p.395, 도널드 킨 2, 2017, p.1017, 오타니 다다시 2018, p.90, 91
187. 다보하시 기요시 하 2016, p.533, 하라다 게이이치 2012, p.97, 98
188. 무쓰 무네미쓰 2018, p.162-164, 미요시 도오루 2002, p.451. 452, 도널드 킨 2, 2017, p.1023, 1024, 왕현종 외 2009, p.157-159, 김용구 2009 외교사, p.341, 와

다 하루키 1, 2019, p.228-229, 서영희 2005, p.144, 박영준 2020, p.124, 방광석 2014, p.241, 242
189. 오타니 다다시 2018, p.157, 158, 하라다 게이이치 2012, p.76
190. 하라다 게이이치 2012, p.112, 113, 도널드 킨 2, 2017, p.1030
191. 도널드 킨 2, 2017, p.1036, 1037, 박영준 2020, p.129-131
192. 무쓰 무네미쓰 2018, p.199,200, 214-221, 도널드 킨 2, 2017, p.1034, 1035
193. 하라다 게이이치 2012, p.109-111
194. 존 톰슨 2004, p.75, 76, 차하순 1989, p.520, 말로제모프 2002, p.97
195. 유바다 2016, p.304, 305, 김보림 2014, p.381, 382
196. 승정원일기/ 고종실록 2.5
197. 고종실록 3.10, 강성학 2006, p.198, 박영민 2010, p.254-256
198. 종실록 3.26, 권태억 외, 2003, p.238-240, 259, 260, 김동노 2009, p.104-106, 황현 상 2005, p.497
199. 고종실록 3.30, 박성준 2008, p.102-104
200. 고종실록/ 승정원일기 4.19, 이노우에 가쿠고로 1993, p.191-193, 황현 상 2005, p.439-440, 강준만 2권, p.263, 와다 하루키 1, 2019, p.272, 이정훈 2012, p.30, 31
201. 고종실록 5.10, 하영선.손열 2012, p.193-194, 계승범 2011 논문, p.179-180
202. 벨라 보리소브라 박 2020, p.200, 201, 와다 하루키 1, 2019, p.286, 287
203. 승정원일기 윤 5.14, 이노우에 가쿠고로 1993, p.207-210, 와다 하루키 1, 2019, p.278, 279, 도널드 킨 2, 2017, p.1075
204. 고종실록 윤 5.20, 왕현종 2003, p.247-250
205. 왕현종 2003, p.243, 244, 김성배 2009, p.214, 박찬승 2008, 314-315
206. 전석원 2012, p.232-236, 강준만 2권, p.264
207. 고종실록 8.20/ 9.13, 김영수 2012, p.66, 87-94, 이노우에 가쿠고로 1993, p.234-238, 와다 하루키 1, 2019, p.287-294, 가타노 쓰기오 1, 2020, p.272, 강준만 2권, p.293, 윤덕한 2012, p.127-133
208. 현광호 2019, p.76
209. 이노우에 가쿠고로 1993, p.226, 김성배 2009, p.215
210. 벨라 보리소브라 박 2020, p.213, 214, 255, 하원호 외 2009, p.284, 황현 상 2005, p.467, 김종헌 2009, 24권 2호, p.282
211. 고종실록 9.9/ 9.28/ 11.15/ 11.16
212. 승정원일기/고종실록 11.15, 고종실록 1896.2.11/ 2.20/ 3.11, 김영수 2012, p.156-168, 와다 하루키 1, 2019, p.308, 김원모 2003, p.313, 314, 강준만 2권, p.316, 김

종헌 2009, p.282, 임경석 외 2012, p.590-593, 박민선 1992, p.26-36
213. 김원모 2003, p.137
214. 김학준 2010, p.343, 배항섭 2001, p.237, 238
215. 마키하라 노리오 2012, p.115
216. 김용구 2009 외교사, p.307, 일본 내각관방(內閣官房) 홈페이지(cas.go.jp/jp/ryodo/index.html)
217. 고종실록 3.5, 이노우에 가쿠고로 1993, p.186-189, 와다 하루키 1, 2019, p.253-255, 방광석 2014, p.243, 244
218. 도널드 킨 2, 2017, p.1050-1053, 와다 하루키 1, 2019, p.250
219. 와다 하루키 1, 2019, p.251
220. 무쓰 무네미쓰 2018, p.328
221. 와다 하루키 1, 2019, p.260-264, 김영수 2012, p.30-34, 김용구 2009 외교사, p.348-349, 도널드 킨 2, 2017, p.1063-1064, 시드니 하케이브 상, 2010, p.115-117, 신복룡 외 2014, p.27, 심헌용 2007, p.85, 말로제모프 2002, p.104-107
222. 고종실록 5.10, 무쓰 무네미쓰 2018, p.250-266, 김용구 2009 외교사, p.344-346, 도널드 킨 2, 2017, p.1057, 1072, 최덕수 외 2010, p.328-332, 미요시 도오루 2002, p.401-406, 417-434, 야마무로 신이치 2010, p.78, 79, 박한제 외 2010, p.180, 량치차오 2013, p.220, 221
223. 셰시장 2015, p.168, 169, 소공권 1998, p.1291, 1170
224. 무쓰 무네미쓰 2018, p.295-312, 폴 발리 2011, p.430, 미요시 도오루 2002, p.436-438, 김용구 2009 외교사, p.346, 350, 351, 오기평 2007, p.232-237, 미타니 히로시 외 2011, p.346, 347, 도널드 킨 2, 2017, p.1065, 1232, 와다 하루키 1, 2019, p.270, 강성학 1999, p.140, 풀리 2007, p.96-100
225. 한승훈 2015, p.238, 239, 와다 하루키 1, 2019, p.265
226. 무쓰 무네미쓰 2018, p.313-316, 하라다 게이이치 2012, p.242-244
227. 강성학 1999, p.142-144, 와다 하루키 1, 2019, p.269-271, 무쓰 무네미쓰 2018, p.351, 352
228. 하라다 게이이치 2012, p.134-144, 오타니 다다시 2018, p.339-343, 도널드 킨 2, 2017, p.1068, 1069
229. 와다 하루키 1, 2019, p.273, 도널드 킨 2, 2017, p.1073, 1074, 방광석 2014, p.245, 왕현종 외 2009, p.165
230. 풀리 2007, p.122-127
231. 하라다 게이이치 2012, p.158-159, 와다 하루키 1, 2019, p.310
232. 와다 하루키 1, 2019, p.282-285

233. 하라다 게이이치 2012, p.244, 가토 요코 2003, p.127, 김용구 2009 외교사, p.356, 와다 하루키 1, 2019, p.306, 307, 시드니 하케이브 상, 2010, p.119, 조명철 2001, p.93
234. 김영수 2012, p.46, 미타니 히로시 외 2011, p.343
235. 와다 하루키 1, 2019, p.299-305
236. 고종실록 5.23, 도널드 킨 2, 2017, p.1086
237. 승정원일기 9.19, 도널드 킨 2, 2017, p.1087, 방광석 2014, p.245
238. 와다 하루키 1, 2019, p.305, 김용구 2009 외교사, p.351, 김종헌 2009, p.291
239. 하라다 게이이치 2012, p.160
240. 심헌용 2002, p.189-191, 신복룡 외 2014, p.28, 차경애 2005, p.297, 298, 고종실록 1900.3.30
241. 권기균 2012, p.35-38, 제임스 메클렐란 3세 외 2006, p.473, 523, 쑨자오룬 2009, p.401, 402, 차하순 1989, p.474, 공하린 2009, p.245-249
242. 황현 상 2005, p.491-497, 박성순 2010, p.220
243. 금장태 2009, p.45, 46
244. 고종실록 2.11/ 2.13, 순종실록 1907.9.6/ 1910. 6.29, 벨라 보리소브라 박 2020, p.274-279, 강정일 2013, p.211, 안승일 2016, p.264-273, 와다 하루키 1, 2019, p.337-341, 황현 상 2005, p.481-483, 강준만 4권, p.9-13, 윤덕한 2012, p.146, 147
245. 와다 하루키 1, 2019, p.341-342
246. 고종실록 2.18/ 9.23, 박성순 2010, p.212, 강준만 3권, p.14
247. 고종실록 3.29/ 4.17, 장인성 외 1권 2012, p.200, 이노우에 유이치 2005, p.105, 106, 강준만 2권, p.255, 국회도서관편, 1967, p.127, 하원호 외 2009, p.128
248. 고종실록 5.14, 벨라 보리소브라 박 2020, p.312, 와다 하루키 1, 2019, p.350-353, 김용구 2009 외교사, p.545, 김영수 2012, p.198,199, 최덕수 외 2010, p.378, 379
249. 고종실록 7.3, 1899.7.3, 이노우에 유이치 2005, p.102, 129-132, 김원수 1997, p.28-29
250. 승정원일기 5.11/ 8.2/ 10.12
251. 승정원일기 8.22/ 9.15/ 9.16
252. 승정원일기 9.21/ 11.11/ 11.13/ 11.24
253. 고종실록 9.9, 최문형 2006, p.169,170, 와다 하루키 1, 2019, p.449, 김도형 2003, p.545, 김원수 1997, p.41-42
254. 승정원일기/ 고종실록 9.24
255. 고종실록 8.10/ 8.11/ 12.8/ 12.29, 김학준 2010, p.345, 국회도서관편 1967, p.128

256. 배항섭 2008, p.341-343
257. 고종실록/ 승정원일기 10.21. 승정원일기 1880.12.17/ 1886.1.16/ 1888.3.28, 벨라 보리소브라 박 2020, p.335-339, 김영수 2012, p.214-216, 심헌용 2007, p.110, 정성화 외 2005, p.119, 현광호 2010 한국, p.37, 김용구 2009 외교사, p.544, 윤덕한 2012, p.164, 이민원 1993, p.117
258. 황현 상 2005, p.504, 이민원 1993, p.124, 김현숙 1998, p.199-201
259. 배항섭 2008, p.347-348
260. 와다 하루키 1, 2019, p.343-345, 벨라 보리소브라 박 2020, p.301
261. 와다 하루키 1, 2019, p.348, 349
262. 국사편찬위원회, 신편 한국사 43, 2002, p.24
263. 미요시 도오루 2002, p.470, 474, 475, 와다 하루키 1, 2019, p.363-366, 벨라 보리소브라 박 2020, p.312, 313, 최덕수 외 2010, p.380, 381, 김용구 2009 외교사, p.545, 546, 서영희 2005, p.127, 나가타 아키후미 2017, p.69, 70, 국사편찬위원회 신편 한국사 41, 2002, p.103
264. 심헌용 2007, p.105, 와다 하루키 1, 2019, p.367-368, 벨라 보리소브라 박 2020, p.320-323, 김용구 2009 외교사, p.542-544, 이민원 1993, p.91-93
265. 민영환 2007, p.48-54, 132-136, 160-165
266. 와다 하루키 1, 2019, p.353-354, 미타니 히로시 외 2011, p.288, 김태준 2008, p.8, 국회도서관편 1967, p.142
267. 말로제모프 2002, p.121-127, 미요시 도오루 2002, p.471-473, 와다 하루키 1, 2019, p.355-357, 김용구 2009 외교사, p.351-354, 강성학 1999, p.156, 시드니 하케이브 상 2010, p.122, 가토 요코 2003, p.127, 조철호 2011, p.111,112
268. 후지와라 아키라 상, 2013, p.145, 146, 오카 요시타케 1996, p.57, 조명철 2001, p.96, 97, 에밀리 로젠버그 2018, p.943
269. 승정원일기 1.26/ 1.30/ 4.6
270. 단국대학교 동양학연구소 2003, p.169-170
271. 고종실록 2.20, 승정원일기 2,28, 벨라 보리소브라 박 2020, p.351, 352, 심헌용 2007, p.117, 배항섭 2008, p.347
272. 김원모 2003, p.321, 322, 현광호 2015, p.137, 강준만 3권, p.132, 김성배 2009, p.84, 손정숙 2004, p.142, 143
273. 박민선 1992, p.48, 49
274. 고종실록 8.11/ 8.12/ 8.16, 1882. 7.20, 1884. 11.30
275. 고종실록 11.13, 김종헌 2009, p.291
276. 고종실록 9.25/ 9.26/ 9.29/ 10.1, 현광호 2019, p.148, 152, 164

277. 고종실록 10.3/ 10.12
278. 계승범 2011, p.231, 장인성 외 2012, p.153-159, 김명섭 외 2008, p.62
279. 고종실록 11.1/ 9.30/ 9.14, 황현 상 2005, p.537
280. 고종실록 11.29/ 1874.3.20, 심헌용 2007, p.122, 123, 현광호 2002, p.203, 204
281. 황현 상 2005, p.523, 524, 김혜영 2013, p.128
282. 후지와라 아키라 상, 2013, p.134, 아마노 이쿠오 2017, p.32, 유모토 고이치 2018, p.262, 263
283. 손일 2017, p.624-628
284. 와다 하루키 1, 2019, p.380-382, 벨라 보리소브라 박 2020, p.369, 376, 심헌용 2007, p.135
285. 와다 하루키 1, 2019, p.382-384, 벨라 보리소브라 박 2020, p.369, 370
286. 이노우에 유이치 2005, p.36-38
287. 김용구 2009 외교사, p.354, 호리가와 데쓰오 1983, p.21, 풀리 2007, p.115-117, 정상수 2007, P.287
288. 와다 하루키 1, 2019, p.389, 390, 392
289. 와다 하루키 1, 2019, p.397, 398
290. Paul Kennedy 1989, p.196, 오기평 2007, p.160, 161, 전홍찬 2011, p.212
291. 장인성 외 1권 2012, p.185-191, 박찬승 2008, p.317, 고종실록 1894.7.5/1904.7.15
292. 승정원일기 1.26/ 2.9
293. 고종실록/ 승정원일기 3.24, 와다 하루키 1, 2019, p.415-417, 현광호 2014, p.137,138, 이재훈 2010, p.549, 나가타 아키후미 2017, p.71, 강준만 3권, p.153, 154
294. 와다 하루키 1, 2019, p.420-421, 현광호 2019, p.174
295. 승정원일기 10.18, 도면회 2014, p.180, 현광호 2014, p.75, 141
296. 고종실록 4.6/ 4.10/ 4.27, 승정원일기 5.11
297. 강준만 3권, p.184
298. 고종실록 7.18, 황현 상 2005, p.550
299. 고종실록 5.22, 승정원일기 7.22
300. 고종실록 6.18, 김영수 2012, p.228-230
301. 승정원일기 8.1/ 8.3, 차경애 2005, p.301
302. 승정원일기 8.10, 고종실록 1897.4.8
303. 고종실록 10.20/ 10.23/ 10.25/ 7.9/ 7.22, 국사편찬위원회 신편 한국사 41, 1999, p.391, 김성혜 2012, p.197
304. 고종실록/ 승정원일기 10.30, 박현모 2011, p.287-290, 강준만 3권, p.214
305. 고종실록 11.4, 박현모 2011, p.292, 유영렬 2004, p.113

306. 고종실록 11.5, 현광호 2014, p.119, 강준만 3권, p.223, 224, 박현모 2011, p.291
307. 고종실록 11.6/ 11.10, 박현모 2011, p.293-304
308. 고종실록 11.22/ 11.24, 현광호 2014, p.76, 강준만 3권, p.226-228
309. 와다 하루키 1, 2019, p.423
310. 고종실록 11.26/ 12.6/ 12.9/ 12.10/ 12.15, 국사편찬위원회 신편한국사 41, 2002, p.409-436, 박찬승 2008, p.318-320
311. 김성혜 2012, p.195
312. 고종실록 12.25, 현광호 2014, p.127
313. 와다 하루키 1, 2019, p.423-425, 현광호 2015, p.338, 339, 김헌주 2009, p.37
314. 와다 하루키 1, 2019, p.405-410
315. 김용구 2009 외교사, p.355, 가토 요코 2003, p.131, 최문형 2006, p.44
316. 와다 하루키 1, 2019, p.411-414, 김용구 2009 외교사, p.355, 356, 최문형 2006, p.33,34, 도널드 킨 2, 2017, p.1120, 1121, 이노우에 유이치 2005, p.37, 조철호 2011, p.112, 조명철 2001, p.104, 하라다 게이이치 2012, p.246, 김원수 1997, p.9, 10, 김태준 2005, p.342, 343
317. 이삼성 2009, p.411, 권용립 2010, p.264, 273
318. 풀리 2007, p.105, 이노우에 유이치 2005, p.55, 최문형 2006, p.39,40,140, 도널드 킨 2, 2017, p.1184, 김태준 2005, p.344
319. 와다 하루키 1, 2019, p.417-420, 최문형 2006, p.94, 95, 심헌용 2002, p.202, 풀리 2007, p.109-112
320. 최문형 2006, p.48-65, 석화정 2017, p.214-251, 제임스 브래들리 2010, p.86,87,110, 김용구 2009 외교사, p.223, 224, 와다 하루키 외 2017, p.77, 78, 권용립 2010, p.275-285
321. 이노우에 유이치 2005, p.41-43, 48-55
322. 미타니 히로시 외 2011, p.355, 356, 이매뉴얼 쉬 2013, p.459-466, 강진아 2009, p.182, 183, 호리가와 데쓰오 1983, p.44,45, 하라다 게이이치 2012, p.250, 존 페어뱅크 외 하, 2007, p.247-249, 이성환 2011, p.56
323. 이매뉴얼 쉬 2013, p.466-468
324. 셰시장 2015, p.450-453
325. 셰시장 2015, p.242-243, 소공권 1998, p.1158, 박훈 외 2008, p.181-190
326. 이노우에 유이치 2005, p.64
327. 차경애 2005, p.304, 심헌용 2007, p.137
328. 성희엽 2016, p.386
329. 고토 히데키 2016, p.400

330. 고종실록 1.28, 김경미 1998, p.135
331. 고종실록 1.15
332. 승정원일기 3.9/ 1898.2.9, 고종실록 1897.11.29, 김혜영 2013, p.126, 127
333. 고종실록 3.15, 승정원일기 3.21
334. 현광호 2015, p.238, 239
335. 도면회 2014, p.159
336. 고종실록 4.8
337. 고종실록 4.29/ 1.12, 와다 하루키 1, 2019, p.434-439, 425, 심헌용 2007, p.144, 145, 차경애 2005, p.297
338. 와다 하루키 1, 2019, p.426, 문준호 2015, p.15,16
339. 고종실록 6.22, 서진교 2003, p.8-11, 이윤상 2005, p.144
340. 고종실록 7.3, 이노우에 유이치 2005, p.132, 133
341. 고종실록 7.27/ 1904.8.4
342. 고종실록 8.17, 서영희 2005, p.66, 김대륜 2018, p.94, 95, 강준만 3권, p.276-278
343. 고종실록 9.22/ 6.29, 현광호 2014, p.82
344. 승정원일기 11.5, 박정심 2016, p.166
345. 강준만 3권, p.288, 289
346. 유모토 고이치 2018, p.246, 411
347. 하라다 게이이치 2012, p.251, 존 페어뱅크 외 하, 2007, p.249-251, 이매뉴얼 쉬 2013, p.473-479
348. 권용립 2010, p.240
349. 조명철 2010, p.274, 275
350. 이노우에 유이치 2005, p.54, 김용구 2009 외교사, p.356, 357
351. 와다 하루키 1, 2019, p.427-434, 신복룡 외 2014, p.58, 오기평 2007, p.151
352. 와다 하루키 1, 2019, p.435
353. 와다 하루키 1, 2019, p.439-443
354. 강성학 1999, p.167, 최문형 2006, p.258, 259, 루안총샤오 2019, p.171-173, 강정일 2013, p.228, 스펙 2002, p.178-185, 케네스 모건 2019, p.579
355. 박영준 2008, p.270
356. 김용구 2009 외교사, p.355, 오기평 2007, p.237-240
357. 고종실록 1.11/ 3.10/ 5.7/ 6.30/ 9.2/ 9.29/ 10.14
358. 승정원일기/ 고종실록 4.20, 현광호 2014, p.77,78
359. 고종실록 1904.7.15, 황현 하 2005, p.103
360. 승정원일기 5.30/ 6.1, 한철호 2010, p.101, 102, 서영희 2005, p.60-62, 황현 하

2005, p.52-53
361. 고종실록 3.30, 임경석 외 2012, p.165-167, 말로제모프 2002, p.179
362. 고종실록 6.4/ 3.12/ 10.19, 승정원일기 4.20/ 10.17/ 11.3
363. 승정원일기 7.31, 한철호 2010, p.112- 116
364. 백승종 1999, p.82
365. 강준만 3권, p.282, 361, 콜린 존스 2001, p.270
366. Paul Kennedy, 1989, p.149, 199-203, 제임스 메클렐란 3세 외 2006, p.510, 517, 주디스 코핀 외 하, 2014, p.357, 권용립 2010, p.223, 야마모토 요시타카 2019, p.101, 고종실록 1900.4.17
367. 존 페어뱅크 외 하, 2007, p.144, 도미타 쇼지 2008, p.102, 고토 히데키 2016, p.38-45, 393, 차하순 1989, p.472, 함동주 2012, p.349, 350
368. 와다 하루키 1, 2019, p.463-467
369. 오기평 2007, p.244-248, 김용구 2009 외교사, p.362-364, 존 페어뱅크 외 하, 2007, p.251-255, 와다 하루키 1, 2019, p.485-491, 503, 507-511, 도널드 킨 2, 2017, p.1155-1162, 최문형 2006, p.109-112, 와다 하루키 외 2017, p.79-82, 이매뉴얼 쉬 2013, p.484-495, 후지와라 아키라 상 2013, p.146, 147, 강성학 1999, p.217, 222, 223, 김희교 1993, p.117-123, 홍웅호 2010, p.512, 조명철 2001, p.107, 108, 차경애 1999, p.52-54, 61, 62, 정상수 2007, p.294-296, 임경석 외 2012, p.416-418
370. 권용립 2010, p.290, 291, 오기평 2007, p.243, 244, 가토 요코 2003, p.132, 존 페어뱅크 외 하, 2007, p.260, 261, 이삼성 2009, p.416-417
371. 와다 하루키 1, 2019, p.516, 517, 서영희 2005, p.128, 차경애 2005, p.308
372. 국사편찬위원회 신편 한국사 43, 2002, p.25, 26, 와다 하루키 1, 2019, p.513, 531-535, 차경애 2005, p.309, 박영준 2008, p.272
373. 현광호 2002, p.151
374. 와다 하루키 1, 2019, p.522-525, 현광호 2015, p.334, 335
375. 김원모 2003, p.147
376. 와다 하루키 1, 2019, p.525-527, 하라다 게이이치 2012, p.254
377. 와다 하루키 1, 2019, p.536-538, 541, 542, 최문형 2006, p.114, 강성학 1999, p.221
378. 와다 하루키 1, 2019, p.545-548, 최문형 2006, p.118, 119, 서영희 2005, p.129, 김원수 1997, p.32
379. 제임스 브래들리 2010, p.132
380. 김용구 2009 외교사, p.178, Paul Kennedy, 1989, p.212, 정상수 2007, p.280

381. 고종실록 9.29/10.9, 앵거스 해밀튼 2010, p.294, 김성배 2009, p.254
382. 승정원일기 5.4/ 4.3, 한철호 2010, p.119-121
383. 고종실록 1900. 1.15, 강준만 3권, p.332-334, 현광호 2014, p224, 김현숙 1998, p.163-169, 182, 183, 황현 하, 2005, p.94
384. 고종실록 5.27/ 1900.6.4
385. 고종실록 7.25
386. 김학준 2010, p.437-440, 현광호 2014, p.30-32, 218, 252, 앵거스 해밀튼 2010, p.97, 98, 125, 고종실록 1892. 윤 6.15
387. 고종실록 8.20, 이노우에 유이치 2005, p.118, 강준만 4권, p.101
388. 고종실록 9.27/ 1898.7.9, 도면회 2014, p.217
389. 승정원일기/고종실록 10.1, 황현 하 2005, p.106-107
390. 고종실록 10.4/ 11.14, 승정원일기 10.31
391. 승정원일기 10.22/ 12.6/ 5.10
392. 승정원일기 10.10/ 1900.7.16, 현광호 2014, p.83, 74
393. 승정원일기 1884.3.27, 비변사등록 1878.5.3/1856.1.15, 고종실록 1869.5.29, 순조실록 1812.2.4
394. 고종실록 10.14/ 9.14
395. 승정원일기 6.25, 도면회 2014, p.296-297
396. 고종실록 1904. 3.11, 서영희 2005, p.53, 54, 현광호 2014, p.38, 44, 이윤상 2005, p.145
397. 도미타 쇼지 2008, p.103, 함동주 2009, p.208
398. 와다 하루키 1, 2019, p.554-562, 홍웅호 2010, p.516, 517, 유용태 2004, p.54, 최문형 2006, p.123-124
399. 와다 하루키 1, 2019, p.568, 569, 하라다 게이이치 2012, p.257, 운노 후쿠쥬 2008, p.120, 김태준 2008, p.18
400. 풀리 2007, p.145, 146, 오기평 2007, p.258-261, 와다 하루키 1, 2019, p.592, 593, 도널드 킨 2, 2017, p.1182, 1183
401. 오기평 2007, p.248-250, 김용구 2009 외교사, p.363, 존 페어뱅크 외 하, 2007, p.255, 하라다 게이이치 2012, p.254, 255, 이삼성 2009, p.426, 박한제 외 2010, p.181, 량치차오 2013, p.260-264
402. 이매뉴얼 쉬 2013, p.496
403. 이삼성 2009, p.431, 김원수 1997, p.34, 박영준 2020, p.147
404. 풀리 2007, p.147-153, 김용구 2009 외교사, p.185
405. 미요시 도오루 2002, p.511-514, 와다 하루키 1, 2019, p.594-596, 도널드 킨 2,

2017, p.1192, 운노 후쿠쥬 2008, p.129, 130
406. 미요시 도오루 2002, p.515-516
407. 한철호 2010, p.123, 124
408. 미요시 도오루 2002, p.517-520, 와다 하루키 1, 2019, p.596-598
409. 미요시 도오루 2002, p.521-523, 와다 하루키 1, 2019, p.600-603, 616, 운노 후쿠쥬 2008, p.126-128
410. 존 페어뱅크 외 하, 2007, p.362-364, 박한제 외 2010, p.182
411. 에밀리 로젠버그 2018, p.744, 하라다 게이이치 2012, p.207, 208, 고야마 게타 2020, p.198, 215
412. 강진아 2011, p.91, 강준만 3권, p.364
413. 승정원일기 1.9/ 3.27/ 3.29/ 10.6/12.31
414. 고종실록 3.19, 황현 하 2005, p.118, 김기란 2020, p.137, 이윤상 2005, p.146, 강준만 4권, p.15-17
415. 고종실록 5.1/ 5.6/ 5.14/ 6.2/ 9.28/ 10.6/ 12.25
416. 고종실록 6.28/ 8.5
417. 승정원일기 9.9/ 11.14, 고종실록 11.14
418. 고종실록 9.20, 황현 하 2005, p.122
419. 배우성 2014, p.546, 547, 오영섭 1997, p.123-131
420. 와다 하루키 1, 2019, p.623-625, 손정숙 2004, p.159, 160
421. 벨라 보리소브라 박 2020, p.403-405
422. 황현 하 2005, p.109, 117, 강준만 3권, p.353, 354
423. 현광호 2010 한국, p.121, 강준만 3권, p.354
424. 고종실록 1.10, 현광호 2015, p.190, 황현 하, 2005, p.109
425. 고종실록 2.14, 승정원일기 8.21, 현광호 2015, p.168, 169, 한철호 2010, p.125, 126
426. 승정원일기 10.14/ 10.28, 고종실록 11.29/ 12.17, 서영희 2005, p.135, 136, 김성배 2009, p.252-254, 앵거스 해밀튼 2010, p.99, 현광호 2014, p.44-49, 서진교 2003, p.19-23
427. 승정원일기 1901.10.10, 강준만 3권, p.356
428. 야마모토 요시타카 2019, p.167, 168, 강철구 2019, p.22-23, 마리우스 잰슨 1, 2014, p.537, 538, 김보림 2016, p.289-293, 고토 히데키 2016, p.51-53
429. 마리우스 잰슨 2, 2013, p.712, 713
430. 존 페어뱅크 외 하, 2007, p.365-367, 이매뉴얼 쉬 2013, p.519, 520, 윌리엄 로 2014, p.467-469

431. 야마무로 신이치 2010, p.115, 116, 도널드 킨 2, 2017, p.1189
432. 풀리 2007, p.179, 180, 210-212, 김용구 2009 외교사, p.186, 오기평 2007, p.263, 264, 와다 하루키 1, 2019, p.607, 608, 최덕수 외 2010, p.454, 455, 와다 하루키 외 2017, p.86, 존 페어뱅크 외 하, 2007, p.151, 미요시 도오루 2002, p.533, 534
433. 풀리 2007, p.181-185
434. 운노 후쿠쥬 2008, p.133, 김용구 2009 외교사, p.187, 야마무로 신이치 2010, p.129-131, 야마다 아키라 2014, p.34,35
435. 미요시 도오루 2002, p.537, 최문형 2006, p.152-154, 석화정 2007, p.61-63, 서영희 2005, p.139, 조명철 2007, p.143, 강정일 2013, p.254, 255
436. 미요시 도오루 2002, p.538, 최문형 2006, p.154-157, 심헌용 2007, p.163, 김용구 2009 외교사, p.365, 오기평 2007, p.265, 266, 와다 하루키 1, 2019, p.610-612
437. 케네스 모건 2019, p.580-583, 김용구 2009 외교사, p.199, 루안총샤오 2019, p.174, 175, 석화정 2017, p.86-89
438. 신복룡 외 2014, p.69, 서영희 2005, p.139, 시부사와 에이치 2009, p.326, 강철구 2019, p.64-67
439. 와다 하루키 1, 2019, p.612-626, 도널드 킨 2, 2017, p.1194
440. 조명철 2004, p.341, 342
441. 승정원일기 1.4/ 1.22
442. 고종실록/ 승정원일기 1.25, 현광호 2014, p.96
443. 승정원일기 3.11/ 4.1/ 10.7/ 11.29, 고종실록 7.1/ 7.28
444. 승정원일기 2.1/ 2.3/ 2.5/ 3.20/ 5.4/ 5.10/ 6.29/ 7.2/ 7.6/ 7.18/ 8.29/ 8.31/ 9.5/ 9.13/ 9.14/ 11.27/ 12.5/ 12.23
445. 현광호 2010, 한국 p.70, 와다 하루키 2, 2019, p.781, 782
446. 고종실록 10.28/ 12.23/ 12.31, 한철호 2010, p.131-136
447. 승정원일기 12.18, 고종실록 1888.8.21
448. 고종실록 1.20/ 10.15, 승정원일기 3.19/ 9.17/ 8.22, 현광호 2014, p.94
449. 승정원일기 1.20/ 8.2/ 9.19/ 9.21/ 8.22
450. 승정원일기 7.20
451. 승정원일기 7.31/ 8.25/ 9.3
452. 승정원일기 8.17
453. 승정원일기 2.23/ 9.13
454. 고종실록/ 승정원일기 10.19/ 11.6, 앵거스 해밀턴 2010, p.135-137
455. 승정원일기 2.21, 국사편찬위원회 신편 한국사 44, 2000, p.312, 313, 강준만 4권,

p.123, 124
456. 고종실록 6.20/ 6.24/ 8.1
457. 승정원일기 11.15/ 11.21, 앵거스 해밀튼 2010, p.138-140, 이영훈 2014, p.152
458. 고종실록 12.10, 현광호 2014, p.94
459. 김학준 2010, p.417-420, 황현 하 2005, p.138, 139
460. 앵거스 해밀튼 2010, p.36-37, 133, 134 김학준 2010, p.533-536
461. 벨라 보리소브라 박 2020, p.399-402, 현광호 2015, p.354, 355, 강준만 4권, p.19, 20
462. 바츨라프 셰로셰프스키 2006, p.310, 311, 승정원일기 1892. 7.21
463. 김원수 1997, p.43, 44, 이노우에 유이치 2005, p.136-139
464. 와다 하루키 2, 2019, p.775, 김원수 1997, p.46, 70-72, 임경석 외 2012, p.383, 384
465. 고종실록 8.22, 김원수 1997, p.50, 73-76, 현광호 2007, p.160
466. 김원수 1997, p.50, 51, 이노우에 유이치 2005, p.139-142, 국사편찬위원회 신편 한국사 44, 2000, p.58
467. 와다 하루키 2, 2019, p.780, 788, 김성배 2009, p.255, 현광호 2010 한국, p.75, 이용창 2005, p.63
468. 와다 하루키 2, 2019, p.955
469. 와다 하루키 2, 2019, p.715-718, 윤영미 2005, p.2, 9-12, 홍웅호 2010, p.524
470. 와다 하루키 2, 2019, p.704-710
471. 와다 하루키 2, 2019, p.734-738, 최문형 2006, p.184-185, 미요시 도오루 2002, p.543, 544, 김원수 1997, p.59, 60, 66, 67
472. 와다 하루키 2, 2019, p.742, 743, 최문형 2006, p.182-184, 김용구 2009 외교사, p.365, 홍웅호 2010, p.526, 527
473. 오기평 2007, p.267, 268, 와다 하루키 2, 2019, p.737-742, 893, 최문형 2006, p.201-203, 김용구 2009 외교사, p.368, 미요시 도오루 2002, p.541, 도널드 킨 2, 2017, p.1208, 1209, 김원수 1997, p.78-85, 조명철 2004, p.343, 344
474. 와다 하루키 2, 2019, p.753-755
475. 와다 하루키 2, 2019, p.758-764, 최문형 2006, p.185-188, 김원수 1997, p.63, 이재훈 2010, p.557-559
476. 유용태 2004, p.57
477. 도널드 킨 2, 2017, p.1214-1216, 미요시 도오루 2002, p.544, 와다 하루키 2, 2019, p.789-793, 김원수 1997, p.82
478. 와다 하루키 2, 2019, p.748-751, 782-785, 794-800, 도널드 킨 2, 2017, p.1215,

박영준 2020, p.151, 152, 조명철 2004, p.346, 347, 355, 356, 최문형 2006, p.203, 204, 신명호 2014, p.469, 470, 강성학 1999, p.266, 267, 후지와라 아키라 상 2013, p.149-151, 미요시 도오루 2002, p.546-548, 심헌용 2007, p.165, 전상숙 2006, p.124, 조명철 2007, p.147-153

479. 와다 하루키 2, 2019, p.792, 793, 855, 856, 홍웅호 2010, p.530-532
480. 조경숙 2006, p.323, 324, 도널드 킨 2, 2017, p.1211-1213, 와다 하루키 2, 2019, p.786, 787, 822-825, 885, 미요시 도오루 2002, p.554, 하라다 게이이치 2012, p.262, 263, 야마무로 신이치 2010, p.137, 138
481. 김원모 2003, p.241, 242
482. 와다 하루키 2, 2019, p.819
483. 와다 하루키 2, 2019, p.821, 김원수 1997, p.84
484. 운노 후쿠쥬 2008, p.134, 135, 미요시 도오루 2002, p.555, 와다 하루키 2, 2019, p.819, 820, 857-859, 서영희 2005, p.146
485. 와다 하루키 2, 2019, p.860-863, 866, 867, 최문형 2006, p.190, 홍웅호 2010, p.534
486. 서영희 2005, p.137, 161, 와다 하루키 2, 2019, p.882, 883, 현광호 2002, p.117, 118
487. 와다 하루키 2, 2019, p.870, 895, 하라다 게이이치 2012, p.230
488. 미요시 도오루 2002, p.557, 558, 와다 하루키 2, 2019, p.890, 891
489. 와다 하루키 2, 2019, p.823-825, 886, 887, 893
490. 도미타 쇼지 2008, p.108, 와다 하루키 2, 2019, p.897, 915,
491. 와다 하루키 2, 2019, p.910, 911, 914-916, 최문형 2006, p.206, 강성학 1999, p.286, 강정일 2013, p.265
492. 와다 하루키 2, 2019, p.912-913, 935-939, 974, 하라다 게이이치 2012, p.262, 263
493. 와다 하루키 2, 2019, p.931-934, 956, 957, 미요시 도오루 2002, p.562, 563, 김용구 2009 외교사, p.369
494. 조재곤 2017, p.36, 37, 와다 하루키 2, 2019, p.880-882, 신복룡 외 2014, p.70, 서영희 2005, p.140
495. 와다 하루키 2, 2019, p.945-947, 미요시 도오루 2002, p.565
496. 와다 하루키 2, 2019, p.952, 953
497. 와다 하루키 2, 2019, p.948, 949, 미요시 도오루 2002, p.566, 도널드 킨 2, 2017, p.1225, 최문형 2006, p.207, 강정일 2013, p.266
498. 와다 하루키 2, 2019, p.964-966, 서영희 2005, p.147, 하라다 게이이치 2012,

p.264, 운노 후쿠쥬 2008, p.138
499. 와다 하루키 2, 2019, p.967, 최문형 2006, p.226, 227
500. 차하순 1989, p.520
501. 제임스 메클렐란 3세 외 2006, p.513, 쑨자오룬 2009, p.397, 도미타 쇼지 2008, p.106, 콜린 존스 2001, p.258, 유모토 고이치 2018, p.241, 고야마 게타 2020, p.218
502. 서영희 2005, p.179, 180, 현광호 2002, p.275
503. 와다 하루키 2, 2019, p.1000, 1001, 최문형 2006, p.256, 현광호 2015, p.139
504. 강준만 4권, p.68
505. 서영희 2005, p.181-183, 현광호 2015, p.99, 146, 334, 와다 하루키 2, 2019, p.1034-1037, 1048, 신복룡 외 2014, p.71, 이창훈 2006, p.6
506. 심헌용 2011, p.65-77, 와다 하루키 2, 2019, p.1122-1126, 1146, 현광호 2010, 한국 p.81, 86
507. 고종실록 2.23, 최문형 2006, p.257
508. 와다 하루키 2, 2019, p.1164, 1175
509. 고종실록 8.22
510. 승정원일기 8.24/ 3.22/ 11.3
511. 승정원일기 1.24/ 4.8/ 10.14
512. 승정원일기 6.22/ 10.5/ 3.11
513. 승정원일기 4.26/ 9.18/ 3.31
514. 승정원일기 3.20/ 3.22/ 5.18/ 8.7
515. 고종실록 1.8, 현광호 2014, p.96
516. 승정원일기 1.23/ 3.29/ 8.23
517. 승정원일기 1.26/ 2.11/ 3.26/ 4.12/ 7.4/ 7.22/ 8.20/ 1.23
518. 승정원일기 5.4/ 7.25/ 8.5/ 8.19/ 9.7/ 10.1
519. 승정원일기 2.11/ 6.10/ 6.13/ 7.1/ 9.5
520. 승정원일기 5.25/ 11.24
521. 고종실록 7.27, 승정원일기 1900.4.20
522. 승정원일기 10.24, 정성화 외 2005, p.31, 32
523. 고종실록 7.15
524. 서영희 2005, p.269
525. 승정원일기/ 고종실록 7.27, 도면회 2014, p.217
526. 이용창 2005, p.62
527. 이명한, 김나윤 2013, p.266

528. 량치차오 2013, p.150, 151, 소공권 1998, p.1105, 1106
529. 승정원일기 1.18/ 2.4, 고종실록 4.30/ 11.9/ 11.14
530. 이삼성 2009, p.439, 현광호 2002, p.175, 하영선. 손열, 2012, p.195
531. 고종실록 3.4, 현광호 2014, p.99-101
532. 고종실록 4.14/ 4.15, 황현 하 2005, p.168
533. 고종실록 5.18, 나가타 아키후미 2017, p.87
534. 고종실록 8.4, 이승만 2017, p.18, 24, 최연식. 정지혜 2013, p.16, 21, 강준만 3권, p.328, 329
535. 황현 하 2005, p.188, 189, 197
536. 승정원일기 9.9, 고종실록 9.15
537. 고종실록 9.20/ 9.22, 황현 하 2005, p.179
538. 고종실록/ 승정원일기 12.31
539. 최문형 2006, p.225, 강성학 1999, p.300, 301, 김용구 2009 외교사, p.372, 373, 강정일 2013, p266, 267, 김태준 2005, p.346
540. 와다 하루키 2, 2019, p.950
541. 제임스 브래들리 2010, p.219, 와다 하루키 2, 2019, p.1056
542. 와다 하루키 2, 2019, p.981, 982, 1028-1030, 1038-1043, 1050-1055, 미요시 도오루 2002, p.566-570, 도널드 킨 2, 2017, p.1228, 최문형 2006, p.207, 208, 하라다 게이이치 2012, p.264, 265
543. 와다 하루키 2, 2019, p.1044, 1045
544. 와다 하루키 2, 2019, p.1056-1061, 1066-1070, 1079-1080, 1096-1100, 미요시 도오루 2002, p.571-573, 584-588, 도널드 킨 2, 2017, p.1235, 김현철 2004, p.258, 최문형 2006, p.209, 227
545. 와다 하루키 2, 2019, p.1142, 미요시 도오루 2002, p.586
546. 미요시 도오루 2002, p.591, 592
547. 전홍찬 2011, p.210, 216, 217, 미요시 도오루 2002, p.593, 594, 전홍찬 2012, p.135-139
548. 미요시 도오루 2002, p.594-596, 전홍찬 2011, p.221, 224, 야마무로 신이치 2010, p.180-183
549. 이우진 2005, p.10,11, 강성학 1999, p.386, 387, 도널드 킨 2, 2017, p.1249, 제임스 브래들리 2010, p.235
550. 전홍찬 2011, p.216, 김용구 2009 외교사, p.189, 최문형 2006, p.272-274
551. 유용태 2004, p.62
552. 미요시 도오루 2002, p.620, 조명철. 민경현 2012, p.353

553. 미요시 도오루 2002, p.605- 607, 최문형 2006, p.254, 255, 원철 2006, p.378-380, 조명철. 민경현 2012, p.355, 제임스 브래들리 2010, p.232, 이우진 2005, p.13
554. 오기평 2007, p.272, 273, 강성학 1999, p.482, 조명철. 민경현 2012, p.355
555. 하라다 게이이치 2012, p.267, 조명철 2007, p.155
556. 최문형 2006, p.258, 259
557. 김태준 2008, p.23-25, 전홍찬 2012, p.133, 권용구 2011, p.219, 220
558. 김태준 2008, p.23, 도널드 킨 2, 2017, p.1245, 1246, 최문형 2006, p.265, 김종헌. 우준모 2014/2015, p.256-265
559. 도널드 킨 2, 2017, p.1252, 가토 요코 2003, p.142, 143, 146
560. 이삼성 2009, p.441, 가토 요코 2018, p.154, 155, 최문형 2006, p.266
561. 고토 히데키 2016, p.387
562. 도미타 쇼지 2008, p.116, 호즈미 가즈오 2019, p.352
563. 승정원일기 1.7/ 1.8/ 1.19/ 1.21
564. 승정원일기 2.8/ 2.12
565. 승정원일기/ 고종실록 3.7
566. 고종실록 4.13
567. 승정원일기 5.1/ 7.30/ 8.9/ 8.11/ 8.12
568. 승정원일기 8.14/ 8.17/ 8.19
569. 승정원일기 7.31/ 9.11
570. 승정원일기 6.19/ 2.15/ 3.6
571. 승정원일기 3.29/ 6.12/ 6.22/ 10.11
572. 승정원일기 1.11/ 2,23/ 10.7
573. 승정원일기 2.23/ 12.14/ 3.6
574. 고종실록 5.25, 아손 그렙스트 2005, p.43, 44, 강준만 4권, p.101-103
575. 승정원일기 1.1, 고종실록 3.16/ 4.25, 황현 하 2005, p.223
576. 박희성 2012, p.219, 220, 조재곤 2017, p.40, 41 서영희 2005, p.222
577. 문일평 2016, p.300, 김원모 2003, p.251
578. 승정원일기 2.8/ 3.10, 고종실록 1904.7.27
579. 김원모 2003, p.269-277, 제임스 브래들리 2010, p.312-314, 강준만 4권, p.151, 152
580. 김원수 2010, p.122, 김학준 2010, p.480, 481
581. 고종실록 10.18, 박성순 2010, p214
582. 승정원일기 11.2/ 11.11
583. 고종실록 11.5

584. 고종실록 11.15, 미요시 도오루 2002, p.628-633, 윤덕한 2012, p.206-208, 도널드 킨 2, 2017, p.1299-1301
585. 고종실록 11.17, 윤덕한 2012, p.212-222, 미요시 도오루 2002, p.636-638
586. 승정원일기 11.18, 윤덕한 2012, p.222-227
587. 서영희 2005, p.213-215, 운노 후쿠쥬 2008, p.282
588. 황현 하 2005, p.268-271
589. 한철호 2010, p.146
590. 고종실록 12.12, 김재호 2016, p.226
591. 고종실록 12.16
592. 고종실록 1903.8.22, 1895. 11.15, 1896.2.11/ 2.20/ 3.11, 황현 상 2005, p.277
593. 승정원일기 12.31
594. 허동현 2006, p.276, 277, 황현 하 2005, p.222, 223
595. 최형욱 2014, p.98,104, 고종실록 1904.9.2
596. 아마노 이쿠오 2017, p.181, 182
597. 최문형 2006, p.283, 하라다 게이이치 2012, p.268, 269, 강성학 1999, p.324, 325, 조명철 2007, p.155, 156
598. 도널드 킨 2, 2017, p.1253, 1254, 시드니 하케이브 하 2010, p.33, 34
599. 존 톰슨 2004, p.93-105, 차하순 1989, p.521, 최문형 2006, p.269, 시드니 하케이브 하 2010, p.37-39
600. 조명철, 민경현 2012, p.359, 강성학 1999, p.407, 김원모 2003, p.145
601. 김화경 2011, p.2, 최문형 2006, p.270, 299
602. 이삼성 2009, p.442, 시드니 하케이브 하 2010, p.54, 55, 하라다 게이이치 2012, p.269, 270, 박영준 2020, p.166, 167
603. 시드니 하케이브 하 2010, p.57-59, 제임스 브래들리 2010, p.246
604. 조명철, 민경현 2012, p.360, 361, 운노 후쿠쥬 2008, p.220
605. 가토 요코 2018, p.186, 187, 유용태 2004, p.59
606. 조명철, 민경현 2012, p.362-364, 하라다 게이이치 2012, p.275-278, 최문형 2006, p.310, 311, 강성학 1999, p.492, 운노 후쿠쥬 2008, p.231, 232, 원철 2006, p.370-372
607. 이삼성 2009, p.443, 444, 심헌용 2011, p.158-160, 최문형 2006, p.268, 도널드 킨 2, 2017, p.1260, 1261, 김용구 2009 외교사, p.373, 374, 야마다 아키라 2014, p.41, 조명철, 민경현 2012, p.365, 제임스 브래들리 2010, p.241-244
608. 최문형 2006, p.286, 후지와라 아키라 상 2013, p.157-160
609. 야마무로 신이치 2010, p.203-209, 와다 하루키 외 2017, p.108, 유용태 2004, p.69,

사카이 나오키 외, 2019, p.177, 178
610. 김원모 2003, p.152, 김명섭 외 2008, p.76
611. 김원수 2010, p.122, 최문형 2006, p.312, 313
612. 최문형 2006, p.305, 운노 후쿠쥬 2008, p.238, 239, 권용립 2010, p.297, 298
613. 최문형 2006, p.289, 김용구 2009 외교사, p.375, 오기평 2007, p.274-276, 도널드 킨 2, 2017, p.1247, 1274, 시드니 하케이브 하 2010, p.70-80, 조명철. 민경현 2012, p.367
614. 최문형 2006, p.312, 313, 김용구 2009 외교사, p.187, 오기평 2007, p.284-286, 미요시 도오루 2002, p.621, 622, 도널드 킨 2, 2017, p.1285, 1286, 원철 2006, p.387-390
615. 야마무로 신이치 2010, p.158, 가토 요코 2003, p.149, 하라다 게이이치 2012, p.281-283, 함동주 2009, p.202, 가토 요코 2018, p.156, 191, 도널드 킨 2, 2017, p.1276-1280, 김태준 2008, p.22, 전홍찬 2011, p.209, 박희성 2012, p.202
616. 이용창 2005, p.68, 현광호 2015, p.102
617. 김용구 2009 외교사, p.377, 오기평 2007, p.277, 278, 와다 하루키 2, 2019, p.1210, 1211, 최덕수 외 2010, p.523-527, 존 페어뱅크 외 하, 2007, p.152, 최문형 2006, p.315, 최덕규 2011, p.128, 조명철. 민경현 2012, p.370
618. 함동주 2009, p.202, 도널드 킨 2, 2017, p.1281-1282, 김용구 2009 외교사, p.377, 강성학 1999, p.439-443, 호즈미 가즈오 2019, p.344-346
619. 서영희 2005, p.209, 강준만 4권, p.143, 위신광 2017, p.37
620. 위신광 2017, p.38-40
621. 운노 후쿠쥬 2008, p.237
622. 시드니 하케이브 하 2010, p.107-109, 117-123, 165-167, 차하순 1989, p.522, 존 톰슨 2004, p.106-111
623. DK Publishing 2018, p.281, "The Last Days of the Romanovs" by National Geographic
624. 홍인근 2012, p.39-42, 이창훈 2006, p.10
625. 미요시 도오루 2002, p.625-627, 와다 하루키 외 2017, p.106, 107, 김용구 2009 외교사, p.378, 위신광 2017, p.48-75
626. 위신광 2017, p.34-36
627. 강성학 1999, p.275, 운노 후쿠쥬 2008, p.275
628. 제임스 메클렐란 3세 외 2006, p.525-527, 곽영직 2020, p.302, 303, 정갑수 2017, p.550-552, 고야마 게타 2020, p.219-222

2권 참고 자료 리스트

고종실록
승정원일기
비변사등록
https://db.history.go.kr/

가노 마사나오/ 이애숙 외 옮김	근대 일본의 사상가들, 삼천리, 2009
가타노 쓰기오/ 정암 옮김	슬픈 조선 1, 1864-1910, 아우룸, 2020
가토 요코/ 박영준 옮김	근대 일본의 전쟁 논리, 태학사, 2003
가토 요코/ 윤현명 외 옮김	그럼에도 일본은 전쟁을 선택했다, 서해문집, 2018
강상규	19세기 동아시아의 패러다임 변환과 제국 일본, 논형, 2007
강상규	조선정치사의 발견, 창비, 2013
강성학	시베리아 횡단열차와 사무라이, 고려대학교 출판부, 1999
강성학	용과 사무라이의 결투, 리북, 2006
강정일	지정학으로 본 러시아제국의 대한반도 정책(1884-1904), 고려대학교 박사학위논문, 2013
강준만	한국근대사산책, 2권, 인물과 사상사 2011
강준만	한국근대사산책, 3권, 인물과 사상사 2007
강준만	한국근대사산책, 4권, 인물과 사상사 2007
강진아	이주와 유통으로 본 근대 동아시아 경제사, 아연출판부, 2018
강진아	동순태호- 동아시아 화교자본과 근대조선, 경북대학교 출판부, 2011
강진아	문명제국에서 국민국가로, 창비, 2009
강창성	일본/한국 군벌정치, 해동문화사, 1991
강철구	일본경제 고민없이 읽기, 어문학사, 2019
계승범	정지된 시간, 서강대학교 출판부, 2011
계승범	조선 속의 명나라, 명청사연구 35집, 2011
고동환	조선후기-한말 신용거래의 발달, 지방사와 지방문화 13권 2호, 2010
고동환	조선 후기 개성의 도시구조와 상업, 지방사와 지방문화, 12권 1호, 2009

고석규	19세기 조선의 향촌사회연구, 서울대학교출판부, 1998
고야마 게타/ 김진희 옮김	연표로 보는 과학사 400년, AK, 2020
고토 히데키/ 허태성 역	천재와 괴짜들의 일본 과학사, 부키, 2016
공하린	세상을 바꾼 과학사 명장면 40, 살림출판사, 2009
곽영직	인류문명과 함께 보는 과학의 역사, 세창출판사, 2020
구선희	19세기 후반 조선사회와 전통적 조공관계의 성격, 사학연구 80호, 2005
구선희	청일전쟁의 의미, 한국근현대사연구 37권, 2006
구용회 외	청일전쟁, 육군 군사연구소, 2014
국사편찬위원회	신편 한국사 44, 2000/ 신편 한국사 43, 2002/ 신편 한국사 41, 2002
국사편찬위원회	고종시대사 13, 2017
국회도서관편	독립신문사설 초록, 1967
권기균	세상을 바꾼 과학 이야기, 에르디아, 2012
권용구	해양력이 국가발전에 미친 영향, STRATEGY 21, 28호, 2011
권용립	미국 외교의 역사, 삼인, 2010
권태억 외	한국근대 사회와 문화 1, 서울대학교 출판부, 2003
금장태	19세기 한국성리학의 지역적 전개와 시대인식, 국학연구 15집, 2009
김경미	갑오개혁 전후 교육 정책 전개 과정 연구, 연세대학교 박사학위논문, 1998
김기란	극장국가 대한제국, 현실문화연구, 2020
김기혁	근대 한·중·일 관계사, 연세대학교출판부, 2007
김대륜	역사의 비교, 돌베게, 2018
김도형	대한제국 초기 문명개화론의 발전, 한국사연구 121권, 2003
김동노	근대와 식민의 서곡, 창비, 2009
김명섭, 김석원	독립의 지정학: 대한제국(1897-1910) 시기 이승만의 지정학적 인식과 개신교, 한국정치학회보, 제42집4호, 2008
김보림	메이지유신기 일본의 유학생 파견 연구, 전북사학 49호, 2016
김보림	메이지 초기 영국인이 본 일본과 한국, 일본근대학연구 45집, 2014
김성배	유교적 사유와 근대국제정치의 상상력, 창비, 2009
김성혜	'독립신문'에 나타난 군주의 표상과 고종의 실체, 대동문화연구 78집, 2012
김수암	한국의 근대외교 제도 연구, 서울대학교 박사학위논문, 2000
김영민	명치헌법 체제의 이념과 그 변천에 관한 고찰, 중앙대학교 석사학위논문, 2005

김영수	미쩰의 시기-을미사변과 아관파천, 경인문화사, 2012
김영작	한말내셔널리즘 연구-사상과 현실, 청계연구소, 1989
김용구	세계외교사, 서울대학교 출판문화원, 2009
김용구	거문도와 블라디보스토크, 서강대학교 출판부, 2009
김용구	세계관 충돌과 한말 외교사 1866-1882, 문학과 지성사, 2001
김용구	세계관 충돌의 국제정치학, 나남출판, 1997
김원모	개화기 한미 교섭 관계사, 단국대학교 출판부, 2003
김원수	영일동맹과 한일병합의 글로벌 히스토리, 1905-1911, 사회과학교육 49권 4호, 2010
김원수	러일전쟁 원인에 대한 재검토, 한양대학교 박사학위 논문, 1997
김재호	대체로 무해한 한국사, 생각의 힘, 2016
김종헌	청일전쟁 이후 재한 러시아외교관의 활동에 관한 고찰, 슬라브학보 24권 2호, 2009
김종헌	1900년 이후 러·일 간의 한반도 중립화 및 분할 논의; 서울 주차 러시아공사 빠블로프의 역할을 중심으로, 한국동북아논총 53집, 2009
김종헌, 우준모	일본의 러시아 후방교란작전과 도거뱅크 사건을 통해 본 러일전쟁의 재해석, 중소연구 38권4호, 2014/2015
김태준	영일동맹 결성과 러일전쟁의 외교사적 분석, 한국정치외교사논총 29집 3호, 2008
김태준	러일전쟁기 영일동맹이 일본해군의 승전에 미친 영향, 군사 54호, 2005
김학준	서양인들이 관찰한 후기 조선, 서강대학교 출판부, 2010
김헌주	갑오개혁 이후 '특별형법' 제정과 역할(1895-1905), 고려대학교 석사학위 논문, 2009
김현수	영제국 외교력의 쇠퇴와 '포트 해밀턴' 사건의 상관관계, 영국연구 7호, 2002
김현숙	한국 근대 서양인고문관 연구(1882-1904), 이화여대 박사학위 논문, 1998
김현철	러일전쟁기 황해해전과 일본해군의 전략·기술, 군사 51호, 2004
김혜영	갑오개혁 이후 군사법제도의 개혁, 군사 89호, 2013
김화경	동해해전과 독도의 전략적 가치, 대구사학 103집, 2011
김흥식	전봉준 재판정 참관기, 서해문집, 2016
김희교	의화단 운동이 제2차 헤이 노트에 미친 영향, 역사학보 138집, 1993
나가타 아키후미 / 김혜정 옮김	세계사 속 근대한일관계, 일조각, 2017

노대환	민영익의 삶과 정치활동, 한국사상사학 18집, 2002
다보하시 기요시/ 김종학 옮김	근대 일선관계의 연구, 하, 일조각, 2016
도널드 킨/ 김유동 옮김	메이지라는 시대 2, 서커스, 2017
도면회	한국 근대 형사재판 제도사, 푸른역사, 2014
도미타 쇼지/ 유재연 옮김	그림엽서로 본 일본 근대, 논형, 2008
량치차오/ 박희성. 문세나 옮김	리훙장 평전, 프리스마, 2013
루스 베네딕트/ 이종인 옮김	국화와 칼, 연암서가, 2019
루안충샤오/ 정영선 옮김	39가지 사건으로 보는 금의 역사, 평단, 2019
마리우스 잰슨/ 김우영 외 옮김	현대일본을 찾아서 1, 이산, 2014
마리우스 잰슨/ 김우영 외 옮김	현대일본을 찾아서 2, 이산, 2013
마키하라 노리오/ 박지영 옮김	민권과 헌법, 어문학사, 2012
마틴 키친/ 유정희 옮김	사진과 그림으로 보는 케임브리지 독일사, 시공사, 2002
말로제모프/ 석화정 옮김	러시아의 동아시아 정책, 지식산업사, 2002
메리 풀브룩/ 김학이 옮김	분열과 통일의 독일사, 개마고원, 2000
무쓰 무네미쓰/ 김승일 옮김	건건록, 범우사, 2018
문일평/ 이광린 교수	한미오십년사, 탐구당, 2016
문준호	대한제국기 원수부 창설과 국방적 군사운영, 고려대학교 석사학위 논문, 2016
미요시 도오루/ 이혁재 옮김	史傳 이토 히로부미, 다락원, 2002
미타니 히로시 외/ 강진아 옮김	다시 보는 동아시아 근대사, 까치, 2011
민영환/ 조재곤 편역	해천추범, 책과함께, 2007
바츨라프 셰로셰프스키/ 김진영 외 옮김	코레야 1903년 가을, 개마고원, 2006
박민선	한국근대 정동파의 정치적 성격에 관한 일고찰(1894-1897), 이화여자대학교 석사학위논문, 1992
박성순	고종.순종 연간 의병의 개념과 위상 변천 연구, 동양고전연구 38집, 2010
박성준	대한제국기 신설 궁의 재정기반과 황실재정 정리, 역사교육 105, 2008
박영민	'기생안'을 통해 본 조선 후기 기생의 공적 삶과 신분변화, 대동문화연구 71집, 2010
박영재 외	19세기 일본의 근대화, 서울대학교 출판부, 1996
박영준	제국일본의 전쟁 1868-1945, 사회평론 아카데미, 2020
박영준	청일전쟁 이후 일본의 대외 정책론, 1895-1904, 일본연구논총 27호, 2008
박영준	근대 일본의 국제질서 인식과 대외 정책론, 일본연구논총 25호, 2007

박은숙	개항기(1876-1894) 군사 정책 변동과 하급군인의 존재양태, 한국사학보 2호, 1997
박정심	한국근대사상사, 천년의 상상, 2016
박정심	근대 공간에서 양명학의 역할, 한국철학논집 13집, 2003
박정심	박은식의 사상적 전환에 대한 고찰-주자학에서 양명학으로-, 한국사상사학 12집, 1999
박정현	19세기말 조선에 온 중국인의 조선인식, 중국학보 51집, 2005
박종인	매국노 고종, 와이즈맵, 2021
박찬승	한국의 근대국가 건설운동과 공화제, 역사학보 200집, 2008
박한민	조일수호조규 체제의 성립과 운영연구(1876-1894), 고려대학교 박사학위 논문, 2017
박한제 외	아틀라스 중국사, 사계절, 2010
박현모	정조 사후 63년, 창비, 2011
박훈 외	일본우익의 어제와 오늘, 동북아역사재단, 2008
박희성	러일전쟁 기간 국제관계와 한국, 사총 75, 2012
방광석	근대일본의 국가체제 확립과정, 혜안, 2008
방광석	러일전쟁 이전 이토 히로부미의 조선인식과 정책, 한일관계사연구 48집, 2014
방광석	일본의 근대입헌체제 수립과 서양체험, 사총 92, 2017
배우성	조선과 중화, 돌베개, 2014
배항섭	개항기의 대청의식과 그 변화, 한국사상사학 16집, 2001
배항섭	아관파천시기(1896-1898) 조선인의 러시아 인식, 한국사학보 33호, 2008
배항섭	19세기 후반 민중운동과 공론, 한국사연구 161, 2013
배항섭 외	비교와 연동으로 본 19세기 동아시아, 너머북스, 2020
백승종	위조족보의 유행, 한국사시민강좌 24집, 1999
벨라 보리소브라 박/ 최덕규 외 옮김	러시아 외교관 베베르와 조선, 동북아역사재단, 2020
사카이 나오키 외/ 허보윤 외 옮김	근대 세계의 형성 1, 소명출판, 2019
서영희	대한제국 정치사연구, 서울대학교 출판부, 2005
서진교	대한제국기 정치 지배 세력과 정국 운영, 한국근현대사연구 26집, 2003
서현섭	일본 극우의 탄생 메이지유신 이야기, 라의눈, 2014
석화정	풍자화로 보는 세계사: 1898, 지식산업사, 2017
석화정	풍자화로 보는 러일전쟁, 지식산업사, 2007

성희엽	조용한 혁명, 소명출판, 2016
셰시장/ 김영문 옮김	량치차오 평전, 글항아리 2015
소공권/ 최명 외 역	중국정치사상사, 서울대학교 출판부, 1998
손일	에노모토 다케아키와 메이지유신, 푸른길, 2017
손정목	개항기 한성 외국인 거류의 과정과 실태, 향토 서울 38호, 1980
손정숙	한국 근대 주한미국공사 연구(1883-1905), 이화여대 박사학위 논문, 2004
스펙/ 이내주 옮김	진보와 보수의 영국사, 개마고원, 2002
시드니 하케이브/ 석화정 옮김	위떼와 제정러시아 상, 한국학술정보, 2010
시드니 하케이브/ 석화정 옮김	위떼와 제정러시아 하, 한국학술정보, 2010
시부사와 에이치/ 노만수 옮김	논어와 주판, 페이퍼로드, 2009
신명호	고종과 메이지의 시대, 위즈덤하우스, 2014
신복룡 외	청일, 러일전쟁의 기억과 성찰, 전쟁기념관, 2014
심헌용	러시아의 한반도 군사관계사, 국방부 군사편찬 연구소, 2002
심헌용	한말 군 근대화 연구, 국방부 군사편찬 연구소, 2005
심헌용	한러군사관계사, 국방부 군사편찬 연구소, 2007
심헌용	한반도에서 전개된 러일전쟁 연구, 국방부 군사편찬 연구소, 2011
쑨자오룬/ 심지언 옮김	지도로 보는 세계 과학사, 시그마북스, 2009
아마노 이쿠오/ 박광현 외 옮김	제국대학, 산처럼, 2017
아손 그렙스트/ 김상열 옮김	스웨덴 기자 아손, 100년 전 한국을 걷다, 책과 함께, 2005
안승일	김홍집과 그 시대, 연암서가, 2016
앤드루 고든/문현숙 외 옮김	현대일본의 역사 1. 이산, 2015
앵거스 해밀튼/ 이형식 옮김	러일전쟁 당시 조선에 대한 보고서, 살림, 2010
야마다 아키라/ 윤현명 옮김	일본군비 확장의 역사, 어문학사, 2014
야마모토 요시타카/ 서의동 옮김	일본과학 기술 총력전-근대 150년 체제의 파탄-, AK, 2019
야마무로 신이치/ 정재정 옮김	러일전쟁의 세기-연쇄시점으로 보는 일본과 세계, 소화, 2010
엄찬호	청일전쟁에 대한 조선의 대응, 한일관계사연구 25권, 2006
엄찬호	고종의 대외 정책 연구, 강원대학교 박사학위논문, 2000
에른스트 폰 헤세-바르텍/ 정현규 옮김	조선, 1894년 여름, 책과함께, 2016
에밀리 로젠버그/ 조행복 외 옮김	하버드 C.H. 베크 세계사 1870-1945, 민음사, 2018

오기평	세계외교사, 박영사, 2007
오영섭	화서학파의 대(對)서양 인식, 태동고전연구 14집, 1997
오카 요시타케/ 장인성 옮김	근대 일본 정치사, 소화, 1996
오타니 다다시/ 이재우	청일전쟁 국민의 탄생, 오월의 봄, 2018
와다 하루키 외/ 한철호 외 옮김	동아시아 근현대 통사, 책과함께, 2017
와다 하루키/아웅현 옮김	러일전쟁 기원과 개전 1, 한길사, 2019
와다 하루키/아웅현 옮김	러일전쟁 기원과 개전 2, 한길사, 2019
왕현종	한국근대국가의 형성과 갑오개혁, 역사비평사, 2003
왕현종 외	청일전쟁기 한·중·일 삼국의 상호전략, 동북아역사재단, 2009
운노 후쿠쥬/ 정재정 옮김	한국병합사 연구, 논형, 2008
원철	주변열강의 한반도 문제 협의와 을사조약, 역사학보 192집, 2006
위신광	러일전쟁 후 만주철도에 대한 청, 일, 러의 대응, 고려대학교 석사학위논문, 2017
윌리엄 길모어/ 이복기 옮김	서울을 걷다 1894, 살림, 2009
윌리엄 로/기세찬 옮김	청 중국 최후의 제국, 너머북스, 2014
유모토 고이치/ 연구공간 수유 외 옮김	일본 근대의 풍경, 그린비 2018
유바다	19세기 후반 조선의 국제법적 지위에 관한 연구, 고려대학교 박사학위논문, 2016
유바다	1885년 주찰조선총리교섭통상사의 원세개의 조선 파견과 지위 문제, 사총 92, 2017
유영렬	개화지식인 윤치호의 러시아 인식, 한국민족운동사연구 41권, 2004
유용태	환호 속의 경종: 전장 중국에서 본 러일전쟁, 역사교육 90, 2004
유인선 외	사료로 보는 아시아사, 위더스북, 2014
육영수	'은자의 나라' 조선 사대부의 미국문명 견문록, 역사민속학 48호, 2015
윤덕한	이완용 평전, 도서출판 길, 2012
윤영미	시베리아 횡단철도-건설배경과 과정 및 개발 정책을 중심으로, 21세기정치학회보 15집 2호, 2005
이노우에 가쿠고로 외/ 한상일 역·해설	서울에 남겨둔 꿈, 건국대학교 출판부, 1993
이노우에 유이치/ 석화정 외 옮김	동아시아 철도 국제관계사, 지식산업사, 2005
이매뉴얼 쉬/ 조윤수 외 옮김	근-현대 중국사 상권:제국의 영광과 해체, 까치, 2013

이명한, 김나윤	한국철학사에서 박은식 선생의 위상연구, 양명학 36호, 2013
이민원	아관파천 전후의 한러 관계 1895-1898, 한국정신문화연구원 박사학위논문, 1993
이민원	러일전쟁과 대마도, 동북아문화연구 34집, 2013
이삼성	동아시아의 전쟁과 평화 2, 한길사, 2009
이상면	개항기 조선 주권론 충돌, 서울대학교 법학 47권 2호, 2006
이성환	이토 히로부미의 문명론과 한국통치, 일본사상 20호, 2011
이승만/ 김충남, 김효선 풀어씀	독립정신, 동서문화사, 2017
이양자	조선에서의 원세개, 신지서원, 2002
이에나가 사부로/ 연구공간 '수유+너머'	근대일본 사상사, 소명출판, 2006
이영호	동학과 농민전쟁, 혜안, 2004
이영훈	한국경제사 I, 일조각, 2016
이영훈	수량경제사로 다시 본 조선후기, 서울대학교출판문화원, 2014
이용창	동학. 천도교단의 민회설립운동과 정치세력화 연구(1896-1906), 중앙대학교 박사학위논문, 2005
이우연, 차명수	조선후기 노비가격의 구조와 수준 1678-1889, 경제학연구 58집4호, 2010
이우진	러일전쟁과 데오도어 루스벨트 미국 대통령의 대한국 정책, 한국정치외교사논총 26집2호, 2005
이윤상	대한제국의 생존전략과 을사조약, 역사학보 188집, 2005
이윤섭	일본 100년, 아이필드, 2016
이재훈	러일전쟁 직전 러시아의 압록강 삼림채벌권 활용을 통해 본 한러 경제 관계의 성격, 역사와 담론 56집, 2010
이정훈	명치흠정헌법의 성립과 한국개화파의 추종, 법철학연구 15권2호, 2012
이창훈	대한제국기 유럽지역에서 외교관의 구국운동, 한국독립운동사연구 27권, 2006
이태진	19세기 한국의 국제법 수용과 중국과의 전통적 관계 청산을 위한 투쟁, 역사학보 181집, 2004
이희수	교류 초기 러시아인의 한국인식, 대동문화연구 61집, 2008
임경석 외	한국 근대외교 사전, 성균관대학교출판부, 2012
임준철	대청(對淸)사행(使行)의 종결과 마지막 연행록, 민족문화연구 49호, 2008
장인성 외 엮음	근대한국 국제정치관 자료집 제1권, 서울대학교 출판문화원, 2012
쟝팅푸/ 김기주 외 옮김	청일한외교관계사, 민족문화사, 1991

전석원	1884-1910년의 급성전염병에 대한 개신교의 의료사업, 한국기독교와 역사 36, 2012
전홍찬	러일전쟁과 유대계 금융의 힘, 21세기 정치학회보 21집 3호, 2011
전홍찬	영일동맹과 러일전쟁, 국제정치연구 15집 2호, 2012
정갑수	호모 사이언티피쿠스, 열린학각, 2017
정동귀	초창기에 있어서의 한미 외교관계, 경희대학교 논문집 11, 1982
정상수	독일 함대 정책과 해외 함대 1898-1901년, 역사교육 103, 2007
정성화 외	러일전쟁과 동북아의 변화, 선인, 2005
정성화, 로버트 네프	서양인의 조선살이 1882-1910, 푸른역사, 2008
제임스 메클렐란 3세, 헤럴드 도른/ 전대호 옮김	과학과 기술로 본 세계사 강의, 모티브, 2006
제임스 브래들리/ 송정애 옮김	임페리얼 크루즈, 프리뷰, 2010
조경숙	아쿠타가와 류노스케와 러일전쟁, 일어일문학연구 67집, 2006
조명철	청일·러일전쟁의 전후 처리와 한국 문제, 한일관계사연구 36집, 2010
조명철	러일전쟁과 동아시아, 일본역사연구 26집, 2007
조명철	러일전쟁기 일본 육군의 만주전략, 군사 51호, 2004
조명철	20세기 초 동아시아 국제 정세와 일본의 대륙 정책, 일본역사연구 14집, 2001
조명철. 민경현	러일전쟁의 종결과 한국 문제, 일본학보 93집, 2012
조재곤	전쟁과 인간 그리고 '평화', 일조각, 2017
조철호	초국가적 동북아 철도네트워크의 기원과 성격, 한국정치외교사논총 33집1호, 2011
조현범	19세기 중엽 프랑스 선교사들의 조선 인식과 문명관, 한국정신문화연구원 박사학위논문, 2002
존 페어뱅크 외/ 김한규 외 역	동양문화사 하, 을유문화사, 2007
존 톰슨/ 김남섭 옮김	20세기 러시아 현대사, 사회평론, 2004
주디스 코핀 외/ 손세호 옮김	새로운 서양문명의 역사 하, 소나무, 2014
차경애	의화단운동 진압전쟁으로 인한 한국의 국제적 환경의 변화와 대응, 명청사연구 23집, 2005
차경애	의화단운동시기 이홍장의 정치. 외교적 활동, 명청사연구 5집, 1999
차남희, 유지연	황현(1855-1910)의 동학에 대한 인식과 비판, 사회과학논총 15권, 2006

차하순	새로 쓴 서양사 총론 2, 탐구당, 2000
차하순	서양사총론, 탐구당, 1989
최덕규	포츠머스 강화 회의와 고종의 국권 수호 외교(1904-1906), 아세아연구 54권4호, 2011
최덕수 외	조약으로 본 한국근대사, 열린책들, 2010
최문형	국제 관계로 본 러일전쟁과 일본의 한국 병합, 지식산업사, 2006
최석완	일본 정부의 청일 개전 정책, 중국근현대사연구 33집, 2007
최석완	일본 정부와 조선 내정의 개혁안(1894.6), 일본역사연구 21집, 2005
최석완	청일전쟁기의 일본 정부의 동아시아질서 재편 정책, 일본역사연구 15집, 2002
최연식, 정지혜	'독립정신'에 나타난 이승만의 만국공법 인식과 독립국가 구상, 한국정치외교사논총 34집 2호, 2013
최형욱	량치차오, 조선의 망국을 기록하다, 글항아리 2014
케네스 모건/ 영국사학회 옮김	옥스퍼드 영국사, 한울아카데미, 2019
콜린 존스/ 방문숙 외 옮김	사진과 그림으로 보는 케임브리지 프랑스사, 시공사, 2001
폴 발리/ 박규태 옮김	일본문화사, 경당, 2011
풀리/ 신복룡 외 옮김	하야시 다다스 비밀회고록, 일본외교의 내막 1900-1910년, 건국대학교 출판부, 2007
하라다 게이이치/ 최석완 옮김	청일. 러일전쟁, 어문학사 2012
하영선, 손열	근대한국의 사회과학 개념 형성사 2, 창비, 2012
하원호 외	개항기의 재한 외국공관 연구, 동북아역사재단, 2009
한승훈	19세기 후반 조선의 대영 정책 연구(1874-1895), 고려대학교 박사학위논문, 2015
한용진	고종시대 성균관에 관한 연구, 한국교육사학 21집, 1999
한철호	한국 근대 주일한국공사의 파견과 활동, 푸른역사, 2010
함동주	천황제 근대국가의 탄생, 창비, 2009
함동주	니토베 이나조의 '무사도'와 미국의 일본인식, 동양사학연구 121집, 2012
허동현	19세기 한일 양국의 근대 서구문물 수용양태 비교연구, 동양고전연구 24집, 2006
현광호	대한제국의 대외 정책, 신서원, 2002
현광호	세계화 시대의 한국근대사, 선인, 2010
현광호	한국 근대사상가의 동아시아 인식, 선인, 2010
현광호	대한제국의 재조명, 선인, 2014

현광호	새로운 시각으로 보는 개항기 조선, 유니스토리, 2015
현광호	프랑스가 본 한국근대사, 선인, 2019
현광호	미국공사 허드의 조선 인식과 외교 활동(1890-1893), 인문과학 94집, 2011
현광호	1903-1904년 대한제국의 대러시아 대응론과 정책의 추이, 동양학 41집, 2007
호리가와 데쓰오/ 왕재열 편역	손문과 중국혁명, 역민사, 1983
호즈미 가즈오/ 이용화 옮김	메이지의 도쿄, 논형, 2019
홍웅호	청일전쟁 이전 러시아의 동아시아 정책, 대동문화연구 61집, 2008
홍웅호	러일전쟁 이전 러시아의 동아시아 정책, 역사와 담론 56집, 2010
홍인근	대한제국의 해외공관 일본외무성기록, 나남, 2012
황광우	역사콘서트 2, 생각정원, 2016
황지혜	비스마르크 헌법 및 메이지 헌법의 형성과 근대 민족주의, 숙명여자대학교 석사학위논문, 2011
황현/ 임형택 외 옮김	역주 매천야록 상, 문학과 지성사, 2005
황현/ 임형택 외 옮김	역주 매천야록 하, 문학과 지성사, 2005
후지와라 아키라/ 서영식 옮김	일본군사사 상, 제이앤씨, 2013
후지이 조지 외/ 박진한 외 옮김	쇼군, 천황, 국민, 서해문집, 2012
DK Publishing	History of the World Map by Map, DK Publishing, London, 2018
Paul Kennedy	The Rise and Fall of the Great Powers, Vintage Books, N.Y., 1989

찾아보기

7박사 건의서	291, 298	남만주지선	176, 207
10월 선언	371	노벨상	257
가로등	233	니시-로젠 협정	208, 289
갑오개혁	114, 120, 138, 142, 160, 197	단발령	146, 161, 163, 165, 181
		대만의 저항	154
개혁안 20개조	121	대보단	114
건전지	41	대신의 권위	227, 278
건축학회	30	대원군	113, 119, 141, 144, 196
건함정책	191	대한국국제	218
경복궁난입	113, 114	대한정책의견서	223, 229
경봉철도	189, 212	대한제국의 중립국 제안	239
경부철도	199, 246	대한철도회사	217, 289, 291
경의철도	166, 217, 289	도거뱅크 사건	338
고무라-베베르 협정	166	도미즈 사건	360
고부민란	107	독도 편입	362
고승호 사건	114, 134	독립경축행사	141
고종의 편지	23, 141, 146, 204, 303, 348, 368	독립신문	166, 171, 180, 192, 203, 219
고종 폐위 쿠데타	228, 250	독립정신	325
관세사와 징세서	139	독립협회	201, 203, 215
관직매매	113, 216, 247, 265, 287	동사사고	272
광양민란	58	동청철도	176, 276, 293, 364
교육비	216	디젤엔진	94
교주만	189	람스도르프-양유 협의	253
국민동맹회	240	러일전쟁	308, 332
군국기무처	114, 116	러일전쟁 자금	333, 334
군비의견서	103	러-청 비밀동맹 조약	177
군사 1인당 연간비용	22	러-청 비밀협정	240
권세강역과 이익강역	65, 75	로마노프 왕가	371
기계국	313	로바노프-야마가타 의정서	174
김옥균의 상소문	30	로이터	257
김옥균과 김홍집의 최후	108, 131, 164	마산포	159, 216, 223, 229

마지막 사신	112
만민공동회	202, 204
만석보 수세	100, 107
만주철군	274, 293, 295, 300
만한교환	238
만한시설강령	370
메이지헌법	32, 53, 64, 65, 104
무선통신	44, 159, 271
무술변법	209
무술정변	210
무정부 상태	52, 343, 344
물리학 용어 번역	55
미국-스페인 전쟁	208
미쓰코시 백화점	339
박영효의 건백서	45
방곡령	63
백동화	286
베이징의정서	254
변법상유	257
볼셰비키	304, 371
봉세관	244, 249
봉장규혼	95, 97
불공정 조약 개정	30, 42, 54, 131
비스마르크의 퇴진	76
사한기략	72, 136
삼국간섭	151, 153, 155
삼국동맹	85
센카쿠제도 편입	149
소학교	214, 220
시모노세키조약	151, 157, 158
시베리아 철도	43, 75, 84, 103, 105, 296
신식화폐장정	116
쓰시마해전	365
아관파천	164, 173
압록강 삼림 벌목권	168, 290, 294
야하타 제철소	188, 252

에펠탑	73
여순전투	339
연무공원	40, 63
연호	139, 146, 161, 181
엽전	117
영불협정	86, 335
영약삼단	38
영일동맹	273, 367
영일통상항해조약	131
오쓰사건	83
왕실비용	69, 184, 227, 262, 285, 323
요동반도	151, 154, 158
용암포	290, 297
원수부	217, 242
유학생	214, 272
사관학교	67, 130, 210
을미사변	144, 146, 157
의정부	168, 197, 227, 242, 316, 324, 342
의화단의 난	220, 237, 254
이민	270, 285
이재수의 난	244
이준용 모반사건	140
익명서 조작사건	201
일진회	326
일본 유학자	132, 163
전시대본영	103, 125
제2 수도 건설	260, 263, 284, 285
제2차 문호개방 선언	237
제2차 보어전쟁	222, 237
제2차 절교시	129
제2차 조러밀약	23
조선대국론	24
조선병	180
족보위조	233
주권선과 이익선	42, 65, 75

주막의 나그네	195
주미 공사관원	372
주일공사	37, 232, 239, 243, 281
중국의 사상가들	152, 211
즉위 40주년 행사	260
지방군	185
척왜양창의	97
천둥	81
철도협정	177, 221
청일전쟁	114, 133
청한론	56
추밀원	53
춘생문사건	147
콜레라	28, 29, 93, 143, 149
특수상대성이론	374
포츠머스 조약	369
피의 일요일 사건	362
한국보호권	169, 304, 336, 352, 364, 373
한반도 공동점령	133
한반도 중립화	134, 174, 239, 275, 276, 292, 300, 307
한반도 분할론	238, 241
한일의정서	308
한일협상조약	351, 352
한일협정서	309
해외부임 거부	49, 215, 281
헌의6조	200
홍범14조	218
화물선 침몰사고	31
화폐주조	49, 259, 286, 326, 329
황국협회	196
황귀비	287
황성신문	267, 280, 291, 307, 309
회계법	140